# Computernetze und virtuelle Realität

Springer-Verlag Berlin Heidelberg GmbH

Klaus Mainzer

# Computernetze und virtuelle Realität

## Leben in der Wissensgesellschaft

Mit 71 Abbildungen

Professor Dr. Klaus Mainzer
Universität Augsburg
Institut für Interdisziplinäre Informatik
Universitätsstraße 1
D-86135 Augsburg

ISBN 978-3-540-65465-0

Die Deutsche Bibliothek – CIP-Einheitsaufnahme
Mainzer, Klaus: Computernetze und virtuelle Realität: Leben in der Wissensgesell-
schaft / Klaus Mainzer. –Berlin; Heidelberg; New York; Barcelona; Hongkong;
London; Mailand; Paris; Singapur; Tokio: Springer, 1999
ISBN 978-3-540-65465-0     ISBN 978-3-642-58404-6 (eBook)
DOI 10.1007/978-3-642-58404-6



Umschlaggestaltung: de'blik, Berlin

SPIN: 10704622     33/3142 – 5 4 3 2 1 0 – Gedruckt auf säurefreiem Papier

# Vorwort

Wir befinden uns im völligen Umbruch in Richtung auf eine Dienstleistungs- und Wissensgesellschaft. Computergestützte Informations- und Kommunikationsnetze sind die treibenden und integrierenden Kräfte dieses Umbruchs. Sie erzeugen bereits eine virtuelle Realität, die an die Vorstellungen und Gedanken biologischer Gehirne erinnert. Nach Abschluß meiner Bücher ‚Gehirn, Computer, Komplexität' (Springer 1997) und ‚Computer – Neue Flügel des Geistes?' (2. Aufl. 1995) war es daher naheliegend, sich dem Thema virtueller Netzwelten und ihrer Veränderung von Wissenschaft, Forschung und Gesellschaft zuzuwenden.

Hinzu kam ein sehr praktischer und berufsbedingter Grund: Im Rahmen der High-Tech-Offensive-Bayern wurde Ende 1997 an der Universität Augsburg ein neues Institut für Interdisziplinäre Informatik gegründet, an dem sich Informatiker, Mathematiker, Physiker, Wirtschafts-, Sozial-, Rechts- und Geisteswissenschaftler mit fachübergreifenden Anwendungen der Informations- und Kommunikationstechnologien beschäftigen. Als geschäftsführender Direktor eines solchen Instituts kann man die Computer-, Informations- und Kommunikationswissenschaften als Querschnitts- und Schlüsseldisziplinen der Wissensgesellschaft unmittelbar erleben. In diesem Sinn fordert auch der Wissenschaftsrat in seinen Empfehlungen vom 5.5.1998 eine Integration der Informations- und Kommunikationstechnologien in Studium und Lehre aller Hochschuldisziplinen.

Für viele Anregungen und Unterstützung sei den Institutskollegen gedankt. Informatikkollegen der TU München waren dem Augsburger Unternehmen von Anfang an freundschaftlich verbunden. Für zahlreiche Anregungen seit vielen Jahren danke ich meinem Kollegen Prof. Dr. Dr. h.c. Wilfried Brauer. Denkanstöße ergaben sich auch durch das Projekt ‚Biocomputing' des Karlsruher Fraunhofer Instituts für Systemforschung, aus dem Karlsruher Zentrum für Kunst und Medientechnologie (ZKM), dem Frankfurter Institut für Neue Medien (INM) und der Gottlieb Daimler- und Karl Benz-Stiftung. Durch einen Aufenthalt am National Center of Humanities

(USA) konnte ich Einblicke in die Anwendungen der Computer-
und Informationstechnologien auf die Kulturwissenschaften der
USA gewinnen. Dafür sei der Deutschen Forschungsgemeinschaft
und dem Deutsch-Amerikanischen Akademischen Konzil (DAAK)
gedankt. Für die Herstellung des Manuskripts und Hilfe beim Kor-
rekturlesen danke ich last but not least meinen MitarbeiterInnen Jutta
Janßen, Dipl.-Phys. Michael Klein, Priv.-Doz. Dr. Dr. Theodor Lei-
ber und Jens F. Nusser.

Klaus Mainzer

# Inhaltsverzeichnis

# 1 Einleitung

Die modernen Computer-, Telekommunikations- und Medientechnologien (‚Multimedia') führen zu grundlegenden Veränderungen unserer Arbeits- und Lebenswelt. Die Rede ist von Teleworking, Telebanking und Teleshopping in virtuellen Märkten, Firmen, Banken und Kaufhäusern, die nur in weltweiten Computer-, Informations- und Kommunikationsnetzen existieren und Raum und Zeit überwinden. *Virtuelle Realität*' ist bereits ein intensives Forschungsgebiet der Informatik, in dem computererzeugte Szenarien der Natur, Technik und Medizin anschaulich erfahrbar werden. Mit Internet und World Wide Web leben und arbeiten wir bereits in virtuellen Netzwelten, in denen wir unser Wissen speichern, Innovationen planen, Geschäfte tätigen und Entspannung und Unterhaltung suchen.



Die moderne Wissensgesellschaft scheint sich zunehmend wie ein globales Gehirn zu entwickeln, dessen Akteure über Computernetze wie Nervenzellen über Nervennetze kommunizieren. Die Computernetze der *Wissensgesellschaft* erzeugen eine virtuelle Realität, die an die Vorstellungen und Gedanken biologischer Gehirne erinnert. Mit Blick auf die biologische Evolution sprechen einige bereits von einem neuen Superorganismus, in dem technische Artefakte über Computernetze mit Menschen und ihren Gehirnen zusammenwachsen.



Tatsächlich sind Menschen aber anders als Nervenzellen. Menschen haben Bewußtsein und Gefühle, sie planen und denken, Zellen nicht. Allerdings gibt es auch Gemeinsamkeiten. Die komplexen Kommunikationsnetze können in der Wissensgesellschaft ebensowenig von einzelnen Menschen kontrolliert werden wie das Gehirn von einzelnen Zellen. *Wissensmanagement* ist ein zentrales Problem der Wissensgesellschaft wie die Koordination von Nervensignalen in komplexen Nervennetzen. Daher werden autonome und in einem gewissen Maß *intelligente Agenten* eingesetzt, die als Softwaremodule oder Roboter menschliche Akteure bei der Problemlösung in der Wissensgesellschaft unterstützen sollen. Sie ergänzen, koordinieren und vernetzen die intelligenten Funktionen, die bereits in der Informationsverarbeitung unserer technischen Geräte und Anlagen stecken – vom Auto über Telefon bis zu Bibliotheken, Versandhäusern und Fabrikanlagen. Nach der ‚*Künstlichen Intelligenz*' eines Computers wird in der Informatik nun über die ‚*Verteilte Künstliche Intelligenz*' (engl. Distributed Artificial Intelligence) von Computernetzen nachgedacht.



Traditionell verstand sich die *Informatik* als diejenige Wissenschaft, die sich mit der Hardware und Software des Computers als programmgesteuerter Rechenmaschine beschäftigte. Bereits in ihrer Frühphase bei Konrad Zuse und Alan Turing zeigte sich der interdisziplinäre Zuschnitt der Informatik, in der sich ingenieurwissenschaftliches Arbeiten mit logisch-mathematischen Methoden verband. Heute reichen die Themen der Informatik von Datenstrukturen, Wissensrepräsentationen, Algorithmen, Programmen, Softwarewerkzeugen, Datenbanken, Informationssystemen, Softwaresystemen zur Steuerung von Geräten, Anlagen und Prozessen bis zur Unterstützung menschlicher Fähigkeiten in der künstlichen Intelligenz, dem Management komplexer Kommunikationsnetze mit verteilter künstlicher Intelligenz und der Simulation komplexer Prozesse von Natur und Technik, Wirtschaft und Gesellschaft in Robotik und virtueller Realität. Damit ist Informatik heute mit nahezu allen Wissenschaften verbunden und eine *interdisziplinäre Wissenschaft* par excellence. Sie sitzt buchstäblich wie die Spinne in den komplexen Informations- und Kommunikationsnetzen der modernen Wissensgesellschaft. Diese Verbindung mit dem Wissen und den Methoden nahezu aller Wissenschaften schließt an die ältere Tradition der Philosophie an. Im Unterschied zur Philosophie geht es in der Informatik immer auch um die technisch-maschinelle Umsetzung des Wissens.



Informatik verändert und ergänzt Methoden und Problemlösungen in den Einzelwissenschaften. Sie wird umgekehrt aber auch von Themen und Denkweisen der Einzelwissenschaften beeinflußt. Bemerkenswert ist heute die Dominanz der Wissenschaften vom Leben. In Forschungsrichtungen wie Bioinformatik und ‚*Künstliches Leben*' (engl. ‚Artificial Life') wird darüber nachgedacht, welche Anleihen aus der belebten Natur von der molekularen Ebene über die kognitiven Leistungen des Gehirns bis zur ökologischen Interaktion von Populationen neue Architekturen oder Prinzipien für die Entwicklung von Hardware- und Softwareprodukten versprechen. Der Einfluß der Geistes- und Sozialwissenschaften reicht von der Philosophie, Psychologie, Sprach- und Kognitionswissenschaft bis zu Wirtschafts- und Sozialwissenschaften. Es geht um die Entwicklung intelligenter Verfahren der Wissensdarstellung und Wissensverarbeitung beim maschinellen Lernen ebenso wie um Erkenntnisse für die Gestaltung von Mensch-Maschine-Schnittstellen und die sozial verträgliche Einbettung von Informationssystemen in die Arbeits- und Lebenswelt.



Im *Teil I* werden zunächst die *Grundlagen und technischen Voraussetzungen von Computernetzen und ihrer Wissensverarbeitung* beschrieben. Am Anfang steht die programmgesteuerte Rechenmaschine und die darauf aufbauenden Rechnerstrukturen und Algorithmen. Prozessor und Speicher sind Verstand und Gedächtnis eines Computers. Computersimulationen, Visualisierungen und Animationen komplexer Prozesse in ‚virtueller Realität' erfordern erhebliche Steigerungen der Rechenleistungen. Wenn die Arbeit nicht mehr von einem Prozessor allein bewältigt werden kann, liegt es nahe, mehrere Prozessoren gleichzeitig arbeiten zu lassen. Parallelrechner und Supercomputer spielen eine große Rolle für das Komplexitätsmanagement in Computernetzen und die Erzeugung virtueller Realität. Neben Algorithmen der Wissensverarbeitung ist die langfristige Speicherung von Wissen und der kontrollierte Zugriff darauf eine zentrale Aufgabe der Informatik. Sie wird durch rechnergestützte Informations- und Datenbanksysteme realisiert.

**Grundlagen von Computernetzen**

Die Leistungen von Computernetzen von der Kommunikation über den Einsatz von Netzagenten bis zu Visualisierung und virtueller Realität wären nicht möglich ohne neue Entwicklungen moderner Softwaretechnik. Gemeint ist die Tendenz vom maschinennahen zum *objektorientierten Programmieren*. Ausführlich wird auf die Entwicklung von prozeduralen Sprachen wie C zu objektorientierten Sprachen wie C$^{++}$ und Java eingegangen. Java erlaubt Programme für alle möglichen Computer und Betriebssysteme im Internet. Damit ist Java auf dem besten Weg zu einer universellen Netzsprache. Zudem prüft die ‚*virtuelle Java-Maschine*' jeden Informationscode und trägt damit der Sicherheit im Netz Rechnung. Für wissensbasierte Systeme, wie sie z.B. in Expertensystemen der Künstlichen Intelligenz und Robotik verwendet werden, bilden deklarative Programmiersprachen wie LISP oder PROLOG die Voraussetzung. In einem ehrgeizigen KI-Unternehmen wie CYC soll ein *wissensbasiertes System* durch Ausweitung auf das Internet immer menschenähnlicher zu entscheiden lernen. Menschliches Alltagswissen wird dazu von weltweit verteilten Forscherteams in eine KI-Sprache übersetzt und in einer *virtuellen Wissensbank* zusammengetragen. In diesem Abschnitt wird auch zu klären sein, wie *Wissen* von Information, Nachrichten und Signalen in Computernetzen zu unterscheiden ist.

**Objektorientiertes Programmieren**

**Java**

**Wissensbasierte Systeme im Internet**

Wie verändern sich Wissenschaft und Technik unter dem Einfluß der neuen Computer- und Informationstechnologien? In *Teil II* geht es zunächst um die Veränderungen in Naturwissenschaften, Technik und Medizin. Computernetze erzeugen eine *virtuelle Natur*, um die Beobachtung der Natur durch Visualisierung und Simulation möglicher Szenarien zu erweitern. Traditionelle Forschungsformen der Naturwissenschaften wie Experimente und mathematische Gleichungen werden durch Computerexperimente und Computermodelle ergänzt. Computerexperimente werden sogar in der reinen *Mathematik* bei der Problem-, Beweis- und Lösungsfindung eingesetzt. Komplexe geometrische Strukturen werden durch computergestützte Visualisierung anschaulich und in Computernetzen interaktiv erfahrbar.





In der *Physik* gibt es Computermodelle *kosmischer Szenarien* – vom virtuellen Galaxiencrash bis zu virtuellen schwarzen Löchern. Die *Quantenwelt* wird in Computermodellen nicht nur bildhaft erfahrbar, sondern eröffnet Perspektiven auf neue atomare Schaltnetze und Rechnerarchitekturen mit Steigerung der Rechenleistungen. Parallelrechner und Supercomputer erlauben bereits Computersimulationen *komplexer Strömungsdynamik* und *Materialstrukturen*. In Computernetzen arbeiten Wissenschaftler an verschiedenen Orten an gemeinsamen virtuellen Modellen. Abstrakte Datenstrukturen, die vorher nur analytisch durch nichtlineare Differentialgleichungen oder in numerischen Approximationen zugänglich waren, werden in Computermodellen unmittelbar sichtbar und inspirieren die Kreativität der Forscher. Von besonderer Aktualität sind Computermodelle der *globalen Klimaentwicklung*, die Informationsauswertungen in weltweiten Computernetzen voraussetzen.



In der *Chemie* können komplexe Molekülstrukturen durch CAMD (Computer Aided Molecular Design)-Verfahren anschaulich visualisiert und im Computernetz als Bausteine der Forschung zur Verfügung gestellt werden. In *Biochemie* und *Molekularbiologie* treten komplexe Systeme und Datenmassen auf, die zunehmend nur noch mit den computergestützten Methoden der *Bioinformatik* bewältigt werden können.





Dabei geht es nicht nur um Visualisierungen im Computernetz. Bereits John von Neumann bewies in den 50er Jahren, daß *zelluläre Automaten* unter bestimmten Voraussetzungen in der Lage sind, einzelne *Lebenskriterien* wie z.B. die Selbstreproduktion zu realisieren. Mit zellulären Automaten und genetischen Algorithmen lassen sich tatsächlich wesentliche Aspekte der Evolution erfassen. Die Codenummer eines Automaten mit ihren verschlüsselten Befehlen wird als *Genotyp* eines virtuellen Organismus verstanden. Der *Phänotyp* dieses *virtuellen Organismus* zeigt sich in den zellulären Mustern, die bei unterschiedlichen Anfangsbedingungen erzeugt werden. Zufälliger Austausch von Regelcodes entspricht einer Mutation. Verschiedene Rekombinationen von Teilsträngen der Codenummern ermöglichen eine *virtuelle Gentechnologie*.

Die *virtuelle Evolution* einer Automatenpopulation bedeutet, daß genetische Algorithmen mit Mutation, Rekombination und Selektion zur Optimierung von Automatengenerationen führen. Nach diesem Prinzip wurden in den letzten Jahren mehrere *Evolutionsspiele in Computernetzen* erprobt. In Thomas Rays TIERRA strebt eine Population von virtuellen Kreaturen ('creatures') einem ökologischen Gleichgewicht zu, das von den Randbedingungen der jeweiligen virtuellen Umwelt abhängt. Um die Variabilität zu erhöhen, schlägt der Autor eine Erweiterung des Evolutionsspiels auf das Internet vor. Auch POLYWORLD oder SIMLIFE simulieren die Dynamik *virtueller Ökosysteme*.

Gencodes reichen allerdings keineswegs aus, um reaktives und adaptives Verhalten, Lernfähigkeit, Emotion und Bewußtsein von hochentwickelten Organismen zu erklären. Grundlage sind komplexe neuronale Systeme wie das menschliche Gehirn. Seine Dynamik liefert die Blaupausen für Lernalgorithmen, mit denen in der *Neuroinformatik* neuronale Netze ausgestattet werden. Computersimulationen erlauben faszinierende Einblicke in *virtuelle Gehirne*. Voraussetzung ist eine Programmiertechnik wie der Simulator GENESIS, der UNIX als Betriebssystem verwendet. Virtuelle Gehirne entstehen jedoch nicht nur in einzelnen Workstations, sondern können im *Internet* für Lern- und Forschungszwecke interaktiv erfahren werden.

Damit sind wir beim spannenden Thema der *,virtuellen Medizin'*. Interaktive 3D-Grafiken des menschlichen Organismus eröffnen neue Möglichkeiten der medizinischen Ausbildung, aber auch der Diagnose und Therapieplanung. Der *,virtuelle Patient'* bleibt natürlich eine visuelle Projektion im medizinischen Informationsraum und ersetzt nicht den kranken Menschen. In der *Telemedizin* wird der virtuelle Patient im Internet verfügbar. Hier sind erhebliche Sicherheitsfragen zu lösen, um unzulässige Zugriffe im Netz zu verhindern. In der *Technik* gehören virtuelle Modelle längst zur Entwicklungsplanung – vom Flugzeug und Automodell bis zu neuen Materialien und Medikamenten. Im Computernetz können *virtuelle Prototypen* von weltweit kooperierenden Forschungsteams realisiert werden.

In Naturwissenschaft, Medizin und Technik haben wir die ersten Computer- und Kommunikationsnetze kennengelernt, mit denen die menschliche Gesellschaft weltweit verbunden ist. Im Zeitalter der Globalisierung ist das Thema der *,virtuellen Gesellschaft'* in aller

Virtuelle
Evolution im
Computernetz

Neuroinformatik

Virtuelle Gehirne

Virtuelle Medizin

Virtuelle Technik

Munde. Darum geht es im *Teil III*. Mit ihren technischen Computer- und Informationsnetzen entwickelt die menschliche Gesellschaft neue Formen kollektiver Intelligenz. Internet und World Wide Web erscheinen als Einstieg in die digitale Evolution virtueller Netzwelten.

Die Informationsflut in diesen Netzwelten kann allerdings von einem einzelnen Nutzer nicht mehr bewältigt werden. Zur Unterstützung werden mehr oder weniger anpassungs- und lernfähige Softwareprogramme (*‚Agenten'*) eingesetzt, die selbständig (*‚autonom'*) sich Wünschen und Zielen des menschlichen Nutzers z.B. bei der Auswahl von Netzinformationen anpassen. Da diese virtuellen Agenten mit simulierten Eigenschaften lebender Systeme ausgestattet werden, verbindet sich an dieser Stelle die Forschungsrichtung der *‚Verteilten Künstlichen Intelligenz'* mit *‚Künstlichem Leben'*. Analog zur *virtuellen Evolution* einer Automatenpopulation könnte eine *Population von Softwareagenten* ihre Fitnessgrade verbessern oder selektiert werden, je nachdem wie erfolgreich sie die gestellten Aufgaben löst oder sich einer ständig verändernden Netzumwelt anpassen kann.

Virtuelle Agenten können *stationär* am Arbeitsplatz des menschlichen Nutzers wie persönliche Assistenten wirken und selbständig z.B. die E-Mail nach den gelernten Nutzerwünschen auswählen. Sie können aber auch als *mobile Agenten* ins World Wide Web geschickt werden, um an verschiedenen Orten selbständig z.B. Informationsrecherchen vorzunehmen. Ein praktischer Vorteil mobiler Agenten ist die Minimierung von Online-Zeit und damit von Kosten. Als *‚geklonte' Softwarewesen* können sie zudem in beliebiger Vielzahl an verschiedenen Orten gleichzeitig arbeiten.

In einem offenen *elektronischen Dienstleistungsmarkt* können auch stationäre mit mobilen Agenten verbunden werden. Der Anbieter einer Dienstleistung (z.B. Datenbank) stellt einen stationären Agenten quasi wie einen elektronischen Bibliothekar zur Verfügung, der auf die Wünsche des geschickten mobilen Agenten eingeht. Der mobile Agent könnte z.B. bei erfolgloser Suche nach einer bestimmten Information vor Ort selbständig entscheiden, eine damit zusammenhängende Information zu suchen, auf die ihn vielleicht der Anbieteragent aufmerksam gemacht hat. Die Reaktionen und Kommunikationen der Agenten erfolgen häufig in der *Programmiersprache Java*. Mit wachsender Komplexität der Computer- und Kommunikationssysteme werden *virtuelle Agenten* für das *Wissensmanagement* ebenso unverzichtbar sein wie mikrobielle Organismen für die Lebensfähigkeit des menschlichen Körpers. Bei ungelösten Sicherheitsproblemen könnten sie sich leider auch als gefährliche Computerviren verselbständigen.

Je nach Aufgabenstellung sind virtuelle Agenten unterschiedlich *spezialisiert*. Neben den persönlichen elektronischen Assistenten, die sich autonom den veränderten Wünschen der Nutzer anpassen, wird es Netzagenten geben, die in den heterogenen Multimedia-Systemen des Netzes (Datenbanken, Textsysteme, Grafiksysteme etc.) Informationen sammeln. *Wissensagenten* werden sie filtern und integrieren, andere weiterleiten und speichern, *Sicherheitsagenten* im Sinne eines *virtuellen Immunsystems* werden System und Information schützen etc. Prinzipiell könnten virtuelle Agenten mit einer Skala von mehr oder weniger starken Fähigkeiten ausgestattet werden. In der bisher realisierten *schwachen Agententechnologie* entscheiden stationäre oder mobile Softwareprogramme autonom über vorgegebene Ziele, reagieren auf veränderte Netzsituationen und tauschen Informationen aus. Ein wirtschaftliches Beispiel sind *Investoragenten*, die aufgrund von Entscheidungsregeln über gute oder schlechte Börsennachrichten den An- und Verkauf von Wertpapieren zur Zusammensetzung eines günstigen Portfolio vorschlagen. Diese Agententechnologie läßt sich als Erweiterung *aktiver Datenbanken* verstehen, die bereits autonom mit regelbasierten Programmen durch die Anwendung von Geschäftsregeln (z.B. Benutzungsrechte) über laufende Informationserweiterung oder Informationssicherung entscheiden können.

In einer *starken Agententechnologie* sind virtuelle Agenten *lernfähig* und *flexibel*, verfolgen eigene *Ziele*, verfügen über eine Motivationsstruktur („*Emotionen*') und registrieren ihre Identität („*Bewußtsein*'). Lernfähigkeit und Flexibilität läßt sich bereits durch *Hybridsysteme* realisieren, die z.B. die Architektur und Lernalgorithmen von neuronalen Netzen mit den flexiblen und unscharfen Klassifikationsregeln von Fuzzy-Systemen verbinden. Aufgrund von Beispielen erlernt dieser *neuronale Fuzzy-Agent* ein Benutzerprofil mit mehr oder weniger unscharfen Präferenzen. Die Entwicklung dieser lernfähigen und flexiblen Hybridagenten ist also durch Gehirnforschung, Neuroinformatik und Psychologie inspiriert.

Weiterführende Eigenschaften wie *Emotionalität* und *Bewußtsein* werden in der Informatik keineswegs verfolgt, um virtuelle Homunculi im World Wide Web zu schaffen. Wir wissen vielmehr aus der *Gehirnforschung* und *Psychologie*, daß komplexe und langwierige Problemlösungen beim Menschen ohne Motivation, Emotion und Intuition nicht möglich sind. Zudem könnte „*Affective Computing*' zu einer erheblichen Verbesserung des Interface von Netz und Nutzer beitragen. Ein persönlicher Softwareagent könnte aus den emotionalen Reaktionen des Nutzers erkennen, welche Präferenzen bei der täglichen Flut von Informationen und Ereignissen vorzunehmen sind, ohne daß sie explizit angegeben werden müßten. Emotionen

Wissensagenten

Sicherheitsagenten

Investoragenten

Neuronale Fuzzy-Agenten

Affective Computing

wie z.B. Ärger, Mißfallen oder Freude lassen sich durch komplexe Muster von physiologischen Signalen charakterisieren, die z.B. von Muskelkontraktionen, Blutdruck, Hautleitfähigkeit und Atmung bis zur Gesichts- und Stimmenveränderung reichen. An die Stelle von Maus und Keyboard treten mit Sensoren ausgestattete Systeme zur *Erkennung emotionaler Muster*. So könnte uns z.B. ein Software-agent daran erinnern, daß wir vor Wochen beiläufig auf einen ‚aufregenden Artikel' stießen, der für eine aktuelle Problemlösung einschlägig ist. Man denke aber auch an das *verbesserte Interface für Kranke und Behinderte* (Extremfall Stephen Hawking), die nicht mit Händen und Gliedmaßen arbeiten können.

Wenn virtuelle Agenten mit Motivationen und Intuitionen ausgestattet werden sollen, müssen Emotionen in Softwareprogrammen modelliert werden. Das *konnektionistische Modell* CATHEXIS (1996) synthetisiert komplexe Emotionen aus basalen Emotionstypen (Ärger, Freude, Furcht etc.), deren Intensität von neuronalen, sensomotorischen, motivierenden und kognitiven Effekten und den gegenseitig hemmenden oder verstärkenden Wechselwirkungen der Emotionstypen abhängen. Reaktionen werden durch Überschreiten von Schwellenwerten ausgelöst. Nach der modernen Gehirnforschung sind Denken und Fühlen deshalb eng verbunden, da die entsprechenden Gehirnareale wie *Cortex* und *limbisches System* eng vernetzt sind. Einige Systeme modellieren daher die Schaltzentralen des limbischen Systems (Amygdala bzw. Mandelkerne) als emotionales Netzwerk und den Cortex als kognitives Netzwerk. Die Stimuli des emotionalen Netzwerks verändern die Lernraten des kognitiven Netzwerks, das selber ‚lähmend' oder ‚anregend' auf das emotionale System zurückwirkt.

Softwareagenten, die mit solchen neuronalen Netzen ausgestattet sind, schlagen Problemlösungsstrategien ein, die an Menschen erinnern. Wenn ein Suchraum für Lösungen zu groß und unstrukturiert ist, verläßt man sich lieber auf ein ‚gutes Gefühl' (*Intuition*), das mit ähnlichen Entscheidungen in der Erinnerung (Speicher) verbunden wurde. Tatsächlich vertrauen menschliche Experten mehr auf die Intuition als auf regelbasiertes Wissen. *Softwareagenten mit emotionaler Intelligenz* würden erfolgreicher durch das World Wide Web navigieren.



Häufig wird eingewendet, daß Softwareprogramme nie empfinden werden. Tatsächlich modelliert ein *Softwareprogramm* nur die *Gesetze emotionaler Dynamik*. Auch Galileis Fallgesetz modelliert nur die Dynamik des freien Falls, ohne selber zu fallen. Ein geeignetes System, das mit affektiver Software ausgestattet ist, wird aber eigene emotionale Zustände durchaus registrieren (‚*bewußt erleben*') können. Es könnte auch seine eigene Erfolgs- oder Mißerfolgsgeschichte speichern und aus diesem *‚Selbstbewußtsein'* Motivationen für zukünftige Handlungen ableiten. Der biochemische Gehirnapparat der natürlichen Evolution ist nur ein Beispiel für solche Systeme. *Menschliche Emotionen* sind allerdings hochkomplex und hängen von persönlichen Entwicklungen ab. Daher ist nicht zu erwarten, daß Softwareagenten wie Menschen empfinden werden. Es ist aber auch *ethisch* nicht wünschenswert, da es bei *‚Affective Computing'* um technisch erfolgreiche Problemlösung im Dienst des Menschen geht. Sie läßt sich bereits bei einer Ausstattung mit emotionalen Fragmenten erreichen.

*Komplexitätsmanagement* in der Wissensgesellschaft ist heute vor allem in der *Wirtschaft* erforderlich. In der traditionellen Industriegesellschaft bestimmten Rohstoffe, Fabriken, Waren und Märkte den Wirtschaftsprozeß. In einem Unternehmen mußte die physische Wertschöpfungskette von der Innovation über Produktionsabläufe und Marketing bis zum Verkauf und Kunden effektiv gestaltet werden. Mit Hilfe leistungsstarker Computer- und Informationssysteme lassen sich die komplexen Organisations-, Beschaffungs- und Verteilungsprobleme nicht nur besser überschauen, sondern die Informationsverarbeitung dieses Wissens erzeugt auch einen zusätzlichen Wert. Beispiele sind Auto- und Flugzeugunternehmen, die ihre Produktionsentwicklung an virtuellen Prototypen in Computernetzen mit weltweit verstreuten Konstrukteuren und Marketingexperten betreiben. Softwarehäuser, Direct Marketeers, Finanzdienstleister und Versicherer kommunizieren mit ihren Kunden im Netz und schaffen mit ihren Datenbanken immer neue Produkte und Leistungen. In der Wissensgesellschaft sind die physischen Wertschöpfungsketten zusätzlich mit *virtuellen Wertschöpfungsketten* vernetzt. Im Wirtschaftsleben der Wissensgesellschaft werden Teleworking, Telebanking und Teleshopping alltäglich sein.

Es ist bemerkenswert, daß auch die moderne Wirtschaftstheorie zunehmend auf *Modelle der Biowissenschaften* zurückgreift. Der Wandel der wirtschaftlichen Unternehmen durch Innovation, Vielfalt und Wettbewerb erinnert an die Evolution der biologischen Arten durch Mutation, Variabilität und Selektion. Im Zeitalter von Globalisierung, Vernetzung und weltweiter ökonomischer Probleme bestimmt *Entscheidungsfindung bei hoher Komplexität und Unsicherheit* unseren Alltag. Traditionelle Rationalitätsmodelle der Wirtschaftswissenschaften wie der ‚homo oeconomicus' erweisen sich als Relikte von Gleichgewichtsfiktionen, die in komplexen und unsicheren Entscheidungssituationen zu falschen Erwartungshaltungen führen. Anstelle von Marktgleichgewicht und Grenznutzenoptimierung durch rationale Wirtschaftssubjekte werden der Marktprozeß und der wirtschaftliche Wandel betont. Er wird unter Bedingungen

Virtuelle
Wirtschaft

Virtuelle Wertschöpfungskette

Entscheidung
bei hoher Komplexität und
Unsicherheit

der Unsicherheit von Wirtschaftssubjekten mit begrenzter Rationalität herbeigeführt. Im Wissensmanagement werden daher *Softwareagenten mit Fuzzy-Systemen und neuronalen Netzen* verwendet.



Sie ersetzen allerdings keineswegs menschliche Innovationsfähigkeit, die erst die Vielfalt wirtschaftlicher Unternehmen erzeugt und den *wirtschaftlichen Wandel durch Wettbewerb* antreibt.

In der Wissensgesellschaft werden Computer- und Informationstechnologien nach der gesprochenen und gedruckten Sprache zur *neuen Kulturtechnik*. Die klassische Kulturtechnik des Buches



prägte die traditionelle Rolle vom ‚aktiven' (schreibenden) Autor und ‚passiven' (rezeptiven) Leser. Es entstand der Buchgelehrte, dessen Sätze  Zeile für Zeile (*‚linear'*) auf Seiten abgedruckt und nacheinander (*‚sequentiell'*) in einem Buch gebunden werden. Arbeit am Text ist aber tatsächlich *nichtlinear* und *nichtsequentiell*, d.h., Namen und Begriffe werden in anderen Büchern nachgeschlagen, die wiederum auf andere Texte verweisen und mit Bildern, Quellenangaben, Interpretationen und vielen anderen Kontexten verbunden werden. Ein computergestützter *Hypertext* trägt dieser Arbeitsweise



Rechnung. Er löst einen Text in ein Netzwerk von Knoten auf, die Informationen durch statische und dynamische Medien darstellen und illustrieren. Der Leser navigiert selbst nach seinem Wissen und seinen Interessen durch den Hypertext und kann ihn aktiv erweitern und verändern. Die *Gutenberg-Galaxis* mit ihren klassischen Bibliotheken scheint sich im World Wide Web aufzulösen. *Objektori-*



*entierte Programmiersprachen* wie *Java* liefern dazu die Rahmenbedingungen.

Damit verändern sich auch *Arbeitsmethoden in den Geisteswissenschaften*. Bereits im Personal Computer (PC) läßt sich Wissen



über Sprache, Literatur und Geschichte als computergestützter Hypertext multimedial erschließen. Der Sprach-, Literatur- oder Kulturwissenschaftler navigiert nach seinen Forschungsinteressen durch einen weltweiten Informationsraum, dessen Daten-, Ton- und Videodokumente durch Hyperlinks verbunden sind. *Multimedia-Datenbanksysteme* und *virtuelle Bibliotheken* erlauben im Netz navigierenden Zugriff auf gespeichertes Bildmaterial und bildinhaltli-



che Recherchen. *Softwareagenten* werden auch im *kulturwissenschaftlichen Wissensmanagement* unverzichtbar.

Damit verändert sich die Ausbildung in *Hochschulen und Universitäten*. Traditionelle Frontal-Vorlesungen in den Massenfächern können durch multimediale Hypertext-Systeme ergänzt werden, die von einzelnen StudentInnen oder kleinen Studiengruppen am PC



interaktiv genutzt werden. Im Internet erhöhen solche Lehrangebote die Attraktivität und Wettbewerbschancen einer Universität. Teleworking in *virtuellen Universitäten* wird in wenigen Jahren zum *lebenslangen Lernen in der Wissensgesellschaft gehören.*

In den Computernetzen der Wissensgesellschaft werden also neue Zusatzqualifikationen von *Geisteswissenschaftlern* erforderlich. Als Kernfelder lassen sich *Netzqualifikationen* nennen, die nach Neigung und Begabung mit der klassischen Ausbildung in z.B. Sprachwissenschaft, Geschichte oder Philosophie kombiniert werden. Gemeint sind die Bereiche Konzeption, Gestaltung, Illustration, Programmierung, Produktionsmanagement etc. bei der Hypertext-Herstellung. Um ein entsprechendes *virtuelles Projekt* realisieren zu können, sind solche Qualifikationen in Teams zu vereinigen. Mit den Computer- und Informationstechnologien wird die Teamarbeit auch in den Geisteswissenschaften einziehen.

*Visualisierung und Virtualisierung der Erlebniswelt* verändern auch die künstlerische Arbeit. Traditionell wurden handgemachte Bilder als visuelles Darstellungs- und Ausdrucksmittel der *Kunst* verwendet. Mit der Medientechnologie im Internet eröffnen sich neue Interaktionsmöglichkeiten der Kunst mit einem weltweiten Publikum. Telepräsenz und Cyberspace ermöglichen es Künstlern und Publikum, sich in einem Daten- und Informationsprogramm zu treffen und miteinander zu kommunizieren. *Virtuelle Kunstwerke* entstehen, die nur in Computer- und Kommunikationsnetzen existieren und Raum und Zeit überwinden. Auch in der Kunst geht es nicht um die Ersetzung menschlicher Kreativität, sondern um das Ausloten der Möglichkeiten, die Computernetze anbieten.

Damit sind wir bei der Zukunft und den Wertfragen von Computernetzen und virtueller Realität angelangt, die im letzten *Teil IV* behandelt werden. Das *Leben in virtuellen Netzwelten* will gelernt sein. In der digitalen Globalisierung könnten sich virtuelle Netzwelten herausbilden, deren Eigendynamik trotz Einsatz von virtuellen Wissensagenten nicht mehr beherrschbar ist. Wissensmanagement in Computernetzen erfordert nicht nur *technische Kompetenz.* In Zukunft unangefochten gefragt bleiben klassische Fähigkeit der *sozialen, sprachlichen und kommunikativen Kompetenz*, die vom Computer nicht übernommen werden können. Diese klassischen Kompetenzen verbunden mit technischem Know-how in Multimedia, Informations- und Kommunikationsnetzen eröffnen neue Berufsmöglichkeiten. Die Erziehung zum verantwortungsbewußten Umgang mit den Computer- und Informationstechnologien ist die *ethische und rechtliche Herausforderung* einer interdisziplinär orientierten Informatik. Sie zielt darauf ab, *Computernetze als humane Dienstleistung in der Wissensgesellschaft* einzusetzen.

# Teil I
# Computernetze und Computerwissen

Hochentwickelte moderne Computer werden vom Benutzer nur noch als *,virtuelle Maschinen'* wahrgenommen, deren Betriebssysteme die Steuerung und Verwaltung der Hardware übernommen haben. In weltweiten Computernetzen müssen diese virtuellen Maschinen verbunden werden. Computernetze erfordern daher nicht nur neue Hardware-, sondern auch Softwareentwicklungen für Betriebssysteme und passende Netzsprachen. Erst auf dieser Grundlage werden Wissensverarbeitung und Kommunikation im Netz möglich.

# 2 Vom Rechner zum Computernetz

Computer waren zunächst nur einzelne programmgesteuerte Maschinen zur automatischen Datenverarbeitung. Bis in die 60er Jahre waren sie nur von einem Experten zu bedienen, der nacheinander große Datenmengen abarbeiten ließ. Seit den 70er Jahren konnten mehrere Experten gleichzeitig an einer Maschine arbeiten ('Time Sharing'). Die Mikroprozessorentechnik der 80er Jahre erlaubte es, die Zentraleinheit eines Rechners auf einem einzigen Chip unterzubringen. Damit wurden kleine und preiswerte Arbeitsplatzrechner möglich, deren Rechenzeit nicht mehr auf mehrere Nutzer verteilt werden mußte. Zudem sorgte eine verbesserte Benutzeroberfläche für eine massenhafte Verbreitung. Mit zunehmender Vernetzung verwandeln sich Computer seit den 90er Jahren in Kommunikationssysteme. Steigerung der Rechenleistungen macht zudem multimediale Nutzung und den Einstieg in die komplexen Datenräume virtueller Realität möglich. Mit Parallelrechner und Supercomputer gelingen immer komplexere Computersimulationen. Die Datenbanken der Computernetze sind das Gedächtnis der Wissensgesellschaft.

## Von-Neumann-Computer und Algorithmen

Die Grundprinzipien eines programmgesteuerten Computers haben sich seit den ersten *Prototypen* von John von Neumann und Konrad Zuse wenig geändert. Unabhängig von der technischen Realisation können wir demnach von einer Architektur wie in Abb. 1 ausgehen. Ein Benutzer kommuniziert mit dem Computer über ein *Terminal*, das heute wenigstens aus einer Tastatur und einem Bildschirm besteht. Die Ersteingabe von Daten erfolgt über die Tastatur mit Tasten für Buchstaben, Ziffern und Sonderzeichen. Der Bildschirm ist heute die wichtigste Ausgabeeinheit mit visuellen Daten aus Symbolen, Grafiken und Bildern. Bildschirmpositionen können durch Zeigegeräte wie z.B. eine Maus aufgesucht werden. Im Zeitalter von Multimedia wird das Terminal häufig durch Mikrofon und Lautsprecher für akustische Signale ergänzt. Ein klassisches Ausgabegerät ist der Drucker, der die Ergebnisse der Datenverarbeitung auf Papier ausdruckt. Die Verarbeitung der Daten erfolgt im Prozessor. Der *Zentralprozessor* CPU (engl. *C*entral *P*rocessing *U*nit) übernimmt die Steuerungs- und Ausführungsaufgaben. Dabei greift er auf einen *Arbeitsspeicher* zurück. Für langfristige Datenspeicherung nach Abschalten des Computers dienen *Massenspeicher* wie z.B. Festplatten und Disketten. Zusätzlich können Computer mit einem *Computernetz* verbunden sein.

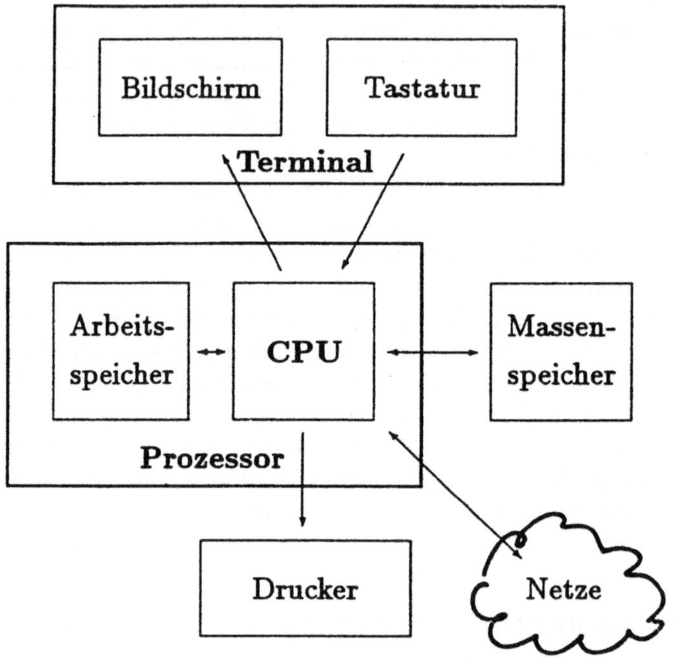


**Abbildung 1**
Aufbau eines programmgesteuerten Computers

Maschinelle Datenverarbeitung setzt voraus, daß Daten in *physikalische Zustände des Computers* übersetzt werden. Im Prozessor werden dazu zwei Impulse mit verschiedener Spannung unterschieden. Der einzelne Impuls heißt *Bit* (engl. *B*inary Dig*it*). Daher werden Ziffern, Buchstaben und Sonderzeichen in einen *Binärcode* aus den Symbolen 0 und 1 übersetzt, dem eine Bitfolge der beiden unterschiedlichen Stromimpulse als den physikalischen Zuständen der Maschine entspricht. So wird z.B. die Dezimalzahl 10 wegen $10 = 1 \cdot 2^3 + 0 \cdot 2^2 + 1 \cdot 2^1 + 0 \cdot 2^0$ in die Dualzahl 1010 umgerechnet. Während Dezimalzahlen in Dualzahlen codiert werden können, müssen für

Bit

Buchstaben und Sonderzeichen besondere Binärcodes vereinbart werden. Nach dem ASCII-Code (engl. *American Standard Code for Information Interchange*) werden dazu Codes aus acht Bits (*Byte*) verwendet. Daher ist ein Byte die kleinste Informationseinheit für ein Zeichen. Um die langen Binärcodes kürzer darstellen zu können, wird der Hexadezimalcode eingesetzt. Grundlage sind die zehn Ziffern von 0 bis 9 und die sechs Buchstaben von A bis F (also A für die Dezimalzahl 10, B für 11, ..., F für 15). Beim ASCII-Code wird ein Byte in zwei Halbbytes aus je vier Dualzahlen getrennt und jedem Halbbyte eine Hexadezimalzahl zugeordnet.

Byte

| Zeichen | j | | | | | | | |
|---|---|---|---|---|---|---|---|---|
| | Halbbyte | | | | Halbbyte | | | |
| Dualzahl | 0 | 1 | 1 | 0 | 1 | 0 | 1 | 0 |
| Hexadezimalzahl | 6 | | | | A | | | |

Kenntnisse des Hexadezimalsystems benötigt der Benutzer, um z.B. die Zustände des Arbeitsspeichers beschreiben zu können. Kenntnisse des ASCII-Codes sind erforderlich, um Zeichen einzugeben, für die auf der Tastatur kein Sonderzeichen vorgesehen ist.

Bei der *Datenverarbeitung im Prozessor* sind verschiedene Komponenten des *Zentralprozessors* CPU und des *Arbeitsspeichers* zu unterscheiden. Ein CPU besteht aus einem *Rechenwerk*, das die Rechenoperation durchführt, einigen Registern, in denen Daten (*Hilfsregister*) und das Ergebnis (*Akkumulator*) aufgenommen werden, einem *Steuerwerk* bzw. *Befehlsregister*, das den jeweils anstehenden Befehl enthält, und einem *Befehlszähler* mit der Adresse des Befehls aus dem Steuerwerk. Der *Arbeitsspeicher* besteht aus Speicherzellen für Daten und Befehle. Ein *Programm* setzt sich aus einer Folge von Befehlen zusammen, die aus den Registern abgerufen, decodiert und ausgeführt werden. In Abb. 2 wird die Datenverarbeitung durch CPU und Arbeitsspeicher bei einem einfachen Additionsprogramm illustriert. Dem Programm C:=A+B liegen vier Befehle zugrunde, die von der CPU aus dem Arbeitsspeicher nacheinander angefordert, geladen und auf Daten angewendet werden:

Datenverar-<br>beitung im<br>Prozessor

Befehl 1: Lade Wert aus Speicherzelle A in den Akkumulator.
Befehl 2: Lade Wert aus Speicherzelle B in das Hilfsregister.
Befehl 3: Addiere Hilfsregistereinheit zum Akkumulatorinhalt.
Befehl 4: Übertrage Akkumulatorinhalt in die Speicherzelle C.

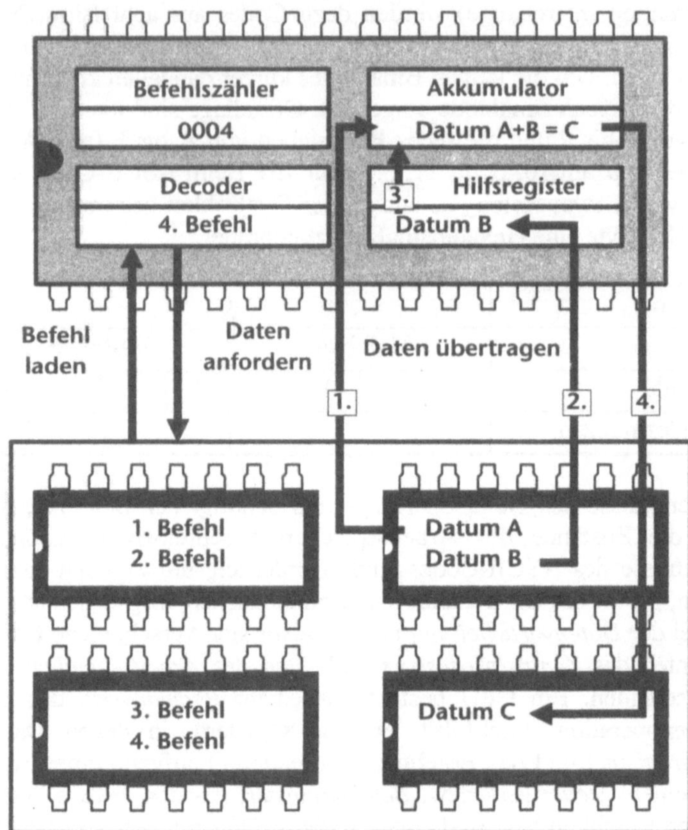


**Abbildung 2**
Additions-
programm
C:=A+B im
Prozessor

Berechenbarkeit

Nach diesem Beispiel können wir allgemein den *mathematischen Begriff der Berechenbarkeit* durch einen Computer unabhängig von seinen technischen Details definieren. Offenbar ist ein Prozessor nichts anderes als ein System von Registern, in denen Zahlencodes (z.B. als symbolische Darstellung von Impulsfolgen) gespeichert, verschoben und verändert werden. Beispiele sind der Akkumulator, die Hilfsspeicherzellen, der Befehlszähler und der Befehlsdecoder im Zentralprozessor und die Speicherzellen im Arbeitsprozessor eines Personalcomputers. Eine ideale mathematische *Registerma-schine* soll daher eine beliebige, aber endliche Anzahl von Registern enthalten, in denen jede der Zahlen 0, 1, 2, ... (oder entsprechende Codes) gespeichert werden kann.

Register-
maschine

Das *Programm einer idealen Registermaschine* enthält als *Elementaroperationen* nur die beiden Befehle, den Inhalt eines Registers um 1 zu erhöhen oder um 1 zu vermindern. Wenn ein Register bereits leer ist (also 0 enthält), soll die Subtraktion von 1 wieder 0 ergeben. Diese Elementaroperationen können durch *Verkettung* oder *Iteration* zu komplexeren Programmen zusammengesetzt werden. Unter Verkettung wird die Hintereinanderausführung zweier Programme verstanden. Bei der Iteration wird die Wiederholung eines Programms davon abhängig gemacht, ob ein Kontrollregister leer ist.

Eine mathematische Funktion (z.B. die Addition $f(x,y)=x+y$) wird durch das Programm einer Registermaschine berechnet, indem die Maschine das Programm für beliebige Inputwerte (z.B. $x$ und $y$ bei der Addition) in ihren Registern ausführt, bis sie nach endlich vielen Schritten stoppt und im Ergebnisregister (Akkumulator) der Funktionswert (z.B. $x+y$ bei der Addition) steht.

Allgemein heißt eine Funktion *berechenbar* durch eine Registermaschine, wenn es ein Programm zur Berechnung der Funktion gibt. Die Anzahl der Elementaroperationen, die ein Programm zur Berechnung benötigt, ist durch das Programm eindeutig festgelegt und hängt von den Inputwerten ab. Nun könnte eine Funktion durch verschiedene Programme berechnet werden. Die *Komplexität einer Funktion* wird daher durch das beste Programm bestimmt, das die Funktion mit der kleinsten Anzahl von Rechenschritten berechnet.

Ein alternatives, aber gleichwertiges Konzept einer idealen mathematischen Rechenmaschine stammt von Alan Turing. Eine *Turing-Maschine* soll ebenfalls jedes effektive Verfahren symbolischer Datenverarbeitung ausführen können. Sie besteht aus einem Prozessor und einem (potentiell) unbegrenztem Band, das in Felder unterteilt ist. Die Elementaroperationen eines *Turing-Programms* besagen, daß der Prozessor nacheinander (sequentiell) das Band im Arbeitsfeld mit endlich vielen Symbolen bedrucken, löschen, nach links und rechts um ein Feld verschieben oder stoppen kann. Turing- und Registermaschinen sind ideale mathematische Maschinen, da sie unbegrenzt steigerbare Speicherkapazitäten voraussetzen – sei es als unbegrenzt verlängerbares Rechenband bei der Turing-Maschine oder als unbegrenzt vergrößerbare Registeranzahl. Jedenfalls kann bewiesen werden, daß jede durch eine Turing-Maschine berechenbare Funktion auch durch eine Registermaschine berechnet werden kann und umgekehrt.

Diese mathematischen Maschinenkonzepte mögen auf den ersten Blick sehr einfach erscheinen. Vom logischen Standpunkt aus ist aber jeder universelle programmkontrollierte Computer, wie er z.B. von John von Neumann eingeführt wurde, nichts anderes als eine technische Realisation einer *universellen Turing-Maschine*, die jedes mögliche Turing-Programm ausführen kann. Analog läßt sich eine *universelle Registermaschine* definieren, die jedes Registermaschinenprogramm ausführen kann. Neben Turing- und Registermaschinen wurden verschiedene andere mathematisch äquivalente Verfahren zur Definition berechenbarer Funktionen eingeführt. So werden z.B. *rekursive Funktionen* durch funktionale Ersetzungs- und Iterationsschemata definiert, die auf elementare Funktionen wie z.B. die Nachfolgerfunktion $n(x) = x+1$ zurückgreifen. Jedes dieser verschiedenen mathematischen Berechenbarkeitskonzepte ist in einem anschaulichen Sinn berechenbar. So macht es uns offensichtlich keine Schwierigkeiten, z.B. die Nachfolgerfunktion bzw. das Hinzufügen einer Einheit (also den Zählprozeß) als berechenbar zu akzeptieren. Eine endliche Iteration oder Verkettung von berechenbaren Prozessen wird berechenbar bleiben und nicht zu unberechenbaren Prozessen führen. Zudem läßt sich beweisen, daß *alle bekannten Definitionen von Berechenbarkeit* mit Turing-Maschinen, Registermaschinen, rekursiven Funktionen etc. *mathematisch äquivalent* sind.



Daher stellte Alonzo Church in einer nach ihm benannten These (*Churchsche These*) fest, daß der Begriff der Berechenbarkeit durch eine dieser mathematischen Definitionen (z.B. Turing-Berechenbarkeit) vollständig erfaßt sei. Churchs These kann natürlich nicht bewiesen werden, da sie mathematische präzise Begriffe wie z.B. Turing-Maschinen, Registermaschinen oder rekursive Funktionen mit intuitiven Vorstellungen von Berechenbarkeit vergleicht. Churchs These wird allerdings dadurch gestützt, daß verschiedene Definitionen, die jeweils im intuitiven Sinn berechenbare Verfahren präzisieren, mathematisch äquivalent sind. Daher können wir von Berechenbarkeit überhaupt sprechen, ohne auf ein besonderes Verfahren zurückzugreifen. Berechenbarkeitsverfahren heißen auch ‚Algorithmen' nach dem persischen Mathematiker al-Chwarismi, der um ca. 800 n. Chr. Lösungsverfahren für einfache algebraische Gleichungen suchte. Nach Churchs These können wir sagen, daß jedes berechenbare Verfahren (*Algorithmus*) durch eine Turing-Maschine berechnet werden kann. Da für jede berechenbare Funktion ein Maschinenprogramm existiert, kann sie immer auf einem universellen programmkontrollierten Computer berechnet werden.



Für wissenschaftliche, technische und kommerzielle Probleme ist nicht nur die Frage interessant, ob ein Problem überhaupt berechenbar ist, sondern mit welchem Aufwand. In der *Komplexitätstheorie der Informatik* werden dazu Grade der Berechenbarkeit eingeführt. Komplexitätsklassen von Problemen werden nach Komplexitätsgraden unterschieden, mit denen die Rechenzeit (oder Anzahl elementarer Rechenschritte) von Algorithmen (oder Maschinenprogrammen) in Abhängigkeit von der Länge ihrer Inputs bestimmt wird. Die Länge der Inputs kann durch die Anzahl ihrer dezimalen Einheiten gemessen werden. In der Maschinensprache von Computern werden Dezimalzahlen durch Binärzahlen codiert und ihre Länge ergibt sich daher aus der Anzahl binärer Einheiten (Bit). So hat z.B. 3 mit dem binären Code 11 die Länge 2.

Eine Funktion $f$ hat eine *lineare Rechenzeit*, falls die Rechenzeit von $f$ nicht größer als $c \cdot n$ für alle Inputs mit Länge $n$ und einer Konstanten $c$ ist. Mit steigender Rechenzeit unterscheidet man z.B. *quadratische*, *polynomiale* und *exponentiale Rechenzeiten* je nachdem, ob die Anzahl der Rechenschritte nicht größer als $c \cdot n^2$, $c \cdot n^k$ oder $c \cdot 2^{p(n)}$ für eine Konstante $k$ und eine polynomiale Funktion $p(n)$ ist.

Ein Grund für die teilweise hohen Rechenzeiten mag in der großen Anzahl von Teilproblemen und Fallunterscheidungen liegen, die durch einen *deterministischen Computer* Schritt für Schritt nacheinander getestet werden müssen. Manchmal scheint es deshalb ratsamer, sich unter einer endlichen Anzahl von Möglichkeiten einen Weg durch eine Zufallsentscheidung auszuwählen. Dazu wurden *nichtdeterministische Turing-Maschinen* eingeführt, die aus einer endlichen Anzahl von Möglichkeiten durch einen Zufallsgenerator ein Berechenbarkeitsverfahren auswählen können. Probleme, die in polynomialer Zeit durch eine nichtdeterministische Turing-Maschine entschieden werden können, heißen *NP-Probleme*. Falls eine Entscheidung in polynomialer Zeit auch mit einer deterministischen Maschine gelingt, sprechen wir von *P-Problemen*. Dementsprechend sind alle P-Probleme auch NP-Probleme. Es ist allerdings nach wie vor eine offene Frage der Informatik, ob alle NP-Probleme auch P-Probleme sind, also nichtdeterministische Maschinen bei polynomialer Rechenzeit durch deterministische Maschinen ersetzt werden können.

Um ein Problem durch einen *physikalischen Computer* berechnen zu lassen, muß es in ein Programm übersetzt werden, das der Computer versteht. Als physikalische Maschine produziert ein digitaler Computer nur Folgen von elektronischen Stromimpulsen (Bits), die durch Folgen von Dualzahlen symbolisiert werden. In der *Maschinensprache* besteht ein Programm also nur aus einer endlichen Bitfolge, von der genau festgelegt werden muß, welcher Teil wann und wo im Prozessor (Abb. 2) abzuarbeiten ist. Bei einfachen Rechenprogrammen wie unserem Additionsbeispiel mag diese Aufgabe noch überschaubar sein. Tatsächlich haben sich die Programmierexperten der ersten programmgesteuerten Computer buchstäblich um jedes Bit gekümmert. Als Ingenieure wußten sie, zu welchen Zeiten bestimmte elektrische Impulse auf welche Leitungen zu lenken waren. Das ist bei der heutigen Komplexität von Problemen, Programmen und Maschinen nicht mehr möglich.

Nicht-
deterministische
Turing-Maschine

NP- und
P-Probleme

Computer als
physikalische
Maschine

Unabhängig von jedem *Benutzerprogramm* wiederholen sich bestimmte Tätigkeiten, damit der Computer überhaupt betriebsbereit ist. Dazu gehören Eingeben von Daten und Programmen, Steuerung des Datenflusses (d.h. der Bitfolgen) in CPU und Speicher, Ausgabe von Daten und andere Routinetätigkeiten, die in der physikalischen Maschine (*Hardware*) geregelt werden müssen. Entsprechende Programme heißen daher *Betriebssysteme*. Ein Betriebsystem sorgt also dafür, daß dem Benutzer die technischen Betriebsmittel (z.B. Prozessor, Speicher, Terminal), die Steuerung der Programmabläufe und die Verwaltung der Daten zur Verfügung gestellt werden. Der Benutzer von heute nimmt daher die Maschine nur durch das Programm des Betriebssystems wahr. Was sich auf der Hardwareebene abspielt, kennt bei den heutigen komplizierten Computern in der Regel nur noch der Entwicklungsingenieur. Demgegenüber ist ein Betriebssystem nicht physikalisch real, sondern legt als Programm nur die möglichen (‚*virtuellen*‘) Aktionen einer Maschine fest. Daher werden Betriebssystem und Hardware als ‚*virtuelle Maschine*‘ zusammengefaßt (Abb. 3). Beispiele sind MS-DOS-, Windows 95- oder UNIX-Rechner mit den Betriebssystemen MS-DOS, Windows 95 oder UNIX. Über virtuelle Maschinen können wir allerdings erst weiter berichten, wenn wir in Kapitel 3 ihre Programmiersprachen näher kennengelernt haben.

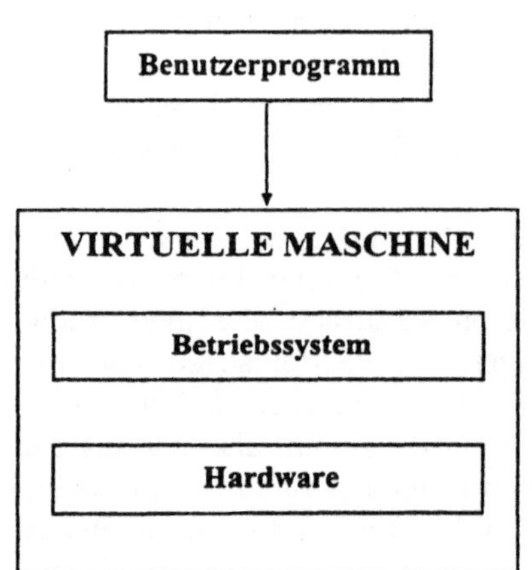


**Abbildung 3**
Computer-
hardware und
Betriebssystem
bilden für den
Benutzer eine
virtuelle
Maschine

# Parallelrechner und Supercomputer

Nach der Von-Neumann-Architektur enthält ein programmgesteuerter Computer einen Zentralprozessor und einen Arbeitsspeicher. Die Leistung eines *Von-Neumann-Computers* läßt sich dadurch steigern, daß die Geschwindigkeit seines Prozessors und die Speicherkapazität vergrößert werden. Daher besteht das Ziel der Mikroelektronik seit den 60er Jahren darin, immer mehr Schaltkreise und Speicherelemente auf einen Chip zu packen. Diese *Miniaturisierungsstrategie* war zwar außerordentlich erfolgreich und machte erst die massenhafte Verbreitung leistungsstarker und preisgünstiger Mikrocomputer wie die PCs möglich. Beliebige Verkleinerung und Verdichtung von Schaltkreisen und Speicherelementen stößt aber auf praktische Materialgrenzen. Im atomaren Größenbereich treten Quanteneffekte auf, die eine neuartige Schalttechnologie auf der Grundlage der Quantenmechanik erfordern. Die Leistung eines Prozessors läßt sich ebensowenig beliebig steigern wie die Leistung eines Menschen. Allerdings läßt sich die Arbeitszeit verkürzen, indem dieselbe Aufgabe gleichzeitig von mehreren Personen mit gleicher Arbeitsleistung bewältigt wird. Das ist der Grundgedanke *paralleler Rechnerarchitekturen*, bei denen eine Aufgabe auf mehrere Prozessoren verteilt wird. Die Leistung dieser Supercomputer hängt nicht nur von der Anzahl, sondern auch von der *Vernetzung der Prozessoren* untereinander und ihrem Speicher ab. Bevor wir also zu den weltweiten Computernetzen kommen, betrachten wir die Vernetzungsmöglichkeiten innerhalb eines Computers.

Rechnerarchitekturen lassen sich danach unterscheiden, ob Prozessoren zu einem gegebenen Zeitpunkt mit einem Befehl (*Single Instruction*) oder mehr als einem Befehl (*Multiple Instruction*) einen Datenwert (*Single Data*) oder mehr als einen Datenwert (*Multiple Data*) bearbeiten. Daraus ergeben sich vier Klassen von Rechnerarchitekturen:

- SISD       (engl. *S*ingle *I*nstruction *S*ingle *D*ata Stream)
- SIMD      (engl. *S*ingle *I*nstruction *M*ultiple *D*ata Stream)
- MISD      (engl. *M*ultiple *I*nstruction *S*ingle *D*ata Stream)
- MIMD     (engl. *M*ultiple *I*nstruction *M*ultiple *D*ata Stream)

Ein *Von-Neumann-Computer* mit seiner Einprozessorarchitektur ist also eine *SISD-Maschine*, bei der ein einziger Befehl durch einen Prozessor auf einem Datenwert ausgeführt wird. Bei einer *SIMD-Maschine* wird ein einziger Befehl gleichzeitig auf verschiedenen Daten ausgeführt. Ein Beispiel liefert die Addition zweier Vektoren

Die Miniaturisierungsstrategie von Prozessoren hat Grenzen.

Parallele Rechnerarchitekturen

Klassen von Rechnerarchitekturen

SISD-Maschinen

SIMD-Maschinen

mit je *n* Komponenten. Dabei müssen die Vektorkomponenten paar-
weise *n*-mal addiert werden, also

$$(x_1, ..., x_n) + (y_1, ..., y_n) = (x_1 + y_1, ..., x_n + y_n).$$

Ein Prozessor müßte also nacheinander *n*-mal dieselbe Additionsaufgabe für verschiedene Komponentenpaare ausführen. Kürzer
ist es, denselben Additionsbefehl an *n* Prozessoren zu geben, die
gleichzeitig je eines der Komponentenpaare addieren.

Bereits Konrad Zuse hatte in seiner Feldrechenmaschine von
1958 ein Vektoraddierwerk vorgesehen, in dem alle Komponenten
von Einzeladdierern gleichzeitig addiert werden konnten. Ein mo-
dernes Beispiel ist die *Verknüpfungsmaschine* CM (engl. *Connection
Machine*), die auf die Dissertation von Daniel Hillis Mitte der 80er
Jahre zurückgeht. Seine CM 2 besitzt 65536 Prozessoren mit kleinen
lokalen Speichern, die auf 4096 Chips mit je 16 Prozessoren und
Speichern untergebracht sind. Statt sich wiederholende Operationen
eine nach der anderen auszuführen, delegiert ein Zentralrechner sie
an das Prozessorennetz, wo sie parallel abgearbeitet werden (Abb.
4).

Connection<br>Machine

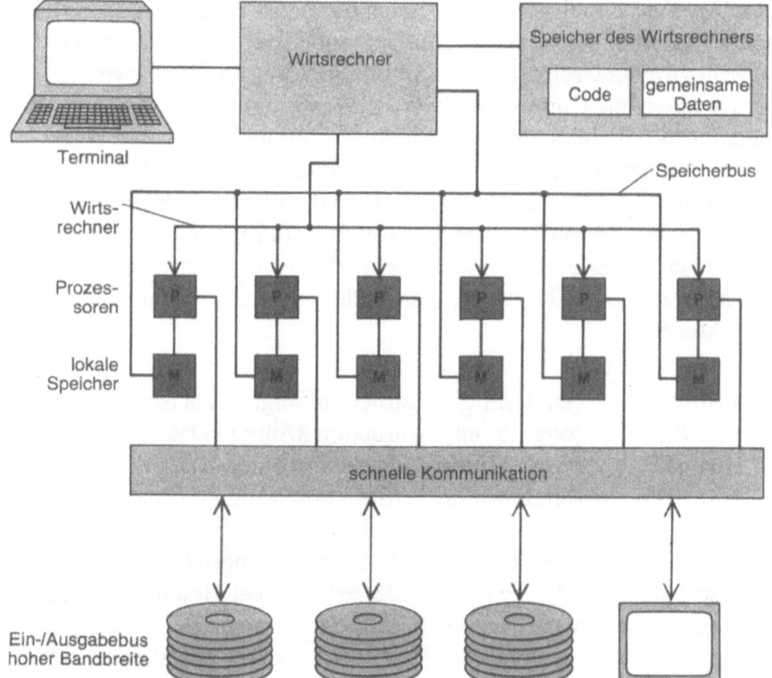


**Abbildung 4**
Schaltbild einer
Connection
Maschine

Bei einer *MISD-Maschine* werden verschiedene Befehle gleichzeitig an einem Datenstrom ausgeführt. Diese Rechnerarchitektur erinnert an die Fließbandarbeit von Henry Ford. Danach wird ein Arbeitsprozeß wie z.B. die Produktion eines Autos in viele Teilschritte zerlegt, die am Fließband gleichzeitig auszuführen sind. Das *Fließbandprinzip* bietet sich bei Rechenprozessen an, die von einem Prozessor laufend bewältigt werden müssen. Ein Beispiel sind häufige Multiplikationen von langen *Gleitpunktzahlen*, mit denen reelle Zahlen in einer möglichst kurzen, eindeutigen und dem Computer verständlichen Sprache dargestellt werden. Für z.B. 12,25 lautet die Gleitpunktdarstellung im Dezimalcode $0.1225 \cdot 10^2$, im Binärcode $0.110001 \cdot 2^4$ und im Hexadezimalcode $0.C4 \cdot 16^1$. Bei der Binärdarstellung im Prozessor wird ein fester Teil einer Folge von Speicherzellen für die Mantisse 0.110001 und der Rest für die Binärdarstellung 100 des Exponenten 4 reserviert. Die Basis 2 braucht nicht gespeichert zu werden, da alle Rechnungen mit der gleichen Basis ausgeführt werden. Bei einer Speicherkapazität von z.B. 32 Bit mit 26 Bit für die Mantisse und 6 Bit für den Exponenten erhalten wir im Prozessor:

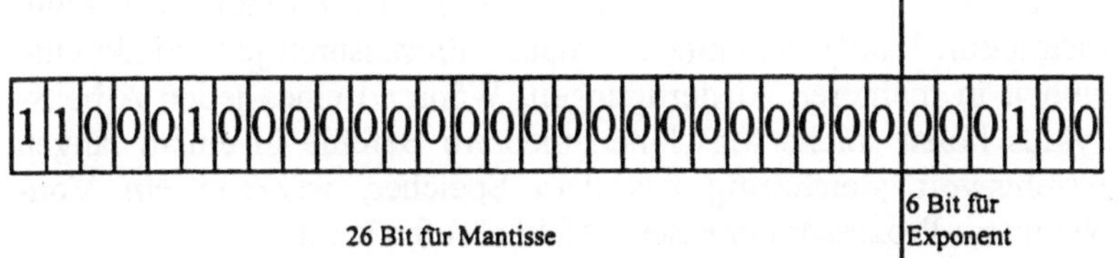



Um zwei Gleitpunktzahlen zu *multiplizieren* müssen in einem ersten Schritt die beiden Exponenten addiert und in einem zweiten Schritt die beiden Mantissen multipliziert werden. In einem dritten Schritt wird die so entstandene Gleitpunktzahl normalisiert, d.h. vor dem Komma der Mantisse sollen nur Nullen stehen, die im Speicher nicht berücksichtigt zu werden brauchen. In einem vierten Schritt wird in Abhängigkeit von der Speicherkapazität gerundet:

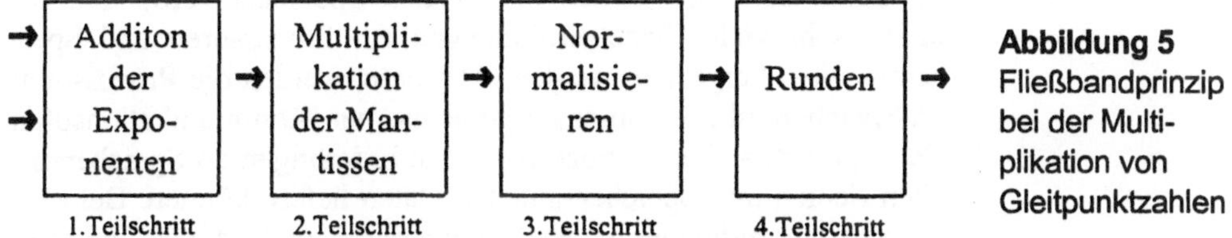



Wie die Produktion eines Autos auf dem Fließband in Teilschritten nacheinander abläuft, muß also das Produkt zweier Gleit-



**Abbildung 5**
Fließbandprinzip bei der Multiplikation von Gleitpunktzahlen

punktzahlen in Teilschritten nacheinander berechnet werden. Im Prozessor einer klassischen Von-Neumann-Maschine sind während der Ausführung eines Teilschritts durch eine Komponente alle anderen untätig. Wie bei der Autoproduktion sollten aber alle Komponenten ausgelastet sein. Nach dem Fließbandprinzip ist es daher naheliegend, daß der Prozessor *alle Teilschritte* für *mehrere Produkte* im Datenstrom *gleichzeitig* ausführt: Während im vierten Teilschritt ein Produkt gerade fertig wird, befindet sich ein erstes nachfolgendes Produkt im 3. Teilschritt, ein zweites nachfolgendes Produkt im 2. Teilschritt und ein drittes im 1. Teilschritt. In der Informatik hat sich für das Fließbandprinzip die Bezeichnung ‚*Pipeline*' eingebürgert.

*Cray*-Computer

Seymour Cray, Architekt der berühmten nach ihm benannten Supercomputer, wandte dieses Prinzip bereits bei seiner ersten Maschine *Cray-1* von 1976 an. Er zerlegte jede Operation der Maschine in Teilaufgaben und ersetzte den Zentralprozessor durch ein Fließband zusammenarbeitender Untereinheiten. Eine Einheit erledigt den ersten Schritt und reicht das Ergebnis an die zweite Einheit weiter. Während diese Einheit ihren Schritt ausführt, kann die erste schon mit der nächsten Aufgabe beginnen. Bei VLIW (engl. *Very Long Instruction Word*)-Maschinen enthalten Prozessoren jede Funktionseinheit in mehreren Ausfertigungen. Während eines jeden Arbeitszyklus holen solche Maschinen mehrere Befehle in einem langen Befehlswort gleichzeitig aus dem Speicher, während ein Von-Neumann-Prozessor nur einen Befehl abrufen kann.

VLIW-Maschinen

Bei einer *MIMD-Maschine* werden verschiedene Befehle gleichzeitig an verschiedenen Datenströmen ausgeführt. Im Prinzip handelt es sich um mehrere Von-Neumann-Rechner mit eigenem Steuer- und Rechnerwerk, die entweder mit jeweils einem eigenen (‚*lokalen*') Speicher oder einem gemeinsamen (‚*globalen*') Speicher verbunden sind oder eine Kombination aus beiden Fällen realisieren. Damit werden verschiedene *Kommunikationsnetze* der Prozessoren untereinander und mit ihren *Speichern* möglich, die unterschiedliche Vor- und Nachteile besitzen. Wenn *jeder* Prozessor mit *jeder* Speichereinheit eines gemeinsamen globalen Speichers verbunden ist, müssen sehr viele Einzelverbindungen der Prozessoren und Speichereinheiten hergestellt werden. Alternativ werden die Prozessoren und Speichereinheiten an einen gemeinsamen Kommunikationspfad (‚*Bus*') gelegt, auf dem Prozessoren Anforderungen an Speichereinheiten richten und Speichereinheiten Daten liefern können. Bei sehr vielen Datensendungen ist der Bus überlastet und arbeitet langsam. Eine Zwischenlösung ist das *Omega-Netz*, bei dem die Prozessoren indirekt über Schaltkästen mit zwei Ein- und zwei Ausgängen mit den Speichereinheiten verbunden sind. Durch diese zwischenge-

MIMD-Maschinen

schalteten Kästen lassen sich alle Prozessoren mit allen Speichereinheiten verbinden, ohne aber so viele Direktleitungen zu benötigen. Der Nachteil besteht in der Anzahl von Schaltkästen, die bis zum Ziel durchlaufen werden müssen.

Wenn jeder *Prozessor* mit einem kleinen *lokalen Speicher* ausgestattet wird, bilden sie zusammen eigene *Knoten* in einem *Kommunikationsnetz*. Geometrisch läßt die Netztopologie verschiedene Knotenverbindungen zu. In einer *Ringstruktur* sind die Knoten mit zwei Nachbarn, in einer *Gitterstruktur* mit vier Nachbarn verbunden. Damit werden zwar nur wenige Kommunikationskanäle benötigt, die aber leicht überlastet oder während des Wartens auf ankommende Daten inaktiv sein können. Eine vollstände Verbindung jedes Knotens mit jedem anderen einer Ringstruktur würde allerdings eine unübersichtliche Anzahl von Leitungen erfordern.



Ein geometrischer Ausweg sind die *Knotennetze*, die sich durch Verallgemeinerung eines 3-dimensionalen Würfels zu einem $n$-dimensionalen *Hyperwürfel* ergeben. In einem 3-dimensionalen Würfel werden $2^3 = 8$ Knoten verbunden, allgemein in einem $n$-dimensionalen Hyperwürfel $2^n$ Knoten. Anschaulich läßt sich jeder Würfel aus demjenigen der nächst niederen Dimension folgendermaßen konstruieren: Betrachtet man den Punkt als 0-dimensionalen Würfel (Abb. 6a), dann entsteht der 1-dimensionale Würfel ('Strecke') dadurch, daß zwei 0-dimensionale Würfel ('Punkte') miteinander verbunden werden (Abb. 6b). Der 2-dimensionale Würfel ('Quadrat') entsteht dadurch, daß die Knoten zweier 1-dimensionaler Würfel ('Strecke') miteinander verbunden werden (Abb. 6c). Im 3-dimensionalen Würfel werden die Knoten zweier 2-dimensionaler Würfel ('Quadrate') verbunden (Abb. 6d), im 4-dimensionalen Würfel (Abb. 6e) die Knoten zweier 3-dimensionaler Würfel. Ein 12-dimensionaler Würfel verbindet $2^{12} = 4096$ Ecken. In der *Connection Machine* (Abb. 4) ist zwischen den 4096 Chips ein solches Verbindungsnetz realisiert. Der Vorteil ist, daß kein Prozessor weiter als zwölf Leitungen von jedem beliebigen anderen entfernt ist.



In *Mischsystemen von lokalen und globalen Speichern* werden einige Prozessoren zu Knoten zusammengefaßt ('*Cluster*'), die sich einen Speicher teilen. Je komplexer jedoch die Kommunikationsnetze zwischen Prozessoren und Speicher werden, desto dringender wird ein geeignetes *Management der Datenflüsse*. Wie läßt sich vermeiden, daß Prozessoren gleichzeitig auf einen Speicher zugreifen? Wie läßt sich vermeiden, daß zwei Daten gleichzeitig im selben Kommunikationskanal fließen und zusammenstoßen? Ein Ansatz ist der Betrieb in einem *Datenflußrechner*. Dabei wird eine Problemlö-

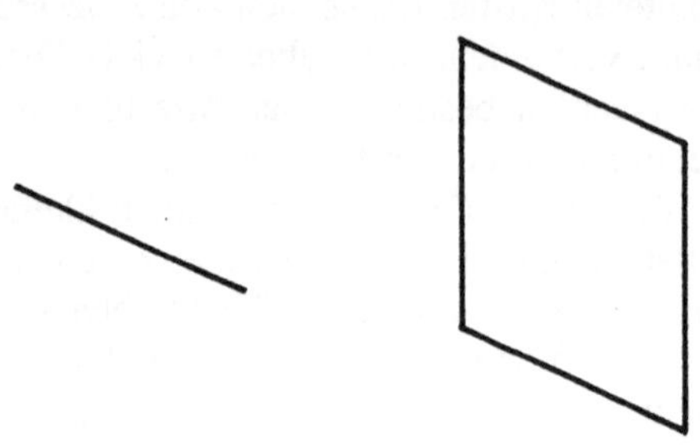

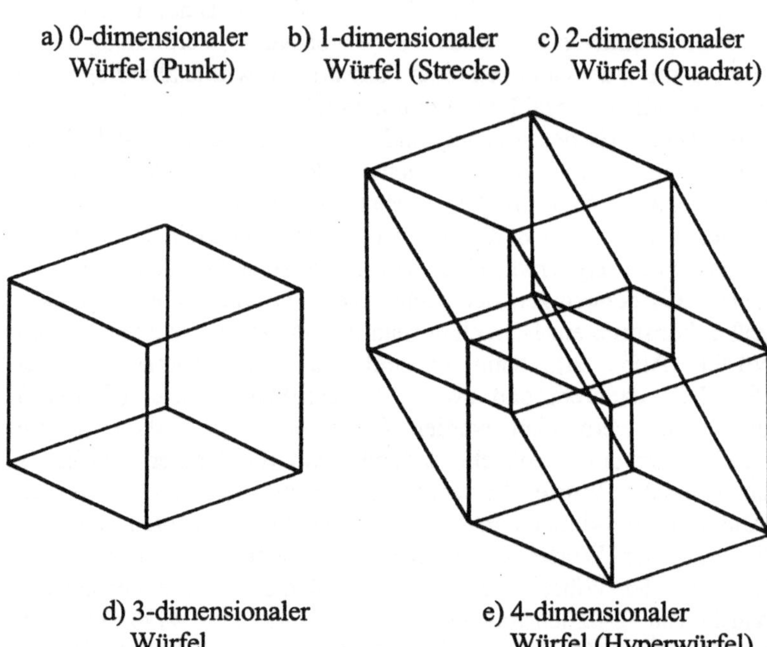



sung in ein Flußdiagramm von Knoten aufgelöst, wobei jeder Knoten einer Operation und jede Knotenverbindung einem Datenfluß zur nächsten Operation entspricht. Auf der Hardwareebene könnte ein Knoten als Prozessor und eine Knotenverbindung als Datenfluß zum nächsten Prozessor aufgefaßt werden. Im *Datenflußbetrieb* rechnen nicht alle Knoten stur darauf los. Ein Knoten sammelt vielmehr erst alle Daten, die zur Durchführung einer Operation erforderlich sind, führt dann die Operation aus und reicht das Ergebnis wie ein Staffelläufer an den nächsten Knoten weiter.

Ein anderer Ansatz ist eine *anforderungsgesteuerte Architektur*. In diesem Fall führt ein Knoten eine Operation nur dann aus, wenn ein anderer Knoten nach dem Ergebnis fragt. Demgegenüber wird in der *Datenflußarchitektur* eine Operation ausgeführt, sobald die erforderlichen Daten zusammen sind, auch wenn das Ergebnis nicht benötigt wird. In beiden Fällen ist das Management der Datenflüsse insofern flexibler, als es sich an Bedarf und Verfügbarkeit von Daten orientiert und nicht an der Stechuhr eines sturen Taktzählers wie in einer Von-Neumann- oder SIMD-Architektur.

Allerdings gibt es bisher keine ausgezeichnete Architektur eines Parallelrechners oder Supercomputers. Moderne Supercomputer sind häufig *Mischformen*, in denen mehrere Architekturen und Betriebformen integriert sind. Wie bei den Computersimulationen in Teil II deutlich wird, hängt die Eignung eines Supercomputers von den konkreten Problemen ab. Zudem spielt die *Programmierung* eine entscheidende Rolle, deren Grundzüge noch zu erläutern sind. Auch einen Supercomputer nimmt der Benutzer in der Regel nur durch sein Betriebssystem wahr. Daher können wir von einer ‚*virtuellen Supermaschine*' sprechen, in der Hardware und Betriebssystem zusammengefaßt sind.

Vom *logisch-mathematischen Standpunkt* lassen sich Prozessoren von Supercomputern als technische Realisationen von universellen Register- bzw. Turing-Maschinen auffassen, die über Architektur und Betriebssystem vernetzt sind. Speicherkapazitäten und Rechenzeiten spielen für die theoretischen Konzepte von Register- und Turing-Maschinen keine Rolle. Auch die Problemlösungen eines Supercomputers lassen sich daher durch eine *universelle Registerbzw. Turing-Maschine* simulieren. Allerdings stellt sich vom praktischen Standpunkt die Frage, ob die Rechenzeiten von Algorithmen durch parallele Bearbeitung gesenkt werden können, ob z.B. NP-Probleme auf P-Probleme zurückführbar sind oder nicht.



## Computernetze und Informationssysteme

Die Vernetzung von Computern mit mehreren Benutzern wurde bereits Anfang der 60er Jahre für *Von-Neumann-Maschinen im Time-Sharing-Betrieb* realisiert. Dort schaltete ein Betriebssystem zwischen mehreren Benutzerprogrammen in Abständen von wenigen Millisekunden hin und her und erzeugte so den Eindruck der gleichzeitigen Nutzung des einen Von-Neumann-Prozessors. Der nächste Schritt waren die Netzwerke in Parallelrechnern und Supercomputern. Dort transportieren sie Daten zwischen vielen Prozessoren nach einem gemeinsamen Maschinenprogramm. *Prozessorennetze* in Supercomputern wurden gelegentlich mit Netzwerken in Gehirnen verglichen. Obwohl sich Gehirn und Computer in Architektur und

Funktion erheblich unterscheiden, kann eine Analogie festgehalten werden: Gehirne tauschen Informationen untereinander aus und bilden *Kommunikationsnetze*. Ebenso können Computer untereinander mit ihren Benutzern verbunden werden, um Kommunikationsnetze zu erzeugen. Damit sind wir beim zentralen Thema dieses Buches angelangt. In diesem Abschnitt beschäftigen wir uns zunächst mit den technischen Grundlagen von *Computernetzen*.

Computer können heute Daten über elektrische Leitungen, Funkstrecken oder Lichtwellenleiter (Glasfaserkabel) austauschen. Neben den *Verbindungswegen* gibt es in einem Computernetz *Knoten* für Computer und Übertragungseinrichtungen für eventuelle Zwischenspeicherungen. Die Übertragung von Nachrichten erfolgt durch genau festgelegte Verfahren für den *Sender-* und *Empfängerknoten*. Zur Übermittlung der Daten bringt der Sender die Übertragungsleitung abwechselnd in verschiedene Spannungszustände. Da eine Nachricht in Maschinensprache binär codiert ist, kann eine Leitung mit zwei Zustandswechseln ein Bit pro Zustandsänderung übertragen. Es kann aber auch mit mehr als zwei Übertragungswerten gearbeitet werden. Bei z.B. acht Spannungswerten mit 0, 1, 2, 3, 4, 5, 6 und 7 Volt können drei Bits pro Zustandsänderung übertragen werden. Die *Übertragungskapazität* einer Leitung für Nachrichten hängt daher von der Menge der unterschiedlichen Werte und der Häufigkeit ab, mit der ein Sender den Wert pro Sekunde übertragen kann. Die Maßeinheit für den Wechsel pro Sekunde wird nach dem französischen Ingenieur Emile Baudot mit ,*baud*' bezeichnet.

Die Leistungsfähigkeit von Netzwerken hängt zudem von ihrer *geometrischen Struktur* ab. Dabei lassen sich wie bei der Vernetzung von Prozessoren in Supercomputern verschiedene Grundformen unterscheiden. In einem *Sternnetz* (Abb. 7a) laufen die Verbindungen der Computer sternförmig auf eine Zentralstelle zu, die etwa bestimmte Netzdienste zur Verfügung stellt. Bei einem *Busnetz* (Abb. 7c) sind alle Computer an einer Sammelleitung angeschlossen. Durch eine der Nachricht beigefügte Adresse erkennt der Empfänger die für ihn bestimmte Nachricht. Im Unterschied zu Stern- und Busform ist ein *Ringnetz* (Abb. 7b) immer geschlossen. Die *Baumstruktur* (Abb. 7d) findet sich z.B. bei Telefonnebenstellenanlagen. Für die Leistungsfähigkeit eines Netzes ist wichtig, ob seine Knoten durch einfache oder mehrfache Verbindungen zu erreichen sind. Bei einer Leitungsunterbrechung ist ein Knoten mit einfacher Verbindung nicht mehr erreichbar. Ein *vollständig vermaschtes Netz* (Abb. 7e) bietet zwar maximale Sicherheit, allerdings um den Preis eines großen technischen Aufwandes. In Mischformen von *teilweise vermaschten Netzen* (Abb. 7f) sind nur kritische Knoten durch mehrfache Verbindungen abgesichert.

Übertragungskapazität von Computernetzen

Geometrische Strukturen von Computernetzen

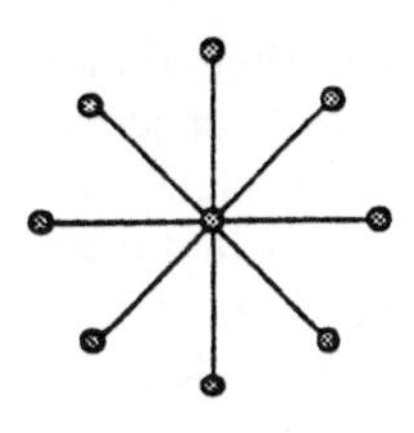

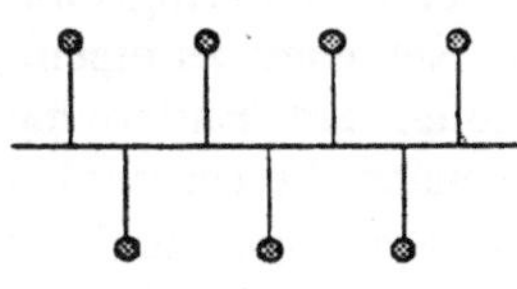

a) Stern  b) Ring  c) Bus



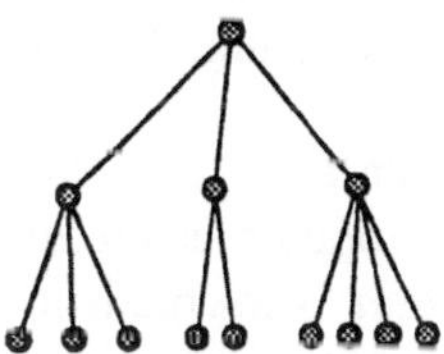
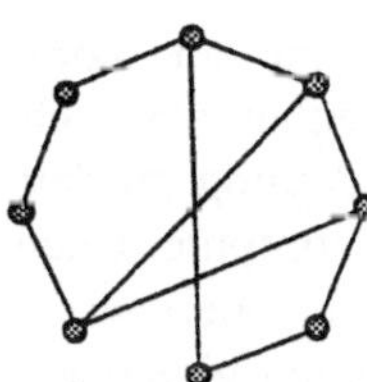

d) Baum  e) vollständig  f) teilweise
vermaschtes  vermaschtes
Netz  Netz

Je komplexer Computernetze werden, um so dringender wird ein geeignetes *Management der Datenflüsse*. Bei der *Leitungsvermittlung* wird für den Datenfluß zwischen zwei Computern wie bei einer Telefonvermittlung eine Standleitung vom Sender zum Empfänger geschaltet. Bei der Herstellung der Verbindung wird allerdings häufig mehr Zeit verbraucht als bei der Übertragung der Nachricht selbst. Zudem wird die Leitungsvermittlung verweigert, wenn alle Leitungswege zwischen Sender und Empfänger besetzt sind. Dadurch bleiben große Teile eines Netzes während einer Standleitung ungenutzt. Eine Lösung, die erstmals im ARPANET (engl. *A*dvanced *R*esearch *P*rojects *A*gency) des US-Verteidigungsministeriums 1969 angewendet wurde, arbeitet mit der *Datenpaketvermittlung*. Dabei werden die Daten zu Bündeln einheitlicher Länge zusammengefaßt und mit Codes für Absender und Empfänger versehen. Dadurch können Datenpakete von verschiedenen Computern nacheinander über die gleichen Netzverbindungen gesendet werden. Vorherige Leitungsvermittlung ist überflüssig und das Netz ist durch vielseitigen Datenfluß ausgelastet.

Management der
Datenflüsse in
Computernetzen

Ein *Verteileralgorithmus* berechnet den schnellsten Weg durch das Netzwerk zu einem gegebenen Zeitpunkt. Dazu wird für jeden Knoten ein Entfernungsmaß zu allen Zielknoten im Netz abgeschätzt. Ferner wird berücksichtigt, welche Leitungen belegt oder unbelegt sind und welche Form das Netzwerk hat. Diese Schätzwerte werden laufend erneuert und benachbarten Knoten mitgeteilt. Dabei kann es vorkommen, daß aufeinanderfolgende Pakete derselben Nachricht das gleiche Ziel auf verschiedenen Wegen erreichen. Im Zielknoten werden die einzelnen Pakete aufgrund entsprechender Codes wieder in der richtigen Reihenfolge zusammengesetzt. Der Sender und der Empfänger nehmen die einzelnen Schritte der Datenpaketvermittlung nicht wahr. Dem Benutzer erscheint der Vorgang wie eine geschaltete eigene Leitung. Daher sprechen wir auch von einer ‚*virtuellen Verbindung*'.



Analog zu den Prozessorennetzen, die wir bei Parallel- und Supercomputern kennengelernt haben, kann es in Computernetzen zu Kollisionen von Datensendungen kommen, wenn verschiedene Knoten gleichzeitig senden. Im Datenflußmanagement gibt es dazu die beiden Strategien der Kollisionserkennung und der Kollisionsvermeidung. Bei der *Kollisionserkennung* muß das gleichzeitige Senden von mehreren Knoten auf einer Leitung erkannt, abgebrochen und nach zufälliger Wartezeit wiederholt werden. Ein Beispiel ist das *Ethernet*, bei dem alle Knoten mit speziellen Schnittstellen an ein gemeinsames Koaxialkabel angeschlossen sind. Da Datenpakete in beiden Richtungen des Koaxialkabels laufen können, sind Überschneidungen möglich. Die betroffenen Knoten erkennen solche Überlagerungen durch ihre Schnittstellen und unterbrechen ihre Sendung, um nach einem zufälligen Zeitintervall die Übertragung des beschädigten Datenpakets zu wiederholen.



Bei der Strategie der *Kollisionsvermeidung* werden Kollisionen von vornherein durch ein Zugangsprotokoll verhindert. Dazu zirkuliert eine Berechtigungsmarke (*Token*) als spezielle Bitsequenz im Netz, die jeweils genau einem Knoten das Senderecht erteilt. Ein Beispiel ist der *Token Ring*, bei dem ein Token in einem Ring (Abb. 7b) zirkuliert. Ein angeschlossener Knoten kann erst dann senden, wenn das Token vorbeikommt. Ein solcher Knoten nimmt das Token zunächst aus dem Ring, gibt dann ein adressiertes Datenpaket oder eine Folge von Datenpaketen in den Ring und schließt das Token an. Wenn der Zielknoten nach Empfang der Datenpakete nicht selber sendet, gibt er nur das Token in den Ring zur weiteren Zirkulation frei. Da der Datenfluß in Ringen bereits bei Ausfall eines einzigen Knotens zusammenbricht, werden doppelte Ringe verwendet, die sich bei Knotenausfällen in geschlossenen Schleifen verschalten können. Bei einem *Token Bus* wird das Token in einem Bus (Abb.

7c) z.B. von links nach rechts weitergegeben, um am Ende von der ersten Station ganz rechts zurückgereicht zu werden.

*Computernetze* bestehen wie Computer selbst nicht nur aus Hardware. Zur Datenverarbeitung und Datensendung müssen Benutzerprogramme auf *Betriebssysteme* (Abb. 3) zurückgreifen. Sie veranlassen Computerknoten, physikalische Signalfolgen zu versenden, die den Bitsequenzen der Maschinensprache entsprechen. Im Zielknoten müssen diese Signale von einem Computer mit eventuell verschiedener Hardware durch geeignete Software zurückübersetzbar sein, um für einen Benutzer verständlich zu werden. In den hochentwickelten Netzen, die wir in Teil II und III diskutieren, werden nicht nur kurze Nachrichten, sondern ganze Benutzerprogramme („*Agenten*') versendet. In diesem Fall müßte sogar das Betriebssystem mitverschickt werden, wenn vor Ort das entsprechende Betriebssystem und Übersetzerprogramme fehlen. Daher ist moderne Netzprogrammierung bestrebt, gemeinsame virtuelle Maschinen im Netz oder – anders ausgedrückt – eine gemeinsame *virtuelle Netzmaschine für die Netzkommunikation* bereitzustellen.



Ein erster Schritt ist das ISO (engl. *International Standards Organization*)/OSI (engl. *Open Systems Interconnection*)-Modell, in dem Kommunikationsstandards für offene Verbundsysteme festgelegt sind. Im ISO/OSI-Modell (Abb. 8) ist die *Kommunikation zwischen zwei Computerknoten* dargestellt. Dazu wird die Nachricht eines Benutzers des einen Knotens über sieben Schichten bis auf die Ebene der physikalischen Signale und Leitungen runterübersetzt, zum anderen Knoten gesendet und dann über entsprechende Schichten bis auf die Benutzerebene des anderen Nutzers zurückübersetzt.

In der obersten *Schicht* sind die eigentlichen Anwendungen (Application) eines Benutzers. Die *Darstellungsschicht* (Presentation) bringt die Daten auf eine einheitliche Form und verschlüsselt sie (z.B. im ASCII-Code). Die *Sitzungsschicht* (Session) koordiniert die Kommunikation zwischen zwei Benutzern während der Sitzung vor ihren Computern. Dazu gehört z.B. das Token Management, um Datenkollisionen während der Sitzung zu vermeiden. In der *Transportschicht* (Transport) werden die Daten in Pakete verpackt und entpackt, ohne daß es die Benutzer auf den oberen Schichten 5-7 bemerken. Die *Netzwerkschicht* (Network) wählt den Weg für die Datenübermittlung im Netz. Dazu wird gegebenenfalls ein Teilnetz aus einem Netzverbund benutzt. Die *Data-Link-Schicht* faßt Bitsequenzen zu Bytes zusammen, korrigiert Übertragungsfehler und paßt unterschiedliche Geschwindigkeiten von Sendern und Empfängern an. Die unterste, *physikalische Schicht* (Physical) realisiert die physikalische Signalübertragung der Bitsequenzen. Jede

Schicht baut also auf die Funktionen der darunterliegenden Schicht auf.

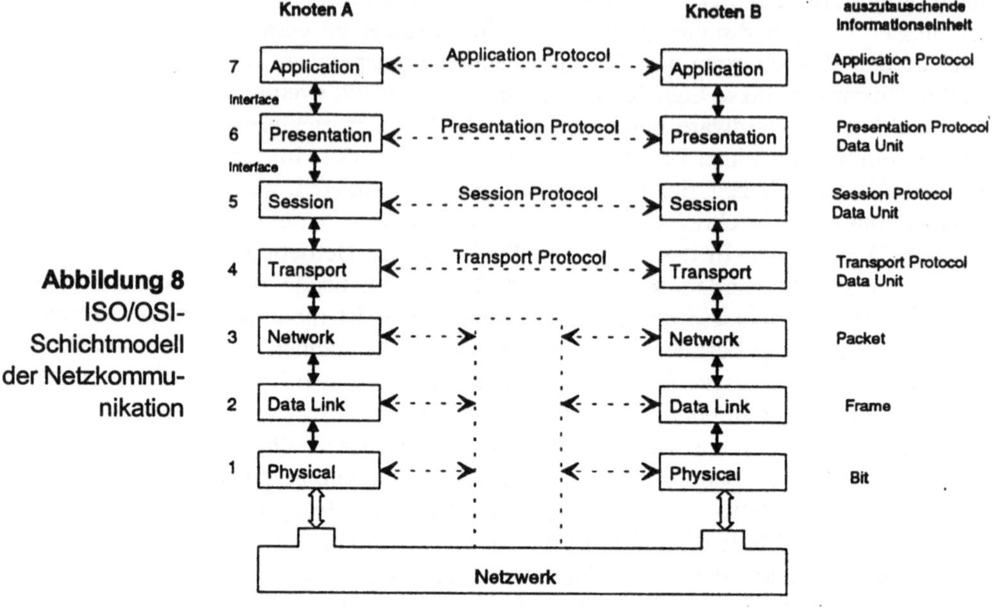






Sendet nun ein Benutzer von Computerknoten A eine Nachricht zum Computerknoten B, dann wird diese Nachricht im Knoten A von der Benutzerschicht über alle sieben Stufen auf die tiefste physikalische Schicht runterübersetzt, als Bitsequenz versendet und im Knoten B von der tiefsten physikalischen Schicht bis zur Benutzerebene zurückübersetzt. Beide Benutzer scheinen direkt zu kommunizieren. Tatsächlich sprechen sie wie zwei ausländische Politiker zu ihren Übersetzern. Bei der Übersetzung von der Benutzerebene auf die physikalische Ebene wird eine Nachricht schrittweise mit einem Kopfcode (header) der jeweiligen sieben Ebenen erweitert. So entsteht auf der untersten Ebene ein *geschichtetes Protokoll* mit den sechs Kopfcodes der darüberliegenden Schichten. Wenn dieses Protokoll als Bitsequenz im Zielknoten ankommt, wird es zurückübersetzt und auf jeder Schicht vom Kopfcode der vorherigen Schicht entledigt. Die geschichteten Protokolle mit ihren eindeutigen Kopfcodes erlauben einen Nachrichtenaustausch zwischen den einzelnen Schichten der Computerknoten. Zwischen den jeweiligen Ebenen scheinen dann direkte Verbindungen zu bestehen. Tatsächlich handelt es sich um Übersetzungsprozesse, da nur auf der untersten Ebene physikalisch reale Signale ausgetauscht werden. Daher sprechen wir auch von ‚*virtuellen Verbindungen*' zwischen den einzelnen Ebenen und einer ‚*virtuellen Kommunikation*' der Benutzer auf der Anwendungsebene.

Neben dem ISO/OSI-Modell wurden noch andere Kommunikationssysteme mit abweichenden Schichtungen eingeführt. Gemeinsam ist eine *Protokollhierarchie mit virtuellen Verbindungen.* Mit wachsender Komplexität der Netze vergrößern sich die Probleme der Verständigung. Nicht nur die Maschinen eines Netzes müssen sich verstehen, sondern auch die zusammenwachsenden Netze. Am Anfang gab es nur lokale Netze, die z.B. Rechner, Massenspeicher und Drucker im Gebäude eines Instituts oder in einer Industrieanlage verbanden. Diese LA (*Local Area*)-Netze verwendeten noch einfache Architekturen wie in Abb. 7. Es folgten MA (*Metropolitan Area*)-Netze für Städte und RA (*Regional Area*)-Netze für Regionen, die sich als Informationssysteme für z.B. Gesundheits-, Geschäfts- oder Verwaltungsaufgaben spezialisierten. Diese kleineren Netze werden in WA (*Wide Area*)-Netzen verbunden, um schließlich in GA (*Global Area*)-Netzen wie dem Internet und World Wide Web (WWW) zusammenzuwachsen.



Netze stellen unabhängig von den Entfernungen ihrer Knoten *Dienstleistungen* zur Verfügung, die von der elektronischen Post (E-Mail) über Informationssuche in fernen Datenbanken und Echtzeit-Dialog mit mehreren Benutzern bis zu Multimedia-Erlebnissen reichen. Davon wird in diesem Buch noch ausführlich die Rede sein. Der Computer, an dessen Terminal ein Benutzer im Netz arbeitet, wird als ‚*local*' bezeichnet. Der unter Umständen weit entfernte Computer, an dem ein Benutzer im Netz Prozesse startet, heißt ‚*remote*'. Der entfernte Computer, der bestimmte Dienste anbietet und leistet, wird *Host* (Gastgeber) genannt. Bei zwei verbundenen Computern unterscheiden wir zwischen demjenigen, der Dienste leistet (*Server*), und demjenigen, der Dienste anfordert (*Client*). Client und Server bestimmen Angebot und Nachfrage der Dienstleistungen in Computernetzen. Technische Voraussetzung sind besondere Zugänge (*Gateways*), die lokale Teilnetze mit besonderen Aufgaben in den weltweiten Netzen verbinden. Wenigstens ebenso wichtig sind aber eindeutige Kommunikationsprotokolle und Netzadressen, um den Datenfluß in den weltweiten Netzen zu regeln. Das erfordert neue Standards der Programmierung.

# 3 Vom maschinennahen zum objektorientierten Programmieren

Auf den ersten elektronischen Computern seit Mitte der 40er Jahre konnten bereits verschiedene Programme laufen. Steuerbefehle wurden über ein *Programmierbrett* eingegeben, auf dem je nach Aufgabe verschiedene Drähte in Steckbuchsen gesteckt werden mußten. Jedes Programm bestand aus einem Arrangement von Hunderten von Drähten, das fehleranfällig und nur nach Notizen reproduzierbar war. Später wurden die Steckverbindungen auf *Lochkarten* nachgebildet. Das Terminal war nun eine spezielle Schreibmaschine, um entsprechende Löcher zu stanzen. Als die Tasten mit Symbolen versehen wurden, war eine Art sprachlicher Repräsentation möglich.

**Lochkarten**

Die *Maschinensprache* eines Computers besteht allerdings nur aus Folgen von Bits, die für den Benutzer völlig unübersichtlich sind. Daher wurden mehrere Bits zu Gruppen zusammengefaßt und mit Buchstaben und Ziffern bezeichnet. Diese Symbole sollten leicht verständlich entsprechende Befehle und Daten im Binärcode repräsentieren. Sie werden deshalb auch mnemonische Symbole (engl. *mnemonics* für ‚Gedächtniskunst') genannt. Das war der Beginn *maschinenorientierter Assemblersprachen* (engl. *assemble* für montieren).

**Maschinensprache**

Beispiele sind die Bezeichnungen add für Addition oder sub für Subtraktion. In der Maschinensprache wird der Befehl ‚Addiere die Zahl 9 zum Akkumulatorinhalt des Zentralprozessors' (Abb. 2) beispielsweise durch den Binärcode 1011 1000 0000 1001 wiedergegeben. Daraus wird in einer Assemblersprache z.B: add A, 9. Befehle in Assemblersprache bestehen aus Bezeichnungen für die durchzuführenden Operationen, die zu bearbeitenden Daten (Operanden) und aus Marken für Adressen. Assemblersprachen müssen also auf den Befehlsvorrat einer konkreten Maschine zugeschnitten sein. Ein historisches Beispiel aus den 50er Jahren war Zuses Freiburger Code für seine Z 22.

**Assemblersprachen**

Ein Assemblerprogramm ist auf einem Computer nur ausführbar, wenn es in den Binärcode einer Maschinensprache übersetzt wird.

Der Vorteil eines Assemblerprogramms ist offenbar sein geringer Speicherbedarf und die damit verbundene schnelle Rechenzeit. Der Nachteil ist die Abhängigkeit von konkreten Maschinen. Assemblersprachen sind daher kaum übertragbar und als Netzsprachen ungeeignet. Tatsächlich werden sie heute für Programme verwendet, die unmittelbaren und schnellen Zugriff auf die Hardware erfordern (z.B. Teile des Betriebssystems). Programmieren in Assemblersprachen setzt daher genaue Kenntnis der Hardware eines Computers voraus.

Computer sollen Probleme maschinell lösen. Bei schwierigen Aufgaben z.B. in der Mathematik oder in den Wirtschaftswissenschaften wird sich ein Benutzer kaum noch zusätzlich um die Zuordnung von Werten und Speicherstellen kümmern können und wollen. Das war der Beginn *problemorientierter Programmiersprachen*. Zur Bearbeitung mathematischer Aufgaben wurde von IBM seit Mitte der 50er Jahre FORTRAN (engl. *Formula Translator*) entwickelt. Ein Programm besteht hierbei aus Anweisungen und Befehlen mit mathematischen Formeln und Ausdrücken, die nacheinander („sequentiell') ausgeführt werden. FORTRAN ist daher ein Beispiel für eine *imperative* (algorithmische bzw. operative) *Programmiersprache*. Für geschäftliche und wirtschaftswissenschaftliche Probleme wurde seit Ende der 50er Jahre COBOL (engl. *Common Business Oriented Language*) eingeführt. Dies ist ebenfalls ein Beispiel für eine problemorientierte imperative Programmiersprache.

Problemorientierte Sprachen werden auch als *höhere Programmiersprachen* bezeichnet, da sie nicht maschinenorientiert sind und noch in die Maschinensprache übersetzt werden müssen. Übersetzungsprogramme für das Programm (*Quellcode*) einer höheren Programmiersprache in den *Maschinencode* sind Compiler oder Interpreter. Ein *Compiler* übersetzt ein Programm vor der Programmausführung und speichert den Maschinencode ab. Zur Laufzeit wird das Programm nur noch ausgeführt, so daß die Übersetzungszeit entfällt. Demgegenüber übersetzt ein *Interpreter* den Quellcode ohne Abspeicherung Befehl für Befehl, so daß Änderungen schnell durchführbar sind, aber eine längere Übersetzungszeit erforderlich ist. Mit einem Compiler übersetzte Programme können ohne erneute Übersetzung beliebig oft ablaufen, während der Quellcode beim Interpreter jedesmal übersetzt werden muß.

Problemorientierte Programme waren ursprünglich *zeilenorientiert* aufgebaut. Programmzeilen hatten laufende Nummern, die in der Regel nacheinander abgearbeitet wurden. Für eine zusätzliche Manipulation des Programmablaufs gab es nur wenige Möglichkeiten wie z.B. den *Sprungbefehl* `goto` zum Anspringen von Programmzeilen. Bei komplizierten und langen Programmen führte aber die häufige Verwendung des Sprungbefehls zu wachsender Unübersichtlichkeit und Fehleranfälligkeit. So entstand die Forderung nach *strukturiertem Programmieren*, das nicht an Zeilen, sondern an streng voneinander getrennten Aufgabenblöcken orientiert ist. In den 60er Jahren war ALGOL (*Algorithmic Language*) das erste Beispiel einer Programmiersprache, die Teilaufgaben durch Unterprogramme (*Prozeduren*) verwirklichte und *Kontrollstrukturen* für die Reihenfolge ihrer Bearbeitung einsetzte. Den Durchbruch strukturierten Programmierens brachte Anfang der 70er Jahre PASCAL, eine von Niklaus Wirth zunächst für Lehrzwecke konzipierte Sprache. Ein PASCAL-Programm ist klar in einen Vereinbarungs- und einen Anweisungsteil getrennt. Im *Vereinbarungsteil* werden der Name des Programms und die Namen der Variablen mit ihrem Datentyp angegeben. Zwischen `begin` und `end` werden die *Anweisungen* formuliert, die vom Rechner auszuführen sind. Entsprechend aufgebaute Teilprogramme lassen sich als Module zu komplexen Programmen zusammensetzen, deren Ablauf über Kontrollstrukturen bestimmt wird. Der *modulare* Aufbau ermöglicht die *arbeitsteilige* Bewältigung einer komplexen Aufgabe in klar getrennten Teilaufgaben für mehrere Programmierer.

Mit der technischen Entwicklung neuer und leistungsfähiger Computertypen wurden auch *neue Betriebssysteme* notwendig, um die technischen Abläufe der Maschine zu steuern und zu überwachen. Eine höhere Programmiersprache wie PASCAL erwies sich dafür als ungeeignet. In den 80er Jahren waren bereits unterschiedliche Betriebs- und Arbeitssituationen mit Computern zu bewältigen. Die einfachste Betriebssystemart ist das Einzelplatzsystem (*Single-User*), z.B. eines PCs oder Laptops, der den Betrieb nur eines Programms (*Single-Tasking*) zuläßt. Häufig muß der Nutzer eines Einzelplatzsystems jedoch mehrere Aufgaben gleichzeitig bewältigen (z.B. Informationsabfrage, Rechnen, Schreiben). *Multitasking* wird durch ein Betriebssystem für einen Einprozessor-Computer dadurch bewältigt, daß einzelnen Programmen für wenige Millisekunden Rechenzeiten zugesprochen werden. Bei einem Großrechner wollen mehrere Benutzer (*Multiuser*) mit denselben Dateien zur gleichen Zeit und mit gleichen oder unterschiedlichen Programmen arbeiten. Auch in diesem Fall regelt ein Betriebssystem die Rechnerzuteilung an den einzelnen Arbeitsplätzen. Für Single-User/Single-Tasking steht heute z.B. das Betriebssystem MS-DOS/PC-DOS zur Verfügung, für Single-User/Multitasking z.B. WINDOWS und für Multiuser z.B. UNIX.

Die *Programmiersprache*, die diese modernen Betriebssysteme ermöglichte, war C. 1973 wurde das Betriebssystem UNIX in dieser

**Strukturiertes Programmieren**

**ALGOL**

**PASCAL**

**Betriebssystemarten**

**Single-User**

**Multitasking**

**Multiuser**

**WINDOWS**

Sprache formuliert, um es besser auf neue Computer übertragen zu können. Die gute Übertragbarkeit (*Portierbarkeit*) kommt daher, daß C wie eine Assemblersprache *maschinennahes Programmieren* und damit *Schnelligkeit* erlaubt, aber ebenso über alle Strukturen *höherer Programmiersprachen* verfügt. In den 80er Jahren entwickelte das American National Standards Institute (ANSI) einen Standard für C, dem alle neueren Compiler folgten. Aber auch Standardsoftware wie z.B. Word wurde in C geschrieben. Ohne C werden wir den Schritt zum Netz, zu Multimedia und Virtual Reality nicht verstehen. Was ist in knappen Zügen die Philosophie dieser mächtigen Sprache, deren Kürzel C schlicht daher rührt, daß ein Vorgängertyp Anfang der 70er Jahre B hieß?



Ein *C-Programm* besteht nur aus Funktionen. Eine *Funktion* ist eine abgeschlossene Programmeinheit, die unter einem bestimmten Namen aufgerufen wird, Anweisungen an festgelegten Argumenten oder Parametern ausführt und genau einen oder keinen Wert als Ergebnis zurückgibt. Formal besteht eine Funktion daher aus einem *Rückgabetyp* wie z.B. int für ganze Zahlen (engl. *integer*), dem *Funktionsnamen*, einer *Parameterliste* in runden Klammern und dem *Anweisungsblock* in geschweiften Klammern. So soll die Funktion mit dem Namen max den größten von zwei int-Werten ermitteln und ihn an die aufrufende Programmstelle zurückgeben:

```
int max (int a, int b)
{
    if (a > b)
    {
        return a;
    }
    else
    {
        return b;
    }
}
```



Die Funktion max benötigt zwei Parameter a und b vom Typ int und gibt als Ergebnis ebenfalls einen Wert vom Typ int zurück. Die *Anweisung* return verläßt die Funktion an der Stelle, an der sie auftritt. Sie gibt a zurück, falls a größer als b ist. Andernfalls verläßt sie die Funktion an der nachfolgenden Stelle, an der sie auftritt, um b zurückzugeben. Jede Anweisung wird mit einem Semikolon (;) abgeschlossen. Die geschweiften Klammern schließen den gesamten Anwendungsblock ab wie die Worte begin und end den Anweisungsteil in einer PASCAL-Prozedur. Allerdings sind

Funktionen *abgeschlossene Einheiten*, in denen keine weiteren
Funktionen eingeschachtelt werden. Das hat den Vorteil, daß alle
Funktionen gleichberechtigt in einem Programm sind. Der Gel-
tungsbereich der Variablen wird durch die geschweiften Klammern
des Anweisungsblocks beschränkt, und es gibt keine Verwechslun-
gen mit namensgleichen Variablen in verschiedenen Funktionen.

**Hauptfunktion**
`main`

In jedem C-Programm muß die *Hauptfunktion* `main` genau einmal vorkommen. Sie ist der Startpunkt jedes C-Programms, an dem
der Compiler ansetzt, den Maschinencode erstellt und das Programm
zur Ausführung bringt. Ihre Grundform lautet `main(){}`, d.h., der
Anweisungsblock ist ebenso leer wie die Liste der Funktionspara-
meter. Die Hauptfunktion führt also keine („leere') Anweisungen an
Parametern aus und gibt auch keinen Wert zurück. Sie ist dennoch
formal korrekt gebildet und das *kleinste C-Programm* überhaupt.
Unsere C-Funktion `max` müßte also durch die Hauptfunktion erweitert werden, um ein lauffähiges C-Programm zu werden.

Der Sprachumfang von C ist so klein gehalten, daß sie sehr effizient in eine Maschinensprache übersetzt werden kann. Nahezu alle
benötigten Funktionen stehen in einer *Bibliothek* fertig zur
Verfügung und können bei Bedarf in einem C-Programm übernommen werden. Die meisten Funktionen liegen also als fertige Module
wie in einem Baukasten nach ANSI-Standard bereit und erlauben
daher eine *große Portabilität* der C-Programme. Die C-Bibliothek
umfaßt sowohl typische Funktionen für *Betriebssysteme* (z.B. Spei-
cherverwaltung, Prozeß- und Umgebungssteuerung) als auch Funktionen *höherer Programmiersprachen* (z.B. Mathematikfunktionen).
Das Format von C-Programmen kann frei festgelegt werden (z.B.
keine Zeilennumerierung). Das macht Programmieren flexibel, aber
auch (wenigstens für Anfänger) unübersichtlich.

C-Bibliotheken
stellen
Funktionen zur
Verfügung.

Der Erfolg von C hängt mit der rasanten Verbreitung des Betriebssystems WINDOWS zusammen, das sich durch eine grafisch
anschauliche Benutzeroberfläche auszeichnet. Aus der WINDOWS-
Perspektive erschließt sich die Informationswelt im Fenster. Texte
und Bilder zeigen sich in Fenstern, die miteinander verbunden werden können. Das Fensterkonzept war der Einstieg in die Multimedia-
Welt. *Fenster* werden durch ein C-Programm für WINDOWS mit
der *Hauptfunktion* `WinMain` (anstelle von `main`) erzeugt. Ein typisches WINDOWS-Fenster (Abb. 9) enthält viele grafisch gestaltete
Anweisungsblöcke wie z.B. Verkleinern (▭), Vergrößern (▣) oder
Verlassen des Fensters (✕) in der Titelleiste oder Anweisungen der
Programmbedienung in der Menüleiste. Bedienungen des Terminals
wie Tastaturanschläge oder Mausbewegungen werden vom Be-
triebssystem in eine Warteschlange gesetzt, um nacheinander als
Meldung verarbeitet zu werden. Sie werden dann direkt an eine

C und
WINDOWS

Funktion weitergegeben, die für die Verarbeitung des entsprechenden Fensters zuständig ist.

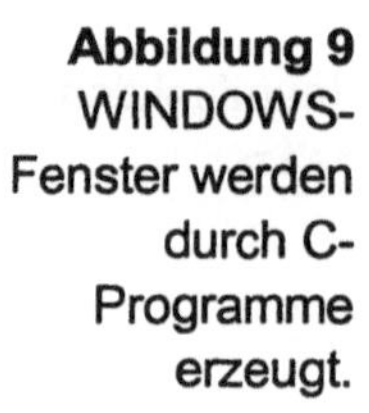

**Abbildung 9**
WINDOWS-Fenster werden durch C-Programme erzeugt.

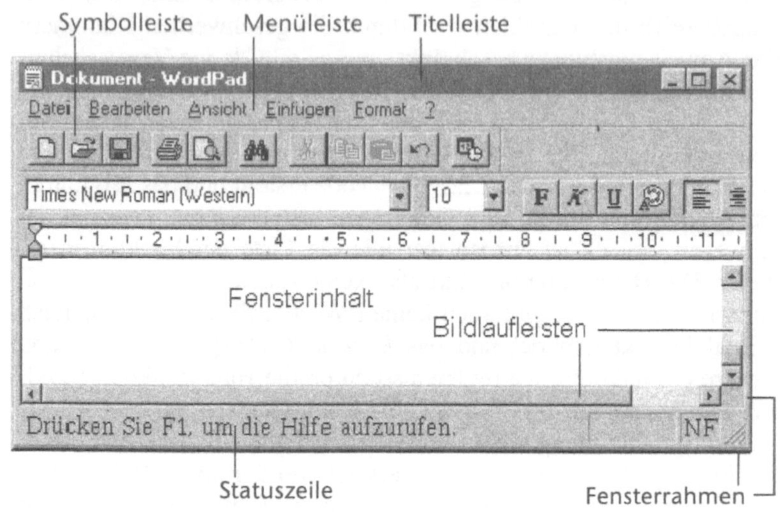


Die Generationen der prozeduralen Sprachen

Die bisher besprochenen Programmiersprachen werden als *prozedurale Sprachen* zusammengefaßt. Historisch und systematisch sind sie durch zunehmende Abstraktion von der Computerhardware bestimmt. Daher sprechen wir auch von der *1. Generation* der Maschinensprachen, der *2. Generation* der Assemblersprachen und der *3. Generation* der höheren prozeduralen Sprachen. Die erwähnten Beispiele von FORTRAN und COBOL über PASCAL bis C sind *imperativisch* bzw. *algorithmisch* orientiert. Dabei wird zwischen Daten und Algorithmen unterschieden, mit denen die Daten bearbeitet werden sollen. Der Programmierer muß genau darauf achten, daß immer nur die passenden Algorithmen auf die entsprechenden Daten wirken. Passen sie nicht zueinander, wird das gesamte Programm empfindlich gestört. Bei der Darstellung eines komplexen Problems ergeben sich verwickelte Zusammenhänge zwischen Daten und passenden Algorithmen, die immer wieder neu entwirrt werden müssen. Versehentliche Änderungen von Variablenwerten sind dabei nicht auszuschließen.

Es ist so, als hätten wir einen Kasten voller Werkzeuge und müßten jedesmal die passenden Werkstücke festlegen, die mit diesen Werkzeugen bearbeitet werden sollen oder nicht. Daß mit Hammer und Meißel Steine beschlagen, aber mit Zangen Nägel gezogen werden und nicht umgekehrt, mag zwar jedermann einleuchten. Mit welchen Meßgeräten welche Größen gemessen werden, kann aber



*3 Vom maschinennahen zum objektorientierten Programmieren*

z.B. in der Elektrotechnik, Medizin oder Meteorologie bereits zu einer schwierigen Aufgabe werden. Wieviel einfacher wäre die Organisation eines Arbeitsprozesses, wenn Werkzeuge und Prozeduren mit passenden Werkstücken von vornherein als Einheit zusammengefaßt wären, die in jedem neuen Arbeitsprozeß wiederverwendet und neu zusammengesetzt werden könnten. Das ist der Grundgedanke der *objektorientierten Programmierung*, die Daten mit passenden Funktionen als Objekte zusammenfaßt.



C stellte zwar einen Werkzeugkasten mit standardisierten C-Funktionen zur Verfügung. Den Schritt zur objektorientierten Programmierung tat 1983 Bjarne Stroustrup mit der Sprache C++. Der Name C++ leitet sich von der eher nebensächlichen Eigenschaft ab, daß der Operator ++ in der Verbindung x++ die Zählervariable x nach dem Schema x+1 hochzählt. Entscheidend ist der grundlegende Wechsel zur objektorientierten Programmierung. Historische Vorläufer waren zwar die Programmiersprachen SIMULA und SMALLTALK. Den Durchbruch schaffte erst C++ wegen ihrer großen Standardisierung und weiten Verbreitung. Was Objektorientierung heißt, wird heute jedem PC-Benutzer intuitiv klar, wenn er unter einem grafischen Symbol Dateien zusammen mit ihren Bearbeitungsfunktionen aufrufen kann.



In C gibt es bereits den Begriff der *Struktur*, in der verschiedene Daten in verschiedenen Variablen abgelegt werden können. In objektorientierten Sprachen wie C++ wird der Strukturbegriff zum Klassenbegriff erweitert. Eine *Klasse* ist nämlich eine Struktur, in der nicht nur *Daten* abgelegt werden, sondern auch die *Funktionen*, die auf diese Daten zugreifen. Als Beispiel betrachten wir die Klasse mit dem Namen `Temperatur`, in der Celsiuswerte in einem bestimmten Intervall gespeichert und als Celsius- oder Fahrenheitwerte wieder ausgegeben werden können. Die Daten einer Klasse sollen nicht unbeabsichtigt außerhalb der Klasse in einem Programm aufrufbar und veränderbar sein. Sie werden daher mit dem Schlüsselwort `private` abgeschirmt. Demgegenüber sollen die Zugriffsfunktionen von überall her in einem Programm ansprechbar sein und werden daher mit dem Schlüsselwort `public` („öffentlich') bezeichnet:



```
class Temperatur
{
   private
      double celsius;
   public
      void setCelsius (double grad)
      {
         if (grad < -80)
```

```
                {
                    grad = -80;
                }
                if (grad > 60)
                {
                    grad = 60;
                }
                celsius = grad;
            }
    public
        double getCelsius()
        {
        return celsius
        }
    public
        double getFahrenheit()
        {
        return 9.0/5.0 * celsius +32.0;
        }
    }
```

Die Variable `celsius` gibt das einzige Datenfeld der Klasse für
Celsiuswerte der Temperatur an. Die Typbezeichnung `double`
erlaubt die Speicherung von Gleitkommazahlen mit 64 Bit. Die
Funktion `setCelsius` bekommt ein Argument mit dem Namen
`grad` vom Typ `double` übergeben. Sie liefert aber keinen Wert
zurück und hat daher den Rückgabetyp `void` („leer'). Die beiden
`if`-Anweisungen im Anweisungsblock sorgen dafür, daß mit der
Funktion `setCelsius` kein Wert im Datenfeld `celsius` gespeichert werden kann, der kleiner als -80 Grad oder größer als 60 Grad
ist. Der Operator = weist der Variablen des Datenfeldes den Grad-
wert zu. Die Funktion `getCelsius` bekommt zwar kein Argument
übergeben, liefert aber einen Wert vom Typ `double` zurück. Im
Anweisungsblock dieser Funktion steht die Anweisung `return`, die
den Datenwert `celsius` an die aufrufende Stelle zurückgibt. Die
Funktion `getFahrenheit` liefert ebenfalls einen Wert vom Typ
`double` zurück. In ihrem Anweisungsblock steht die Anweisung
`return`, die den Datenwert `celsius` in Fahrenheit umgerechnet
zurückgibt.

Bisher haben wir nur eine Klasse mit dem Namen `Temperatur`
definiert. Nach diesem Schema können konkrete Beispiele von
Temperaturdatenfeldern mit den angegebenen Zugriffsfunktionen
*erzeugt* werden, wie etwa Tagestemperatur, Jahrestemperatur etc. In
diesen Fällen müssen Variablen angelegt werden, die konkreten

Speicherbereich für die jeweiligen Datenelemente zur Verfügung stellen. Eine Klasse ist also nur ein Definitionsschema für die Erzeugung von *Instanzen* oder anschaulich gesprochen eine Art Bauplan für konkrete *Objekte*. Um mit diesen Objekten in einem C$^{++}$-Programm arbeiten zu können, muß wie in einem C-Programm die Hauptfunktion `main` genau einmal vorkommen. Sie löst wie in einem C-Programm die Bearbeitung durch den Computer aus.

In der objektorientierten Programmierung werden *Funktionen* häufig auch als *Methoden* bezeichnet. In einem Objekt sind also Datenfelder und die dazu passenden Methoden zusammengefaßt. Wir sprechen daher von der *Kapselung* der Datenfelder und passenden Methoden in Objekten. Datenfelder sind dadurch abgeschirmt und können nur durch erlaubte Zugriffsmethoden erreicht werden. Damit ist der Programmfluß der verwendeten Variablen genau geregelt. Auch in großen Programmen sind unbeabsichtigte Veränderungen nahezu ausgeschlossen. Analog zur C-Bibliothek mit ihren C-Funktionen lassen sich in einer C$^{++}$-Bibliothek Klassen zusammenstellen, um standardisierte Baupläne für bestimmte Objekte bereitzustellen. Wie in C stehen damit fertige Module für die standardisierte Montage eines Programms zur Verfügung, jetzt aber nicht nur für Methoden, sondern für Datenfelder und ihre Methoden in gekapselten Objekten. Datenfelder speichern das *Wissen* eines Objekts, Methoden das *Können* zur Verarbeitung der Daten. Die *Philosophie der Kapselung* besagt also, daß objektorientiertes Programmieren nicht nur Wissen oder Methoden getrennt anbietet, sondern Wissen zusammen mit dem nötigen Know-how.

Viele Objekte weisen große Gemeinsamkeiten auf. Häufig verfügen sie über die Datenfelder und Methoden anderer Objekte, die nur erweitert wurden. Es ist wie bei der Montage eines Autos. Dort wird ein Grundtyp aus bestimmten Bauteilen und mit bestimmten Funktionen vom Werk angeboten, der durch andere Bauteile und Funktionen ('Zubehör') erweitert werden kann. Analog können aus einer Klasse neue Klassen abgeleitet werden, die automatisch alle Daten und Methoden des Grundtyps haben, ohne daß sie nochmals definiert werden müßten. Anschaulich gesprochen werden Daten und Methoden einer *Oberklasse ('Elternklasse')* an ihre *Unterklassen ('Kindklassen')* ,vererbt'. Neben der *Kapselung* ist die *Vererbung* ein weiteres zentrales *Rationalisierungsprinzip objektorientierter Programmierung*. Der einmal erstellte Programmcode der Oberklassen ist nämlich wiederverwendbar. Nur noch Ausnahmen und Erweiterungen müssen neu programmiert werden. Das erspart Zeit, reduziert Fehler und kommt der Pflege und Wartung von Programmen entgegen.

Klassen sind
Baupläne für
Objekte.

Objekte kapseln
Wissen mit methodischem
Know-how.

Klassen können
Daten und
Methoden auf
Unterklassen
vererben.

Ein anschauliches Beispiel liefert WINDOWS. Auf dem PC-Bildschirm wird ein *Fenster* durch ein Rechteck dargestellt. Dieses Fenster hat bestimmte *Datenfelder* und *Zugriffsmethoden* (Abb. 9). Andere Eigenschaften wurden nicht festgelegt. Es handelt sich um ein Objekt, das nach dem Bauplan einer bestimmten Klasse von Fenstern erzeugt wurde. Wir können sie als *Oberklasse* auffassen, aus der *Unterklassen* ableitbar sind, die über alle Eigenschaften der Oberklasse und noch weiteren Datenfeldern und dazu passenden Methoden verfügen. So kann ein Fenster zur Texteingabe, zur Bearbeitung von Dokumenten, für mögliche Bilder, Kommentare etc. erzeugt werden. Dazu müssen in den Unterklassen nur die neuen Eigenschaften definiert werden, da die vererbten Eigenschaften bereits vorhanden sind.

## Programmiersprachen für Computernetze



Anwendungsprogramme in unterschiedlichen Programmiersprachen erfordern spezifische Compiler und Interpreter, um einen Computer arbeiten zu lassen. Diese mangelnde Übertragbarkeit (*Portabilität*) wurde in den wachsenden Computernetzen zu einem grundlegenden Problem. Wie sollte sich der Leibnizsche Traum einer ,*lingua universalis*', also einer allgemeinen formalen Sprache zur Darstellung des menschlichen Wissens und seiner Methoden der Problemlösung, in Computernetzen mit unterschiedlicher Hardware und unterschiedlichen Betriebssystemen verwirklichen lassen? Zwar bot C++ mit seiner Klassenbibliothek bereits ein großes Maß an Rationalisierung, in Computernetzen bleibt jedoch die Abhängigkeit von der Hardware der verschiedenen Computer (,*Plattform*'), die miteinander über eine gemeinsame Sprache kommunizieren sollen. Das ist der Ansatz der Programmiersprache *Java*, die 1990 von der Firma Sun Microsystems entwickelt wurde. Ihren exotischen Namen verdankt



die Sprache schlicht der Insel, die insbesondere amerikanische Programmierer mit ihrem unverzichtbaren Lebenselexier versorgt – große Mengen anregenden Kaffees.



Java ist eine streng *objektorientierte Programmiersprache*, die sich gegenüber C++ durch weitere Rationalisierungen, Standardisierungen und Sicherungen der Programme auszeichnet. Ursprünglich wurde sie nur für vernetzte Geräte der Unterhaltungs- und Haushaltselektronik verwendet. 1995 zeigte die Firma Netscape, wie man mit Java durch das World Wide Web surfen kann. Ihre *plattformübergreifenden Anwendungen* reichen mittlerweile vom häuslichen PC bis zur Großrechenanlage, von der Textverarbeitung bis zu Multimedia, von der Computeranimation bis zu den Erlebniswelten der virtuellen Realität. Was ist die Philosophie dieser mächtigen Programmiersprache, die seit Mitte der 90er Jahre auf dem besten Wege ist, eine *,lingua universalis' der Computernetze* zu werden?

Formal bestehen *Java-Programme* aus *Klassen*. Jede Klassendefinition beginnt wie in C<sup>++</sup> mit dem *Schlüsselwort* `class`. Dann folgt der *Name der Klasse*, dahinter in geschweiften Klammern der Block mit *Datenfeldern* und *Methoden*. Da Java wie C<sup>++</sup> formatfrei ist, erkennt der Compiler kein Zeilenende und muß mit einem Zeichen (Semikolon) auf das Ende einer Anweisung hingewiesen werden. Im Unterschied zu C<sup>++</sup> dürfen Methoden nur innerhalb einer Klasse definiert und geschrieben werden. Das *Prinzip der Kapselung* ist also in Java strenger durchgeführt. Daher sind Java-Programme übersichtlich nur in Klassen gegliedert. Damit ein Programm starten kann, muß es wenigstens die Hauptmethode `main` enthalten. Sie dient als Startpunkt des Programms, liefert keinen Wert zurück (`void`), ist von überall her im Programm zugänglich (`public`) und gehört als Methode zu einer Klasse (`static`). Wie in C<sup>++</sup> ist eine *Klasse* das Definitionsschema (*,Bauplan'*) zur Erzeugung von *Objekten*. So kann mit der bereits definierten Klasse `Temperatur` das Objekt `Tagestemperatur` erzeugt werden. Mit dem folgenden Programm läßt sich die Tagestemperatur in einem bestimmten Intervall speichern und als Celsius- und Fahrenheitwert angeben:

```
class Temperaturumrechner
{
 public static void main (String args [])
  {
   Temperatur tagestemp;
   tagestemp = new Temperatur();

   tagestemp.setCelsius (20.3);
   System.out.println(tagestemp.getCelsius());
   System.out.println(tagestemp.getFahrenheit());
  }
}
class Temperatur
{

}
```

Die Hauptmethode `main` bekommt als Argument (in runden Klammern) ein Feld von Zeichenketten (`String`) übergeben. Es handelt sich um die Kommandozeilenparameter, die beim Aufruf des Programms angegeben werden. Sodann wird eine Variable mit Namen `tagestemp` deklariert, die vom Typ `Temperatur` ist. `Temperatur` ist die Klasse, die bereits definiert wurde und deren Anweisungsblock im Programm nicht mehr aufgeführt ist. Mit der Anweisung des Schlüsselwortes `new` wird das *neue Objekt* `tagestemp` vom Typ `Temperatur` erzeugt: Es bekommt nun einen Speicherplatz zugewiesen und wird dort abgelegt. Um auf die Methode eines Objekts zugreifen zu können, muß zuerst der Name des Objekts (`tagestemp`) und danach, durch einen Punkt getrennt, der Name der Methode (`setCelsius`) angegeben werden. Als Beispiel wurde `tagestemp.setCelsius 20.3` eingegeben. Mit `tagestemp.getCelsius` und `tagestemp.getFahrenheit` wird das Datenfeld in Celsius bzw. Fahrenheit ausgelesen. Mit der Anweisung `System.out.println` werden die Werte (mit einem Zeilenvorschub `ln` für `line`) auf dem Bildschirm ausgedruckt. Wenn das Programm mit 20.3 Celsius als Beispielwert gestartet wird, erscheinen der Wert 20.3 Celsius (da der Wert im Temperaturintervall der Klasse liegt) und der umgerechnete Wert 68,54 in Fahrenheit.



Neben der Kapselung ist auch das Prinzip der *Vererbung* in Java streng durchgeführt. Vererbung bedeutet wie in C⁺⁺ eine Rationalisierung des Programmierens, da der Programmcode von bereits vorhandenen Klassen und Objekten wiederverwendet werden kann, ohne ihn erneut definieren zu müssen. Bei der Vererbung übernimmt wieder eine Kindklasse (‚*Unterklasse*‘) die Datenfelder und Methoden einer Elternklasse (‚*Oberklasse*‘). In unserem Programmbeispiel könnte die Klasse `Temperatur` zur Unterklasse `Körpertemperatur` erweitert werden, indem z.B. die Bedingungen der Datenfelder ergänzt und neue Methoden hinzugefügt würden. Formal schreiben wir dann `Körpertemperatur extends Temperatur`. Schließlich könnte das Programm aus der Klasse `Körpertemperatur` neue Objekte mit dem Namen `Patient` erzeugen, um die Körpertemperatur konkreter Patienten zu bearbeiten. Die Klasse `Körpertemperatur` könnte schließlich auf Altersgruppen spezifiziert werden, um weitere Unterklassen wie `KörpertemperaturSäugling`, `KörpertemperaturKind` etc. mit entsprechenden Objekten wie `PatientSäugling`, `PatientKind` etc. zu erhalten. So entstehen ganze *Vererbungshierarchien* von Klassen und Objekten, die in Java streng durchgeführt sind.



Die *Urklasse* der Java-Vererbungshierarchie ist die Klasse `Object`, die mit unspezifischen Hilfsmethoden jeder Java-Klasse ausgestattet ist. Dazu gehören z.B. die Methode `equals (Object)`, die zwei Objekte auf Gleichheit vergleicht, die Methode `get-`

`Class()`, die die Klasse des Objekts zurückgibt, oder die Methode `clone()`, die eine Kopie des Objekts erzeugt. Eine Java-Klasse muß daher nicht explizit um die Klasse `Object` erweitert werden, da ihre Methoden automatisch vererbt werden. In der Java-API (*A*pplication *P*rogramming *I*nterface)-Hierarchie sind die Vererbungsäste ausgehend von der Urklasse `Object` aufgezeichnet.

Zusätzlich sind Klassen nach gemeinsamen sachlichen Gesichtspunkten zu ,*Paketen*' (*packages*) zusammengefaßt. Die Klassen eines Pakets müssen nicht durch Vererbung aufeinander bezogen sein, sondern eine gemeinsame Aufgabe erfüllen. So bietet das Paket mit dem Namen `java.math` Klassen mit mathematischen Methoden an. Das Paket `java.io` mit der Abkürzung `io` für *input/output* stellt Klassen zusammen, die den Programmierer von den methodischen Details des zugrundeliegenden Betriebssystems befreit. Im Paket `java.util` mit der Abkürzung `util` für *utilities* werden nützliche Standardwerkzeuge des Programmierens bereitgestellt. Weitere Pakete werden wir später z.B. für das Internet, Computeranimationen und Virtual Reality benötigen. Formal wird ein Paket durch das Schlüsselwort `package` angekündigt, dem der Name des Pakets folgt. Mit der Anweisung `import` können einzelne Klassen oder alle Klassen aus einem Paket in ein Programm importiert werden. Alle *Java-Pakete* sind in der *Java-Bibliothek* zusammengestellt.

In Java sind also die *Prinzipien objektorientierten Programmierens* wie in keiner anderen Sprache realisiert. Warum kann aber ein Java-Programm überall im Computernetz des World Wide Web (WWW) verstanden werden, unabhängig von der unterschiedlichen Hardware der Computer mit ihren verschiedenen Betriebssystemen? Was macht die weltweite *Portabilität von Java* aus? Jedes Java-Programm wird zunächst in den gemeinsamen Maschinencode einer abstrakten universellen Maschine übersetzt, der überall im Netz verstanden wird. Der Benutzer nimmt das Computernetz nur über diese *virtuelle Java-Maschine* (engl. JVW für *Java Virtual Machine*) wahr. Das Netz ist für ihn eine einzige virtuelle Maschine (Abb. 10).

Dazu wird der Quelltext eines Java-Programms von einem Compiler (z.B. Javac) in einen *Bytecode* übersetzt, der die *Maschinensprache* der virtuellen Java-Maschine ist. Der Java-Bytecode wird von den Programmen (Browser) aller im World Wide Web verbundenen Computer verstanden. Die virtuelle Java-Maschine ist zwar eine abstrakte Maschine. Wie eine reale Maschine besitzt sie aber einen Befehlssatz und verschiedene Speicherbereiche. Der Befehlssatz der universellen virtuellen Java-Maschine wird von einem *Just-In-Time* (JIT)-Compiler in die Befehle der Zentralprozessoren (CPU) der jeweiligen realen Maschinen im Netz übersetzt. Der Be-



---

Java-Objekte lassen sich klonen.

Pakete sind zweckmäßige Zusammenfassungen von Java-Klassen.

In der Java-Bibliothek sind alle Java-Pakete zusammengestellt.

Die virtuelle Java-Maschine ermöglicht die Verbreitung von Java-Programmen im World Wide Web.

Die Maschinensprache der virtuellen Java-Maschine

nutzer benötigt daher nur ein einziges Java-Programm für alle
möglichen Computer und Betriebssysteme im Netz. Die Programme
müssen von ihm nicht für die verschiedenen Plattformen von UNIX,
WINDOWS etc. compiliert werden. Diese *Plattformenunabhängigkeit* ist der erste zentrale Vorteil des Bytecodes der virtuellen
Java-Maschine. Ferner ist der *Bytecode* sehr *kompakt* und verringert
daher die *Ladezeiten* im Netz. Schließlich bietet der Bytecode *Sicherheit* im Netz. Jeder Code, der vom Netz geladen werden soll,
wird nämlich zunächst von der virtuellen Java-Maschine auf seine
Anwendbarkeit geprüft. Die virtuelle Java-Maschine ist also auch
ein Schutzfilter der lokalen Maschinen gegenüber fehlerhaften und
schädlichen Meldungen aus dem globalen Netz.



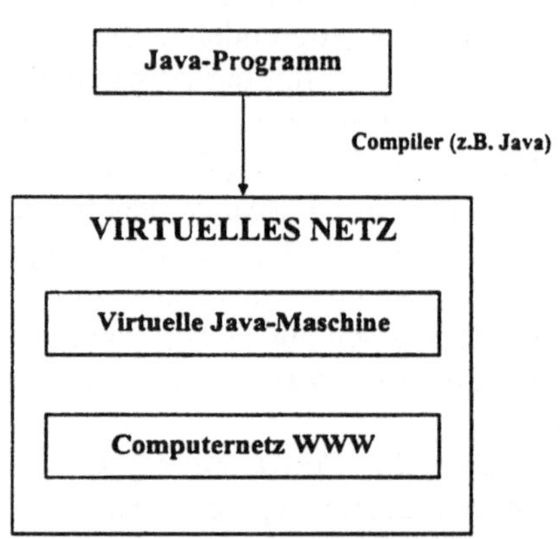


**Abbildung 10**
Der Benutzer
von Java nimmt
das Computer-
netz des World
Wide Web als
virtuelle Maschi-
ne wahr.

Im einzelnen *beginnt* eine virtuelle Java-Maschine (JVM) die
Ausführung eines Programms mit dem Aufruf *der Hauptmethode*
`main` einer angegebenen Klasse. In unserem Beispiel handelt es
sich um die Klasse `Temperaturumrechner`. Bevor aber die
Hauptmethode `main` aufgerufen werden kann, muß JVM einige
Vorbereitungsschritte durchführen. Zunächst wird `main` als Argument ein Zeichenkettenfeld `string args[]` übergeben, das in der
Regel `Kommandoparameter` zur Aufrufung des Programms
enthält. Dadurch wird die *Klasse* der Hauptmethode (z.B. `Temperaturumrechner`) *geladen*, d.h., ihr zuvor vom Compiler berechneter Binärcode muß gefunden werden. Das Binärformat einer Klasse heißt `class`-Dateiformat und besteht aus einem Strom von Bytes.
Dieser *Bytecode* wird *überprüft*, ob er korrekt gebildet ist und den
Maschinenbefehlen der JVM entspricht. Zur Vorbereitung gehört
ferner die Anlage von Speicherbereichen für die Klasse und aller
Dateistrukturen. Schließlich müssen die Referenzen der Klasse zu
anderen Klassen des Programms kontrolliert, ihre Binärcodes gela-



 ■ *3 Vom maschinennahen zum objektorientierten Programmieren*

den und auf Korrektheit überprüft werden. Nach diesen Prüfungsschritten wird die Klasse der Hauptmethode `main` in ihren Anfangszustand gebracht (*„initialisiert"*). Da die Klasse von `main` Methoden und Datenfelder von ihren Oberklassen übernimmt, müssen auch alle ihre Oberklassen überprüft und initialisiert werden. Erst jetzt kann die Hauptmethode `main` *aufgerufen* werden. Sie löst das *Laden, Kontrollieren* und *Initialisieren* aller Klassen des Programms aus. Für die *Erzeugung von Objekten* („Instanzen") dieser Klassen muß Speicherplatz bereitgestellt werden. Am *Ende* des Programms beendet die JVM ihre Aktivitäten. In unserem Beispiel `Temperaturumrechner` werden zum Abschluß zwei Werte ausgedruckt.

**Operationscodes der virtuellen Java-Maschine**

Ein Befehl der virtuellen Java-Maschine besteht aus einem ein Byte langen *Operationscode* (*Opcode*), eventuell gefolgt von Operanden, die Daten für die Operation zur Verfügung stellen. Für die *Arbeitsweise der virtuellen Java-Maschine* stellen wir uns einen Stapel von Operanden vor, den die Befehle manipulieren. Mit der Beschränkung auf nur ein Byte ist ein Opcode außerordentlich kompakt. Numerisch werden die Opcodes dezimal und (in Klammern) hexadezimal angegeben. Sie bezeichnen 256 Befehle mit den Opcodes 0 (0x00) bis 255 (0xff). Analog wie bei einer realen Maschine wird der Bytecode einer virtuellen Java-Maschine für den Benutzer durch eine *Assemblersprache* verständlicher. Sie umschreibt den Opcode mit einprägsamen *(mnemonischen)* Bezeichnungen. So steht der Opcode 21(0x15) für einen Befehl mit der Bezeichnung `iload` mit `i` für `integer` und `load` für laden. Dieser Befehl legt den Inhalt einer lokalen Variablen vom Typ `int` im Java-Programm auf den Operandenstapel der virtuellen Java-Maschine ab. Der Befehl `dload` erledigt dasselbe für eine Variable vom Typ `double`. Andere Befehle zum Laden und Speichern übertragen Werte zwischen den lokalen Variablen und dem Operandenstapel der virtuellen Java-Maschine. Ebenso gibt es arithmetische Befehle wie z.B. `dadd`=99(0x63) zum Addieren zweier Werte vom Typ `double`. Die Werte werden vom Operandenstapel genommen und das Ergebnis oben auf dem Stapel abgelegt. Ein Rückgabebefehl (`return`) für Methoden des Typs `double` ist `dreturn`=175(0xaf).

**Assemblersprache der virtuellen Java-Maschine**

Mit diesen Beispielen sind wir in der Lage, den Bytecode einer einfachen Additionsaufgabe zu ermitteln. In einem *Java-Programm* wird dazu z.B. die folgende *Methode* verwendet:

```
double doubleLocals (double d1, double d2)
{
    return d1 + d2
}
```

In der Assemblersprache der virtuellen Java-Maschine wird diese Methode in vier Befehle umgesetzt:

```
Method double doubleLocals(double, double)
   0 dload_1
   1 dload_3
   2 dadd
   3 dreturn
```

Zunächst wird das erste `double`-Argument aus den lokalen Variablen 1 und 2 geladen. Dann wird das zweite `double`-Argument aus den lokalen Variablen 3 und 4 geladen. Schließlich wird das `double`-Additionsergebnis auf den Operandenstapel gelegt und zurückgegeben. Der numerische Opcode dieser Methode besteht also aus vier Bytes und wird in dezimaler und hexadezimaler Darstellung angegeben:

Bytecode eines Java-Programms

$$39 \ (0x27)$$
$$41 \ (0x29)$$
$$99 \ (0x63)$$
$$175 \ (0xaf)$$

Bei einfachen Aufgaben können Programmbefehle sequentiell wie an einem roten Faden (engl. *thread*) abgearbeitet werden. Bei komplexen Aufgaben müssen aber viele Teilaufgaben gleichzeitig („parallel') erledigt werden, um nicht hoffnungslos in endlosen Rechenzeiten unterzugehen. Der Kontrollfluß besteht dann aus mehreren Fäden (engl. *multithreading*), die gleichzeitig in einem Programm koordiniert werden müssen. Auf der *Hardwareebene* tragen *Parallelrechner* und *Supercomputer* solchen Aufgaben Rechnung, indem sie für jeden Thread einen eigenen Prozessor zur Verfügung stellen. Moderne *Betriebssysteme* organisieren bereits beim häuslichen PC, daß gleichzeitig mehrere Programme z.B. für Textverarbeitung und Textausdruck im *Multitasking*-Betrieb laufen können. Bei einer Einprozessorarchitektur werden die gleichzeitigen Kontrollflüsse des Multithreading dadurch simuliert, daß der CPU in schneller Folge kleine Abschnitte der Threads nacheinander zur Bearbeitung übergeben werden.

Die *virtuelle Java-Maschine* vermag die Ausführung mehrerer Threads zur gleichen Zeit zu unterstützen. Dabei teilen sich die Kontrollflüsse einen gemeinsamen Arbeitsspeicher. Wie wir gesehen haben, beginnt die *virtuelle Java-Maschine* ihre Arbeit mit einem einzelnen Thread, indem sie zunächst die Hauptmethode `main` einer bestimmten Klasse aufruft. Dieser Aufruf kann mehrere parallele



*3 Vom maschinennahen zum objektorientierten Programmieren*

Aktionsstränge nach sich ziehen. Stellen wir uns z.B. eine *Multimedia-Szene* vor, in der zunächst der Titel der Szene aufgerufen wird, dem Textabschnitte folgen, die sowohl von akustischer Untermalung als auch von Bildabfolgen begleitet werden. Die Veränderungen, die z.B. durch die Benutzung der Maus auf dem Bildschirm ausgelöst werden, erzeugen einen weiteren Handlungsablauf, der einen eigenen Kontrollfluß benötigt. Die virtuelle Java-Maschine verfügt über einen Synchronisationsmechanismus, um Konflikte bei der Nutzung des gemeinsamen Arbeitsspeichers zu vermeiden. Die Maschine beendet das Programm, wenn alle Threads abgearbeitet sind. Wie unser Beispiel bereits ahnen läßt, gehört *Multithreading* zu einer zentralen Programmiertechnik, um die komplexen Aufgaben in der multimedialen Welt des *World Wide Web* zu bewältigen. Damit kommen wir zu einem Anwendungsgebiet, dem Java seinen weltweiten Durchbruch und seine Popularität maßgeblich verdankt.



Gemeint sind die kleinen Programme (*„Applets"*), die Web-Seiten im Netz mit statischen Texten und Bildern, aber auch Computeranimationen mit interaktiven Dialogen ausstatten. Im Unterschied zu den bisher besprochenen Java-Programmen (*„Applications"*) sind Applets kleine Programme, die nicht eigenständig laufen können. Sie müssen von einem Web-Browser (z.B. Internet Explorer, Netscape) gestartet oder in eigenständige Java-Applikationen eingebettet werden. Daher besitzt ein Applet auch *keine Hauptmethode* main, mit der das Programm gestartet wird. Anschaulich gesprochen benötigt ein Applet einen Wirtsorganismus, um zum Leben zu erwachen. Als Beispiel betrachten wir ein einfaches Applet, das einen kurzen Text für eine Web-Seite (z.B. des Instituts für Interdiszplinäre Informatik in Augsburg) liefern soll. Java stellt ein *Paket* java.applet zur Verfügung, in dem alle methodischen Standards von Applets festgehalten sind. Applets werden daher aus den Klassen dieses Pakets abgeleitet. Die grafischen Methoden stammen aus dem Paket java.awt mit awt für *A*bstract *W*indow *T*oolkit. Unser Beispiel hat den Namen Applet III mit Blick auf die Abkürzung für die Textüberschrift *'I*nstitut für *I*nterdisziplinäre *I*nformatik', die grafisch erstellt werden soll:



```
import java.applet.*
import java.awt.*

public class AppletIII extends Applet
{
  public void paint(Graphics g)
  {
    g.drawString („Institut für
```

```
      }
}
```

Der Stern * hinter den beiden importierten Paketen besagt, daß *alle* Klassen dieser Pakete bereitgestellt werden sollen. Wie alle Applets wird auch `AppletIII` aus der Oberklasse `Applet` abgeleitet bzw. `Applet` wird durch `AppletIII` erweitert (extends). Die Methode `paint` aus einer der importierten Klassen wird immer aufgerufen, wenn das Applet gezeichnet werden muß. Es erhält als Argument ein Grafikobjekt g. Mit den Methoden von g kann gezeichnet werden. Die Methode `g.drawString` realisiert die Textausgabe im Rahmen der Grafik g. Der erste Parameter ist der auszugebende Text, der zweite und dritte Parameter geben die $x$- und $y$-Koordinate des Ausgabepunktes im Appletfenster an.

Wenn `AppletIII` mit dem *Compiler* übersetzt wird, entsteht die *Class-Datei* des Bytecodes mit dem Namen `Applet III.class`. Um das Applet mit dem *Web-Browser* starten zu können, muß diese Datei in ein Dokument des World Wide Web (WWW) eingebettet werden. *WWW-Dokumente* sind im HTML (*Hypertext Markup Language*)-Format abgefaßt. Kommunikation im Computernetz des WWW wird mit HTML-Dokumenten durchgeführt, die von einem Anbieter (*Server*) an einen Interessenten (*Client*) gesendet werden. Das HTML-Format wird durch Blockanweisungen (*Tags*) in spitzen Klammern markiert. Wegen dieser Markierung sprechen wir auch von einem ML-Format (*Markup Language*). Zwischen zwei spitzen Klammern stehen der Name der Marke und eventuell zusätzliche Hinweise. Formal hat das *HTML-Dokument eines Applets* folgenden Aufbau:

Applets als WWW-Dokumente im HTML-Format

```
<html>
<head>
<title> Name des Applets </title>
</head>
<body>
<applet code    = Applet-Klasse
        width   = Pixelbreite
        height  = Pixelhöhe >
</applet>
</body>
</html>
```

Die Marken mit gleichem Namen haben die Rolle von Klammern, die Teile des Dokuments einschließen. Die schließende Marke ist durch das zusätzliche Symbol / gekennzeichnet. Das HTML-Dokument trägt einen *Kopf* (head) mit dem *Titel* (title) des Dokuments. Im *Körper* (body) des Dokuments ist das *Applet eingebettet.* Dieser Block beginnt mit der Marke <applet...> und schließt mit der Marke </applet>. Die Marke <applet...> enthält wenigstens den *Namen der Class-Datei* des Applets (code), die anfängliche Breite des Applets in Pixel (width) und die anfängliche *Höhe* des Applets in Pixel (height).

<table><tr><td>

In einem Hypertext können verschiedene Dokumente im World Wide Web verbunden werden. Wir lesen ein Textdokument nicht nur linear Zeile für Zeile, sondern vertiefen einen Begriff oder Namen per Mausklick durch ein weiteres Dokument, in dem wieder weitere Fenster mit interessanten Zusatzdokumenten geöffnet werden können: Ein Text löst sich buchstäblich in ein *Netzwerk von Texten* (‚*Hypertext*') auf, die je nach Interesse des Benutzers erschlossen werden können. Als ‚*Hyperlinks*' dienen besondere Textmarkierungen. Der Begriff oder Namen, der in einem HTML-Dokument mit anderen Dokumenten verbunden werden soll, ist in zwei Ankermarken <a> und </a> (engl. *a*nchor für Anker) eingeschlossen. Der Zusatz HREF (*H*ypertext *Ref*erence) gibt den Zielnamen des zu verbindenden Dokuments an. Dabei kann es sich um ein Dokument auf dem gleichen Computer oder auf einem anderen Computer im Netz handeln. Im letzten Fall muß die *Adresse des Computers im Netz,* sein Diensttyp und die Datei angegeben werden. Diese Netzadresse heißt URL (*U*niform *R*esource *L*ocator) und hat den formalen Aufbau:

</td><td>

Hypertext und HTML

Hyperlinks im Hypertext

</td></tr></table>

        dienst://computer/pfad/datei
        also z.B.: http://www.uni-augsburg.de/institute.html



*Hyperlinks* beziehen sich nicht nur auf Texte, sondern auch auf Bilder, Fotos und Grafiken. Bilder werden mit der Marke <img> (engl. *image*) in Dokumente eingebettet. Mit Dateien für Sprache, Musik und Filmdokumente entstehen die Multimedia-Welten des World Wide Web. Schließlich können Bilder für Interaktionen mit dem Benutzer ausgebaut werden. Bestimmte Bildzonen werden markiert und können per Mausklick Ereignisse wie Beleuchtung, Ver-größerung der Stelle etc. auslösen. Mit diesen sensitiven Bildern ist der erste Schritt zu virtuellen Erlebniswelten getan. Grundlage sind objektorientierte Netzsprachen wie Java.

# Programmiersprachen für virtuelle Realität

Computererzeugte (,*virtuelle*') Realität erfordert eine Computersprache für *dreidimensionale Umgebungen*. Sie soll zudem als Datencode im *World Wide Web* einsetzbar sein. HTML-Formate reichen nicht aus, da sie auf textliche Darstellung ausgerichtet sind. Verteilte virtuelle Umgebungen lassen außerdem höhere Anforderungen an das Netzmanagement erwarten. Die Begründer des WWW wie z.B. Tim Berners-Lee stellten daher 1994 eine erste Version ihres VRML (*V*irtual *R*eality *M*arkup *L*anguage)-Konzepts vor, nach dem dreidimensionale Informationen als Inline-Datei in ein HTML-Dokument eingebunden werden konnten. Spätestens 1995 lag mit VRML 1.0 eine gebrauchsfähige Version vor, die unabhängig vom HTML-Format war. Aus der VR *Markup* Language wurde eine VR *Modeling* Language, mit der beliebig komplexe dreidimensionale Szenen beschrieben werden konnten. Allerdings waren es statische virtuelle Welten ohne Interaktion mit dem Benutzer. Den Schritt zu bewegten und interaktiven virtuellen Welten leistete VRML 2.0 von 1996. Damit ist VRML zwar komplexer als HTML, aber weniger komplex als Programmiersprachen wie $C^{++}$ und Java. Allerdings hat VRML ein *objektorientiertes Datenformat*, das eine dreidimensionale Szene in Grundbausteine auflöst.

Der *Zustand eines Objekts* wie z.B. eines Würfels ist durch die *Werte* bestimmter *Eigenschaften* wie Größe, Farbe oder Bewegungszustände bestimmt (Abb. 11). In einer *interaktiven* virtuellen Szene soll es möglich sein, daß ein *Benutzer* z.B. durch Mausklick den Farbzustand des Objekts verändert. Ebenfalls sollen kausale Beziehungen zwischen den Objekten einer Szene bestehen. Wenn bei zwei ineinandergeschachtelten Würfeln (Abb. 11) der äußere verschoben wird (d.h. die Werte der Eigenschaft ,Translation' verändert werden), dann soll sich auch der innere Würfel entsprechend verschieben. Die Veränderung einer Eigenschaft ist ein *Ereignis* (*event*), das andere Ereignisse an anderen Objekten der Szene (ursächlich kausal) auslöst. In VRML sprechen wir von einer *Route von Ereignissen* zwischen den entsprechenden Objekten (Abb. 11).

Im *objektorientierten Datenformat* von VRML werden die Beziehungen zwischen den Objekten einer virtuellen Szene in einem Szenegraphen abgebildet. Dabei werden die Objekte grafisch durch *Knoten* (*nodes*) dargestellt. Knoten können für geometrische Körper (z.B. Würfel, Kugeln) stehen (wie in Abb. 11), aber auch für ihre Gestalt und Erscheinung, für Licht, Sound, Bewegungen und andere Faktoren, die eine dreidimensionale Szene bestimmen. Formal ist ein *Knoten* charakterisiert durch einen *Namen* des Objekts und *Felder* (*fields*) für seine Eigenschaften, die wie in objektorientierten Spra-

Von der Hypertext Markup Language (HTML) zur Virtual Reality Modeling Language (VRML).

VRML ist objektorientiert.

VRML-Objekte haben Eigenschaften mit Werten.

Ereignisse sind Veränderungen von Werten in VRML-Objekten.

Objekte werden durch Knoten, Eigenschaften durch Felder dargestellt.

*3 Vom maschinennahen zum objektorientierten Programmieren*

chen üblich in geschweiften Klammern zusammengefaßt werden. Die Namen von Knoten werden groß, die Namen von Feldern klein geschrieben. So wird die Gestalt (*shape*) eines grünen Quaders (*box*) der Kantenlängen 1, 2 und 3 Meter als VRML-Knoten notiert durch:

```
Shape{
    appearance Appearance {
        material Material {
            emissiveColor 010
        }
    }
    geometry Box {
        size 123
    }
}
```

Beispiel eines VRML-Knotens für die Gestalt eines Körpers

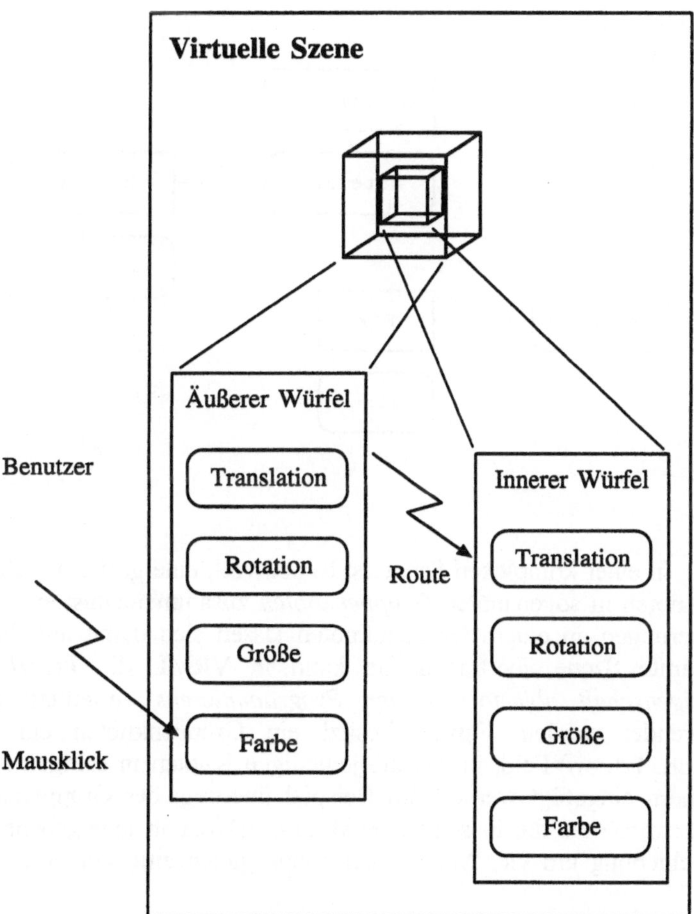


**Abbildung 11**
In virtuellen dreidimensionalen Szenen können die Zustände von Objekten direkt durch den Benutzer (z.B. per Mausklick) oder indirekt durch Ereignisrouten von anderen Objekten verändert werden.

Der Gestaltknoten `Shape` unterscheidet also Erscheinungseigenschaften (`appearance`) und geometrische Eigenschaften (`geometry`). Diese Eigenschaften können ihrerseits durch Knoten für Objekte bestimmt sein, z.B. durch den Knoten `Box` für die geometrische Eigenschaft `geometry` oder den Knoten `Appearance` für die Erscheinungseigenschaft `appearance`. Die Felder der Knoten sind anschaulich wie leere Fächer, in die vorgefertigte Knoten oder Daten eingeschoben werden können. So geben die Daten 1 2 3 des Feldes `size` die drei Seitenlängen des Quaders an. Das Farbfeld `emissiveColor` wird durch drei Intensitätsgrade zwischen 0 und 1 für die Farben Rot, Grün und Blau bestimmt. Im Beispiel soll der Quader 0% rot, 100% grün und 0% blau sein. Das Farbfeld ist eine Eigenschaft des Materialknotens `Material`. Im entsprechenden Szenegraphen sind die Knoten in Kästen, die Felder darunter in gerundeten Schildern gezeichnet:

Beispiel eines Szenegraphen mit Knoten (Kästen) und Feldern (gerundete Schilder)

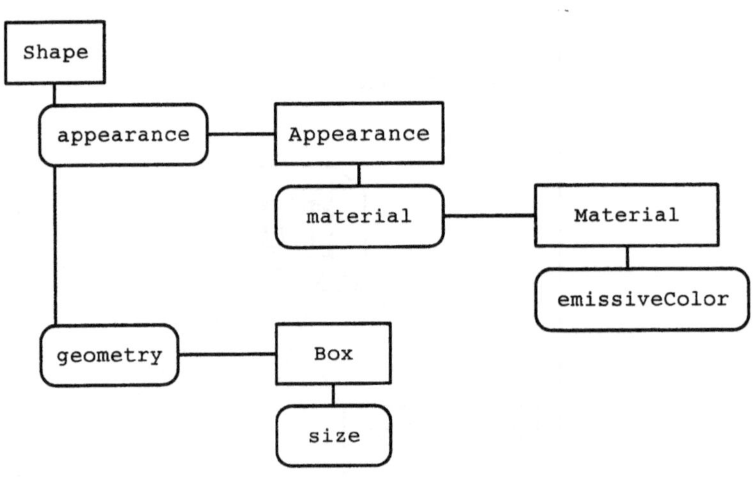


In einer komplexen Szene ist es sinnvoll, eine große Anzahl von Knoten in sogenannten *Gruppenknoten* zusammenzufassen. Veränderungen an einem Gruppenknoten lassen sich damit auf die gesamte Szene übertragen. So kann in VRML die *Vererbungseigenschaft objektorientierten Programmierens* vorteilhaft angewendet werden. Formal besitzt ein Gruppenknoten ein Kind (`children`)-Feld, in das die jeweiligen Knoten in eckigen Klammern eingefügt werden. Im Beispiel überträgt der Gruppenknoten `Transform` die in seinem Feld `translation` angegebene Verschiebung um vier Meter nach rechts gleichzeitig auf eine Kugel

Das Prinzip der Vererbung in VRML

*3 Vom maschinennahen zum objektorientierten Programmieren*

(Sphere) und einen Quader (Box). Die drei Daten der Verschiebung beziehen sich auf die *x*-, *y*- und *z*-Achse eines rechtwinkligen Koordinatensystems:

```
Transform {
        translation 400
        children [
                Shape {
                        geometry Sphere {...}
                }
                Shape {
                        geometry Box {...}
                }
        ]
}
```



Mittlerweile steht eine *VRML-Bibliothek* mit vorgefertigten *Knotentypen* zur Verfügung, mit denen komplexe multimediale Szenen zusammengefügt werden können. VRML 2.0 eröffnet aber auch die Möglichkeit, neue Prototypen zu konstruieren. Ein *Prototyp* ist ein Schema für Knoten und besteht aus einem Namen und einer Liste von Feldern. Durch Einsetzung von Daten (oder Knoten mit Daten) in den Feldern entsteht ein konkreter Knoten. Vordefinierte Knotentypen und neue Prototypen entsprechen daher den Klassen in Java (allerdings nur mit Datenfeldern), aus denen durch Einsetzung spezieller Daten konkrete Objekte entstehen.

Eine der bemerkenswertesten Eigenschaften von VRML 2.0 ist ihre *Modellierung dynamischer Szenen* und die *Interaktion* mit dem Benutzer. Ein *Ereignis* wird als Datenveränderung in den Feldern eines Knotens aufgefaßt. Über eine *Route* kann dieses Ereignis an einen anderen Knoten übertragen werden, um in entsprechenden Feldern eine Datenveränderung, also ein weiteres Ereignis auszulösen. So ändert z.B. das Ereignis `set_position` das Feld `position` eines Knotens, während das Ereignis `positon_changed` die Veränderung des Feldes mitteilt. Bei der Definition von *Knotentypen* und *Prototypen* werden daher *Ereignisse* unterschieden, die Felder ändern (`eventIn`) oder die Veränderung von Feldern mitteilen (`eventOut`).

Eine *Route* beginnt mit dem Ereignis `eventOut` im Feld eines Knotens und mündet in einem Ereignis `eventIn` im Feld eines anderen Knotens. In Abb. 11 wird die Verschiebung des äußeren Würfels als `eventOut` des Feldes `translation` auf das entsprechende Feld `translation` des inneren Würfels als `eventIn` übertragen. Über `Sensor`-*Knoten* kann ein Benutzer `eventOut`-

Ereignisse auslösen, indem er ein Objekt z.B. mit der Maus anklickt. Eine solche *Interaktion* kann ein einzelnes eventIn-Ereignis an einem Objekt auslösen, aber auch *komplexe Ereignisketten* an vielen Objekten.

Bei einer *Animation* wie z.B. einer kreisenden Planetenkugel im Sonnensystem scheint sich das Objekt 'wie von selbst' zu bewegen. Physikalisch werden die Raumvektoren in Abhängigkeit von der Zeit verändert. Als Motor der Animation dient daher der TimeSensor-Knoten, der eine Folge von Zeitwerten in Bruchteilen (*fraction*) eines Zeitintervalls als eventOut-Ereignisse erzeugt. Mit diesen Zeitwerten können aus vorgegebenen Vektoren die folgenden Bahnvektoren berechnet werden. Das leisten Interpolator-Knoten, die ihre Ergebnisse wiederum als eventOut-Ereignisse an geometrische Knoten wie z.B. die Planetenkugel weiterleiten. Dort bewirken sie als eventIn-Ereignisse die beobachtete Planetenbewegung (Abb. 12).

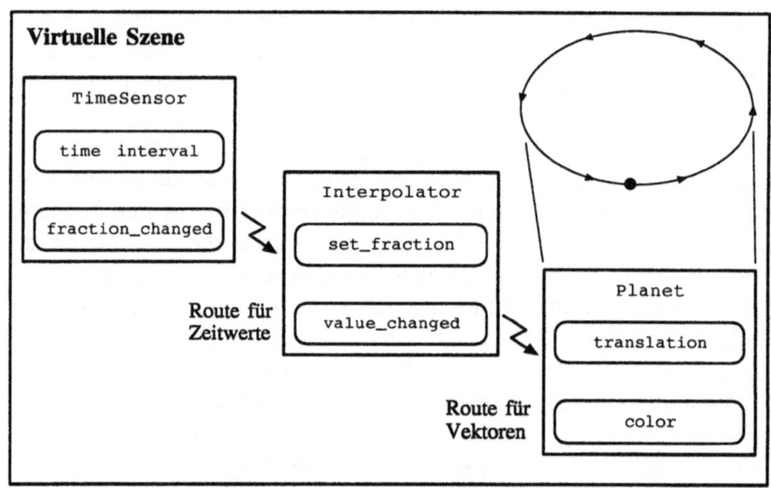


**Abbildung 12**
Für die Animation einer Planetenbewegung erzeugt der TimeSensor-Knoten Zeitwerte, die vom Interpolator-Knoten in Bahnvektoren verwandelt werden.

Wenn bei der Animation einer Szene komplexe Entscheidungen oder Berechnungen notwendig werden, sind die Grenzen von VRML 2.0 erreicht. Beispiel: In Abb. 12 soll zu einem bestimmten Zeitpunkt die Bewegungsbahn des Planeten in bestimmter Weise verändert werden, *wenn* ein anderer Planet bestimmter Größe auftaucht. In diesem Fall werden typische Elemente von Programmen wie z.B. eine logische Bedingung `if` (wenn) oder Berechnungsfunktionen notwendig. Daher sieht VRML 2.0 einen `Script`-Knoten vor, der ein Skript oder ein Programm enthalten kann.



Anschaulich können wir uns ein *Skript* wie eine Folge von Regieanweisungen für eine Filmszene vorstellen. `Script`-Knoten erhalten über Routen Ereignisse, führen mit deren Daten unter Einsatz des Scripts oder eines Programms Entscheidungen und Berechnungen durch, erzeugen selbst Ereignisse und übermitteln sie an andere Knoten der Szene, um deren Eigenschaften zu ändern. Formal enthält daher ein `Script`-Knoten neben Datenfeldern für eintreffende `eventIn`-Ereignisse und übermittelte `eventOut`-Ereignisse ein Feld für die Datei des Skripts oder Programms. Liegt diese Datei extern auf einem Server vor, so wird darauf mit der URL-Identifizierung verwiesen. Daher sprechen wir auch vom `url`-Feld des `Script`-Knotens. Eine Skriptdatei, die direkt ‚inline' im `Script`-Knoten enthalten ist, erscheint ebenfalls im `url`-Feld.



Für Skripts und Programme können nur Sprachen verwendet werden, die der VRML-Browser unterstützt wie z.B. JavaScript und Java. *JavaScript* ist eine *objektorientierte Sprache*, die zur Formulierung einfacher Skripte entwickelt wurde. Im Sinn der Kapselung enthalten ihre Objekte neben Datenfeldern die dazugehörigen Methoden. So gehören z.B. zum Objekt `Math` neben Daten wie der Konstanten $\pi$ auch mathematische Funktionen als Methoden. Neben arithmetischen und logischen Operationen sind in JavaScript Anweisungen z.B. für bedingte Fallunterscheidungen oder Wiederholung von Schleifen vorgesehen.



Für jedes `eventIn`-Ereignis, das von einem `Script`-Knoten empfangen wird, muß im Skript eine *gleichnamige* Funktionsanweisung zur Verarbeitung vorliegen. Die Ergebnisse werden als `eventOut`-Ereignisse über Routen an andere Knoten der Szene weitergeleitet. Das folgende Beispiel zeigt den Aufbau eines Skriptknotens mit einem inline enthaltenen JavaScript, das eine Bahnänderung von Planet 2 durch Planet 1 beschreibt. Da die `eventIn`- und `eventOut`-Ereignisse drei Gleitkommazahlen für 3-dimensionale Vektoren angeben, haben sie den Feldtyp SFVec3f.

```
Script {
    eventIn SFVec3f set-position
```

```
eventOut SFVec3f position-changed
url „javascript:
    function set-position (value, time) {...}"
}
```

JavaScript reicht jedoch nicht aus, um komplexe Daten zwischen Szenen auf verschiedenen Rechnern im *World Wide Web* auszutauschen. *Virtuelle Realität* im Computernetz wird erst durch eine höhere Programmiersprache wie *Java* möglich. Java-Programme müssen vor der Anwendung in `Script`-Knoten übersetzt werden. Aus dem Quellprogramm entsteht dann der *Java-Bytecode* mit dem Dateiformat `.class`. Der Bytecode wird als externe Datei auf einem WWW-Server im Netz bereitgestellt. Wie bereits erörtert, besteht ein *Java-Programm* aus *Objekten*, die *Datenfelder* und *Methoden* enthalten. Objekte werden nach dem Schema von *Klassen* erzeugt. Knoten und Knotentypen bzw. Prototypen in VRML 2.0 entsprechen daher Objekten und Klassen in Java.



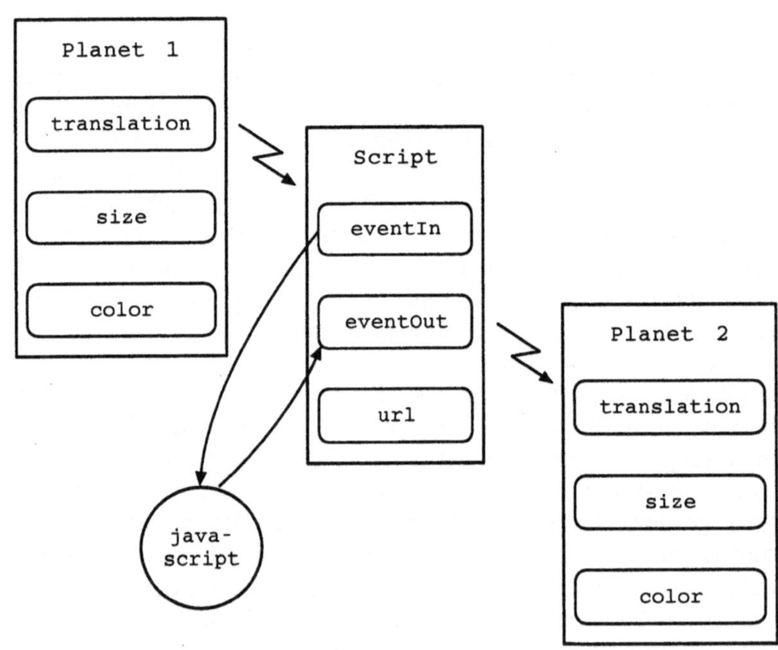


**Abbildung 13**
Ein `Script`-Knoten model-liert mit Ja-vaScript, wie ein Planet 2 seine Bahn verändert, wenn zu einem bestimmten Zeitpunkt ein Planet 1 bestimmter Größe auftaucht.

Für spezielle Anwendungsprogramme werden Klassen in Java zu *Paketen (package)* zusammengestellt. Einzelne oder alle Klassen eines Pakets lassen sich durch die Anweisung `import` in ein Programm einführen. Für die Modellierung virtueller Realität (VRML) werden drei Pakete bereitgestellt. Das Paket `vrml` enthält allgemeine VRML-Schnittstellen z.B. für Ereignisse, Felder, Knoten und Browser. Im Paket `vrml.field` befinden sich die Klassen zur Beschreibung der Felder von VRML-Knoten. Im Paket `vrml.node` ist die Klasse, die allgemein den Aufbau eines VRML-Knotens mit Datenfeldern und Zugriffsmethoden festlegt. Ferner ist dort die Klasse für den allgemeinen Aufbau eines `Script`-Knotens enthalten. Typische *Methoden* der *Klasse* `Script` betreffen den Empfang von `eventIn`-Ereignissen in jeweiligen Feldern, ihre Verbreitung nach `Script`-Anweisungen und die Vermittlung von `eventOut`-Ereignissen in jeweilige Felder. Jedes *Java-Programm* zur Modellierung virtueller Realität ist im Sinne von objektorientierten Programmierens eine Klasse, mit der die *Klasse* `Script` um zusätzliche Methoden und Datenfelder *erweitert* wird:





```
import vrml.*;
import vrml.field.*;
import vrml.node.*;
class Java_VRML_Program extends Script {...}
```

Java ist eine universelle Netzsprache im World Wide Web. Daher können mit Java-Programmen virtuelle Systeme erzeugt werden, an denen verschiedene Benutzer (*user*) mit verschiedenen Rechnern im World Wide Web mitwirken. Die Rede ist bereits von *Multiuser-Welten* oder *Multiuser Virtual Reality* (MUVR). In einer MUVR-Welt werden virtuelle Stellvertreter (*Avatare*) der Benutzer eingeführt, die miteinander agieren. Anschaulich sind Avatare eine Art *virtuelle Inkarnation* der Benutzer. Je nach Stand der Technik sind sie durch mehr oder weniger menschenähnliche Puppen in einer 3D-Szene darstellbar. Bisher wurden virtuelle 3D-Welten aus der Sicht eines Beobachters außerhalb der Szene betrachtet. Nun betreten viele Teilnehmer eine gemeinsame virtuelle Szene und machen ihre Erfahrungen. Jeder Avatar ist mit dem lokalen Rechner seines Benutzers verbunden. Alle Teilnehmer verwenden einen gemeinsamen VRML-Browser.



Ein Benutzer kann seinen *Avatar* z.B. per Maus durch eine virtuelle 3D-Szene *navigieren* und in seinem Monitor beobachten. Je nach Blickrichtung und Entfernung des Avatars verändert sich die Perspektive auf die Gegenstände in dieser virtuellen 3D-Welt. Entsprechende VRML-Knoten registrieren diese Veränderungen und produzieren entsprechende Bilder im Monitor des Betrachters. Alle Gegenstände, die durch geometrische Knoten repräsentiert werden, sind für den Avatar undurchdringlich. Wie in der physikalischen Welt simulieren sie virtuelle Hindernisse. Zusätzlich vermag ein `Collision`-Knoten Ereignisse auszulösen, wie sie beim Zusammenprall mit physikalischen Körpern durch Rückstoß erlebt werden. Wie bei einem Überwachungsmelder kann ein `ProximitySensor`-Knoten Ereignisse (z.B. Signale) aussenden, wenn der Avatar in eine quaderförmige Umgebung (*proximity*) eindringt, sich in ihr bewegt oder sie verläßt.

Treffen sich *verschiedene Teilnehmer in einer Szene*, so wird jede Veränderung eines Teilnehmers aus der jeweils unterschiedlichen Perspektive der anderen Teilnehmer wahrgenommen. In einer *virtuellen Multiuser-Welt* muß daher ein zentraler Server (*Multiuser-Server*) zur Verfügung stehen, der die unterschiedlichen Aktionsabläufe der einzelnen Teilnehmer (*Multiuser-Client*) koordiniert. Ändert ein Avatar z.B. seine Position und schaut in eine andere Richtung, so wird diese Änderung an die lokalen Rechner der anderen Avatare weitergeleitet, um eine entsprechende Änderung der Szene aus ihrer Perspektive auf ihrem lokalen Monitor wiederzugeben. Jeder Teilnehmer erzeugt für seinen Avatar auf seinem lokalen Rechner einen Handlungsfaden (*thread*), der mit den zeitlich parallelen Handlungsfäden der anderen Avatare in Wechselwirkung steht und koordiniert werden muß. Virtuelle Multiuser-Welten erfordern also die Bewältigung komplexer Parallelrechnungen. *Multithreading* ist eine weitere herausragende Eigenschaft der Netzsprache Java.

Als Beispiel wird in Abb. 14 eine virtuelle Multiuser-Welt von drei Teilnehmern gezeigt. Ihre Avatare sind vereinfachte Spielpuppen mit einer Kugel für den Kopf und einem darunter sitzenden Kegel für den Rumpf. Sie befinden sich in einer quaderförmigen virtuellen Umgebung, in der jede Veränderung durch einen `ProximitySensor`-Knoten registriert wird. Im linken Kasten schaut Teilnehmer A über seinen Avatar auf die Avatare der beiden anderen Teilnehmer B und C. Das *MuClient* (*Multiuser-Client*)-Programm des lokalen Browsers von A sendet Position und Orientierung seines Avatars an das zentrale *MuServer* (*Multiuser-Server*) Programm. Über das *MuReceiver* (*Multiuser-Receiver*)-Programm empfangen (*receive*) die lokalen Browser von B und C diese Daten vom MuServer. Im rechten Kasten werden die Daten von B über das MuClient Programm an den zentralen MuServer gesendet, der sie an die beiden anderen Teilnehmer weitermeldet.

Collision-Knoten

Proximity Sensor-Knoten

Multiuser-Welten erfordern komplexe Parallelrechnung und Multithreading.

■ *3 Vom maschinennahen zum objektorientierten Programmieren*

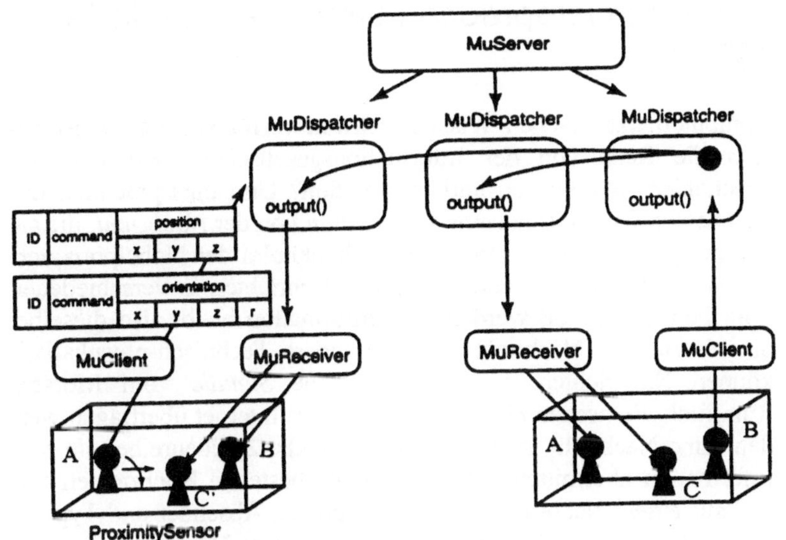



**Abbildung 14**
In einer virtuellen Multiuser-Welt laufen die parallelen Handlungsfäden ihrer Avatare bei einem zentralen Server im Netz zusammen.

Das *MuServer*-Programm ist also der *zentrale Kontaktpunkt* für alle Teilnehmer (*client*) an einer virtuellen 3D-Welt. Jeder Teilnehmer, der zum ersten Mal diese 3D-Welt auf seinen lokalen Rechner lädt, kontaktiert den MuServer. Der MuServer erzeugt und verwaltet für jeden Teilnehmer einen lokalen *Handlungsfaden* (*thread*). Hier laufen buchstäblich alle Fäden (*Multithreading*) der virtuellen Welt zusammen. Die Kommunikation zwischen dem MuServer und den lokalen Browsern der Teilnehmer wird durch lokale *MuDispatcher* vermittelt. Sie identifizieren die Nachrichten der Browser an den MuServer und leiten die Nachrichten des MuServers an die betreffenden Browser.

Im Multiuser-Server laufen alle Fäden der virtuellen Realität zusammen.

In einem weiterentwickelten *virtuellen Multimedia-Szenario* kommunizieren die Teilnehmer durch Gesten, senden sich Texte oder sprechen miteinander. Statt stilisierter Avatarpuppen agieren schließlich *virtuelle Personendarstellungen* in allen Details. *Virtuelle Konferenzen*, aber auch virtuelle Arbeitsgruppen werden denkbar, die sich aus weltweit verteilten Teilnehmern im World Wide Web zusammensetzen. *Java* ist der Einstieg auf dem Weg zu diesen *virtuellen Erlebniswelten im Netz*.

Der Einstieg in die virtuellen Erlebniswelten des World Wide Web

# Programmiersprachen für wissensbasierte Systeme



Computernetze machen Wissen weltweit verfügbar. Häufig ist bereits die Rede von der Informationsgesellschaft. Wodurch unterscheiden sich Wissen und Information? Umgangssprachlich unterscheiden wir zunächst eine *Information* von der *Nachricht*, die sie überbringt. Die Information, daß in Stockholm der Nobelpreis vergeben wurde, kann in verschiedenen Nachrichten in verschiedenen Sprachen übermittelt werden. Die Information bleibt also dieselbe, obwohl sich die Nachricht jedesmal ändert. Technisch-physikalisch können Nachrichten durch verschiedene *Signale* vom Morsen, Rundfunk, Fernsehen bis hin zur E-Mail im Internet übertragen werden. Eine Nachricht ist danach eine endliche Zeichenreihe, die eine Information übermittelt. In Netzwerken bestehen Nachrichten formal aus einem Nachrichtenkopf mit Adresse, Absender und Typ der Nachricht, der eigentlichen Nachricht und einem Nachrichtenende.



In Kapitel 2 sprachen wir bereits von *Protokollen der Nachrichtenübertragung* in Netzen. Eine Nachricht wird von einer Nachrichtenquelle (z.B. lokaler Rechner) codiert, über einen Kanal zu einem Empfänger geschickt und dort decodiert. *Information* bezieht sich auf die Bedeutung der Nachricht für den Empfänger. Sie liegt für den Empfänger z.B. in der Nobelpreisverleihung in Stockholm und nicht im Nachrichtenformat z.B. der E-Mail oder gar der physikalischen Signalübertragung. *Wissen* besteht aber nicht nur in der Anhäufung von Informationen. Wissen bezieht sich auf die Fähigkeit, Informationen zu verwerten, einzuordnen und damit gegebenenfalls Probleme zu lösen. Wissen ist demnach Information plus Know-how. Jedenfalls legen wir dieses Konzept der *Wissensverarbeitung* (bei aller sonstigen kulturhistorischen Überladung des Begriffs) zugrunde.



In den bisher besprochenen *prozeduralen* oder *algorithmischen Programmiersprachen* wurde dem Computer für eine Problemlösung mitgeteilt, welche Anweisungen, Funktionen oder Methoden auszuführen sind. Bei der *computergestützten Wissensverarbeitung* wird in einem Computerprogramm nur unser Wissen über ein Problem zusammengestellt („deklariert'). Der Computer soll dann selbständig mit Hilfe dieses Wissens eine Lösung des Problems finden. Ein erstes Beispiel dieser nichtprozeduralen Sprachen sind die *strukturierten Abfragesprachen komplexer Datenbanksysteme*, mit denen der Anwender das Arbeitsergebnis (z.B. eine Datenrecherche) beschreibt, um es dann vom Computer in die notwendigen Anweisungen zur maschineninternen Ausführung übersetzen zu lassen. Im Anschluß an die 3. Generation der höheren prozeduralen

Sprachen wird von den 4-GL-Sprachen (*4th Generation Language*)
der *4. Generation* gesprochen wie z.B. SQL (*Structural Query Language*). In der *5. Generation* geht es um die Programmiersprachen
der Wissensverarbeitung in der *Künstlichen Intelligenz* (KI), die
Thema dieses Abschnitts sind.

In PROLOG (*Programming in Logic*) wird das Wissen über ein
Problem in einem System von wahren Aussagen (*Fakten*) und Regeln zusammengestellt. Ein Problem wird im Sinne der Logik als
eine *Behauptung* verstanden, für die das PROLOG-System
selbständig eine Problemlösung in Form eines *Beweises sucht*. Logisch besteht eine *wahre Aussage* aus einem oder mehreren *Objekten*, auf die eine *Eigenschaft* (*Prädikat*) oder *Beziehung* (*Relation*)
zutrifft. Beispiel: Julia ist Mutter von Karl. In PROLOG werden die
Namen von Beziehungen und Objekten klein geschrieben. Wie in
der Prädikatenlogik wird der Name des Prädikats oder der Relation
vor den Namen der Objekte als ihren Argumenten notiert, also z.B.:
`istMutter(julia, karl)`. Deshalb ist PROLOG eine *prädikative Programmiersprache*. Die Namen von Variablen, an deren
Stelle Namen von Objekten eingesetzt werden können, sollen groß
geschrieben werden. So hat die Aussage `istMutter(julia,Kind)` eine Variable `Kind`, für die Kindernamen wie
z.B. `karl` eingesetzt werden können. Die Aussage bedeutet, daß
Julia Mutter eines Kindes ist.

*Regeln* haben die logische Form von Schlüssen, wonach aus einer oder mehreren vorausgesetzten Aussagen eine Schlußaussage
folgt. Wenn z.B. eine Mutter ein Kind 1 hat und Kind 1 Bruder von
Kind 2 ist, dann ist sie auch Mutter von Kind 2. In PROLOG wird
der Schlußsatz vor die Voraussetzungen gesetzt und durch das
Schlußsymbol : – abgetrennt. Mehrere Voraussetzungen werden mit
Kommata aneinandergereiht, also im Beispiel:

```
istMutter(Mutter,Kind2):-
istMutter(Mutter,Kind1),istBruder(Kind1,Kind2).
```

Ein einfaches Beispiel einer *Wissensbasis* besteht aus folgenden
zwei *Fakten* und einer *Regel*:

```
(1)  istMutter(julia,karl)
(2)  istBruder(karl,evi)
(3)  istMutter(Mutter,Kind2):-
              istMutter(Mutter,Kind1),
              istBruder(Kind1,Kind2)
```

Wir fragen das Wissenssystem, *ob* die *Behauptung*, daß Julia auch Mutter von Evi ist, zutrifft:

```
? istMutter(julia,evi)
```

Beweissuche in PROLOG

Durch geschicktes *Einsetzen* von Namen von Objekten für Variablen und *Anwendung von logischen Regeln sucht* das System einen *Beweis*, nach dem diese Behauptung aus der *Wissenbasis ableitbar* ist. Um unsere Behauptung mit Regel (3) ableiten zu können, müßte die Variable `Mutter` durch `julia` und die Variable `Kind2` durch `evi` ersetzt werden. Nun müssen die beiden Voraussetzungen von Regel (3) mit den vorgenommenen Variablensetzungen abgeleitet werden:

```
istMutter(julia,Kind1),istBruder(Kind1,evi)
```

Durch *Ersetzung* der Variable `Kind1` durch `karl` entstehen die beiden Aussagen (1) und (2) der Wissensbasis. Da es sich um *Fakten*, also vorausgesetzte wahre Aussagen, handelt, ist die Behauptung unserer Anfrage aus der Wissensbasis ableitbar. Wir können das PROLOG-System auch fragen, *wer* Mutter von Evi ist:

```
? istMutter(Mutter,evi)
```

In diesem Fall wäre `Mutter` durch `julia` zu ersetzen, um eine Ableitung mit Regel (3) zu erreichen. Die Lösung einer Aufgabe findet das PROLOG-System also durch eine kombinatorische Zurückführung (*Backtracking*) auf die Wissensbasis: Es werden alle Möglichkeiten solange ausprobiert, bis eine Lösung gefunden wird.

Backtracking

Dabei wird versucht, Aussagen durch Variablenersetzungen an vorausgesetzte Fakten anzugleichen (*unifizieren*). In PROLOG kommt es darauf an, effiziente Algorithmen für diese Unifizierungen zu finden. *Wissensverarbeitung* bedeutet hier also Backtracking von Problemen auf eine Wissensbasis.

Unifizierung

Die Programmiersprachen der 5. Generation sind prädikativ oder funktional.

Während prädikative Programmiersprachen der 5. Generation an der Logik orientiert sind, verwenden *funktionale Programmiersprachen* wie in der Mathematik Funktionen, die Abhängigkeiten von Symbolfolgen (nicht nur Zahlen) darstellen. Als Datenstrukturen zur funktionalen Darstellung von Algorithmen werden in der Programmiersprache LISP (*List* Processing *Language*) Listen von Symbolen verwendet. Die kleinsten (unteilbaren) Bausteine von LISP heißen Atome. Es können Zahlen, Zahlenfolgen oder Namen sein. Aus den Atomen werden schrittweise neue symbolische Ausdrücke *(s-Ausdrücke)* zusammengesetzt:

LISP

S-Ausdrücke

Wenn x und y s-Ausdrücke sind, dann soll auch (x.y) ein s-Ausdruck sein. Aus dem Symbol Nil aus der Nachrichtentechnik für ‚leere Symbolfolge' und s-Ausdrücken werden dann Listen erzeugt: Wenn x ein s-Ausdruck und y eine Liste ist, dann soll auch (x.y) eine *Liste* sein. Zur algorithmischen Verarbeitung von Datenlisten werden einfache *Grundfunktionen* eingeführt. So liefert die Funktion car den linken Teil eines s-Ausdrucks, d.h. (car(x.y))=x, während die Funktion cdr den rechten Teil ergibt, d.h. (cdr(x.y))=y. Die Funktion cons vereinigt zwei s-Ausdrücke zu einem s-Ausdruck (cons xy)= (x.y). Auf Listen angewendet liefert car das erste Element und cdr die restliche Liste ohne das erste Element.

Anschaulich können Listen und s-Ausdrücke mit diesen Grundfunktionen auch als *binär geordnete Bäume* dargestellt werden. Der linke Baum in Abb. 15 zeigt die Symbolliste (s1 s2 ... sn) aus den s-Ausdrücken s1, ..., sn, während der rechte Baum den s-Ausdruck (A.((B.(C.Nil)))) mit Atomen A, B, C darstellt. Solche Bäume illustrieren, wie ein Computer eine Symbolliste abarbeitet.

Datenlisten

Weitere
Funktionen
von LISP

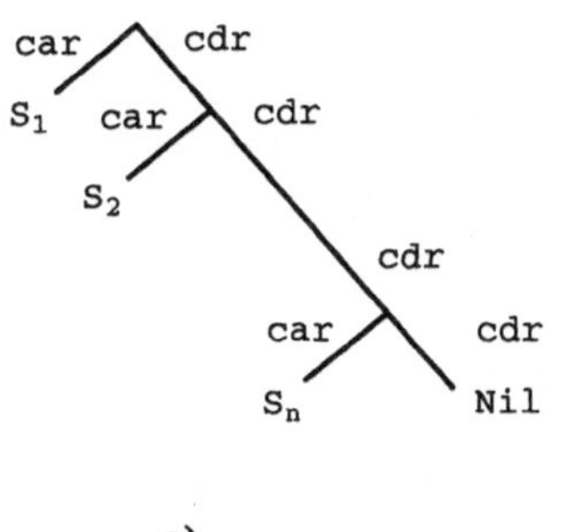

a)

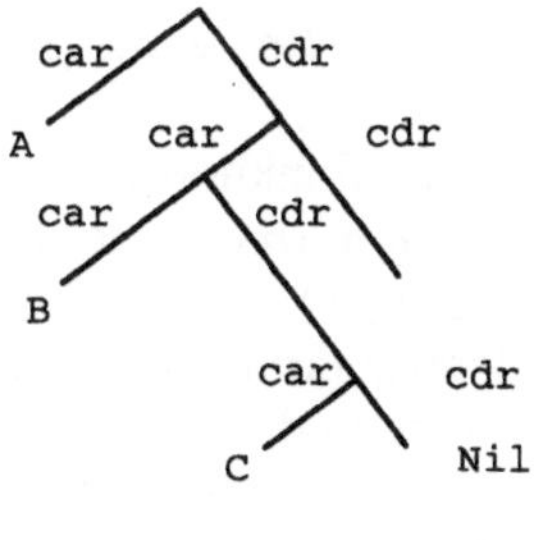

b)

**Abbildung 15**
Baumdarstellung
von Symbollisten
in LISP

Funktionskompositionen wie z.B. (car.(cdr.x)) drücken die Hintereinanderausführung zweier Funktionsanwendungen aus, wobei die innere Funktion zuerst ausgewertet wird. Bei mehrstelligen Funktionen werden alle Argumente zuerst ausgewertet und dann die Funktion angewendet. Listen werden in der Regel als Anwendung einer Funktion aufgefaßt. Dann bedeutet (ABCDEF), daß die Funktion A auf B, C, D, E und F anzuwenden ist.

Oft ist es aber auch sinnvoll, Listen als (geordnete) Mengen von Symbolen aufzufassen. So macht es wenig Sinn (12345) als Anwendung der Funktion 1 auf die Argumente 2, 3, 4, 5 zu lesen,

Funktions-
verknüpfungen

wenn es um eine Sortierungsaufgabe der Zahlen geht. In LISP wird daher das Symbol `quote` eingeführt, wonach die folgende Liste nicht als Funktionsanweisung, sondern als Aufzählung von Symbolen zu verstehen ist: z.B. `quote(12345)` oder kurz `=(12345)`. Dann ist nach Definition z.B. `car'(123)=1`, `cdr'(123)='(23)` und `cons 1'(23)= '(123)`.

Die allgemeine Form einer *Funktionsdefinition* lautet:



```
(De Name(p1 p2 ... pn) s-Ausdruck)
```

Dabei ruft die Abkürzung `De` eine Definition auf. `Name` ist die Bezeichnung der Funktion, wobei `p1`, `p2`, `...`, `pn` ihre formalen Parameter sind. Der s-Ausdruck heißt Rumpf der Funktion und beschreibt die Funktionsanwendung mit den formalen Parametern. Wenn in einem Programm die Funktion `Name` in der Form `(Name a1 a2 ... an)` auftritt, dann sind im Rumpf der Funktion die formalen Parameter `pi` (*Variable*) durch die entsprechenden aktuellen Parameter `ai` (*Konstante*) zu ersetzen und der so veränderte Rumpf der Funktion auszuwerten. Als Beispiel wird die Funktion `Drei` definiert, die das dritte Element einer Liste berechnet:

```
(De Drei(liste)(car(cdr(cdr liste))))
```

Die Funktionsanordnung `Drei'(415)` ersetzt im Rumpf der Funktion `Drei` die formalen Parameter durch `(car(cdr(cdr'(415))))`. Die Auswertung liefert dann den Wert 5 als drittes Element der vorgelegten Liste.

Um Bedingungen formulieren zu können, werden neue Atome wie z.B. `T` für ‚*wahr*' (engl. true) und `NIL` für ‚*falsch*' und neue Grundfunktionen wie z.B. `equal` zum Vergleich zweier Objekte eingeführt:



```
(equal 12)=NIL
(equal 11)=T
```



Bedingungen und Voraussetzungen werden durch `con` (engl. condition) angezeigt. Ein *LISP-Programm* ist dann allgemein eine Liste von Funktionsdefinitionen und ein s-Ausdruck, der mit diesen Funktionen ausgewertet wird. Auf der Maschinenebene werden LISP-Programme überwiegend durch *Interpreter* zur Ausführung gebracht. Mittlerweile existieren auch *LISP-Maschinen*, die Rechenzeit ersparen.



Für die symbolische Wissensverarbeitung ist LISP zwar sehr ausdrucksstark, aber wegen der vielen Klammern auch häufig unübersichtlich. Eine einfache und suggestive Wissensrepräsentation sind die auf Marvin Minsky zurückgehenden *Frames* (engl. für *Rahmen* bzw. *Schemata*). Wie in einer Tabelle wird ein Objekt durch einen Frame dadurch konkretisiert, daß in Rubriken für Eigenschaften (*slots*) konkrete Angaben (*filler*) eingetragen werden:



| Objekt | Eigenschaft | Wert |
| --- | --- | --- |
| Banane | Beispiel für | Frucht |
| | Herkunftsland | Tropen |
| | Farbe | gelb |
| | Länge | ca. 20 cm |
| | Preis | DM 2,10/kg |

Dieser Art der Wissensrepräsentation begegnen wir tagtäglich. Warenschilder in einem Geschäft von der Banane über ein Auto bis zu einem Grundstück oder Haus gehören dazu. Tabellen bestimmen Industrieprodukte oder den Krankheitszustand eines Patienten. Bei *Diagnoseaufgaben* eines Patienten kann es z.B. darum gehen, konkrete Symptome eines Patienten in ein allgemeines 'Krankheitsbild' einzuordnen, das durch ein Schema dargestellt ist. Ähnlich wie Klassen liefern Frames also den Bauplan für konkrete Objekte. Gelegentlich wird daher auch von einer *Objektorientierung* bei den Sprachen der 5. Generation gesprochen.



*Wissensrepräsentation* und *Wissensverarbeitung* sind zentrale Aufgaben von *wissensbasierten Expertensystemen.* Es handelt sich um Programme der 5. Generation, die in Sprachen wie LISP oder PROLOG das Wissen über ein spezielles Expertengebiet (z.B. Medizin, Technik) speichern und ansammeln, aus dem Wissen automatisch Schlußfolgerungen ziehen, um zu konkreten Problemen des Bereichs Lösungen anzubieten. Im Unterschied zum menschlichen Experten ist das Wissen eines Expertensystems auf eine *spezialisierte Informationsbasis* beschränkt.



Während bei einem *konventionellen Computerprogramm* ein Programmierer genau festlegt, *was* in *welcher* Reihenfolge getan wird, bestimmt bei einem wissensbasierten Programm der Experte nur, *was* getan wird. In welcher Reihenfolge die Programmregeln zur Problemlösung angewendet werden, entscheidet ein *Regelinterpretierer* als Teil eines Expertensystems. Damit ist die *sequentielle Starrheit*, die konventionellen Programmen eigen ist, unterbrochen. Um ein *Expertensystem* zu bauen, muß das Wissen des Experten in Regeln gefaßt, in eine Programmiersprache übersetzt und mit einer Problemlösungsstrategie bearbeitet werden. Bei einem *menschlichen Experten* wird vorausgesetzt, daß er das jeweilige Problem verstehen, das Problem lösen, die Lösung erklären, Randgebiete überblikken, seine Kompetenz bei der Problemlösung einschätzen und neues Wissen erwerben kann.



*Wissen* ist der Schlüsselfaktor in der Darstellung eines Expertensystems. Man unterscheidet dabei zwei Arten von Wissen. Die eine Art des Wissens betrifft die *Fakten* des Anwendungsbereichs, die in Lehrbüchern und Zeitschriften festgehalten werden. Ebenso wichtig ist die Praxis im jeweiligen Anwendungsbereich als Wissen der zweiten Art. Es handelt sich um *heuristisches Wissen*, auf dem Urteilsvermögen und jede erfolgreiche Problemlösungspraxis im Anwendungsbereich beruhen. Es ist Erfahrungswissen, die Kunst des erfolgreichen Vermutens, das ein menschlicher Experte nur in vielen Jahren Berufsarbeit erwirbt. Das heuristische Wissen ist am schwierigsten darzustellen, da sich der Experte meistens selber nicht



dessen bewußt ist. Daher müssen interdisziplinär geschulte *Wissensingenieure* die Expertenregeln der menschlichen Experten in Erfahrung bringen, in Programmiersprachen darstellen und in ein funktionsfähiges Arbeitsprogramm umsetzen.

Expertensysteme sind nur in engen Wissensbereichen erfolgreich. So vermag ein medizinisches Programm einen Arzt bei einer speziellen Krankheitsdiagnose zu simulieren, ohne geringstes *Alltagswissen* zu besitzen. Zudem sind die verschiedenen hoch spezialisierten Expertensysteme für Ärzte, Ingenieure, Naturwissenschaftler etc. eigenständig und unverbunden. Tatsächlich ist das Expertenwissen



eines menschlichen Experten mit einem breiten *Alltagswissen* verbunden, das ein menschliches Gehirn mehr oder weniger bewußt im Laufe eines Menschenlebens erworben hat. Gemeint ist nicht nur Allgemeinbildung. Daß man Türen öffnen muß, um in Zimmer zu kommen, Wasser naß und Licht hell ist, geht auf frühkindliche Erfahrungen zurück. Unzählige solcher Daten und Verfahren hat unser Gehirn gespeichert. Ohne dieses Alltagswissen wäre eine Verständigung von uns Menschen kaum möglich.



In dem ehrgeizigen KI-Programm CYC wird seit 1984 versucht, das *menschliche Alltagswissen* wenigstens annähernd *in einem wissensbasierten System* zu erfassen. Sein Initiator Douglas B. Lenat war sich darüber im klaren, daß diese Aufgabe weder von einem einzelnen noch von einer Forschergruppe in wenigen Monaten zu erledigen ist. Weltweit müßten möglichst viele Menschen sich an dieser Aufgabe beteiligen, um im Laufe der Jahre menschliches Allgemeinwissen maschinell zur Verfügung zu stellen. Unzählige Banalitäten, über die wir keinen Gedanken mehr verschwenden, müßten in diesem wissensbasierten System explizit deklariert werden. Dazu eröffnen weltweite *Computernetze* neue Perspektiven. Über zehn Millionen Eintragungen wurden anvisiert. Jeder Benutzer hat auf seinem Browser eine lokale Kopie des CYC-Wissens und ist mit der zentralen Maschine des *CYC-Servers* verbunden. Angestrebt ist eine *virtuelle Online-Diskussion*, in der gemeinsam die Eintragungen abgestimmt und erweitert werden sollen. Grundlage ist die Programmiersprache LISP, die durch Wissensrepräsentationen in *Frames* ergänzt wird. Diese *virtuelle LISP-Maschine* sollte mit anderen Netzsprachen kompatibel gemacht werden, um das CYC-Wissen weltweit nutzen zu können. Das Ziel ist also *virtuelles Alltagswissen im Netz*, das mit den speziellen Expertenprogrammen verbunden werden könnte.

CYC ist übrigens keine Datenbank, auf der das menschliche Wissen nach dem Vorbild einer *Enzyklopädie* zusammengetragen werden soll. So speichern die Mitarbeiter des CYC-Projekts keine Artikel, Stichworte oder Romane, sondern fragen bei jedem Satz: *Welches Wissen setzt der Autor beim Leser voraus? Wissen* umfaßt nämlich *nicht nur Daten* und *Informationen*, sondern auch ihre *Bedeutung, Bewertung* und das *Know-how* zu seiner Anwendung. So erledigen wir z.B. die Aufforderung, in einem Stapel von Bildern einen nassen Menschen zu erkennen, auf einen Blick. Ein wissensbasiertes System muß zunächst mit *alltäglichem Detailwissen* versorgt werden, um die Eigenschaften eines nassen Menschen aus einer Bildbeschreibung erschließen zu können. Als Beispiel wird das Bild einer Person nach einem Marathonlauf gezeigt. Wir wissen sofort, daß Marathonlaufen eine schweißtreibende Angelegenheit ist und daher diese Person naß ist. CYC muß zunächst erklärt werden, was Marathonlaufen ist. Ein *Frame* ist für den Benutzer ein übersichtliches Formular, dessen Eigenschaftsrubriken durch geeignete Daten zu füllen sind:

| Objekt | Eigenschaften | Daten |
|---|---|---|
| Marathonlaufen | Beispiel für Dauer | Laufen mindestens 2 Stunden |
| | Akteure | Personen |

Für die *LISP-Maschine* muß diese *benutzerfreundliche Darstellung* in einen geeigneten *LISP-Code* übersetzt werden. Gemeint ist eine logische Wenn-dann-Aussage der Art: Wenn ein Objekt Marthonlaufen ist, dann ist es ein Beispiel für eine spezielle Laufart, dauert mindestens zwei Stunden und wird von Personen ausgeführt. In englischer LISP-Notation erhalten wir:

```
(Implies(ε o RunningAMarathon)
   (And(ε o Running)
      (duration o (IntervalMin(HoursDuration 2)))
      (Implies(performedBy o x)ε x Person)))
```

In LISP werden alle Prädikate, Relationen, Funktionen und logischen Verknüpfungen vor ihren Argumenten notiert. Daher die Schreibweisen ε o RunningAMarathon für o ε RunningAMarathon (‚o ist Marathonlaufen'), performedBy o x für o performedBy x (‚o wird ausgeführt von x'), Implies AB für A implies B (‚Aus A folgt B' bzw. ‚Wenn A, dann B') oder And AB für A And B (‚A und B'). Wir informieren nun CYC, daß ein Bild die Person Hans nach einem Marathonlauf zeigt. Mit Hilfe des Frame ‚Marathonlaufen' schließt CYC dann logisch, daß Hans eine Person ist, die mindestens zwei Stunden lang gelaufen ist. In einem weiteren Frame wurde CYC darüber informiert, daß Laufen anstrengend ist:

Beispiel einer<br>Ableitung in CYC

```
(Implies (And (ε o Running) performedBy o x)
     (levelOfPhysicalExertion x o High))
```

CYC erschließt mit diesem Frame weiter, daß Hans sich mindestens zwei Stunden lang angestrengt hat. Ein weiteres Frame informiert über das Thema (‚Objekt') Schwitzen: Ein Mensch schwitzt, wenn er etwas Anstrengendes tut. Das Schwitzen beginnt im allgemeinen in den ersten 10 Minuten nach Beginn der anstrengenden Tätigkeit und hält zumindest einige Minuten nach ihrem Ende an. In LISP-Notation:

```
(Implies (And (ε x Person)
   (levelOfPhysicalExertion x o High)
   (duration o (IntervalMin (HoursDuration 10))))
  (ThereExists s
   (And (ε s Sweating)
    (doneBy s x)
    (temporallySubsumes s
     (TimeIntervalFrom
       (DateAfter (StartOf o ) (MinutesDuration 10))
       (DateAfter (EndOf o ) (MinutesDuration
                                          2)))))))))
```

Da Hans sich mindestens zwei Stunden lang angestrengt hat, erschließt CYC mit diesem Frame, daß Hans schwitzt. Ferner wurde CYC darüber informiert, daß jemand naß ist, wenn er schwitzt:

```
(Implies (And ( ε o Sweating) (doneBy o x))
     (holdsIn o (wetnessOfObject x Wet)))
```

Da Hans schwitzt, erschließt CYC mit diesem Frame, daß Hans naß ist. Anschaulich können wir uns die *Wissensbasis* von CYC wie ein riesiges Karteikartensystem vorstellen, das mit Frames als Karteikarten gefüllt ist. Die *LISP-Maschine* von CYC sucht blitzschnell Tausende von ‚Karteikarten' durch, um passende Kettenglieder einer Lösung zu finden. Häufig können wir aber im Alltag nicht mit absoluter Sicherheit zwischen wahr und falsch unterscheiden. Mehr oder weniger bewußt müssen wir Unsicherheiten einschätzen. Die Zweiwertigkeit der Wahrheitswerte in der *klassischen Logik* wird durch zusätzliche Unsicherheitswerte wie z.B. ‚sicher', ‚wahrscheinlich', ‚möglich' u.a. ergänzt. Diese Art des *plausiblen Schließens* bis zu *geschickten Ratestrategien* bestimmt das *Ableitungssystem* von CYC.

**Plausibles Schließen**

Auch die Begriffe des Alltags sind keineswegs immer scharf bestimmt, und dennoch agieren wir damit. Angaben über Farbe, Elastizität u.a. machen nur bei Bezug auf bestimmte Intervalle Sinn. Ob eine Farbe noch schwarz oder schon grau ist, wird als durchaus unscharf (*fuzzy*') empfunden. Regeln der *Fuzzy-Logik* tragen diesen ‚Grauzonen' unserer Alltagsbegriffe Rechnung. Die Wissensrepräsentation in der klassischen Logik geht von der Fiktion einer zeitlich unveränderlichen Gültigkeit ihrer Schlüsse aus. Tatsächlich können aber neue Informationen, die in der Wissensbasis noch nicht berücksichtigt waren, alte Ableitungen ungültig machen. Beispiel: Wenn ein Tier ein Vogel ist, so kann es fliegen. Charly ist ein Vogel, aber auch ein Pinguin. Während also in der klassischen Logik die Menge der Ableitungen mit der wachsenden Menge an vorausgesetzten Fakten steigt (*Monotonie*), kann im Alltag die Menge der Ableitungen mit der zeitlich wachsenden Menge an neuen Informationen eingeschränkt werden (*Nicht-Monotonie*).

**Fuzzy-Logik**

**Monotones und nicht-monotones Schließen**

*Frames* sind Schemata von Objekten, die in der CYC-Terminologie auch *Dinge* (*things*) genannt werden. In den *objektorientierten* Sprachen der 3. Generation werden Klassen und Objekte in Paketen zusammengefaßt. In CYC werden ‚*Dinge*' (frames) in ‚*Kategorien*' gebündelt. So gibt es Kategorien der Stoffe, Ereignisse, Beziehungen etc. Wie bei den *objektorientierten Sprachen* der 3. Generation sind die Dinge in einer Hierarchie geordnet, in der übergeordnete Dinge ihre Eigenschaften an untergeordnete Dinge vererben. So werden die Eigenschaften des Frame ‚Laufen' an den untergeordneten Frame ‚Marathonlaufen' vererbt. Das ‚Urding', dem alle Dinge von CYC untergeordnet sind, ist der Frame `Thing` (Ding), dem Unterscheidungen wie z.B. `IndividualObject` (individuelles Ding) und `Collection` (Menge von Dingen), `TangibleObject` (greifbares Ding) und `IntangibleObject` (ungreifbares Ding) folgen. Die CYC-Hierarchie der Dinge erinnert

**Objekte (‚Dinge') in CYC werden durch Frames repräsentiert.**

**Objekte werden in Kategorien zusammengefaßt.**

**In der CYC-Hierarchie der Objekte sind Eigenschaften vererbbar.**

zwar manchmal an eine philosophische Seinslehre. Sie will jedoch keine prinzipiellen Unterscheidungen vornehmen, sondern *Weltwissen des menschlichen Alltags* repräsentieren.

Bei Handlungen und dynamischen Abläufen werden *Skripte* zur Wissensrepräsentation benutzt. Im Unterschied zu Frames berücksichtigen Skripte zeitliche Abschnitte einer Handlungsszene mit Beginn, Ablauf und Ende, den beteiligten Dingen, Agenten und kausalen Handlungsketten. *CYC-Agenten* sind hochspezialisierte *Dinge* der CYC-Hierarchie, die mit Eigenschaften wie z.B. Entscheidungsfähigkeit, Kontrollfähigkeit oder Handlungsfähigkeit ausgestattet sind. Daher können sie individuelle Dinge wie *Menschen* und *Computer* sein, aber auch Kollektive wie eine *Gesellschaft*, *Institution*, *Firma* oder ein *Computernetz*. Lenats CYC-Agenten der 80er Jahre werden in den modernen Netzen des *Internet* und *World Wide Web* aktiv werden müssen, um das anvisierte Ziel einer weltweiten Kommunikation über menschliches Alltagswissen realisieren zu können. Die Komplexität des CYC-Projekts führt von der Künstlichen Intelligenz eines Computers zur *Verteilten Künstlichen Intelligenz* (Distributed Artificial Intelligence) in einem Computernetz.

# Teil II
# Computernetze und virtuelle Natur

Die Komplexität der Natur mit ihrer erstaunlichen Formenvielfalt faszinierte die Naturwissenschaften seit ihren Anfängen. Sie reicht von atomaren und nuklearen Systemen in der Physik und Chemie über zelluläre Organismen und ökologische Systeme in der Biologie bis zum menschlichen Körper in der Medizin und neuronalen Netzen in der Gehirnforschung. Die Erforschung dieser komplexen Systeme hängt zunehmend von den gebündelten Leistungen weltweiter Computernetze ab. Computerexperimente und Computermodelle, Biocomputing und Artificial Life erzeugen eine virtuelle Natur mit neuen Forschungsperspektiven für Technik- und Naturwissenschaften.

# 4 Virtuelle Mathematik im Computernetz

Am Anfang der exakten Naturwissenschaften steht das Studium der Mathematik. Auch die mathematische Forschung und Lehre wird zunehmend von *Computergrafik* und *Computerexperimenten* bestimmt. Im World Wide Web entstehen virtuelle Labors, in denen Mathematiker weltweit an der *Visualisierung abstrakter Strukturen* arbeiten. Das scheint zunächst erstaunlich, da mathematisches Denken als unanschaulich gilt, nur exakten *logischen Beweisen* und keinen Experimenten verpflichtet. Tatsächlich liegen aber keine Gegensätze von Beweis, Anschauung und Exaktheit vor, wenn sie richtig eingesetzt werden. Schon die *griechische Geometrie* entstand historisch aus den praktischen Aufgaben des Messens und Konstruierens. In der babylonischen und ägyptischen Mathematik ist das geometrische Wissen in Meß- und Konstruktionsaufgaben der Baukunst, des Handwerks, der Feldvermessung und Astronomie dokumentiert. Unter griechischem Einfluß wird die Geometrie zu einer *beweisenden Wissenschaft*, die ihre Lehrsätze aus als wahr vorausgesetzten *Axiomen* und *Postulaten* ableitet. Die Axiome und Postulate der euklidischen Geometrie lassen nur solche Figuren zu, die durch Zirkel und Lineal konstruierbar sind. Daher ist die euklidische Geometrie axiomatisch und konstruktiv.



Gegenstand der mathematischen Theorie sind allerdings nicht die mehr oder weniger gemalten oder sonstwie technisch hergestellten Figuren. Nach Platon geht es um die idealen, zeitlosen und unveränderlichen *Formen* und ihre Verhältnisse. Daß z.B. Seite und Diagonale eines regulären Fünfecks kein gemeinsames Maß haben, läßt sich tatsächlich nicht anschaulich wahrnehmen, sondern erst mit einem *logischen Beweis* durch Widerspruch exakt erschließen. Der exakte logische Beweis zeichnet bis heute Geometrie als mathematische Theorie aus. Dabei gerieten kinematische Näherungsverfahren in Mißkredit, die später zur Entdeckung neuer Kurven wie z.B. dem Kegelschnitt führten. *Probieren* und *Experimentieren*, *Dynamik* und

*Veränderung* hatten im platonischen Ideenhimmel nichts verloren. Antike Mathematiker wie z.B. Archimedes verwendeten jedoch *technisch-anschauliche Analogien*, um Formeln zu erraten, die dann exakt bewiesen werden mußten.

Mit Entstehung der neuzeitlichen Naturwissenschaft kommt es zu einer *Dynamisierung der geometrischen Anschauung*. Geometrische Grundbegriffe wie z.B. Punkt, Gerade und Kurve entsprechen physikalischen Meßgrößen und Bewegungen, die in der *analytischen Geometrie* durch Zahlenkoordinaten und Funktionen beschrieben werden. So geht Descartes in seiner Geometrie von kinematisch erzeugten Kurven aus, die durch algebraische Gleichungen bestimmt sind. Nach Newton, Euler u.a. wurden immer größere Kurvenklassen analytisch erschlossen. In der *analytischen Mechanik* des 18. Jahrhunderts ging es schließlich nur noch um elegante Lösungen von Bewegungsgleichungen, d.h. Differential- und Integralgleichungen. Daher forderte Lagrange einen analytischen Kalkül, der auf kinematische Kurvenerzeugung und Anschauung verzichten kann. *Mehrdimensionale Vektorräume* wurden bereits in der Physik des 19. Jahrhunderts angewendet. Um z.B. den Zustand eines Gasmoleküls zu einem bestimmten Zeitpunkt als Vektor zu bestimmen, sind 3 Ortskoordinaten und 3 Impulskoordinaten, also ein 6-dimensionaler Vektorraum notwendig. In der Quantenmechanik werden hochdimensionale Hilbert-Räume verwendet, um physikalische Zustände von Quantensystemen (z.B. Elektronen) zu berechnen. Die Quantenmechanik ist daher ein zwar unanschaulicher, aber überaus erfolgreicher Rechenformalismus.

Um die Jahrhundertwende bemühte sich David Hilbert u.a. um eine *formale Axiomatisierung* der euklidischen Geometrie, die von inhaltlichen Bedeutungen der Grundbegriffe absieht und nur dem Kriterium der Widerspruchsfreiheit unterworfen wird. Nach einem launigen Ausspruch von Hilbert können wir uns unter den Grundbegriffen seines Axiomensystems irgendwelche Dinge wie z.B. Liebe, Gesetz, Schornsteinfeger, ... vorstellen. Wenn sämtliche Axiome mit ihren Beziehungen zwischen diesen Dingen angenommen werden, dann gelten geometrische Sätze, wie z.B. der des Pythagoras auch von diesen Dingen. Die darin zum Ausdruck kommende formale Präzision der modernen Mathematik wurde häufig als ‚*Formalismus*' mißverstanden. Die Sprache der modernen Mathematik besteht nämlich keinesfalls nur aus formalen Symbolen so wie in der formalen Logik, sondern ist eine Mischung aus formalen und natürlichen Sprachen. Tatsächlich kommt auch kein schöpferischer Mathematiker seit der Antike ohne *Anschauung, Analogien* und *Gedankenexperimente* aus. Seine Begründung ist jedoch der mathematische

Beweis, der von axiomatischen Voraussetzungen logisch zwingend auf einen mathematischen Satz schließt.

Wer heute z.B. ein Lehrbuch der modernen algebraischen Geometrie aufschlägt, findet kaum oder keine Zeichnungen. Tatsächlich verbergen sich aber hinter den abstrakten Symbolen Begriffe, die durch schrittweise Verallgemeinerung geometrischer Objekte von z.B. algebraischen und rationalen Kurven, affinen und projektiven Mannigfaltigkeiten über quasiprojektive Mannigfaltigkeiten, abstrakte algebraische Mannigfaltigkeiten bis hin zu affinen bzw. projektiven Schemata und algebraischen Räumen gewonnen wurden. Klassische Disziplingrenzen wie Geometrie, Algebra, Analysis u.a. scheinen sich aufzulösen. Nach Cantors *Mengenlehre* verstärkte sich daher in der Mathematik des 20. Jahrhunderts die Tendenz, die Mathematik als Strukturwissenschaft aufzubauen und zusammenzufassen.

Seit 1939 publizierte eine Gruppe führender (meist französischer) Mathematiker unter dem Pseudonym ‚*Bourbaki*' ein vielbändiges enzyklopädisches Werk ‚*Eléments de Mathématique*', in dem das mathematische Wissen der Gegenwart in ähnlicher Weise systematisiert werden sollte, wie die antike Mathematik in Euklids ‚Elementen'. Während bei Euklid die Geometrie die mathematischen Grundlagen lieferte, ist es nun die *Mengenlehre*. Die mathematischen Teildisziplinen sind streng axiomatisch aufgebaut und lassen sich auf die Verbindung weniger fundamentaler Strukturtypen der Mengenlehre zurückführen. Eine *mengentheoretische Struktur* ist dabei ganz allgemein eine Menge von Elementen, die bestimmte axiomatisch definierte Relationen erfüllen. Daß Punkte z.B. stetig angeordnet werden können, wird als topologische Relation axiomatisch definiert. Die Verknüpfungseigenschaften von Elementen wie bei der Addition von Zahlen wird durch die Gruppenaxiome definiert, die ebenso z.B. für die Hintereinanderausführungen von Winkeldrehungen gelten. Vertraute Theorien der Mathematik wie beispielsweise die reellen Zahlen erscheinen nun als sehr spezielle topologische und algebraische *Strukturtypen*. Die euklidische Geometrie ist ein sehr spezieller metrischer Raum, d.h. eine mit einer bestimmten pythagoreischen Metrik versehene topologische Struktur.

Damit wird nicht nur eine *Vereinheitlichung* und *Klassifizierung* der Mathematik erreicht, indem verschiedene Theorien auf die Kombination weniger fundamentaler Grundstrukturen reduziert werden. Die mathematische Strukturtheorie eröffnete auch neue Querverbindungen von Disziplinen und leitete damit neue Theorieentwicklungen z.B. der algebraischen Geometrie, Zahlentheorie und Topologie ein. Den Informatiker erinnert die Organisation des mathematischen Wissens in Strukturen an *objektorientierte Program-*

*miersprachen. Strukturen* entsprechen *Klassen* mit *Datenfeldern*, *Funktionen* und *Relationen*. Allgemeine Strukturen *vererben* ihre Eigenschaften auf spezielle Strukturen. Es entsteht eine *Hierarchie* mit abstrakten mengentheoretischen Strukturen als ihren *Urtypen*.

Wegen dieses hohen Abstraktionsgrads erscheint dem Laien allerdings die moderne Mathematik hermetisch verschlossener als je zuvor. Hinter dem Pseudonym ‚*Bourbakismus*' wird häufig nur ein abstraktes Gebäude aus statischen Strukturen vermutet – gewissermaßen ein neuer Platonismus, der mit Anschauung und Phantasie, Dynamik und Veränderung in unserer Welt nichts mehr zu tun hat. Tatsächlich ist der hohe Abstraktionsgrad der Mathematik der Preis, um viele technische und naturwissenschaftliche Probleme lösen zu können. Die moderne Mathematik ermöglicht erst ein Verständnis der komplexen Dynamik in Natur und Gesellschaft. Außerdem ist die moderne Mathematik keineswegs anschauungs- und anwendungsfeindlich, sondern spielt und experimentiert mit unserer Anschauung und produziert eine bisher unbekannte Ästhetik. Ihre technischen Hilfsmittel sind jedoch nicht mehr die technischen Zeichengeräte wie zur Zeit von Archimedes und Descartes, sondern die moderne *Computertechnologie* und die dadurch möglich gewordenen *Computeranimationen* und *virtuellen Anschauungs- und Erlebnisräume*. Auf diesen mathematischen Entdeckungsreisen bleibt allerdings der strenge logische Beweis wie zu Zeiten von Euklid und Hilbert der Maßstab mathematischer Begründung. Wie zu Platons Zeiten bleibt also die Mathematik exakte Phantasie, wenn auch mit den neuen computergestützten Methoden und Möglichkeiten.



## Visualisierung virtueller Strukturen

Wir beginnen mit den *nichteuklidischen Geometrien*, die bis weit ins 19. Jahrhundert als angeblich ‚unanschaulich' und ohne Anwendung kritisiert wurden. 1871 machte Felix Klein jedoch einen bemerkenswerten Vorschlag, ‚die sehr abstrakten Spekulationen, welche zur Aufstellung der dreierlei Geometrien ... geführt haben, zu versinnlichen'. Gemeint waren anschauliche geometrische Modelle der nichteuklidischen Geometrien, die ‚damit zugleich die innere Folgerichtigkeit jeder einzelnen in Evidenz setzen'.



Für Kleins Modell der *hyperbolischen Geometrie* interpretiert man *nichteuklidische Punkte* durch Punkte in Inneren eines festgegebenen Kreises und *nichteuklidische Geraden* durch die Sehnen dieses Kreises (ohne Einrechnung der Eckpunkte) (Abb. 16a). Die Punkte des Kreises und die äußeren Punkte zählen also nicht zu den

Punkten des Systems. Die nichteuklidische Geometrie wird durch
das Innere des Kreises interpretiert. Man prüft leicht nach, daß die
euklidischen Axiome der Inzidenz (d.h. des Schneidens und Verbin-
dens von Punkten und Geraden) und der Anordnung durch dieses
System erfüllt werden. Eine Ausnahme bildet das *Parallelitätsaxi-
om*, da es offenbar unendlich viele nichteuklidischen Geraden
(Kreissekanten) durch einen Punkt außerhalb einer nichteuklidischen
Geraden gibt, die diese Kreissekante nicht schneiden, also nichteu-
klidisch parallel sind.

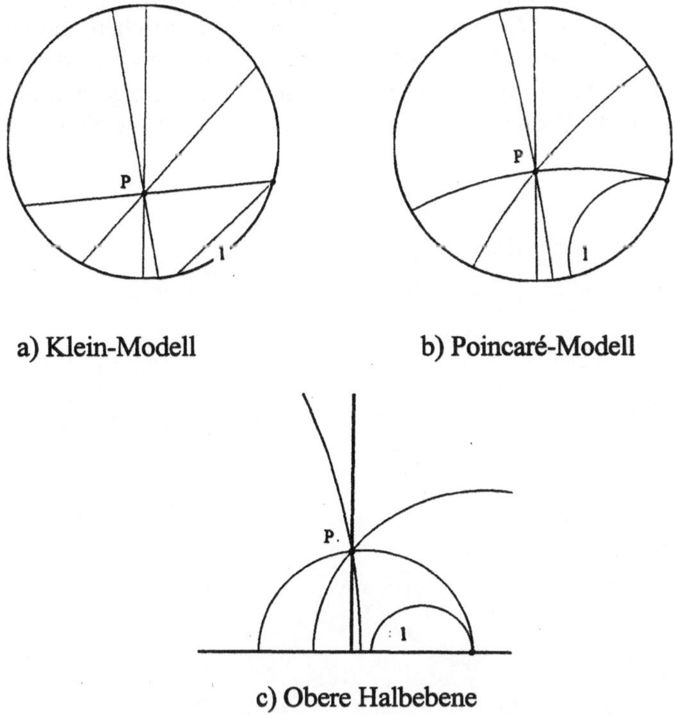

a) Klein-Modell          b) Poincaré-Modell

c) Obere Halbebene

**Abbildung 16**
Euklidische Mo-
delle der nicht-
euklidischen
hyperbolischen
geometrie mit
Parallelen zu
einer Strecke l
durch einen
Schnittpunkt P

Bereits Hermann von Helmholtz stellte sich vor, was passiert,
wenn ein Beobachter mit einem auf euklidische Metrik eingestellten
*Wahrnehmungsvermögen* in eine *fiktive hyperbolische Welt* tritt.
Dieser Beobachter wird zunächst den Eindruck haben, daß die fernen Gegenstände am Horizont für ihn in endlich vielen Schritten
erreichbar sind. Geht er aber auf den Horizont zu, so dehnen sich die
Gegenstände und erweisen sich als unererreichbar. Helmholtz schloß
daraus, daß unser Anschauungs- und Wahrnehmungsapparat keineswegs auf die euklidische Metrik festgelegt sei, sondern auf eine
neue Metrik in einem Lernprozeß eingeübt werden kann.

Wahr-
nehmungen in
fiktiven hyperbo-
lischen Welten

Der Nachteil des *Kleinschen Modells* besteht darin, daß Winkel und Kreise verzerrt wiedergegeben werden. Daher gab Henri Poincaré ein *konformes Modell* an (Abb. 16b). Eine Gerade wird nun durch einen Bogen in der Kreisscheibe dargestellt, dessen beiden Enden senkrecht auf dem Kreisrand stehen. Der Abstand zwischen zwei Punkten wird wieder mit dem gleichen projektiven Maß gemessen. Daher werden Formen sehr klein und dicht gedrängt, wenn sie sich dem Kreisrand in einem unendlichen Prozeß nähern. Der Zeichner Maurits Cornelis Escher hat das konforme Modell der hyperbolischen Geometrie in seinem Bild ‚Kreislimit III' (1959) festgehalten (Abb. 17): ‚Wie alle diese Reihen von Fischen, die unendlich fern wie Raketen senkrecht auf dem Kreisrand aufsteigen und wieder dahin zurückfallen, erreicht nicht eine einzige Komponente jemals die Grenzlinie. Denn jenseits ist das ‚absolute Nichts'.'

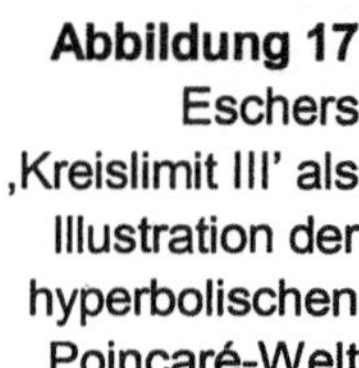

Analog zum Poincaré-Kreis läßt sich auch die *euklidische Halbebene* oberhalb einer Geraden (Abb. 16c) als euklidisches Modell der hyperbolischen Geometrie betrachten. Ihre Punkte (außer den Punkten der Geraden) entsprechen den *hyperbolischen Punkten*, die senkrecht auf der Geraden stehenden Halbkreise den *hyperbolischen Geraden*. Längen- und Winkelmessung, aber auch Spiegelungen, Drehungen und Verschiebungen führen in den drei Modellen zu unterschiedlichen Szenarien. Um alle Effekte in den Modellen gleichzeitig beobachten zu können, werden ihre Objekte in ein gemeinsames Referenzmodell (*Minkowski-Geometrie*) übersetzt. Von diesem vierten Modell genügt hier zu wissen, daß alle geometrischen Veränderungen in diesem Modell verrechnet werden, um dann *gleichzeitig* in unsere drei Anschauungsmodelle übersetzt zu werden.

Helmholtz' Forderung, unsere Anschauung auf Szenarien der hyperbolischen Geometrie einzustellen, läßt sich nun durch ein *Computerprogramm* realisieren. Auf einem PC-Bildschirm können in der hyperbolischen Welt eines *Arbeitsfensters* mit Maus und Tastatur Veränderungen vorgenommen werden (Abb. 18a). In drei *Seitenfenstern* werden diese Veränderungen gleichzeitig in allen drei hyperbolischen Modellen angezeigt. Dazu werden die *Bildschirmkoordinaten* der manipulierten Punkte im Arbeitsfenster zunächst in die Koordinaten des Arbeitsmodells (in Abb. 18a z.B. Poincaré-Modell)

Computer-<br>animation der<br>hyperbolischen<br>Geometrie

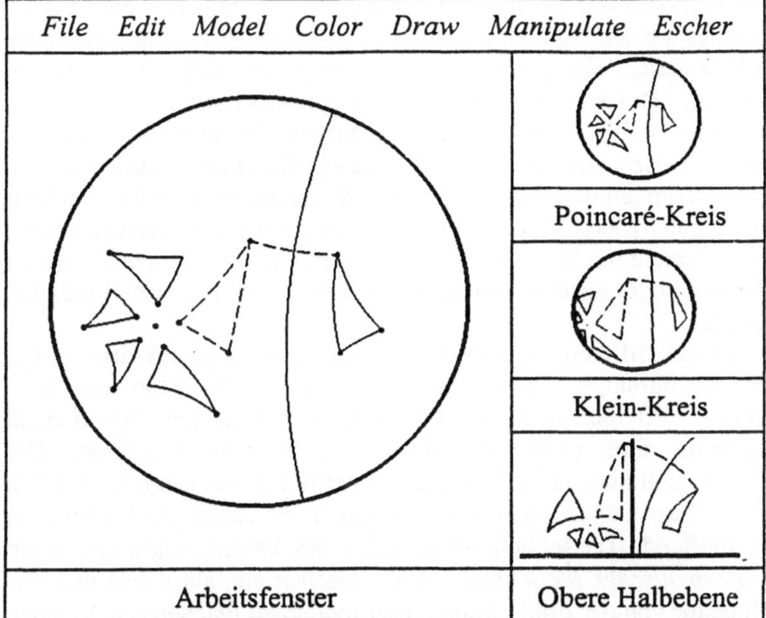


**Abbildung 18a**
Veränderungen im PC-Arbeitsfenster werden in allen drei hyperbolischen Modellen der Seitenfenster gleichzeitig angezeigt.

übersetzt, dann weiter in die Minkowski-Koordinaten des gemeinsamen *Referenzmodells* umgerechnet und schließlich gleichzeitig durch entsprechende Transformationen in die *Seitenfenster* der drei hyperbolischen Modelle (Abb. 18b).

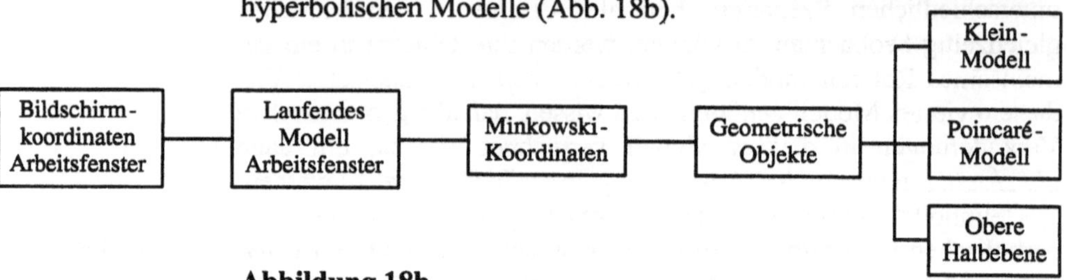


**Abbildung 18b**
Transformationen vom PC-Arbeitsfenster in die drei hyperbolischen Modelle

Zur Programmierung dieser virtuellen hyperbolischen Welten wird die *objektorientierte Software* von Open Inventor verwendet. Wie üblich in objektorientierten Programmiersprachen der virtuellen Realität (vgl. Kapitel 2) werden grafische Objekte durch Knoten repräsentiert, die in *Szenegraphen* geordnet sind. Veränderungen an Elternknoten werden an Kinderknoten vererbt. Soll z.B. ein Dreieck bewegt werden, so überträgt sich diese Veränderung auch auf seine drei Seiten. Alle geometrischen Objekte wie z.B. `Minkowski-Punkt`, `Minkowski-Gerade`, `Minkowski-Strecke`, `Minkowski-Vieleck` etc. lassen sich auf ein *Urobjekt* wie z.B. `Minkowski-Objekt` in einer *Vererbungshierarchie* zurückführen. Erweiterungen in dreidimensionalen Modellen liegen nahe, um Reisen durch hyperbolische Welten sinnlich erfahrbar zu machen. Dabei geht es nicht um Science Fiction, sondern um ein *computergestütztes Training mathematischer Phantasie*, die erst kreative Arbeit möglich macht.

In der Differentialgeometrie läßt sich nach Carl Friedrich Gauß das Krümmungsverhalten von Flächen im 3-dimensionalen Raum mit der Differential- und Integralrechnung untersuchen. Schon Gauß erkannte ihre praktische Bedeutung für die Geodäsie. Die Ähnlichkeit mancher differentialgeometrischer Flächen mit Plastiken der klassischen Moderne und Formen moderner Architektur ist verblüffend. Tatsächlich setzte Mitte des letzten Jahrhunderts ein *mathematischer Modellbau* solcher Flächen ein, als Kunst und Architektur von der Entdeckung dieser modernen Flächenästhetik noch weit entfernt waren. Diese Modelle aus Draht und Gips dienten nicht nur der didaktischen Illustration und Veranschaulichung. Ernst Eduard Kummer, einer der führenden Mathematiker der damaligen Zeit, beschwor anläßlich einer Festrede vor der Berliner Akademie 1867 den Zusammenhang von Mathematik, Kunst und Ästhetik: ‚In dem Reiche des Mathematischen herrscht eine eigentümliche Schönheit, welche nicht so sehr mit der Schönheit der Kunstwerke als vielmehr mit der Schönheit der Natur übereinstimmt ...'. Bis Anfang des Jahrhunderts entstanden viele Modelle aus der *Differentialgeometrie* und *algebraischen Geometrie*, die in Ausstellungsräumen von Universitäten und Schulen zu sehen waren. Mit Aufkommen der abstrakten Strukturmathematik nach Bourbaki schienen Bilder und Veranschaulichungen unter einen reformatorischen Bannstrahl zu fallen. Mit der modernen *Computergrafik* und Möglichkeiten *virtueller Computerräume* setzt ein Boom mathematischer Visualisierung ein, der nicht nur bekannte Flächen dynamisch entstehen läßt, sondern in Computerexperimenten neue Formen entdeckt.

Ein Beispiel aus der *algebraischen Geometrie* sind die schon von Kummer untersuchten *algebraischen Flächen*. Mathematisch ist eine algebraische Fläche im Raum die Nullstellenmenge eines Polynoms $f(x,y,z)=0$ mit reellen affinen Raumkoordinaten $x,y,z$. Ihre wichtigste unveränderliche Eigenschaft ist ihre Ordnung, d.h. der Grad des definierenden Polynoms. Geometrisch handelt es sich um die maximale Zahl von Schnittpunkten einer Geraden mit dieser Fläche. Kummer interessierte sich besonders für die algebraischen Flächen 4. Ordnung. Ein Beispiel ist die *Steinersche Römerfläche* (Abb. 19a), die der Geometer Jacob Steiner während eines Romaufenthaltes 1844 untersuchte. Mit Gips, Draht oder Holz konnten im letzten Jahrhundert nur einige spezielle Exemplare aus der großen Klasse der mathematisch möglichen Flächen technisch realisiert werden wie z.B. die *Kummerfläche* aus Abb. 19i.

Kummer war auf diese Flächen beim Studium des Strahlengangs in optischen Geräten gestoßen. Diese Entdeckungsgeschichte ist insofern bemerkenswert, als heutige *Computeranimationen von Kummerflächen* auf die Technik der Sehstrahlverfolgung (*Raytracing*) zurückgreifen. Raytracing ist eine gängige VR (*Virtual Reality*)-Technik, mit der photorealistische 3D-Bilder erzeugt werden können Dazu werden *virtuelle Sehstrahlen* (*ray*) von einer virtuellen Kamera- oder Beobachterposition durch die *Pixel* eines *virtuellen Bildschirms* geschickt, um die Oberfläche eines Objekts in einer *3D-Szene* abzutasten. Die *Schnittpunkte* der Sehstrahlen mit der Oberfläche liefern die geometrische Form z.B. einer algebraischen Fläche. Wenn die Sehstrahlen durch die linearen (parametrisierten) Gleichungen

$$x(t)=x_1+x_2t,\ y(t)=y_1+y_2t,\ z(t)=z_1+z_2t,\ t\geq 0$$

Modellbau von algebraischen Flächen in der algebraischen Geometrie

Computeranimation von Kummerflächen durch Raytracing

im 3D-Raum bestimmt sind, dann hat der Computer die Lösungen
der Gleichung

$$f(x(t),\, y(t),\, z(t))=0$$

zu berechnen, aus denen die Schnittpunkte der Sehstrahlen mit der
Fläche grafisch erzeugt werden können. Geeignete Färbungen der
Pixel auf dem Bildschirm liefern farbige 3D-Darstellungen der
Fläche. Von den Schnittpunkten ihrer Oberfläche können weitere
Sehstrahlen zu virtuellen Lichtquellen geschickt werden, um *Schatten- und Beleuchtungseffekte* zu erzeugen. Gebrochene und durchgehende Strahlen simulieren reflektierende und durchsichtige *Materialeffekte*.

Diese exakte und photorealistische Darstellung von Kummerflächen war durch die Gips-, Draht- und Holzmodelle des letzten
Jahrhunderts nie zu erreichen. Zudem lassen sich *Interaktionen mit
mathematischen Formen* realisieren. Flächen können für den Benutzer beliebig herangezoomt, rotiert und verschoben werden. Er kann
in diese Flächen eintauchen und sie sich von innen und außen bei
entsprechender automatischer Veränderung der Beobachterperspektive anschauen. Die *virtuelle Welt der Kummerflächen* läßt sich aber
auch in einem Video *dynamisieren*. Abb. 19 zeigt einen Filmausschnitt, in dem z.B. eine Steinersche Römerfläche in eine Kummerfläche entfaltet wird  und sich rückwärts laufend wieder darauf
zurückzieht. Diese VR-Techniken liefern also nicht nur
nachträgliche Illustrationen. Durch *computergestütztes Anschauungstraining* erreicht der Benutzer sehr schnell einen Grad des Begreifens und der Vertrautheit mit abstrakten und komplizierten mathematischen Zusammenhängen, der vorher kaum vorstellbar war.
Aufgrund der Speicherkapazitäten und der Schnelligkeit eines Computers können zudem große Klassen von Flächen systematisch
durchgerechnet und visualisiert werden, die vorher nur in Auszügen
bekannt waren. Statt der früheren Ausstellungsräume in Schulen und
Universitäten stehen *virtuelle Bibliotheken* dieser mathematischen
Strukturen zur Verfügung, die im *World Wide Web* gleichzeitig von
vielen weltweit verstreuten Benutzern untersucht werden können.

Ein Beispiel aus der *Differentialgeometrie* ist die Theorie der *Minimalflächen*, mit der sich die Entwicklung bis zur modernen  computergestützten Mathematik nachzeichnen läßt. Der historische Ausgangspunkt für die Theorie der Minimalflächen ist eine Arbeit von
Lagrange (1776) zur Variationsrechnung. Existiert, so fragte
Lagrange, in jeder beliebigen komplizierten Randkurve eine Fläche
mit kleinstem Inhalt (*„Minimalfläche'*)? Wenn wir eine beliebig ge-

formte Drahtschlinge in eine Seifenlösung tauchen, erhalten wir mit den feinen Seifenfilmen in der Schlinge sofort anschauliche Lösungen des Lagrangeschen Problems.

Katenoid

Wendelfläche

Ein erstes mathematisches Beispiel war das von Meusnier 1776 entdeckte *Katenoid*, dessen Profilkurve durch eine an zwei Punkten hängende Kette (lateinisch: catena) beschrieben wird. Taucht man einen Rahmen aus zwei konzentrischen und parallel zueinander liegenden Kreisen in Seifenlauge, bildet sich ein Seifenfilm in der Form eines Katenoiden, der von den beiden Kreisen begrenzt wird (Abb. 20g). Kraftwerkstürme haben heute häufig diese Form. Auf Meusnier geht auch die *Wendelfläche* (Abb. 20a) zurück, die durch Verschrauben einer Gerade längs einer Achse entsteht. Da also durch jeden Punkt der Wendelfläche ein Geradenstück geht, das in der Fläche enthalten ist, erfüllt sie die Bedingung einer Regelfläche. Ein Teil der Wendelfläche läßt sich über Minimalflächen isometrisch in das Katenoid verbiegen (Abb. 20a-g).

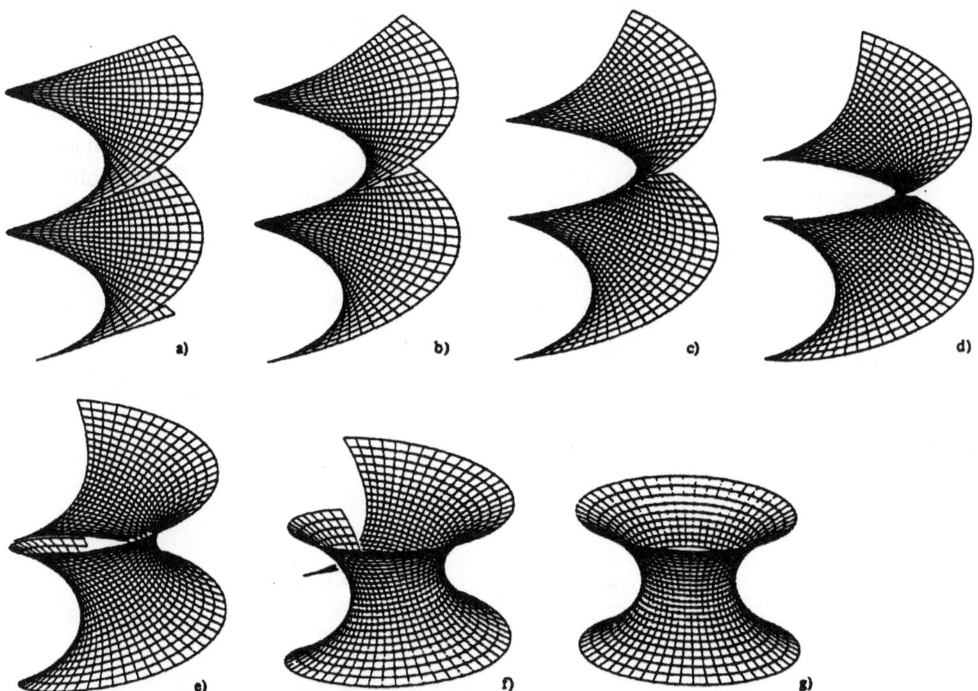

**Abbildung 20a-g**
Transformation einer Wendelfläche in ein Katenoid

Plateausches
Problem

Nach Experimenten mit Seifenfilmen hatte der Physiker Plateau bereits Mitte des letzten Jahrhunderts das (nach ihm benannte) allgemeine Problem formuliert, ob jede geschlossene Randkurve eine (stabile) Minimalfläche aufspannt. Die Lösbarkeit des *Plateauschen Problems* gelang Anfang der 30er Jahre unseres Jahrhunderts durch einen Beweis, der völlig neue mathematische Methoden der Variationsrechnung voraussetzte. Dabei ist es typisch für die moderne Strukturmathematik, daß es sich um den allgemeinen Existenzbeweis einer Minimalfläche zu gegebener Randkurve handelt, ohne jedoch ihre geometrischen Eigenschaften näher zu beschreiben. Darauf konzentrierte sich die folgende Forschung.

Seit den 60er Jahren wurde die Klasse der Minimalflächen durch Beispiele erweitert, die nicht mehr experimentell durch Seifenfilme erzeugt werden können. Während Seifenfilme physikalisch minimale potentielle Energie besitzen und daher im stabilen Gleichgewicht sind, sollen nun auch alle diejenigen Flächen erfaßt werden, die *physikalisch instabilen Gleichgewichten* entsprechen, aber im geometrischen Krümmungsgleichgewicht sind. Die Definition von Minimalflächen durch ihr Krümmungsverhalten macht sie unabhängig von Randkurven. Mathematisch können dann auch Minimalflächen berücksichtigt werden, die sich ins Unendliche erstrecken. Für den Architekten, der ja nicht mit Seifenhäuten baut, wird dadurch die geometrische Formensprache erweitert.



Seit den 80er Jahren ist ein erheblicher Forschungsschub in der Theorie der Minimalflächen durch *Computergrafik* und *numerische Computerexperimente* zu beobachten. Im Unterschied zu Gips- und Drahtmodellen können nun kleinste Deformationen durch Veränderung der Parameter grafisch realisiert werden. Komplizierte numerische Berechnungen werden quasi sofort grafisch anschaulich umgesetzt. Zudem kann der Betrachter in einem Film bewegter Bilder die neu entdeckten Formen aus allen Perspektiven erleben. Das enbindet den Mathematiker zwar nicht vom exakten Beweis, inspiriert aber seine Imagination und erweitert seine Anschauung computergestützt.



Zudem werden damit neue *fachübergreifende Anwendungen* eröffnet. Für die Kristallographie und Polymerchemie sind Minimalflächen interessant, die sich in 3-dimensionalen Zellen (z.B. Würfel) einspannen lassen (z.B. die *Schoensche Fläche* in Abb. 22). Eine aus solchen Zellen aufgebaute molekulare Struktur führt zu neuen Materialien, deren symmetrische Anordnung z.B. hochporöse Stoffe mit großer Oberfläche entstehen lassen. Auch Festkörperphysiker greifen bereits auf solche Modelle zurück. Für den Architekten ist diese Forschungsrichtung nicht nur deshalb interessant, weil neue ästhetisch reizvolle Formen entstehen. Moderne Architektur ist zudem sensibel für neue Baumaterialien mit umwelt- und menschenfreundlichen Eigenschaften.

Dabei ist diese geometrische Formensprache keineswegs auf den euklidischen Raum beschränkt. Mit dem Computer lassen sich anschaulich auch *Minimalflächen im hyperbolischen Raum* darstellen. So entsteht die hyperbolische Wendelfläche durch Verdrehung einer hyperbolischen Geraden entlang ihrer Achse. Hyperbolische Projektionen in der Kugel lassen die Randgegenden von Minimalflächen ins Unendliche verschwinden und erweitern die Phantasiewelten von Escher.

Eine bekannte Realisierung von Minimalflächen in der Architektur sind die Tragflächen von Frei Otto. So wirkt das Dach des Münchner Olympiastadions von Ferne wie eine Seifenhaut. Tatsächlich handelt es sich aber um ein Netz von Drahtseilen, deren Zugkräfte und Spannungen sich unabhängig vom Zwischenmaterial im Gleichgewicht halten (Abb. 21).

**Abbildung 21**
Diskrete Realisation von Minimalflächen : Das Dach des Münchner Olympiastadions



Geometrisch ist ein Gitter eine diskrete Form aus Knoten und Kanten endlicher Länge. Da der Computer nur mit *diskreten Größen* rechnen kann, sind solche *diskreten „Seifenhäute'* für numerische Computersimulationen wie geschaffen. Glatte Kurven werden dazu durch eine Folge kleiner gerader Stücke ersetzt, glatte Flächen durch eine Menge von einfachen Dreiecken. Ein Computer kann dann die Positionen der endlich vielen Eckpunkte berechnen und dadurch die *diskreten Flächen* visualisieren. Bei feiner werdenden Strecken und

Dreiecken muß die diskrete Fläche der glatten Flächen als Grenzwert immer ähnlicher werden (Abb. 22). In der *numerischen Mathematik* werden *Algorithmen* für feiner werdende Diskretisierungen von Flächen und der Nachweis ihrer Annäherung (*Approximation*) an einen Grenzwert *(Konvergenz)* untersucht.

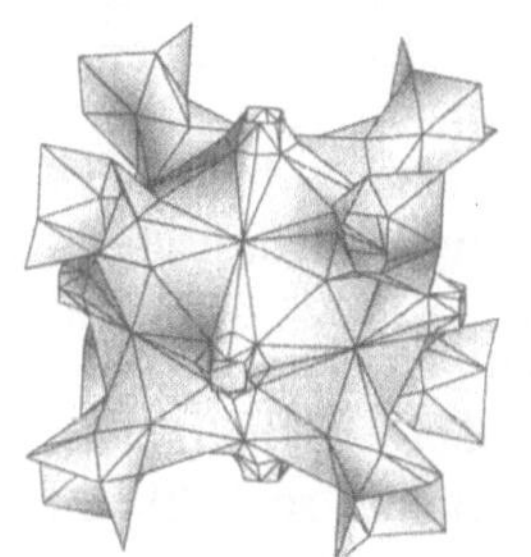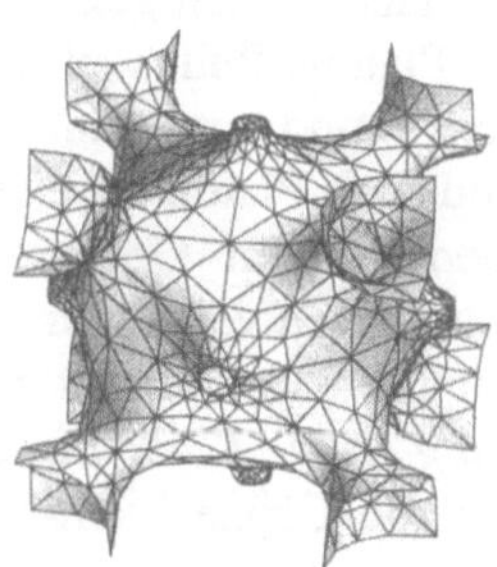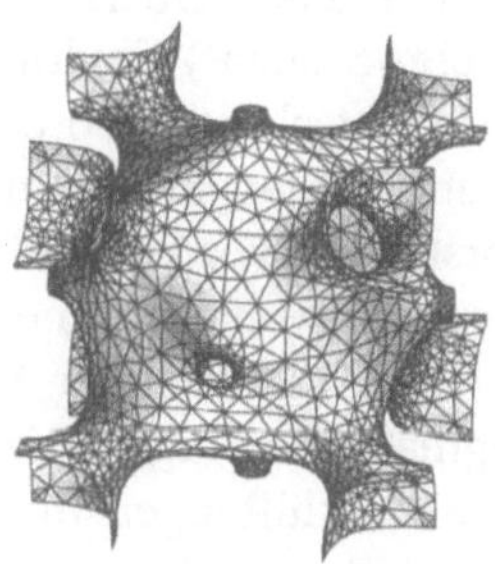

**Abbildung 22**
Computerge-
stützte Diskreti-
sierung einer
von Alan Schoen
1970 entdeckten
Minimalfläche

Häufig sind aber die Formeln von Seifenhäuten unbekannt. In diesen Fällen muß man sich auf *numerische und grafische Compu-terexperimente mit diskreten Flächen* beschränken, ohne die Mathematik ihrer glatten Exemplare zu kennen. In der Architektur war man z.B. beim Bau des Münchner Olympiadachs (1972) noch auf Rechnungen und Experimente an technischen Modellen angewiesen. Im Stahlseilnetz dieser Fläche greifen Kräfte an, die sich in jedem Knotenpunkt aufheben müssen, um die Gesamtkonstruktion im Gleichgewicht zu halten. Diese technische Erfahrung läßt sich für Computerexperimente ausnutzen. Die Kanten zwischen den Knoten geometrischer Netze werden mit Werten *gewichtet*, die in der physikalischen Realität Zugkräften entsprechen. Seifenhäute sind durch *Gleichgewichte dieser Gewichtungen* charakterisiert. Andere Flächentypen benötigen andere Gewichtungen. Durch Transformationen solcher Netze konnten Klassen von Flächen erstmalig berechnet und grafisch dargestellt werden. Der Computer entdeckt exakte geometrische Formen im Sinne Platons. Viele dieser durch Computergrafik visualisierten Formen besitzen komplizierte Durchdringungen und können nur in der *virtuellen Realität des platonischen Ideenhimmels* existieren. Von natürlichen Widrigkeiten wie gravitativen Veränderungen, Windstößen und Regen, die solche Zeltdächer zusammenbrechen und wie Seifenblasen zerplatzen lassen würden, wird in diesen virtuellen Welten abgesehen.

Wenn die Formeln von Seifenhäuten unbekannt sind, bleiben nur Computerexperimente mit diskreten Flächen.

Die experimentelle Computergrafik eröffnet eine neue Sicht auf die *Geometrie der Natur*. Die alltägliche Erfahrung zeigt, daß die Gegenstände der Natur keineswegs von der idealen Gestalt sind, wie sie die euklidische Formenwelt der Kugeln, Kegel und Kurven vorsieht. Viele natürliche Gebilde wie Wolken, Regenfelder, Dunst und Blitze, aber auch Pflanzen und Gebirge, die menschliche Haut mit ihrer rauhen Oberfläche machen demgegenüber einen *fraktalen* („gebrochenen') Eindruck. Platons Philosophie der idealen Formen, die ‚hinter' der gebrochenen und ungenauen Scheinwelt unserer Wahrnehmungen liegen und nach Platon die eigentliche Wirklichkeit darstellen, wird durch den krassen Gegensatz von euklidischer Geometrie und Wahrnehmungswelt verständlich.



Der Mathematiker Benoit B. Mandelbrot stellte 1980 die paradigmatische Frage: *‚Wie lang ist die Küste Britanniens?'* Wenn man ihre Zerklüftungen bis auf die Größe kleinster Steine, schließlich Moleküle und Atome verfolgt, scheint sie endlos zu werden. Historisch hatte der Engländer L. F. Richardson 1926 dieses Problem erkannt und durch vergleichende geographische Untersuchungen zu klären versucht. Damals wurde diese Frage als eher esoterisch an den Rand gedrängt, um im Computerzeitalter neue Bedeutung zu erhalten. Während nach der Auffassung heutiger Physik eine Küstenlinie bei endlichen Maßstäben wie der Planckschen Größe endet und daher eine riesige, wenn auch endliche Länge sich ergibt, wäre ein computergenerierter Küstenverlauf mit beliebiger Skalentiefe und prinzipiell unendlicher Länge möglich. Andererseits würde auch diese unendliche Küstenlinie eine endliche Fläche einschließen.

Das erinnert an mathematische Figuren, die aus dem Kuriositätenkabinett der Mathematik seit der Jahrhundertwende bekannt waren. Gemeint sind z. B. die *Kochschen Kurven*. Ein Beispiel (Abb. 23) geht von einem gleichseitigen Dreieck der Seitenlänge 1 aus. In der Mitte jeden Dreiecks wird ein neues Dreieck von einem Drittel der Seitenlänge hinzugefügt und dieses Konstruktionsverfahren rekursiv fortgesetzt. Die Länge des Umfanges beträgt dann $3 \cdot 4/3 \cdot 4/3 \cdot 4/3 \ldots$ ad infinitum. Die entstehende Figur erinnert an eine Schneeflocke. Da diese geschlossene Kurve innerhalb eines Kreises um das Ausgangsdreieck liegt, bleibt die Fläche endlich, obwohl ihr Umfang unendlich lang ist.



Geometrisch entspricht der numerischen Rekursion offenbar die *Selbstähnlichkeit* der grafischen Darstellung. Egal mit welcher Skalierung ein Ausschnitt dieser Kurven betrachtet wird, so wiederholt sich immer dieselbe Struktur.

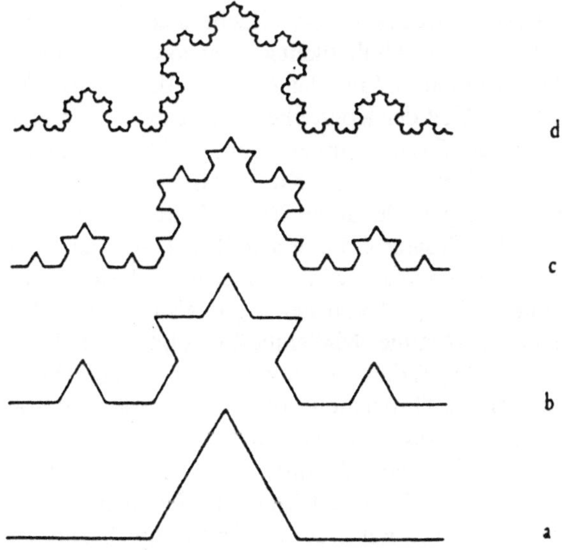



**Abbildung 23**
Beispiel
einer fraktalen
Struktur:
Kochsche Kurve

Es liegt nahe, durch Ausbau und Variation der Methoden natürliche Strukturen wie Wolken, Felder, Gräser, Bäume, Berge und Meere nachzubilden. Da die Natur keine starren Strukturen aufweist, können Zufallsgeneratoren in den Zeichenprozeß eingebaut werden. Dadurch entstehen allerdings nichtreproduzierbare Bilder, in denen die Selbstähnlichkeit der Strukturen nur bis auf *statistische Schwankungen* möglich ist. Grafisch wird so die Irreversiblität von Entwicklungsprozessen der Natur erfaßt. Charakteristisch für diese Gebilde ist, daß sich nicht ohne weiteres sagen läßt, ob es sich um Punktmengen, Kurven oder Flächen handelt. So ist die Kochsche Kurve eine unendlich lange Grenze von der Breite null, die einem begrenzten Flächeninhalt einbeschrieben ist und daher Fläche beansprucht. Hilbert- und Sierpinski-Kurven füllen eine Fläche immer dichter auf. Anschaulich sind diese Kurven ‚mehr' als Linien, aber ‚weniger' als Flächen. In der Mathematik wird daher solchen Gebilden eine *fraktale Dimension* zugeordnet, also im Fall der Kochschen Kurve ein Wert zwischen eins und zwei.

Der Begriff der fraktalen Dimension läßt sich durch die geometrische *Ähnlichkeitsdimension D* veranschaulichen. Wird eine begrenzte, ebene Figur gestreckt, also einer Ähnlichkeitstransformation mit Faktor k unterzogen, so verändert sich ihr Inhalt um den Faktor $k^2$. So wird z. B. ein Quadrat, dessen Kanten um den Faktor 3 gestreckt werden, um den Faktor 9 gestreckt, da sich nämlich in das vergrößerte Quadrat $3^2 = 9$ Quadrate der alten Größe

Statistische
Schwankungen
und fraktale
Formen

Ähnlichkeits-
dimension und
Fraktalität

einbetten lassen. Allgemein vervielfacht sich das Maß $M$ eines gegebenen Objekts der Ähnlichkeitsdimension $D$ bei einer entsprechenden Transformation $T$ um das $k^D$-fache, d. h. $T(M) = k^D \cdot M$.

Wird z. B. ein Teil der Kochschen Kurve einer Ähnlichkeitstransformation mit dem Faktor 3 unterzogen, so fällt die Figur mit einem entsprechend größeren Teil der Kurve zusammen. In Abb. 22a sind die Iterationen dargestellt, deren linkes Drittel als Teil 1 aufgefaßt werden kann. Im Gesamtbild läßt sich Teil 1 viermal abtragen. Bereits im ersten Polygonzug von Abb. 22a ist diese Vervierfachung angelegt. Für die Länge $L$ von Teil 1 gilt also: $4 \cdot L = T(L) = 3^D \cdot L$. Für die (unbegrenzt lange) Maßeinheit L folgt $4 = 3^D$ bzw. logarithmiert $log\,4 = D \cdot log\,3$, d. h. $D = log\,4 / log\,3 \approx 1{,}26$. Die Kochkurve hat also die fraktale Dimension von ca. 1,26, die sich von ihrer topologischen Dimension 1 unterscheidet.

Für die *Visualisierung fraktaler Strukturen* liefern komplexe Zahlen elegante und einfache Lösungen. Seit dem 19. Jahrhundert wird die Theorie der *komplexen Zahlen* in Physik und Technik angewendet. Ihre *geometrische Deutung* geht auf Gauß zurück, der sie als Rechnen mit reellen Zahlenpaaren und damit als Koordinaten der Ebene einführt. Ausgehend von der mit dem reellen Zahlenkörper nicht mehr lösbaren Gleichung $x^2 = -1$ wird die imaginäre Zahl $i$ durch $i \cdot i = -1$ definiert und damit die beiden Lösungen $x_1 = i$ und $x_2 = -i$ möglich. Durch das Rechnen mit *imaginären* und *reellen Zahlen* entstehen die komplexen Zahlen der Form $z = x + i \cdot y$ mit dem *Realteil x*, dem *Imaginärteil i · y* und den reellen Zahlen $x$ und $y$. Geometrisch werden dem Real- und Imaginärteil einer komplexen Zahl jeweils die $x$- und $y$-Achse eines kartesischen Koordinatensystems zugeordnet. Jedem Punkt $(x, y)$ dieser Gaußschen Zahlenebene entspricht dann eine komplexe Zahl $z = x + i \cdot y$. Elementarmathematisch läßt sich beweisen, daß die Verknüpfungsvorschriften wie Addition, Subtraktion, Multiplikation und Division komplexer Zahlen durch die entsprechenden reellen Zahlenpaare erfüllt werden.



Als Beispiel einer fraktalen Struktur soll nun die berühmte *Mandelbrot-Menge* visualisiert werden. Als Apfelmännchen wurde sie zu einer Ikone moderner Computergrafik. Mathematisch handelt es sich um eine einfache *quadratische Iterationsgleichung*, die von einem *komplexen Parameter c* abhängt:

$$z_{n+1} = z_n^{\,2} + c$$

Als Koordinaten der Computergrafik werden der Realteil bzw. der Imaginärteil des komplexen Parameters $c$ gewählt. Jedem Rasterpunkt der Computergrafik entspricht also ein bestimmter $c$-Wert.

Als Startwert $x_1$ und $y_1$ von $z=x+iy$ wird Null gewählt. Die mit Null gestarteten Iterationen $z_1$, $z_2$, ... liefern eine *Punktfolge*, die ins *Unendliche* streben kann oder *nicht*. Zur *Mandelbrot-Menge* gehören diejenigen Punkte, die im Verlauf ihrer Iteration nicht ins Unendliche streben. In Abb. 24 sind sie schwarz gefärbt.

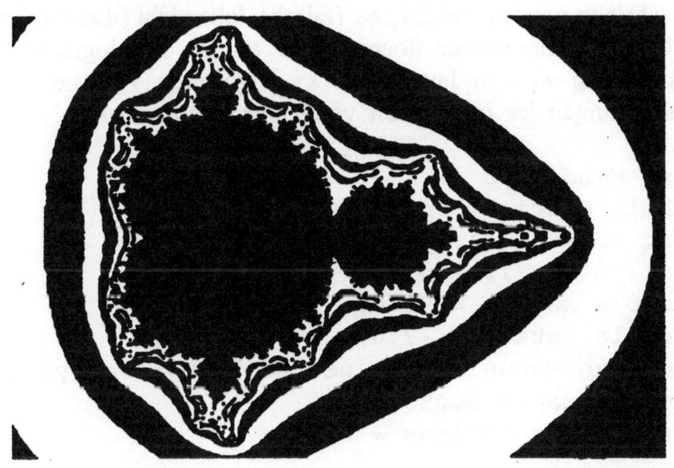

**Abbildung 24**
Fraktale Struktur
der Mandelbrot-
Menge

Eine *Berechnungsmethode* für 200 Iterationsschritte lautet in der *Programmiersprache Java*:

```
for (i=0; i<200; i++) {
    z=z.Times(z)+c;
}
```

Es läßt sich beweisen, daß jede Zahl, die in diesem Iterationsprozeß irgendwann den Wert Zwei überschreitet, beliebig groß wird, also gegen Unendlich strebt. Wenn also eine Zahl einmal Zwei überschritten hat, kann die Java-Iterationsschleife abgebrochen werden, da dann der entsprechende Punkt definitiv *nicht* zur Mandelbrot-Menge gehört. Die Frage bleibt, wann Zwei überschritten wird. Dabei hat sich die Iterationszahl 200 für viele Punkte als praktische Entscheidungsbasis bewährt.

Die *Mandelbrot-Menge* soll nun als *Java-Klasse* definiert werden. Auf dem Bildschirm betrachten wir ein Quadrat mit dem Koordinatenursprung (0,0) als Mittelpunkt, der linken unteren Ecke (-2,-2) und der rechten oberen Ecke (2,2). Ein Quadratpunkt wird auf dem Bildschirm festgelegt, indem ausgehend von der linken unteren Ecke der Abstand (gap) der Bildschirmpunkte und die Anzahl der Pixel in

$x$- und $y$-Richtung angegeben werden, also z.B. `(-2.0+i*gap,-2.0+j*gap)`. Für die Datenstruktur der $x$- und $y$-Dimension werden jeweils 101 Elemente vorgesehen, für den Abstand gap=0.05. Die `while`-Iterationsschleife liefert für jedes Element den *Booleschen Wert* `true` (wahr), falls das Element wahrscheinlich in der Mandelbrot-Menge liegt (d.h. die Zahl 2 nicht in 200 Iterationen überschritten wurde) und `false` (falsch), falls nicht (d.h. die Zahl 2 in 200 Iterationsschritten überschritten wurde). Die logische Und-Verknüpfung wird in Java durch `&&` angegeben. Für die übrigen Bezeichnungen der *Java-Klasse* vergleiche man Kapitel 3:

Java Klasse der Mandelbrot-Menge

```java
class Mandeltyp {
 public static void main(String args[]){
   int xdim = 101;
   int ydim = 101;
   double xstart = -2.0;
   double ystart = -2.0;
   boolean Mandel[][] = new boolean[xdim][ydim];
   double gap = 0.05;
   int max_iterations = 200;
   int i,j.k;
   Complex z,c;

   for(i=0; i<xdim; i++){
    for(j=0; j<ydim; j++){

      c=new Complex(xstart + i*gap,ystart + j*gap);
      z=new Complex(0.0,0.0);
      k=0;
      while(z.Magnitude()<2.0 && k<max_iterations){
       z=z.Times(z);
       z=z.Plus(c);
       k++;
      }
      if(z.Magnitude()<2.0){
       Mandel[i][j] = true;
      }
      else Mandel[i][j] = false;
     }
    }
   }
}
```

In *farbigen Computerbildern* kann der Außenbereich der Mandelbrot-Menge weiter abgestuft werden. Die Farben geben wieder an, wie viele Schritte die Rückkopplung jeweils braucht, um einen bestimmten gewählten Wert zu überschreiten. Die Bilder wirken wie die Karten in einem Atlas, in dem verschiedene Höhen durch Farben angedeutet werden. Der Rand der Mandelbrot-Menge scheint sich bei Vergrößerungen in winzige Zerklüftungen aufzulösen, die als *Julia-Mengen* fraktaler Dimension bezeichnet werden. Wir entdecken aber auch wieder die typische Apfelform der Mandelbrot-Menge, die sich bei entsprechender Vergrößerung immer wieder zeigt. Ein spezielles Computerprogramm erlaubt *Interaktionen mit den fraktalen Strukturen,* die wie unter einem Mikroskop an gewünschten Stellen vergrößert werden können. Mathematisch stellt sich die Frage, ob die Julia-Mengen zusammenhängend sind oder nicht. Bevor dieses Problem mit aufwendigen analytischen Beweismethoden durch Adrian Douady und Hubbard 1982 mathematisch entschieden wurde, konnte es in der Computergrafik bereits *experimentell* erforscht werden.



## Computerexperimente in der Mathematik

In mathematischen Lehrbüchern steht in der Regel nur die logische Abfolge von Beweisketten. Wer je selber versucht hat, einen Beweis zu führen, weiß, daß dazu *Gedankenexperimente, Anschauung* und *Probieren* unverzichtbar sind. In welchem Umfang läßt sich diese kreative Arbeit computergestützt durchführen? 1957 wurde das Programm *The Logical Theorist* geschrieben, mit dem Beweise für die ersten 38 Theoreme aus dem Lehrbuch *Principia Mathematica* von Bertrand Russell und Alfred N. Whitehead selbständig gesucht werden konnten.



Ende der 70er Jahre schlug Lenat ein *wissensbasiertes System* AM (*A*utomatic *M*athematics) vor, mit dem Grundbegriffe der Zahlentheorie rekursiv erzeugt werden sollten. Im Unterschied zu einem Programm der empirischen Wissenschaften besteht AMs Erfolgskriterium nicht darin, daß ein Begriff mit einer empirischen Datenbasis verträglich ist. Vielmehr soll das Programm ‚interessant' sein in dem Sinne, daß es neue Beispiele, Probleme usw. erzeugt. Es wurde in LISP geschrieben und legt eine Reihe von Basiskonzepten (wie Mengen, Listen usw.), Basisrelationen (z.B. Gleichheit), Basisoperationen (z.B. Boolesche Operationen) und heuristische Transformationsregeln zugrunde, die den Entdeckungsprozeß steuern. Die heuristischen Regeln erzeugen neue Aufgaben und Konzepte, die rekursiv auf bereits erzeugte Beispiele zurückgreifen. Neue Aufgaben werden nach ihrem Interessengrad geordnet. Aufgaben, die durch viele verschiedene Heuristiken vorgeschlagen wurden, sind interessanter als solche, die durch weniger eingebracht wurden. Mit diesem Maß zur Steuerung des heuristischen Suchprozesses erzeugt AM den Begriff der natürlichen Zahl, Multiplikation, Primzahl und generiert Sätze über Primzahlen (z.B. den Primzahlzerlegungssatz).



Lenat beanspruchte von AM, daß es einen *Entdeckungsprozeß* simuliere, für den die menschliche Wissenschaftsgeschichte Hunderte von Jahren brauchte. Tatsächlich sind die Zahlen Ergebnisse spezifischer menschlicher Fähigkeiten, die im Laufe der historischen Entwicklung ausgebildet wurden. Sensorische Fähigkeiten wie die Unterscheidung von Mächtigkeitseindrücken sind schon bei Tieren nachweisbar. Älteste Funde aus der Eiszeit (Cro-Magnon-Menschen) weisen auf eine *Eins-zu-Eins-Zuordnung* zwischen Gegenständen (z.B. erlegten Tieren) und Kerben auf Knochen hin.



Diese Anhäufungen von Gegenständen werden mit vertrauten Mengen verglichen (z.B. den Fingern der Hände) und durch Markierungen in Untermengen (z.B. 5er Bündelung) unterteilt. Dazu muß man noch nicht über die Zahl ‚Fünf' verfügen. Vergleichen von Mengen heißt ja hier nur Eins-zu-Eins-Zuordnung. Der Logiker Gottlob Frege erwähnt das Beispiel vom Kellner, der kontrollieren will, daß er ebenso viele Messer wie Teller auf den Tisch legt. Er braucht ‚weder diese noch jene zu zählen, wenn er nur rechts neben jeden Teller ein Messer legt, so daß jedes Messer auf dem Tische sich rechts neben einem Teller befindet.'

Der nächste historische Schritt bestand darin, *gleichmächtigen Mengen* dasselbe Zeichen zuzuordnen. Das war keinesfalls selbstverständlich. Noch heute haben wir umgangssprachlich verschiedene Bezeichnungen z.B. für 2er-Mengen wie ‚Zwillinge', ‚Duett' oder ein ‚Paar' Schuhe. Neben dem Mengenvergleich und der Abstraktion zur Bildung von Anzahlen war eine weitere kreative Fähigkeit des Menschen auszubilden: Ein iteratives Verfahren, das *Zählworte* (*Ziffern*) Schritt für Schritt durch Wiederholung einer Einheit und periodische Bündelung erzeugt. Die historisch ausgebildeten Ziffernsysteme waren durch unterschiedliche kulturelle Einflüsse geprägt und unterschiedlich zweckmäßig. Erst als man von solchen kulturellen und technischen Besonderheiten abstrahierte (z.B. durch Kommunikation von Angehörigen verschiedener Kulturen), erwies sich das *Zählen* als kulturinvariante Fähigkeit des Menschen.





Die kreative *Einführung eines neuen mathematischen Konzepts* ist im KI-Programm AM eine wohldefinierte Aktivität. Es versteht darunter eine neue Datenstruktur in der KI-Sprache LISP in den Rahmenbedingungen des AM-Programms. Im einzelnen wird von mathematischen Grundbegriffen ausgegangen, die in LISP kodiert sind. Einfache Transformationen wie Generalisierung oder Spezialisierung erzeugen die neuen Begriffe. Wie auch beim menschlichen Denken werden viele unbrauchbare, aber eben auch einige brauchbare Strukturen erzeugt. So entsteht der *Begriff der natürlichen Zahl*, indem von dem elementaren Grundbegriff in LISP der *Listengleichheit* ausgegangen wird:

*Zwei Listen sind gleich,*
*wenn beide atomar sind und*
*diese Atome gleich sind,*
*andernfalls wenn die Listenköpfe gleich sind,*
*und die Restlisten gleich sind.*

Listengleichheit<br>in LISP

Es handelt sich um eine Definition über den Aufbau von Listen, wie sie in Kapitel 3 eingeführt wurden. In englischer Kurznotation lautet die Definition:

*list_equal* [*x,y*]:=
    *if atom* [*x*] *or atom* [*y*]
    *then atom_equal* [*x,y*]
    *else list_equal* [*head*[*x*], *head*[*y*]]
        *and*
    *list_equal* [*tail*[*x*], *tail*[*y*]].

Diese Definition läßt sich sofort in die Programmiersprache LISP übersetzen:

```
(De list_equal(xy)
   (cond((or(atom x)(atom y))
      (eq xy))
     (T(and
       (list_equal(car x)(car y))
       (list_equal(cdr x)(cdr y)))))).
```

Dabei ruft die Abkürzung De eine Definition auf. Da wenige Beispiele von Listengleichheit durch AM genannt werden, wendet das System Generalisierungsregeln auf `list_equal` an, die eine neue Äquivalenzrelation ‚*verallgemeinert-gleich*' einführen. Zwei Listen heißen dann ‚*verallgemeinert-gleich*', wenn beide atomar und diese Atome gleich sind, andernfalls sind die Restlisten ‚verallgemeinertgleich'. In englischer Kurznotation gilt:

Listen<br>gleicher<br>Länge

*L - E - 1*[*x,y*]:=
    *if atom*[*x*] *or atom*[*y*]

*then atom_equal* [*x,y*]
*else L - E -1*[*tail*[*x*]*, tail*[*y*]].

Das wissensbasierte System betrachtet jetzt also alle *Symbollisten gleicher Länge* als äquivalent. Durch eine entsprechende Transformationsregel werden aus den äquivalenten Symbollisten *Äquivalenzklassen* gebildet. Damit hat AM den *Begriff der natürlichen Zahl* formal in ähnlicher Weise erzeugt wie in der historischen Entdeckungsgeschichte und später formal wie z.B. Georg Cantor – durch Vergleich gleichmächtiger Mengen (,*Listen*'). Auf die neuen Objekte der *Zahlen* wendet das Programm die Grundoperationen von LISP wie z.B. das Aneinanderfügen von Listen an und erhält damit durch Abstraktion bzw. Äquivalenzklassenbildung den Begriff der *Addition*. AM schlägt auf diesem Weg auch die üblichen Definitionen der *Multiplikation* und *Teiler-Relation* vor. Bemerkenswert ist, wie AM den Begriff der *Primzahl* einführt. AM ordnet jeder Zahl (z.B. 12) die Menge ihrer Teiler zu (z.B. 1, 2, 3, 4, 6, 12). Ein Extremfall ist eine Zahl mit einer Teilmenge, die nur zwei Elemente enthält, nämlich 1 und die betreffende Zahl. Solche Extremfälle werden von AM als ,*interessant*' eingestuft und als neue Begriffsbildung vorgeschlagen. Schließlich kommt AM auf die Behauptung der eindeutigen Zerlegbarkeit einer Zahl in Primzahlfaktoren und stellt diese Behauptung auf, nachdem die Eindeutigkeit für über 20 Beispiele geprüft wurde.

Die Entdeckungen von AM sind sicher abhängig von der Struktur der LISP-Sprache, die eine Erzeugung der natürlichen Zahl durch eine Abstraktion von Symbollisten begünstigte. Es kann also auf jeden Fall festgehalten werden, daß AM *strukturell-operative Zusammenhänge menschlichen Wissens* in *Algorithmen* und *Datenstrukturen* abbildet. Auffallend ist aber, daß AM nie einen formalen Begriff von *Unendlichkeit* bildet. So wird in der Mengenlehre definiert, daß nur unendliche Mengen (wie z.B. die Menge aller natürlicher Zahlen) auf echte Teilmengen (wie z.B. die Menge aller geraden Zahlen) Eins-zu-Eins abbildbar sei. AM beschränkt sich also auf Begriffe der endlichen Mengenlehre. AM ,weiß' zwar per definitionem nicht, was unendlich ist. Andererseits kann AM unendlich ,erfahren', dann nämlich, wenn es in eine nicht abbrechende Iterationsschleife gerät.

Mensch und Computer können aber bereits bei sehr *langen Beweissuchen* in Schwierigkeiten geraten. Ein Beispiel für einen sehr langen Beweis ergab sich bei der *Klassifizierung der endlich einfachen Gruppen*, von denen die größte bisher bekannte (,Fischers Monster') ca. $8 \times 10^{53}$ Elemente enthält und die Beweise mehrere tausend Seiten umfassen. Solche Beweise können nur noch von

Begriff der natürlichen Zahl

Addition

Multiplikation

Primzahl

Die Entdeckungen von AM hängen von LISP ab.

AM kennt keine unendlichen Mengen.

Sehr lange Beweise können von einzelnen Mathematikern nicht geprüft werden.

*4 Virtuelle Mathematik im Computernetz*

Mathematikerteams entwickelt und nachgeprüft werden. Zwar hängt ihre Anerkennung vom gegenseitigen Vertrauen der Fachleute ab. Andererseits sind die Beweise wenigstens im Prinzip in endlich vielen Schritten nachprüfbar.

Bereits die maschinelle Beweissuche für Behauptungen und Annahmen in PROLOG-Programmen hängt von *praktischen Kapazitätsgrenzen realer Computer* ab. Zudem kann wegen der prinzipiellen *Unentscheidbarkeit der Prädikatenlogik 1. Stufe* nicht von vornherein für jede Formel entschieden werden, ob der *Suchalgorithmus* überhaupt nach endlich vielen Schritten abbricht. Auch das endliche kombinatorische Problem, eine *optimale Reiseroute* zwischen $n$ Städten (die nur einmal besucht werden dürfen) zu finden, ist nicht für beliebiges $n$ von realen Computern zu bewältigen. Häufig muß man sich mit Näherungsergebnissen wie der Existenz eines Algorithmus von polynomialer Rechenzeit zufriedengeben, der eine Reiseroute liefert, die die Optimalität nicht mehr als 50% überschreitet. Man beachte jedoch: Unter *Rechenzeit* wird in der Algorithmentheorie zunächst nur die Anzahl der Rechenschritte verstanden, die z.B. ein Polynom als obere Schranke hat. Eine empirische Rechenzeit kann erst abgeschätzt werden, wenn man dieser Anzahl die physikalische Zeitspanne zuordnet, die ein Computer aufgrund seiner technisch-physikalischen Kapazitäten dazu verbraucht. Die empirische Rechenzeit betrifft also die Praxis des Rechners, nicht die Gültigkeit eines mathematischen Satzes.

Der Einzug computergestützter Beweissuche in die Mathematik wurde Ende der 70er Jahre einem breiteren Publikum mit der Lösung des *Vierfarbenproblems* durch Kenneth Appel und Wolfgang Haken bekannt. Die Attraktivität des Vierfarbenproblems hängt nicht zuletzt damit zusammen, daß es sich um eine einfach zu formulierende Behauptung der Graphentheorie handelt, die auch von Nichtmathematikern verstanden werden kann, historisch sogar von einem Studenten 1852 zum ersten Mal vermutet wurde und dennoch erst vor wenigen Jahren unter Einsatz von *Computertechnik* bewiesen werden konnte: Jede ebene Karte kann mit nur vier Farben derart gefärbt werden, daß Länder mit gemeinsamen Grenzen verschiedene Farben haben.

Wie schwierig es ist, eine Karte mit nur vier Farben zu kolorieren, hängt davon ab, wie die Länder aneinandergrenzen. Abb. 25 zeigt als Beispiel einen Teil einer Karte mit 846 Ländern von Edward F. Moore. Es handelt sich um eine zylindrische Projektion, die aus je einem Achteck am Nord- und Südpol, sowie aus weiteren 54 Achtecken, 288 Siebenecken, 96 Sechsecken und 408 Fünfecken besteht. Für den *allgemeinen Beweis* mußte mit einem speziellen Algorithmus eine bestimmte Menge von mehr als 2000 Länderanordnungen

Computerexperimente in der Mathematik ▪ 103

Es gibt im allgemeinen keine Garantie, daß maschinelle Beweissuche erfolgreich ist.

Grenzen von Rechenzeiten bei realen Computern

Das Vierfarbenproblem wird computergestützt bewiesen.

konstruiert und analysiert werden. Nach Abschluß des endgültigen Computerprogramms von John Koch (1976) waren auf drei Computern der Universität von Illinois 1200 Stunden Rechenzeit verbraucht. Interessant an diesem Beweis ist nicht nur, daß der Algorithmus *quasi-experimentell* in immer neuen Versuchen und Verbesserungen gefunden wurde. Bemerkenswert ist vor allem, daß seine einzelnen Schritte in einem Menschenleben ,*von Hand*' wegen der ungeheueren Rechenzeit im Detail *nicht nachgeprüft* werden können.

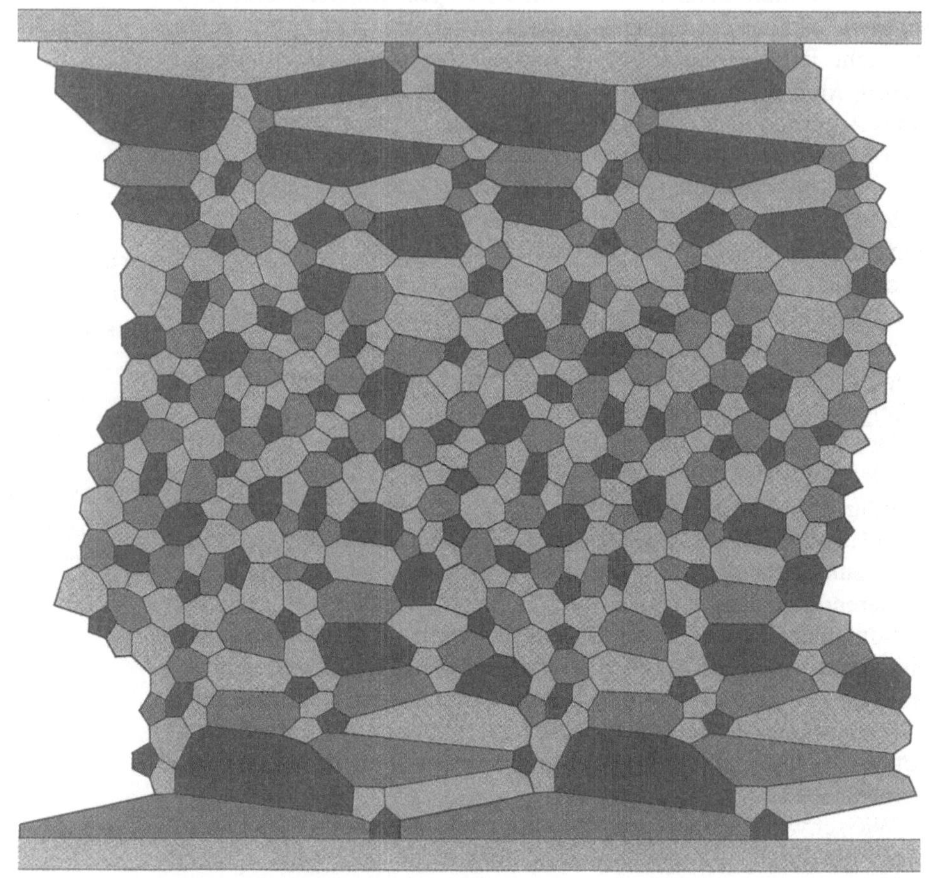

**Abbildung 25**
Ausschnitt aus einer komplizierten Länderkarte (Edward F. Moore) des Vierfarbenproblems, das allgemein bisher nur computergestützt gelöst werden konnte.

Bisher wurden nur einzelne Algorithmen und Programme vorgestellt, die auf spezielle mathematische Experimente und Suchverfahren zugeschnitten waren. Neue Perspektiven für mathematisches Experimentieren eröffnen sich mit *3D-Visualisierung, virtueller Realität* und *Interaktionen im World Wide Web*. Die damit verbundenen *objektorientierten Programmiersprachen* entsprechen, wie bereits betont wurde, in auffallender Weise der *Hierarchie mathematischer Strukturen*. Damit wird eine *Standardisierung von Methoden* möglich, die immer wieder neu verwendet werden können. Auch in den Naturwissenschaften ist erfolgreiches Experimentieren nur möglich, wenn eine Infrastruktur von technischen Geräten und Standardverfahren zur Verfügung steht. Ziel wäre ein *virtuelles Labor für experimentelle Mathematik*, das im World Wide Web genutzt werden kann.



Analog zu einem naturwissenschaftlichen Labor ist eine *virtuelle Infrastruktur* notwendig, wie sie z.B. in dem Projekt *Oorange* seit 1995 entwickelt wird. *Forschungsobjekte* sind nun mathematische Strukturen, die durch Softwareklassen darstellbar sind. *Laborausrüstung* sind Softwarebibliotheken mit Standardklassen und Funktionen. Das *Arrangement für spezielle Experimente* sind Rechennetzwerke mit den spezifischen Forschungsobjekten und erforderlichen Standardklassen und Funktionen. Die *Ausführung des Experiments* erfordert grafische Animationen der virtuellen Forschungsobjekte. *Beobachtung* und *Kontrolle* wird durch Inspektion der Objekte, 2D- und 3D-Monitore möglich. *Aufzeichnungen der Experimente* werden durch Programmierskripte und Softwarearchive erreicht. Der entscheidende Unterschied zu naturwissenschaftlichen Labors ist die virtuelle Natur der mathematischen Objekte und Laborausrüstung.



Abb. 26 zeigt die vier Fenster, mit denen ein Benutzer am PC-Bildschirm ein mathematisches Experiment im virtuellen Labor *Oorange* durchführen und beobachten kann. Im *Scene Viewer* rechts oben wird z.B. eine parametrisierte Fläche gezeigt, auf der eine Kurve gezeichnet wird. Die mathematischen Strukturen werden durch ein *Raytracing-Verfahren* photorealistisch visualisiert. In der objektorientierten Software gibt es Klassen für Licht, Erscheinung, Material, Texturen, transformierte Formen, Zeichnungen etc. Die Gestalt (`shape`)-Klasse enthält Kindklassen für transformierte Formen, Erscheinung, Material, aber auch geometrische Typen wie Würfel, Kegel, Kugel, Tori und quadratische Maschen von Netzen. *Interaktionen des Benutzers* werden durch die rechte Leiste der Icons möglich. Es handelt sich um Tools wie z.B. `mouseDown`, `mouseDrag` und `mouseUp`. So wird in der abgebildeten Szene eine Kurve mit dem `mouseDrag`-Verfahren gezogen.

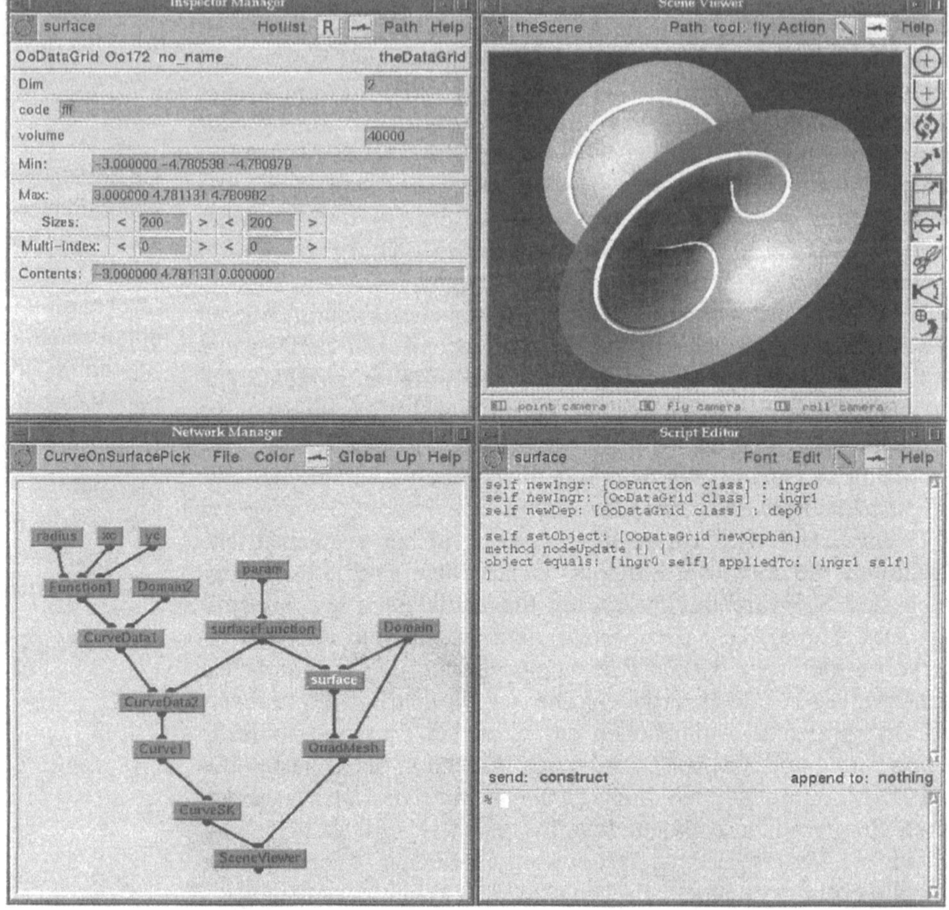


**Abbildung 26**
Bildschirmfenster des virtuellen Labors *Oorange* für experimentelle
Mathematik

Der *Network Manager* zeigt die Navigationsmöglichkeiten im virtuellen Labor.

In dem Fenster *Network Manager* links unten werden die Softwareklassen und das Rechennetz durch Knoten und Kanten in einem *Szenegraphen* repräsentiert. Die Kanten stellen den Datenfluß dar. Jeder Knoten kann Input- und Output-Kanäle besitzen, die als Argumente und Resultate der Verrechnungsvorgänge in den Knoten gedeutet werden. In Abb. 26 hängt Function1 von den Argumenten radius und den Koordinaten xc, yc ab und liefert zusammen mit Domain2 das Resultat CurveData1. Die Flächenfunktion surfaceFunction hängt von den Parametern param ab und liefert zusammen mit Domain die Fläche surface; zusammen mit

CurveData1 erhält man das Ergebnis CurveData2. Die weiteren Knoten und Kanten erzeugen schließlich die Kurve auf der parametrisierten Fläche CurveOnSurface des Scene Viewer. Der gerichtete Szenegraph gibt *Abhängigkeiten der Knoten* an. Jede Manipulation an einem oberen *Elternknoten* wird automatisch auf untergeordneten *Kindknoten* übertragen. Zu jedem Zeitpunkt wird im Network Manager der Knoten hervorgehoben (in Abb. 26 z.B. surface), der soeben bearbeitet wird.

Im Fenster *Script Editor* rechts unten in Abb. 26 wird das Programmierskript des soeben bearbeiteten Knotens ausgegeben. Dort finden sich seine abhängigen Größen (dep), Bestandteile (ingr) und Links. Im Knotenskript wird das Verhalten des Knotens und die Abhängigkeit seiner Objekte beschrieben (z.B. mit der Methode nodeUpdate). Ein Benutzer kann hier Anweisungen eingeben, die unmittelbar ausgeführt werden. Im Fenster *Inspector Manager* links oben können die augenblicklichen Werte der jeweiligen Knotenvariablen inspiziert werden. Es handelt sich also um die Zustände der Klassen und Objekte, die durch die jeweils bearbeiteten Knoten aufgerufen werden. Im Beispiel des Knotens surface erkennt man, daß ein Objekt der Klasse OoDataGrid vorliegt.

Das *virtuelle Labor* Oorange verfügt bisher über eine ausführliche Bibliothek von animierten Klassen für Zahlen, Vektoren, Farben und (linearen) Transformationen. Archivierung und Dokumentation der Experimente sind möglich. Tutorienkurse zur Infrastruktur des virtuellen Labors werden angeboten. Im World Wide Web kann sich der interessierte Benutzer über dieses Labor informieren. Ziel ist ein *virtuelles Labor im Netz*, in dem weltweit verteilte Interessenten seine Infrastruktur nutzen und gemeinsam Experimente ausführen können. Voraussetzung sind objektorientierte Netzsprachen wie Java und VRML, um eine ungestörte Verbindung zwischen Laboranbieter (*Server*) und Labornutzer (*Client*) zu gewährleisten.

# 5 Virtuelle Evolution im Computernetz

Virtuelle Labors für die experimentierenden Naturwissenschaften müssen auf Daten und Gesetze der Natur zurückgreifen. Was wissen wir heute über die Prozesse der Natur? Lassen sie sich in Algorithmen und Programme für Computer umsetzen? Wie wirken sie sich in Computernetzen aus? Die Evolution der Natur ist ein Beispiel einer komplexen *Selbstorganisation*. Die Physik bietet viele Beispiele von *komplexen Systemen*, deren Elemente sich unter geeigneten Nebenbedingungen zu neuen Ordnungen selbständig zusammenfügen. Da wir das einzelne Verhalten z.B. der vielen Atome und Moleküle in einer Flüssigkeit nicht kennen können, beschreiben wir das Gesamtverhalten eines komplexen Systems mit den Gesetzen der *statistischen Physik*.

Ein alltägliches Beispiel ist ein Regentropfen auf einem Blatt mit seiner perfekten glatten Oberfläche. Da das System thermodynamisch einen Zustand niedrigster Gesamtenergie einnehmen muß, minimiert der Tropfen die Ausdehnung seiner Oberfläche und bildet so seine Form. Bekannt sind auch die Eiskristalle, zu denen sich Wassermoleküle in der Nähe des Gefrierpunktes zusammenfügen. Bei abgeschlossenen (konservativen) Systemen in der Nähe des thermischen Gleichgewichts sprechen wir von einer *konservativen Selbstorganisation*. In offenen (dissipativen) Systemen können verschiedene Ordnungsstrukturen fern des thermischen Gleichgewichts durch Stoff- und Energieaustausch mit ihrer Umwelt entstehen (*dissipative Selbstorganisation*). Dabei wirken hochgradig *nichtlineare* Mechanismen. Beispiele sind Wolkenbilder am Himmel oder Strömungsbilder eines Flusses, die von regulären Mustern bis zu chaotischen Wirbeln reichen. Wenn die Energiezufuhr eines Lasers stetig erhöht wird, entstehen ebenfalls typische Wellenmuster – vom regulären Laserstrahl bis zur chaotischen Lichtturbulenz. Aus der Chemie sind Spiralen und Ringwellen von Gemischen bekannt, die durch äußere Stoff- und Energiezufuhr aufrechterhalten werden.

Evolution
als Selbstorganisation

Konservative Selbstorganisation in der Nähe des thermischen Gleichgewichts

Dissipative Selbstorganisation fern des thermischen Gleichgewichts

Solche offenen physikalischen und chemischen Systeme realisieren Eigenschaften, die wir auch *lebenden Systemen* zuschreiben. Es findet ein Stoff- und Energieaustausch mit der Umwelt statt, der das System von Tod und Erstarrung im thermischen Gleichgewicht fernhält und die Ordnung des Systems aufrechterhält. Die Ordnungen entstehen durch *Selektion* und *Kooperation* der Systemteile bei geeigneten Bedingungen. Geringste *Fluktuationen* können zu globalen Veränderungen des Gesamtsystems führen. Auch biologische Systeme bauen ihre Ordnung selbständig aus ihren Teilen unter geeigneten Nebenbedingungen auf: Neue Zellen gehen aus vorhandenen durch Teilung hervor. Aus der befruchteten Eizelle entwickelt sich so schließlich ein neuer Organismus. Allerdings reichen zur Erklärung die Gesetze der Thermodynamik nicht aus. Bei der zellulären Selbstorganisation sind die Anweisungen für den Aufbau des Systems in den Bausteinen selbst (d.h. der molekularen *DNA-Struktur* der Zelle) verschlüsselt. Man spricht daher von einer *genetisch kodierten Selbstorganisation der biologischen Evolution* im Unterschied zur *thermodynamischen Selbstorganisation*. Auch das ökologische Zusammenleben von Populationen läßt sich mit komplexen dynamischen Systemen erfassen. *Ökologische Systeme* sind nämlich komplexe offene Systeme von Pflanzen oder Tieren, die in gegenseitigen (nichtlinearen) Kopplungen mit ihrer Umwelt fern des thermischen Gleichgewichts leben. Ihre ökologischen Lebensräume sind labile Gleichgewichte am Rande des Chaos. Nur beständiges Fitnesstraining vermag sie vor dem Absturz zu bewahren.

Der menschliche Organismus ist selber ein komplexes zelluläres System, in dem beständig labile Gleichgewichte durch Stoffwechselreaktionen aufrechterhalten werden müssen. Eine der aufregendsten fachübergreifenden Anwendungen komplexer Systeme ist das menschliche Gehirn. Dazu wird das Gehirn als ein *komplexes System von Nervenzellen* (Neuronen) aufgefaßt, die über Synapsen elektrisch oder neurochemisch wechselseitig aufeinander wirken. In ihren Wellenmustern vermuten einige Forscher fraktale und chaotische Strukturen, die der *nichtlinearen Dynamik* unseres Wahrnehmens, Fühlens und Denkens zugrunde liegen. Die biologische Evolution hat im Laufe von Millionen von Jahren unterschiedlich komplexe neuronale Netzwerke und Lernverfahren entwickelt und ausgetestet. Nach der thermodynamischen und genkodierten Selbstorganisation sprechen wir dann von der *neuronalen Selbstorganisation* der biologischen Evolution.

# Virtuelle Atome, Materialien und Universen

Wie läßt sich die *thermodynamische Selbstorganisation im Computer* darstellen? Dazu müssen die Wechselwirkungen von virtuellen Atomen und Molekülen eines komplexen Systems simuliert werden, die kollektiv neue Eigenschaften erzeugen. Wie im physikalischen Experiment sollen Temperatur und andere *Kontrollparameter* veränderbar sein. Virtuelle Modellmaterialien lassen sich so aufheizen oder abkühlen. Bei hohen Temperaturen oder hohem Druck müssen virtuelle Gase spontan flüssig werden. Flüssigkeiten verwandeln sich in Festkörper. Magnetische Atome ordnen sich bei einem kritischen Kontrollwert in der Nähe des Gleichgewichts zu einem magnetischen Material. Metalle verlieren spontan ihren elektrischen Widerstand. Damit sind *virtuelle Materialien* absehbar, die in *virtuellen Labors weltweiter Computernetze* entworfen und industriell genutzt werden können.



Die Schlüsselfrage für eine *konservative Selbstorganisation* lautet: Wie kann *im Computer* ein *thermodynamisches Gleichgewicht* simuliert und ein komplexes System abgekühlt werden? Als Beispiel werden die Phasenübergänge in einem *Ferromagneten* simuliert. Per Tastendruck soll dieses komplexe System aus virtuellen atomaren Dipolen ‚aufheizbar' und ‚abkühlbar' sein. Ein magnetisches System läßt sich vereinfacht im *Ising-Modell* (Abb. 27) beschreiben. Dabei handelt es sich um ein Quadratgitter mit $N$ Gitterplätzen. An jedem Gitterplatz $i = 1,...,N$ sitzt ein atomarer Dipol, dessen Zustand $S_i$ zwei Spinwerte +1 und -1 annehmen kann. Die atomaren Teilzustände bestimmen den gesamten *Vielteilchenzustand* $\underline{S} = (S_1,...,S_N)$ des Systems. Zwischen benachbarten Spins besteht eine *Paar-Wechselwirkungs-Energie*, die in die Berechnung der *Gesamtenergie* $H(\underline{S})$ eingeht. In der *Summe Z aller möglichen Vielteilchenzustände* wird jeder Zustand $\underline{S}$ entsprechend seiner Energie $H(\underline{S})$ gewichtet. Dabei werden auch die *Temperatur T* und die *Boltzmann-Konstante* $k_B$ berücksichtigt.



Für ein *unbegrenzt großes Ising-Modell* mit $N \to \infty$ läßt sich bei einer kritischen Temperatur $T_c$ ein *Phasenübergang* nachweisen: Wird das System auf Temperaturwerte $T$ kleiner als $T_c$ *abgekühlt*, dann ordnen sich die Spins im Mittel parallel zueinander und bilden eine makroskopische *Magnetisierung* des Gesamtsystems. Sie kann positiv oder negativ sein, da sich beim Abkühlen durch zufällig kleine Anfangsfluktuationen eine der beiden Spinrichtungen durchsetzt. Es handelt sich um eine *spontane Symmetriebrechung*, da keine der beiden Richtungen energetisch ausgezeichnet war, d.h. $H(\underline{S})=H(-\underline{S})$. Da die Durchschnittsmagnetisierung das kollektive Ordnungsmuster der atomaren Zustände beschreibt, stellt sie den *Ordnungsparameter* des Gesamtsystems dar. Im Phasenübergang des thermischen Gleichgewichts entsteht also spontan einer von zwei möglichen Ordnungszuständen durch Selbstorganisation.

Das Berechnen aller Zustände eines Ferromagneten ist auch für einen Supercomputer utopisch.

Um diesen Vorgang im *Computer* simulieren zu können, müßte die Summe Z aller möglichen Vielteilchenzustände berechnet werden. Tatsächlich erweist sich diese Aufgabe selbst für heutige *Supercomputer* als völlig utopisch. Eine Maschine, die für einen Rechenschritt z.B. $10^{-6}$ Sekunden benötigt, verbraucht in 100 Stunden $3,6 \cdot 10^{11}$ Rechenschritte. Da jeder Spin $S_i$ zwei mögliche Zustände haben kann, gibt es zusammen $2^N$ mögliche Spinordnungen $\underline{S}$. Setzt man für die Berechnung der jeweiligen Energie $H(\underline{S})$ jedesmal $2N$ Rechenschritte an, ergibt sich aus $2N \cdot 2^N = 3,6 \cdot 10^{11}$ eine Gittergröße $N$ von ca. 32 Dipolen. Ein winziges Magnetgitter mit den Ausmaßen von $3 \cdot 3 \cdot 3 = 27$ Atomen stößt also bereits an die Grenzen unserer schnellsten Computer. Phasenübergänge in realen Materialien werden aber erst bei z.B. $10^7 \cdot 10^7 \cdot 10^7$ Spins interessant.

Übergangswahrscheinlichkeiten in das thermische Gleichgewicht

Statt den gesamten Konfigurationsrahmen *aller* möglichen gewichteten Vielteilchenzustände durchrechnen zu wollen, sollen die *physikalisch wahrscheinlichen* Zustände im Computermodell erfaßt werden. Wir starten mit einem Gesamtzustand $\underline{S}(0)$ zum Zeitpunkt $t = 0$ und erzeugen schrittweise eine wahrscheinliche Folge $\underline{S}(1)$, $\underline{S}(2)$, ..., $\underline{S}(t)$ von Zuständen, die in das *thermische Gleichgewicht* relaxieren. Der Startzustand ist beliebig, da das System immer in den energetisch günstigeren Gleichgewichtszustand relaxiert. Das thermische Gleichgewicht des Ferromagneten ist ein *stationärer Zustand*, der sich mit der Zeit nicht ändert. Die Relaxierung in den Gleichgewichtszustand wird durch die *Übergangswahrscheinlichkeit* $W(\underline{S} \rightarrow \underline{S}')$ von Zustand $\underline{S}$ nach $\underline{S}'$ bestimmt.

Algorithmus für die Übergangswahrscheinlichkeit

Der entsprechende *Algorithmus* berücksichtigt nur *Übergänge* $W$ von Zuständen $\underline{S} = (S_1, ..., S_i, ..., S_n)$ nach $\underline{S}' = (S_1, ..., -S_i, ..., S_n)$, bei denen sich höchstens ein Spin $S_i$ ändert. Das *thermische Gleichgewicht* ist ein stationärer Zustand minimaler Energie. Daher startet der Algorithmus mit einem Zustand $\underline{S}(0)$, wählt eine Gitterstelle $i$ zufällig oder nacheinander aus und berechnet die *Energiedifferenz* $\Delta E = H(\underline{S}) - H(\underline{S}')$ des Übergangs von $\underline{S}$ nach $\underline{S}'$. Der Übergang von $\underline{S}$ nach $\underline{S}'$ wird entsprechend der Energiedifferenz $\Delta E$ bei der Temperatur $T$ gewichtet (*Boltzmann-Gewicht*). Wenn $\Delta E$ *größer oder gleich* Null ist, wird der Spin $S_i$ nach $-S_i$ umgedreht. Ist $\Delta E$ *kleiner* als Null, dann vergleicht der Algorithmus eine *Zufallszahl* mit dem *Boltzmann-Gewicht* bei der Temperatur $T$. Ist die Zufallszahl kleiner, dann wird der Spin $S_i$ umgedreht, sonst die alte Konfiguration noch einmal berücksichtigt. Diese Schritte sind zu iterieren.

Wegen der verwendeten Zufallszahlen nennt man diesen Algorithmus eine *Monte-Carlo-Simulation*. Die Zufallszahlen simulieren anschaulich die Fluktuationen. Der Algorithmus läßt sich leicht in ein Computerprogramm (z.B. mit C, C++ und Java) übersetzen. Das PC-Programm ISING simuliert einen *Ising-Ferromagneten* auf einem Quadratgitter mit virtuellen Atomen. Die beiden möglichen Stellungen der Spins werden auf dem PC-Bildschirm durch Schwarz- bzw. Weißfärbung angezeigt. Abb. 27 zeigt den Gesamtzustand eines *virtuellen Magneten* der Größe 100x100 bei der kritischen Temperatur $T_c$. Man erkennt bereits viele Cluster mit parallelen Spins. Bei $T=0,8T_c$ haben sich fast alle Spins spontan in eine von beiden möglichen Richtungen ausgerichtet. Dieser virtuelle *Zustand* simuliert also die *Magnetisierung*. Demgegenüber scheinen die Spins oberhalb von $T_c$ bei $T=1,5T_c$ fast zufällig verteilt. Aufheizung und Abkühlung geschehen im PC-Programm durch einen Tastendruck.



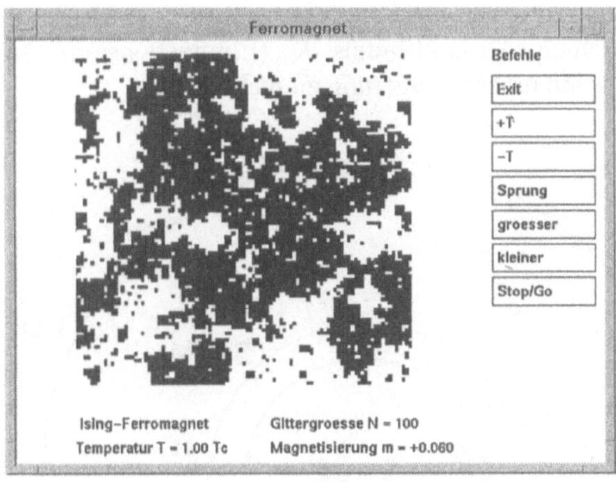



**Abbildung 27**
Zustand eines virtuellen Ising-Ferromagneten bei der kritischen Temperatur $T_c$

Strenggenommen kann ein Computer natürlich keine *Zufallszahlen* erzeugen, wenn jeder Rechenschritt im Computerprogramm determiniert ist. Im Computer werden Zahlen durch endliche Folgen von Bits kodiert. Bei z.B. 32 Bit pro Zahl können $2^{32}$ Zahlen dargestellt werden. Ein Computerprogramm, das Folgen dieser Zahlen erzeugt, muß sich daher nach höchstens $2^{32}$ Schritten wiederholen. Offenbar kann ein Computer aufgrund seiner endlichen Speicher- und Rechenkapazität nur *periodische Zahlenfolgen* erzeugen. Allerdings sind die Perioden bei geeigneten Algorithmen so groß, daß die erzeugten Zahlen als *praktische Simulationen* von Zufallszahlen dienen können.

Ein Beispiel für *virtuelle Selbstorganisation fraktaler Aggregate* ist das *dendritische Wachstum von Materialien* (Abb. 29). Es kann z.B. in einer Elektrolytlösung beobachtet werden, in der sich bei geringer Spannung zwischen den Elektroden Material ablagert. Bei geeigneten Nebenbedingungen dominieren die Zufallsbewegungen der diffundierenden Ionen den Einfluß des elektrischen Feldes. In diesem Fall organisieren sich die Materialablagerungen in baumartiger Verästelung. Für diesen DLA (*Diffusion Limit Aggregation*)-Prozeß existiert *keine analytische Theorie*, aber eine *direkte Computersimulation*. Dazu werden Diffusionsprozesse mathematisch als *Zufallsbewegungen* (*random walk*) von Teilchen aufgefaßt.

Wir starten die Wachstumsmodellierung eines DLA-Clusters auf einem 2-dimensionalen Quadratgitter mit einem Teilchen im Zentrum (Abb. 28). Wenn ein weiteres Teilchen im Abstandsradius $R_s$ (Startradius) zum Zentrum zu diffundieren beginnt, dann bleibt es irgendwann entweder am bereits besetzten Platz hängen oder überschreitet einen Abstandsradius $R_e$ (Eliminationsradius), bei dem nicht mehr mit einer Anlagerung zu rechnen ist.

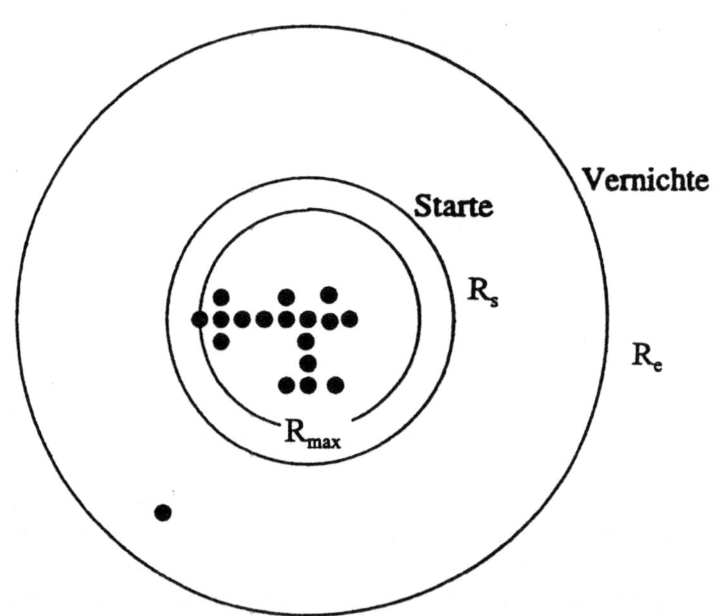






Ein entsprechender *Algorithmus* startet daher mit einem leeren Quadratgitter und besetzt den mittleren Gitterplatz. Die *maximale Größe des bereits gewachsenen Clusters* wird mit dem Radius $R_{max}$

angegeben. Ein neues Teilchen wird auf einen zufällig gewählten Platz im Abstand $R_s > R_{max}$ zum Mittelpunkt hinzugegeben und beginnt zu *hüpfen* ( „*diffundieren*'). Wenn das Teilchen *zufällig* einen Nachbarplatz des Clusters erreicht, wird es hinzugefügt und $R_{max}$ entsprechend erhöht. Überschreitet das Teilchen den Abstand $R_e > R_s$, dann wird es eliminiert. Diese Schritte sind zu iterieren.

Der Algorithmus läßt sich leicht in eine passende *Programmiersprache* wie z.B. C übersetzen. Die *Koordinaten* eines Ortes im Quadratgitter werden mit `rx` und `ry` angegeben. `xf[rx][ry]` = 1 bedeutet, daß am Ort mit diesen Koordinaten ein Teilchen sitzt, während bei `xf[rx][ry]` = 0 der entsprechende Ort für ein diffundierendes Teilchen frei ist. Es sind dann entsprechende *Funktionen* für das Besetzen des Mittelpunktes, das Hüpfen, Hinzufügen zum Cluster und Eliminieren einzuführen. Das Hüpfen auf einen der vier Nachbarplätze eines bestehenden Ortes wird mit einer per Zufall (`random`) gewählten Zahl 0, 1, 2 oder 3 gesteuert:

```
void huepfe ()
{
    int r;
    r=random(4);
    switch(r)
    {
        case0:  rx+=1;break;
        case1:  rx+=-1;break;
        case2:  ry+=1;break;
        case3:  ry+=-1;break;
    }
}
```

Die Funktion `switch()` faßt die Anweisungen der vier Fall-(`case`)-Unterscheidungen zusammen. Mit der Operation += wird jeweils 1 oder -1 zu den beiden Gitterkoordinaten hinzugezählt. Mit der Anweisung `break` springt das Programm nach jedem Fall aus dem `switch`-Befehl heraus.

Aufgrund der mathematischen Theorie der Zufallsbewegungen lassen sich Algorithmus und Programm von DLA-Prozessen erheblich beschleunigen. Abb. 29 zeigt eine entsprechende Simulation eines dendritischen Clusters, das sich aus 1540 Teilchen in einer Minute zusammengelagert hat. Bei maximaler Ausdehnung von 63 Gitterabständen läßt sich für die *fraktale Dimension* $D = \ln 1540/\ln 63 \approx$ 1,77 abschätzen.

Die Untersuchung virtueller Materialien per Tastendruck und Mausklick ist für die moderne *Festkörperphysik, Materialforschung* und *Chemie* unverzichtbar. In einem idealen *Kristall* sind alle Atome regelmäßig auf einem Gitter angeordnet. Für den Festkörperphysiker und Materialforscher sind aber Materialien mit unregelmäßigen Strukturen wesentlich interessanter, da sie neuartige Eigenschaften für technische Anwendungen haben können. Ein Beispiel ist poröses Material, durch dessen zufällig entstandene Poren bestimmte Teilchen durchdiffundieren können. Auch in diesem Fall lassen sich Wachstumsalgorithmen für Monte-Carlo-Simulationen angeben.

**Abbildung 29**
Virtuelles
Wachstum eines
dendritischen
Clusters

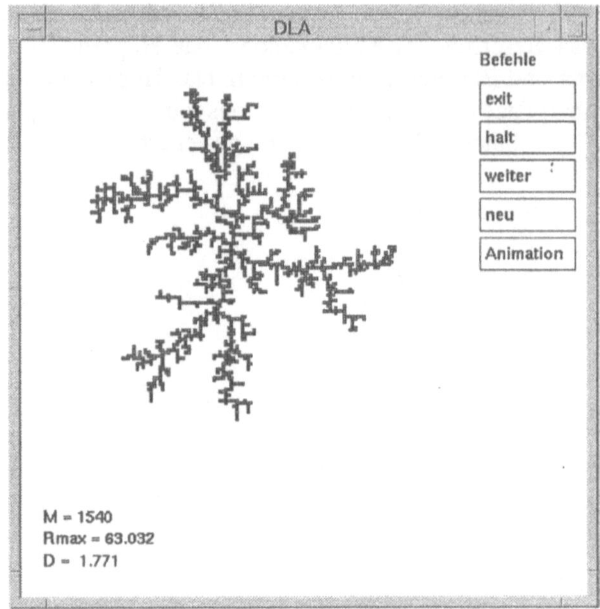




In der *Chemie* sind *Polymerketten* von zentraler Bedeutung. Es handelt sich um Moleküle, die sich in langen Ketten aus identischen atomaren Einheiten (*Monomere*) zusammengelagert haben (Abb. 30). Sie spielen für die technische Anwendung (z.B. Stoffasern) eine große Rolle, treten aber auch in lebenden Organismen, z.B. bei komplexen Molekülstrukturen in der DNA auf. *Mathematisch* wäre es naheliegend, das *Wachstum von Polymerketten* durch *Zufallswege* (*random walk*) zu simulieren. Allerdings dürfen sich Zufallswege *selber kreuzen* und *durchdringen*, Polymerketten *nicht*. Polymerketten sind daher Beispiele für SAW (*Self-Avoiding-Walk*)-Prozesse.

Für ihre Berechnung lassen sich *keine Gesetze* in Form von Differentialgleichungen angeben. Es bleibt in der Regel nur das direkte *Computerexperiment*. In diesem Fall sind also Computersimulationen nicht bloß nachträgliche anschauliche Illustrationen. Außer dem Laborexperiment ist nur noch die Erforschung am Computermodell möglich. *Laborexperimente* sind aber langwieriger und unter Umständen wesentlich teurer. Es ist daher offensichtlich, welche Bedeutung virtuellen Materialien bei immer kürzeren Innovationszyklen und steigenden Kosten in Technik und Industrie zukommt.

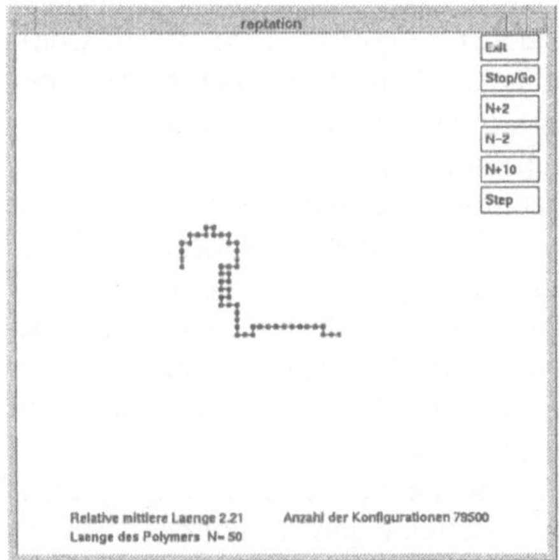


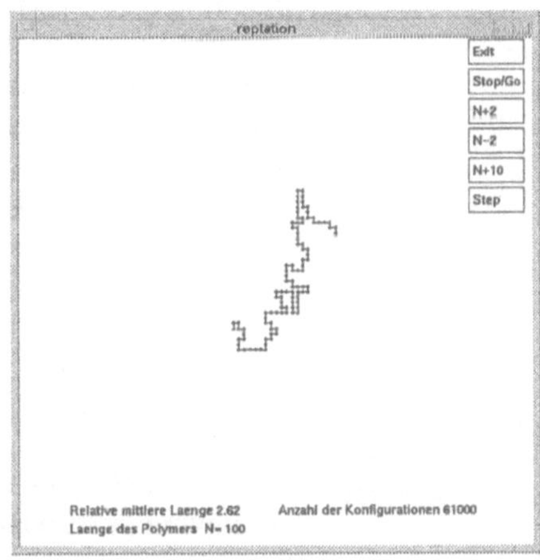


**Abbildung 30**
Virtuelle Polymerketten der Länge N=50 und N=100

Ein *Algorithmus* scheint zunächst einfach: Der Computer wählt bei jedem Wachstumsschritt in einem Quadratgitter zufällig einen der bisher noch nicht besuchten Nachbarplätze eines Monomers aus. Leider zeigt dieser Algorithmus aber eine unerwünschte Bevorzugung von *kompakten* gegenüber *gestreckten Polymerketten*. Der Grund ist einfach erklärt: Sei $z_i$ die Zahl der noch nicht besuchten Nachbarplätze am Ende einer Kette. Die Wahrscheinlichkeit, daß ein Monomer an einem dieser Plätze hinzugefügt wird, beträgt dann $1/z_i$. Die Gesamtwahrscheinlichkeit $W_N$, um eine Kette mit $N$ Monomeren zu erzeugen, ist das Produkt aus allen $N$ Einzelwahrscheinlichkeiten. Bei kompakten Ketten mit vielen Berührungspunkten ist $z_i$ klein, also $W_N$ hoch. Daher müssen Algorithmen verwendet werden, die *Polymerketten mit konstanten Wahrscheinlichkeiten* erzeugen. Das Programm für Abb. 30 arbeitet mit konstanter Kettenlänge $N$.

Algorithmus für die Erzeugung von Polymerketten

Dabei schlängelt sich das Polymer über das Gitter und ändert auf diese Weise ständig seine Form und Richtung.



*Computerexperimente* werden in den Naturwissenschaften unverzichtbar, wenn *Laborexperimente prinzipiell unmöglich* sind. *Astrophysik* und *Kosmologie* sind charakteristische Beispiele: Mit Sternen und Galaxien läßt sich in irdischen Labors nicht experimentieren. Ein Beispiel sind Kollisionen zwischen Galaxien. In den 70er Jahren wurden erste Computerszenarien von Galaxienbegegnungen unter veränderten Anfangsbedingungen durchgespielt. In einer groben Vereinfachung wurde eine *virtuelle Galaxienscheibe*, die tatsächlich aus Milliarden von Sternen besteht, durch ein paar hundert Teilchen dargestellt. Simuliert wurden nur die Gravitationskräfte dieser Punktmassen. Tatsächlich handelt es sich also bei dieser Simulation um die Begegnung zweier virtueller Körper (‚Galaxien’) im Computer. Für unterschiedliche Anfangsbedingungen konnten aber bereits *virtuelle kosmische Szenarien* erzeugt werden, die beobachtbaren Lagen von Galaxien ähnelten.

Mathematisch ist die Gravitationswechselwirkung zwischen zwei Massen nach dem Newtonschen Gravitationsgesetz eindeutig berechenbar. Bei mehr als zwei Massen sind mehr als zwei *nichtlineare Bewegungsgleichungen* zu lösen. Henri Poincaré zeigte erstmals Ende des letzten Jahrhunderts, daß bei solchen *Mehrkörperproblemen chaotisch instabile Bahnen* auftreten können, die *empfindlich* von ihren *Anfangswerten* abhängen und *langfristig nicht vorausberechenbar* sind. Eine kleine Veränderung der Begegnungsgeschwindigkeit oder Begegnungsrichtung genügt, um das Szenario bei z.B. einem Dreikörperproblem drastisch zu ändern. Hundert Jahre vor Poincaré hatte Laplace noch die Hoffnung, daß alle Voraussagen der Himmelsmechanik mit beliebiger Genauigkeit berechnet werden können, wenn nur ein geeigneter Supercomputer (‚Laplacescher Geist’) mit den jeweiligen Gleichungen und Anfangsbedingungen programmiert würde. Die Himmelsbahnen bleiben zwar auch bei chaotischen Schwankungen mathematisch eindeutig bestimmt. Praktisch ist aber der *Laplacesche Supercomputer* durch die Empfindlichkeit nichtlinearer Systeme ausgeschlossen.



Abb. 31 zeigt die Begegnung eines Doppelsterns mit einem einzelnen Stern in einer Computersimulation. Solange der einzelne Stern weit vom Doppelstern entfernt ist, beschreiben die beiden Sterne des Doppelsterns ungestörte Ellipsenbahnen umeinander. Wenn der dritte Stern in das Doppelsternsystem eindringt, entsteht ein Dreikörpersystem, das Hunderte oder Tausende Umläufe instabil sein kann.

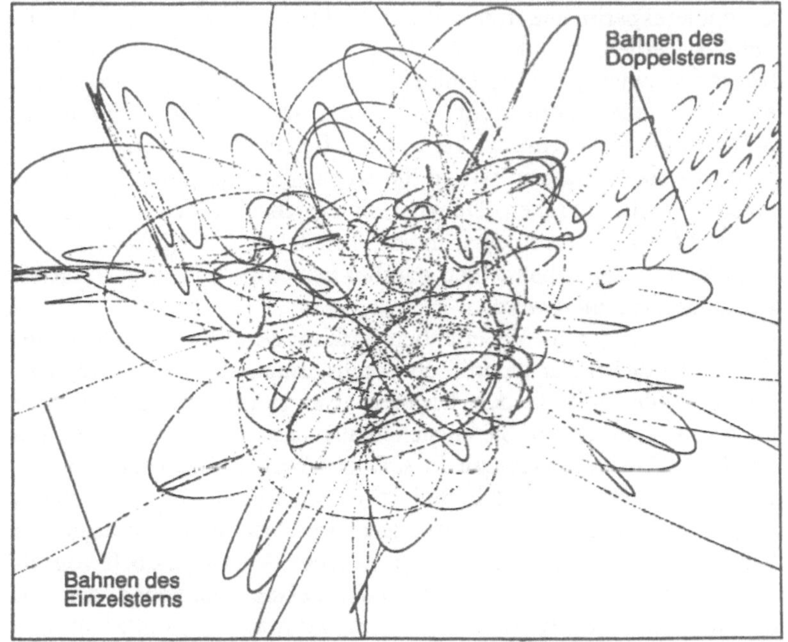



**Abbildung 31**
Dreikörperpro-
blem einer virtu-
ellen Begeg-
nung zwischen
einem Doppel-
stern und einem
Einzelstern

Historisch zeigte Poincaré übrigens *keineswegs die prinzipielle Unlösbarkeit* des nichtlinearen Mehrkörperproblems. Er bewies nur, daß es mit der üblichen Methode (d.h. Bestimmung sogenannter erster Integrale) nicht lösbar ist. Von der mathematischen Fachwelt wenig beachtet fand 1991 ein chinesischer Student eine konvergierende Potenzreihe, die *exakt* die Bahn von $N>2$ Körpern bestimmt. Schwierigkeiten mit Singularitäten, die durch kollidierende Körper und abrupt endende Bahnen entstehen können, vermied er durch einen mathematischen Trick. Er führte eine variable Zeit ein, die umso langsamer läuft, je näher sich die Körper kommen. Auf dieser Zeitskala kollidieren die Körper daher erst in unendlicher Zeit, also nie. Damit bleiben ihre Bahnen zwar *im Prinzip berechenbar*. Um aber nur kurze Bahnstücke vorausberechnen zu können, müssen Millionen von Potenzen aufsummiert werden. Die *praktische Berechenbarkeit* dieser Lösung übersteigt daher heutige Computerkapazitäten.

Um die Bahnschwankungen bei einem *Dreikörperproblem der Astrophysik* im Durchschnitt zu erfassen, sind Computersimulationen vieler einzelner Szenarien notwendig. Bei drei Sternen werden für die betreffenden Parameter Zufallswerte aus dem *astrophysikalischen Anwendungsfall* gewählt. Die virtuellen Szenarien

Mehrkörper-
probleme sind
zwar prinzipiell
lösbar, aber
praktisch nur
approximativ
berechenbar!

Monte-Carlo-
Simulationen von
Galaxien

dieser *Monte-Carlo-Simulationen* werden um so genauer, je mehr Computerexperimente mit zufallsverteilten Anfangswerten durchgeführt werden. *Monte-Carlo Simulationen von Galaxien* sind erheblich schwieriger. Eine Galaxie besteht aus Milliarden von Sternen, und jeder Stern steht mit jedem anderen Stern durch die Schwerkraft in Wechselwirkung. Eine Berechnung der Kräfte zwischen so vielen Sternen würde die Kapazitäten heutiger Supercomputer weit überschreiten. Denkbar sind höchstens Vereinfachungen dieses Mehrkörperproblems, indem Teilcluster aus Millionen Sternen als ein Körper betrachtet, parallel berechnet und ihre Wechselwirkungen simuliert werden.

Computerexperimente erlauben Erfahrungen mit *virtuellen Objekten*, die bisher nur theoretisch vorausgesagt, aber noch *nicht eindeutig beobachtet* werden konnten. Ein Beispiel sind *Schwarze Löcher* im Universum. Sie entstehen aus massenreichen Sternen, die am Ende ihrer Entwicklung in sich zusammenstürzen und ein gewaltiges Gravitationsfeld hinterlassen. Materie aus der Umgebung wird in spiralförmigen Bahnen in das körperlose Massenzentrum des Schwarzen Lochs gesogen. Daher ist jedes Schwarze Loch von einem kosmischen Mahlstrom (*Akkretionsscheibe*) umgeben, der von einem bestimmten Radius (*Schwarzschild-Radius*) ab alles in sich verschlingt, ohne es jemals wieder freizugeben. Nach der Relativitätstheorie werden auch Lichtstrahlen durch die starke Gravitation in das Zentrum gezogen, wenn sie den Schwarzschild-Radius überschritten haben. Da in diesem Feld Lichtstrahlen nicht mehr zurückkehren können, dringt keine visuelle Information über ein Ereignis im Inneren des Gravitationszentrums nach außen. Das Zentrum ist buchstäblich ein Schwarzes Loch. Der Schwarzschild-Radius heißt daher auch *Ereignishorizont*.

Ein Schwarzes Loch hat also keine Eigenstrahlung und kann daher nicht direkt beobachtet werden. Beobachten können wir nur die Auswirkungen der rotierenden und alles verschlingenden Akkretionsscheibe. *Computersimulationen virtueller Schwarzer Löcher* werden zu einem spannenden Forschungsthema. In diesem Fall sind die Gesetze dieser Objekte aus Relativitätstheorie, Quanten- und Strömungsphysik bekannt. Sie werden vorausgesetzt, um virtuelle Szenarien im Computer erzeugen zu können. Ein bekanntes VR-Verfahren für photorealistische Eindrücke ist *Raytracing*. Dazu wird der Verlauf von Sehstrahlen vom Beobachter zu den virtuellen Objekten verfolgt und ihre Schnittpunkte mit diesen Objekten berechnet. Physikalisch handelt es sich bei den Sehstrahlen um Lichtstrahlen, die umgekehrt vom Beobachter zu ihrer Lichtquelle in den Objekten zurückverfolgt werden.

Im Fall der *klassischen Physik* sind die Lichtstrahlen Geraden, die den Gesetzen der Euklidischen Geometrie genügen. Geraden sind die kürzesten Verbindungen (*Geodäten*) im Euklidischen Raum. Nach der *allgemeinen Relativitätstheorie* werden aber Lichtstrahlen in der Nähe von starken Gravitationsfeldern gekrümmt. Es gelten die Gesetze der nichteuklidischen Geometrie, in denen die Geodäten gekrümmt sind. Sehstrahlen eines Beobachters werden daher in der Nähe eines Ereignishorizonts gekrümmt und vermitteln Eindrücke ‚hinter' einem Schwarzen Loch. Nach der *speziellen Relativitätstheorie* werden Ereignisse durch Lichtstrahlen mit derselben konstanten Lichtgeschwindigkeit an einen Beobachter übermittelt, unabhängig davon ob der Beobachter ruht oder sich mit irgendeiner Geschwindigkeit bewegt.

Die *Sehstrahlen des Raytracing-Verfahrens* müssen daher nach diesen *Gesetzen der Relativitätstheorie* berechnet werden. Dabei müssen nur Schnittpunkte mit der Akkretionsscheibe berücksichtigt werden, da das Schwarze Loch im Zentrum keine Eigenstrahlung besitzt. Bei der Simulation der rotierenden Akkretionsscheibe sind die Gesetze der sogenannten Kerr-Geometrie, der Strömungs- und Quantenphysik zu berücksichtigen. Durch die Verwendung von Skripten können *virtuelle Szenen* schließlich *dynamisiert* werden. So ist es möglich, die visuellen Eindrücke eines Astronauten zu erzeugen, der sich in der Nähe eines Schwarzen Lochs mit einer Akkretionsscheibe bewegt. Abb. 32 zeigt Ausschnitte von Beobachtereindrücken, die sich bei Bewegung vom Nordpol dieses virtuellen Objekts über seinen Äquator ergeben. Solche Szenarien werden wohl langfristig außer in Science-fiction-Filmen unmöglich sein. Durch entsprechende Veränderungen des Blickwinkels, der Nähe und Ferne können aber Eindrücke erzeugt werden, die Vergleiche mit Aufnahmen von Weltraumteleskopen und damit astronomische Entdeckungen erlauben.

Mittlerweile wurden bereits *Spezialcomputer* gebaut, mit denen schnelle und genaue Berechnungen von Planetenbahnen möglich sind. Ihre *Parallelarchitektur* ist auf die speziellen Probleme der Himmelsmechanik zugeschnitten. Ausgestattet mit VR-Technologie würden *virtuelle Planetarien* möglich, in denen visuelle Eindrücke virtueller kosmischer Objekte simulierbar sind. Schließlich sind Interaktionen eines Benutzers mit kosmischen Szenarien absehbar, die wenigstens Computerexperimente im Universum erlauben. Theoretisch sind heute zu- dem unterschiedliche *Modelle des Universums* bekannt, die sich als Lösungen der Einsteinschen Gravitationsgleichung ergeben.

Raytracing in
der Kosmologie

Virtuelle
Planetarien

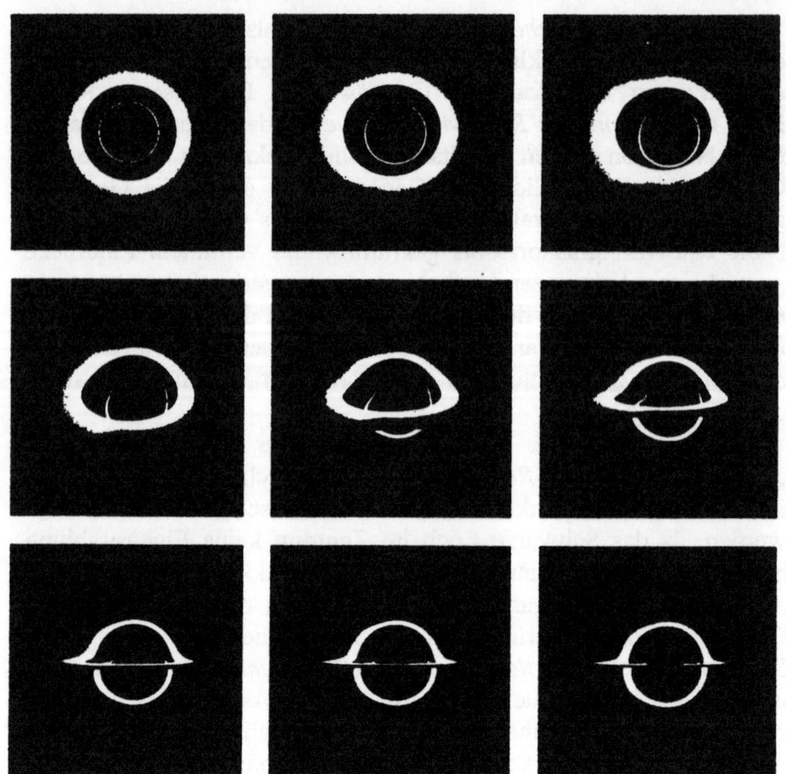





Vorstellbar werden *Computerexperimente mit virtuellen Universen*. So versucht eine internationale Forschergruppe unter dem Decknamen ‚Virgo' die *Verteilung der Materie im Universum* durch Computersimulationen zu erklären. Nach dem *Urknall* war die Materie zunächst gleichmäßig (homogen) verteilt. Während der Expansion ballten sich dann Planeten, Galaxien, Galaxienhaufen und noch größere Strukturen zusammen. Im Simulationszeitraum von Jahrmilliarden ergibt sich im Computer ein Modell des überhaupt beobachtbaren *Hubble-Universums*, dessen reale Materieverteilung den simulierten Strukturen sehr ähnlich ist. Voraussetzung war die Rechenleistung und Speicherkapazität des *Cray-Supercomputers* T3E, dessen 512 Prozessoren für eine Simulation einige Tage benötigten. Dabei wurde eine Datenmenge von ca. einer Million Megabyte (ein Terabyte) erzeugt. Im *World Wide Web* könnten Wissenschaftler gemeinsam an diesen virtuellen Welten bauen und ihre Konsequenzen mit astronomischen Beobachtungen vergleichen. Damit verwandelt sich die Welt zwar nicht in einen Laplaceschen Supercomputer. Computergestützte Methoden sind aber dabei, die Forschung in Astronomie und Kosmologie zu erweitern und zu verändern.

# Bioinformatik, Umweltinformatik und künstliches Leben

Computersimulationen komplexer Systeme beschränken sich keineswegs auf die Physik. Bereits Gottfried Wilhelm Leibniz (1714) formulierte die für die Naturwissenschaft folgenschwere Vision, wonach die mehr oder weniger komplexen Systeme der Natur als mehr oder weniger komplexe Automaten zu verstehen seien. In seiner *„Monadologie'* (§ 64) heißt es: *„So ist jeder organische Körper eines Lebewesens eine Art von göttlicher Maschine oder natürlichem Automaten, der alle künstlichen Automaten unendlich übertrifft.'* Leibniz sieht eine Hierarchie von Komplexitätsgraden für Automaten vor, die bis zu unendlichen Maschinen reichen. In moderner Lesart könnte man unter einer unendlichen Maschine eine *Turing-Maschine* mit unbegrenzten Speichermöglichkeiten (d.h. mit einem unendlichen Band) verstehen. Dann würde Leibnizens Zitat in das Zentrum der modernen *Artificial Life*-Forschungen treffen: *Sind dynamische Systeme von der Komplexität lebender Organismen auf (universellen) Turing-Maschinen simulierbar?*

Leibnizens Vision der Natur als Automat

Der Zusammenhang zwischen *dynamischen Systemen*, wie sie in den Naturwissenschaften untersucht werden, und *Automaten* läßt sich jedenfalls mathematisch präzisieren. In der Physik wird die Dynamik eines Systems durch eine *zeitabhängige Differentialgleichung* beschrieben. Anschaulich gibt z.B. die Gleichung $dx/dt = f(x)$ an, wie sich eine Größe $x$ (z.B. der Ort eines Körpers) in einer beliebig kleinen Zeitdifferenz $dt$ (Differential) gemäß einer Funktion $f$ verändert. Beliebig kleine Größen können aber in einem realen Computer nicht berücksichtigt werden. In einer *Differenzengleichung* $x_{t+1} = f(x_t)$ wird die Veränderung einer Größe in endlichen Zeitabschnitten $t = 0, 1, 2, \dots$ beschrieben. Beispiele sind Wachstumsgleichungen, mit denen die Veränderung einer Populationsgröße in aufeinanderfolgenden Zeitabschnitten (z.B. Tage oder Jahre) angegeben werden. Werden nun nicht nur die Zeit, sondern auch die übrigen Größen durch diskrete (z.B. binäre) Variablen ersetzt, so erhalten wir *Funktionsschemata von Automaten* mit Funktionsargumenten als Inputs und Funktionswerten als Outputs. In Abb. 33 wird das Netzwerk einiger Automaten mit den dazugehörigen

Wie lassen sich dynamische Systeme durch Automaten simulieren?

Funktionsschemata angegeben. Die Funktionen geben die *Programmregeln* an, wie die Inputs eines Knotens während eines Zeitabschnitts in Outputwerte überführt werden. In den Beispielen treten rekursive Programmschleifen auf.

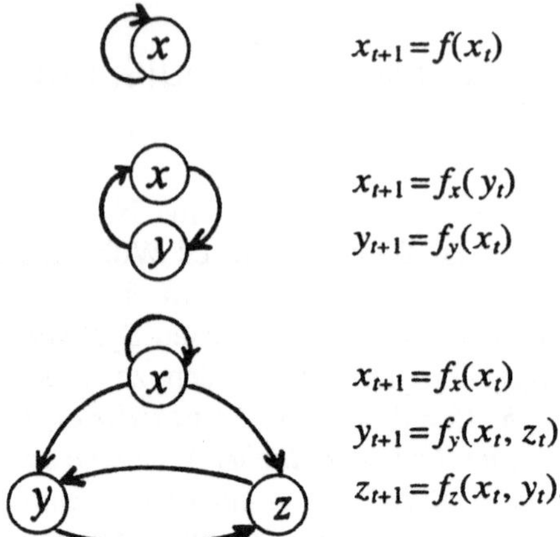



**Abbildung 33**
Netzwerke von Automaten mit Rückkopplungsschleifen

Zelluläre Automaten

Automatenzustände

Diskrete Vereinfachungen von atomaren, molekularen und zellulären Zuständen genügen häufig, um die hochgradige Nichtlinearität einer Systemdynamik im Computermodell zu simulieren. Ein erfolgreicher Ansatz sind die *zellulären Automaten*. Die Analogie mit dem Zellverband eines Organismus entsteht, wenn man sich das System als Schachbrett vorstellt, auf dem jedes Quadrat eine Zelle repräsentiert. Jede dieser Zellen kann in endlich vielen *Zuständen* sein, die man sich anschaulich als Quadrate eines Schachbretts mit unterschiedlichen Färbungen vorstellen kann. Der Anfangszustand eines 1-*dimensionalen* (,linealen') *Automaten* ist durch die endlich vielen $k$ Zustände der Zellen der 1. Reihe des Schachbretts bestimmt (z.B. $k = 2$ für die binären Zustände ,schwarz'(1) und ,weiß'(0)). Der Nachfolgezustand einer Zelle in der nachfolgenden Reihe hängt von den Zuständen der vorausgehenden Zelle und ihrer Nachbarzellen ab.

Umgebungsfunktion

Lokale Regeln

Allgemein legt die *Umgebungsfunktion* $2r+1$ Zellen fest, also für $r = 1$ im einfachsten Fall drei Zellen mit einer vorausgehenden Zelle und zwei Nachbarzellen. Je nach Anzahl der Zustände und Nachbarschaftszellen ergeben sich einfache *lokale Regeln*, mit denen die diskrete zeitliche Entwicklung Reihe für Reihe festgelegt wird. Für $r = 1$ und $k = 2$ ergeben sich $2^3 = 8$ mögliche Verteilungen der Zustände 0 und 1 auf $2\cdot1+1=3$ Zellen, also z.B. die Regeln:

| $\underline{111}$ | $\underline{110}$ | $\underline{101}$ | $\underline{100}$ | $\underline{011}$ | $\underline{010}$ | $\underline{001}$ | $\underline{000}$ |
|:---:|:---:|:---:|:---:|:---:|:---:|:---:|:---:|
| 0 | 1 | 0 | 1 | 1 | 0 | 1 | 0 |

Ein Automat mit diesen Regeln hat die Codenummer 01011010 oder (in dezimaler Schreibweise) 90. Allgemein wird die *Dynamik* eines zellulären Automaten durch die Regeln



$$x_{t+1}^{(i)} = f(x_t^{(i-r)}, x_t^{(i-r+1)}, \ldots , x_t^{(i+r)})$$

definiert. Sie legen die Wechselwirkungen der Elemente dieses komplexen Systems fest. Es ist erstaunlich, welche makroskopisch (*,global'*) komplexen Muster solche einfachen mikroskopischen (*,lokalen'*) Regeln mit der Zeit erzeugen können. So produziert der zelluläre Automat mit der Codenummer 90 die komplexe Pigmentierung einer Seemuschel (Abb. 34). Bei einem dynamischen System wird diese *biologische Musterbildung* durch nichtlineare Diffusions-Reaktionsgleichungen verwirklicht.

Bei einem *2-dimensionalen zellulären Automaten* hängen die Zustände der Zellen von den Nachbarzellen in der Ebene ab. So ist z.B. bei der Kreuzform der Von-Neumann-Umgebung jede Zelle ein Automat mit 5 Inputs der 4 benachbarten Zellen und dem Zellzustand selber. Damit läßt sich das *dendritische Wachstum von Kristallen* simulieren. Bei der Entstehung einer Schneeflocke aus einer kalten Kernzelle folgen die Dendriten den kälteren Zonen in einer umgebenden Flüssigkeit. Die lokale Regelanwendung berücksichtigt den dabei auftretenden Vorgang der Wärmedissipation. Der zelluläre Automat simuliert also die natürliche Dynamik im diskreten Modell.



Oszillierende Ringwellen und Spiralen in erregbaren Medien, wie sie z.B. in der Chemie bei der *Belousov-Zhabotinski-Reaktion* auftreten, lassen sich ebenfalls durch zelluläre Automaten simulieren. In diesem Fall sind für die Zellen die drei Zustände *,erregt', ,refraktär, nicht erregbar'* und *,nicht erregt, aber erregbar'* zu unterscheiden. Entsprechende Regeln beschreiben die Entwicklung und Oszillation solcher Wellen durch Abfolge dieser Zustände über ein schachbrettartiges Feld. Eine bemerkenswerte Anwendung liefert auch die *Kardiologie.* Etabliert sich im Herzmuskel aufgrund von geschädigtem und nicht mehr erregbarem Gewebe eine Spiralwelle, so wird die Ausbreitung von Aktionspotentialen stark beeinträchtigt. Spiralwellen sind lebensbedrohlich und können Herzkammerflimmern auslösen. Man versucht sie daher etwa durch Defibrillation zu löschen. Im Modell eines zellulären Automaten läßt sich die Entstehung einer Spiralwelle an einem Hindernis genau studieren.

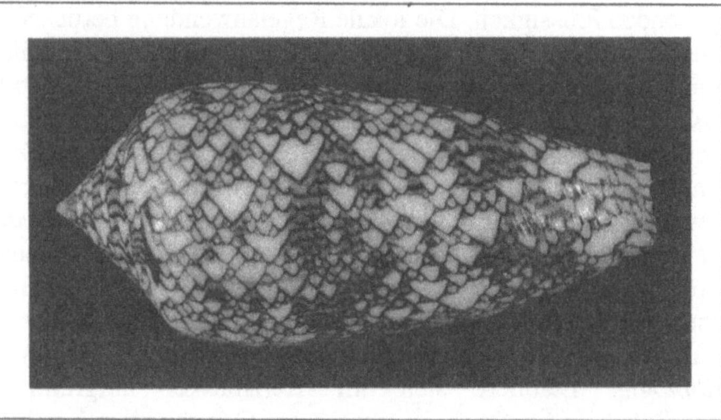



Selbst-
reproduktion
zellulärer
Automaten

Bereits John von Neumann bewies in den 50er Jahren, daß zelluläre Automaten unter bestimmten Voraussetzungen in der Lage sind, einzelne Lebenskriterien wie z.B. die *Selbstreproduktion* zu simulieren. Allerdings scheiterte eine technische Realisation lange an von Neumanns starker Forderung, daß sich selbst reproduzierende Automaten die Komplexität einer *universellen Turing-Maschine* haben sollten. In der präbiologischen Evolution hatten die ersten sich selbst reproduzierenden Makromoleküle und Organismen sicher nicht den Komplexitätsgrad eines solchen Supercomputers. Daher entwickelte Christopher Langton (1986) einfachere zelluläre Automaten ohne die Fähigkeit universeller Berechenbarkeit, die sich spontan in bestimmten Perioden wie Organismen reproduzieren können. Anschaulich erinnern ihre PC-Bilder an einfache zelluläre Organismen mit kleinen Schwänzen, aus denen sich ähnliche kleine Organismen bilden.

In Abb. 35 gibt jede Zahl den Zustand einer Zelle an. Weiße (leere) Zellen haben den Zustand 0. Zellen im Zustand 2 hüllen den virtuellen Organismus wie eine Haut ein und grenzen ihn von der Umwelt ab. Die innere Schleife trägt den *Code für die Selbstreproduktion*. Zu jedem Zeitpunkt werden die Codenummern entgegen dem Uhrzeigersinn schrittweise weiterbewegt. Je nachdem, welche Codenummer das schwanzartige Ende erreicht, wird es um eine Einheit erweitert oder eine Linksbiegung wird bewirkt. Nach vier Durchläufen ist die zweite Schleife vollendet. Beide Schleifen trennen sich, und der zelluläre Automat hat sich selber reproduziert. Schließlich bedeckt eine Kolonie solcher Organismen den Bildschirm. Während sie sich an den Außenrändern reproduzieren, werden die mittleren bei der Selbstproduktion von ihren eigenen Nachkommen blockiert. Wie bei einem Korallenriff bilden sie ein totes zelluläres Skelett, auf dem das *virtuelle Leben* weitergeht.

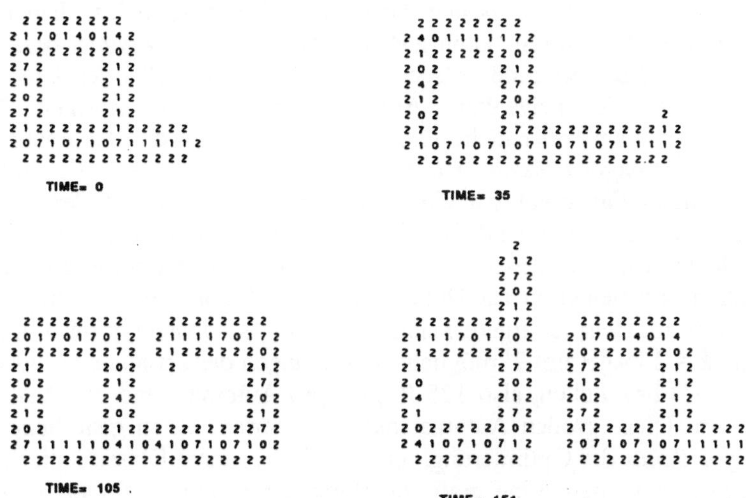

**Abbildung 35**
Zelluläre Automaten, die sich selber reproduzieren können

Mit zellulären Automaten und *genetischen Algorithmen* lassen sich auch wesentliche Aspekte der *Evolution* simulieren. Die Codenummer eines Automaten mit ihren verschlüsselten Befehlen wird als *Genotyp eines virtuellen Organismus* verstanden:
z.B.:

$$\boxed{100110100010100011}$$

$$\boxed{1010011101100011000}$$

Der *makroskopische Phänotyp* dieses virtuellen Organismus zeigt sich in den zellulären Mustern, die bei unterschiedlichen Anfangsbedingungen erzeugt werden. Zufälliger Austausch von 0 und 1 (z.B. durch einen Würfelmechanismus) entspricht einer *Mutation*. Verschiedene *Rekombinationen* (*Crossing-over*) von Teilsträngen der Codenummern sind zugelassen:

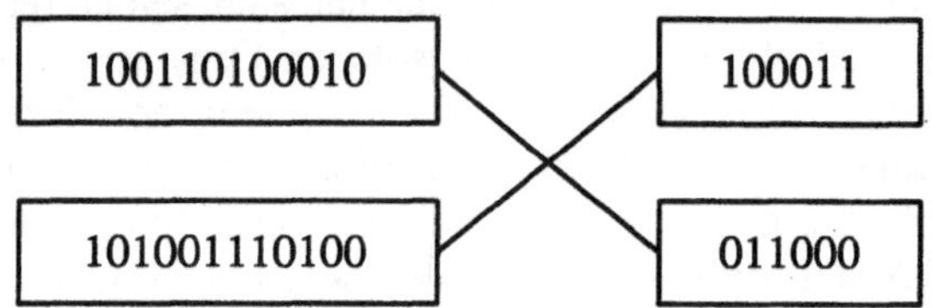


In jeder Generation werden die erzeugten Automaten danach selektiert, wie sie am besten bestimmte Probleme gelöst haben. ‚*Survival of the fittest*' kann z.B. in *Klassifikationsaufgaben* bestehen: Ein Automat muß entscheiden, ob mehr als 50% der Zellen einer zufällig gewählten Anfangsbedingung im Zustand 1 (‚schwarz') sind oder nicht. Falls das zutrifft, strebt der Automat in einen *Gleichgewichtszustand*, in dem alle Zellen im Zustand 1 sind. Im anderen Fall strebt er in einen Gleichgewichtszustand, in dem alle Zellen im Zustand 0 sind. Die *Evolution einer Automatenpopulation* bedeutet also, daß genetische Algorithmen mit Mutation, Rekombination und Selektion zur Optimierung von Automatengenerationen führen. Im Beispiel ergeben sich bei einem Automatentyp mit $r = 3$ und $k = 2$ insgesamt $2^7$ mögliche Verteilungen der Zustände 0 und 1 auf $2 \cdot 3 + 1 = 7$ Zellen, also 128 Regeln pro Automat und $2^{128}$ Automaten. Diese großen Automatenklasse erfordert einen *genetischen Algorithmus* der Optimierung, um z.B. die genannte Klassifikationsaufgabe zu lösen. Eine grafische Darstellung ihrer Evolution zeigt zunächst starke Verbesserung der *Fitnessgrade*, die schließlich in der 18. Generation in eine Sättigung übergehen.

*Genetische Algorithmen* werden nicht nur verwendet, um evolutionäre Prozesse im Computer zu simulieren. Wir können auch *von der Natur lernen* und sie zur Problemlösung einsetzen. So werden genetische Algorithmen benutzt, um optimale *Computerprogramme* zu finden, die bestimmte Aufgaben lösen. Das Programm wird also vom Programmierer nicht explizit geschrieben, sondern im evolutionären Prozeß erzeugt. Wie in der Natur besteht jedoch keine Garantie auf Erfolg. In diesem Fall werden die virtuellen Organismen durch Computerprogramme dargestellt. Operationen eines genetischen Algorithmus optimieren Generationen von Computerprogrammen, unter denen sich ein erfolgreiches Exemplar befindet.



   Als *virtuellen Organismus* stellen wir uns z.B. eine Ameise vor, die auf einem schachbrettartigen Gitter einen Weg über 89 Felder mit je einem Futterkorn finden soll (Abb. 36). Ihr *Genotyp* ist durch ein LISP-*Programm* aus folgenden *Grundoperationen* bestimmt: Sie vermag ein Feld nach vorne zu rücken (`advance`), nach rechts zu drehen (`turn_right`) und nach links zu drehen (`turn_left`). Ein Futterkorn nimmt sie nur wahr, wenn es auf dem Feld vor ihr liegt. Sie nimmt es auf, indem sie das Feld durch Vorrücken besetzt. Diese Entscheidung wird durch die `if-sensor`-Funktion berücksichtigt, die zwei Argumente hat: Wenn die Ameise im Feld vor ihr ein Futterkorn wahrnimmt, wertet sie das erste Argument, sonst das zweite Argument aus. Die `progn`-Funktion verbindet zwei Argumente, die nacheinander auszuführen sind.



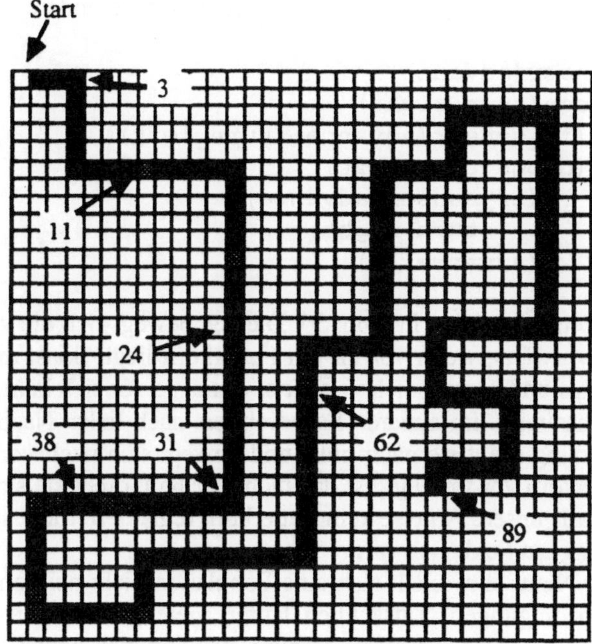


**Abbildung 36**
Eine virtuelle Ameise findet einen Weg über 89 Felder (*schwarz*) mit je einem Futterkorn. Felder auf diesem Weg ohne Futter sind *grau*.

In der *1. Generation* bestehen die virtuellen Organismen aus *s-Ausdrücken*, die rekursiv bis zu einer vorgegebenen Länge aus den genannten Grundbausteinen zufällig zusammengefügt sind. So vermag der Organismus mit dem LISP-Programm `(progn (turn_left)(turn_right))` sich immer nur abwechselnd nach links und rechts zu drehen, ohne voran zu kommen. Der Organismus mit `(if_sensor(advance)(turn_left))` rückt ein Feld nach vorn, wenn er dort ein Korn wahrnimmt, sonst dreht er nach links. Wenn also vor ihm kein Korn liegt, kommt er nicht von der Stelle. Jede *neue Generation* von Computerprogrammen wird durch Anwendung eines *genetischen Algorithmus* erzeugt, der aus dem *Rekombinations (Crossing-over)-* und einem *Reproduktionsoperator* besteht. Im Unterschied zu einer DNA-Sequenz oder einer entsprechenden binären Kodierung wird ein LISP-Ausdruck grafisch nicht durch eine lineare Kette, sondern durch einen Baum (Abb. 15) dargestellt. *Crossing-over* zweier LISP-Bäume bedeutet daher Austausch zweier Baumzweige anstelle des Austauschs zweier (binärer) Teilsequenzen. *Reproduziert* werden nur solche Programme, deren *Fitness* evaluiert wurde und mit steigender Wahrscheinlichkeit zur Problemlösung führt. Mutationen werden in diesem Ansatz nicht verwendet, da sie in Computerexperimenten nicht zu einer wesentlichen Verbesserung der Problemlösung beigetragen haben.

In einem *Computerexperiment* von John R. Koza wurde ein *erfolgreiches* LISP-*Programm* in der 7. Generation gefunden:

```
(if_sensor(advance)
   (progn(turn_right)
       (if_sensor(advance)(turn_left))
       (progn(turn_left)
           (if_sensor(advance)
               (turn_right))
           (advance)))))
```

Es erzeugt den Weg in Abb. 36. Danach bewegt sich die virtuelle Ameise vorwärts, wenn vor ihr ein Futterkorn liegt. Sonst dreht sie nach rechts und bewegt sich vorwärts, wenn sie vor sich kein Futterkorn wahrnimmt. Im anderen Fall dreht sie nach links. Nach dieser Entscheidung dreht sie nach links und bewegt sich nach vorn, falls ein Futterkorn vor ihr liegt, ist das nicht der Fall, dreht sie sich nach rechts. Falls unsere Ameise kein Futterkorn registriert, rückt sie ohne Bedingung ein Feld nach vorn.

In der Natur entwickelt sich eine Population nicht bei konstanten Umweltbedingungen. Tatsächlich laufen viele Evolutionen *gleichzeitig* ab, wobei die sich verändernden Populationen gegenseitig als

Umwelt wirken. In der Biologie spricht man in diesem Fall von *Co-Evolutionen*. Sie sind ein Beispiel für *parallele Problemlösung* und *Informationsverarbeitung* in der *Natur*. In diesem Fall können *Fitnessgrade* nicht nur für nach-folgende Generationen einer Population vergeben werden, sondern auch relativ zu entsprechenden Generationen einer anderen Population in Co-Evolution. Praktisch könnten so mehrere Programmentwicklungen z.B. von konkurrierenden Firmen getestet werden. Die Zufälligkeiten von *genetischen Algorithmen* stoßen bei Programmierern nicht immer auf Gegenliebe. Genetische Algorithmen arbeiten ähnlich wie die *natürliche Auslese* in der Evolution: Viele Ansätze werden gleichzeitig probiert, von denen die meisten nicht funktionieren, wenige zum Erfolg führen können, aber nicht müssen. Manchmal lösen kleine Fehler der DNA furchtbare Krankheiten aus. Andererseits ist aber unsere aller DNA *fehlerbehaftet*. Diese Fehler synthetisieren dann vielleicht nur fast die gleichen Aminosäuren eines Proteins wie der richtige Code, ohne daß wir zu Schaden kommen. *Von der Natur lernen*, heißt daher auch lernen, mit Fehlern umzugehen. Jedenfalls sind Fehler in der Software des Lebens tolerabler als in der Wetware der Natur.

*Von der Natur lernen, heißt Programmieren lernen!* Diesem Motto folgt auch das Projekt TIERRA (span. Erde) von Tom Ray. Seine virtuellen Organismen leben als Assemblerprogramme in den Netzwerkarchitekturen von Parallelrechnern und kämpfen um Rechenzeiten. Ihre digitale Evolution führt zu einer erstaunlichen Formenvielfalt von Programmen. Für Biologen ist die irdische Evolution des Lebens ein *einmaliger* Vorgang, den wir bestenfalls teilweise im Computer *simulieren* können. Tatsächlich sind aber *naturwissenschaftliche Gesetze* nicht für einmalige Abläufe vorgesehen. So beschreibt z.B. Galileis Fallgesetz oder die Schrödinger-Gleichung der Quantenmechanik keinen einmaligen Vorgang, sondern die Dynamik von *allen* fallenden Steinen bzw. Wellenpaketen unter veränderten Rand- und Anfangsbedingungen. Auch der Chemiker analysiert nicht nur die in der Natur auffindbaren Stoffe, sondern synthetisiert *neue* molekulare Verbindungen nach den Gesetzen der Chemie. Wären also die Gesetze der Evolution ähnlich bekannt und präzisiert, dann könnten verschiedene Evolutionsszenarien im Computer durchgespielt werden, die nicht an die irdischen Voraussetzungen der historischen Evolution gebunden sind. Statt kohlenstoffbasierten Lebensformen wird eine digitale Evolution von Strukturen aus Bits und Bytes denkbar. *Künstliches Leben* wäre dann *synthetische Biologie im Computer*.

Co-Evolution als parallele Informationsverarbeitung in der Natur

Fehlertoleranz in den Programmen der Natur

Künstliches Leben als synthetische Biologie im Computer!

Ziel von TIERRA ist die *digitale Selbstorganisation* von immer reichhaltigeren und vielfältigeren Softwarepaketen, unter denen sich immer bessere Algorithmen befinden. Während der biologischen Evolution fand vor ca. 600 Millionen Jahren eine explosionsartige Vermehrung vielzelliger Organismen mit großem Formenreichtum statt, die in kurzer Zeit alle irdischen Lebensräume und Nischen besetzten. Nach einer langen stabilen Phase prähistorischer Evolution und einzelligen Lebens leitete erst diese sogenannte *Kambrische Explosion* die Entwicklung zu immer komplexeren Lebensformen ein, die Darwin in seiner Evolutionslehre beschreibt. Die Kambrische Evolutionsphase ist Vorbild des Projekts TIERRA.



Wie in der biologischen Evolution könnten auch unvorhergesehen Schädlinge wie z.B. Viren entstehen, die das Computersystem gefährden. Daher ist TIERRA ein *virtueller Computer*, dessen Maschinensprache in C notiert wird. TIERRA hat die *Netzarchitektur* eines MIMD-Parallelrechners, in dem für jeden *virtuellen Organismus* (*creature*) ein virtueller Prozessor (CPU) vorgesehen ist. Ihre Algorithmen können sich selbst replizieren und selektieren sich durch den *Kampf um Rechenzeiten und Speicherkapazitäten* in einem gemeinsamen RAM-Speicher. Der Kampf um Energie (z.B. Nahrung) und Lebensraum der ‚Kohlenstoffwesen' in der *Darwinschen Evolution* wird in der *digitalen Evolution* von TIERRA durch Selektion um Rechenzeiten und Speichereinheiten ersetzt. Anschaulich wird der umkämpfte Speicher auch als ‚Suppe' bezeichnet.



Eine *virtuelle CPU* wird durch ein Maschinenprogramm mit verschiedenen Registern und Maschinenanweisungen in der *Programmiersprache* C dargestellt. Zur *Struktur der CPU* gehören zwei Adressenregister `ax` und `bx`, zwei numerische Register `cx` und `dx`, ein Register `fl` zur Anzeige (*flags*) des Datenstatus (z.B. Fehlanzeige bei einer Datensuche) im Prozessor, eine Stapeleinheit (*stack*) `st[10]` zur Ablage von 10 Wörtern, ein Zeiger (*pointer*) `sp` für Stapel (*stack*) und ein Zeiger `ip` für Anweisungen (*instructions*):



```
struct cpu {
    int ax;
    int bx;
    int cx;
    int dx;
    char fl;
    char sp;
    int st[10];
    int ip;
};
```

Die Register `ax` und `bx` beziehen sich auf den *Ort* (Anfang und Ende), an dem der virtuelle Organismus mit seinem Programm im Speicher haust. Daraus ergibt sich auch seine *Größe* als Anzahl seiner Maschinenbefehle. Der Pointer `ip` zeigt den Maschinencode der *Anweisung* an, die jeweils aus dem Speicher geholt und ausgeführt werden soll. Die Sprache von TIERRA sieht 32 Maschinenbefehle vor, mit denen die Register und Stapel bearbeitet werden können. Die *virtuelle Evolution* beginnt mit einem *Urahn* aus 80 Befehlen. Er überprüft zunächst seinen Ort im Speicher, indem er Anfang und Ende seines Maschinenprogramms feststellt, berechnet daraus seine Größe und weist seinem zukünftigen Nachkommen einen Speicherplatz mit diesem Umfang im RAM-Speicher zu. Dann wird der Nachkomme durch eine Kopierung des Urahnprogramms (*virtuelles Klonen*) erzeugt und in den zugewiesenen Speicherplatz geschrieben. Damit verliert der Urahn seine Möglichkeit, das Programm seines Nachkommens zu manipulieren: Ein neuer unabhängiger Organismus ist geboren.

Die virtuelle TIERRA-Evolution beginnt mit einem Urahnen.

Virtuelles Klonen

Beide Organismen setzen anschließend ihre Selbstreproduktion fort. Jeder neu geborene Organismus erhält eine virtuelle CPU. Seine Lebenszeit entspricht der zugeteilten Rechenzeit, mit der er in einer *Altersspirale* nach seinen Vorfahren eingereiht wird. Da ein endlicher Speicher bald überbevölkert wäre, ist der *virtuelle Tod* für diejenigen Organismen vorgesehen, die an der Spitze der Altersspirale stehen. Allerdings vermag ein Organismus, seine Position in der Altersspirale zu verschlechtern oder zu verbessern, je nachdem, ob die Ausführung einer Anweisung zu einer Fehlanzeige oder einem Erfolg (Anzeige im Register `fl`) führte. Damit findet eine *virtuelle Selektion* statt: Mehr oder weniger fitte Organismen überleben länger oder kürzer, obwohl auch der Tod der Tüchtigsten in TIERRA nicht verhindert werden kann.

Jeder virtuelle Nachkomme reiht sich in eine Altersspirale ein.

Virtuelle Selektion

Diese *Evolutionsdynamik* läßt sich in der Programmiersprache C beschreiben. Zunächst wird die Hauptfunktion `main` aufgerufen. Im *virtuellen Lebensraum* der Organismen im RAM-Speicher, der auch ,Suppe' (*soup*) genannt wird, können durch die Anweisung `get_soup()` Daten gelesen und zurückgegeben werden. Mit der Anweisung `write_soup()` werden Daten im Speicher geschrieben. Die Funktion `live()` teilt den virtuellen Organismen in der Altersschlange ihre Zeitabschnitte (`time_slice`) und den Todeszeitpunkt zu. In Abhängigkeit von einer Längenkontrolle (`inst_exec_c < alive`) wird der laufende Abschnitt `this_slice` in der Altersschlange aufgerufen. Dabei kommen die verschiedenen Maschinenbefehle zur Ausführung, die der Pointer `ip` anzeigt. Die Anweisung `incr_slice_queue()` überträgt (*increment*) den laufenden Abschnitt `this_slice` auf den nächsten

Abschnitt in der Altersschlange (*queue*). Wenn der Speicher (*memory*) bis zu einem bestimmten Schwellenwert (`soup_size`) voll ist, wird der ‚Lebensfaden' einiger Organismen vom ‚Schnitter Tod' (`reaper`) abgeschnitten:

Die Lebensfunktion `life()` von TIERRA im C-Programm

```c
void main (void)
{ get_soup ();
  life ();
  write_soup ();
}
void life (void)
  { while(inst_exec_c < alive)
    { time_slice(this_slice)
      incr_slice_queue ()
      while(free_mem_current < free_mem_prop
                            *soup_size)

        reaper ()
    }
  }
```

Virtuelle Mutation

Wie in der biologischen Evolution treten *verschiedene Mutationen* auf. So sind zufällige Veränderungen von Bits in der ‚Suppe' des RAM-Speichers vorgesehen – gewissermaßen kosmische Strahlen, die zufällig die DNA von TIERRA insgesamt treffen. Schließlich können von Zeit zu Zeit zufällige Veränderungen von Anweisungen im Maschinencode einzelner Organismen auftreten. Die kumulativen Effekte dieser Mutationen verhindern eine Determinierung und erzeugen eine *probabilistische Dynamik* wie in der Natur. Der *Genotyp* dieser Mutanten wird in einer *virtuellen Genbank* automatisch gespeichert und gemäß seiner Größe registriert. Dabei wird ebenfalls vermerkt, wie viele Exemplare eines Genotyps in der Lage sind, sich selber zu reproduzieren.

Virtuelle Genbank

Die *virtuelle Evolution* von TIERRA kann auf einem *PC-Bildschirm* durch eine pulsierende Balkengrafik *visualisiert* werden (Abb. 37). Jeder horizontale Balken zeigt den Verbreitungsgrad eines Organismus im Speicher an. Im ersten Testlauf von TIERRA dominierten zunächst die Klone des Urahns mit 80 Befehlen, die sich in der Regel nur einmal replizierten, bevor sie der virtuelle Tod ereilte. Schließlich tauchten Mutanten mit weniger Befehlen auf, die sich aufgrund ihrer geringeren Größe schneller replizieren konnten und ihre Vorfahren überholten. Von besonderem Interesse war eine Mutantengruppe mit nur 45 Befehlen, die aufgrund ihrer geringen Größe keine Selbstreproduktion erlaubt. Tatsächlich begann aber ihr

Balken in der PC-Grafik weiter auszuschlagen, während der Balken eines größeren Mutantentyps schrumpfte.

**Abbildung 37**
Visualisierung der virtuellen Evolution von TIERRA mit Parasiten und Wirtsorganismen

Eine Analyse dieses Computerexperiments zeigte, daß ein *erfolgreicher Parasit* geboren war. Da er mit nur 45 Befehlen über keinen Replikationsmechanismus verfügte, benutzte er den Code eines größeren Organismus als *Wirt*. Wegen ihrer geringen Größe konnten sich die Parasiten zwar rasch reproduzieren und vermehren, dezimierten aber gleichzeitig ihre Wirte und damit buchstäblich ihre Lebensgrundlage zerstörten. Zudem konnten sich einige Organismen dadurch gegen Parasiten *immunisieren*, daß sie ihren Standort nicht mehr an den zentralen RAM-Speicher mitteilten. Darauf ist aber der Parasit zur Identifizierung eines Wirts angewiesen.

Ein neuer verbesserter Genotyp sind die *Hyper-Parasiten*, die mit ihren 80 Befehlen wieder die Größe ihres Urahns haben, aber aufgrund des evolutionären Drucks ihr Genom veränderten und damit ihre Überlebensfähigkeit wesentlich verbesserten. Sie können sich nämlich nicht nur selbstständig vermehren, sondern ihre kleineren Konkurrenten *angreifen* und *töten*. Dazu überprüfen sie ständig ihr Programm, ob es von Parasiten befallen ist. In diesem Fall nutzen sie die Rechenzeiten der Parasiten aus und machen sie dadurch unschädlich. Andere Hyper-Parasiten fanden sich in *Symbiosen* zusammen, indem sie sich den Code für eine Selbstreplikation teilten. Allerdings wurden Parasiten nie endgültig ausgerottet, sondern tauchten immer dann wieder auf, wenn die Organismen späterer

*Virtuelle Parasiten und Wirtsorganismen*

*Virtuelle Hyper-Parasiten*

*Virtuelle Symbiosen*

Generationen wieder verwundbar geworden waren. Viele Lebensformen, die aus der biologischen Evolution bekannt waren, treten offenbar auch während der digitalen Evolution von TIERRA auf. Perioden lokaler Gleichgewichte und stabiler Zustände wechseln mit Phasenübergängen lokaler oder globaler Veränderungen.

TIERRA eignet sich aber nicht nur zum *experimentellen Studium evolutionärer Dynamik*. Der Kampf sich verbessernder Maschinenprogramme mit Parasiten mag auch *neue Hinweise auf die Programmiertechnik* bescheren, die eine bessere Immunisierung gegen schädliche Programme wie *Computerviren* ermöglichen. Zur Leistungssteigerung von TIERRA bietet es sich an, statt des Prozessorennetzes eines MIMD-Parallelrechners ein *globales Computernetz* wie das Internet oder World Wide Web zu benutzen. Jeder virtuelle Prozessor hätte damit Rechenkapazitäten, die ,höherentwickelte' Organismen und virtuelle Lebensformen in Aussicht stellen, als sie aus der virtuellen Kambrischen Evolution von TIERRA bekannt sind. Die *virtuelle Evolution* ist damit am Ende *offen* wie die biologische Evolution – nun aber nicht abhängig von der Kohlenstoffchemie, sondern der Leistungsfähigkeit von Computernetzen.

Grundlage biologischer Wachstumsprozesse ist die *Zellteilung*. Als *dynamisches System* läßt sich die Zellteilung eines wachsenden Organismus durch nichtlineare Differentialgleichungen (Diffusions- und Reaktionsgleichungen) für wachstumsfördernde und hemmende Stoffe beschreiben. Für *Computersimulationen* virtuellen Zellwachstums bieten sich die nach Aristid Lindenmayer benannten *L-Algorithmen* an. Diese Algorithmen bestehen aus *Produktionsregeln*, mit denen sich aus Symbolfolgen für z.B. Zellzustände weitere Symbolfolgen *parallel* (,gleichzeitig') ableiten lassen. Als Beispiel betrachten wir das Wachstum der faserartigen blau-grünen *Bakterie Anabaena catenula*. Ihre beiden Zelltypen $A$ und $B$ besitzen zwei Polaritäten, die durch Pfeile mit $\vec{A}, \overleftarrow{A}$ und $\vec{B}, \overleftarrow{B}$ angezeigt werden. Zelltyp $A$ teilt sich in einen Zelltyp $A$ und einen Zelltyp $B$, wobei sich ihre Polaritäten in Abhängigkeit von $A$s Polarität vertauschen. Zelltyp $B$ verlängert sich und geht in den Zelltyp $A$ gleicher Polarität über. Die entsprechenden Produktionsregeln lauten:

$$\overrightarrow{A} \to \overleftarrow{A}\,\overrightarrow{B} \qquad\qquad \overrightarrow{B} \to \overrightarrow{A}$$

$$\overleftarrow{A} \to \overleftarrow{B}\,\overrightarrow{A} \qquad\qquad \overleftarrow{B} \to \overleftarrow{A}$$

Diese einfachen lokalen (,*mikroskopischen*') Regeln erzeugen globale (,*makroskopische*') Muster von vegetativen Fasersegmenten wie in Abb. 38. Im biologischen Modell wird dieses Wachstum unabhängig von Umgebungseinflüssen allein aus seiner zellulären Dynamik erklärt. Daher werden *kontext-freie Produktionsregeln* verwendet, deren Anwendungen nicht von zusätzlichen Bedingungen (Kontexten) in Regelprämissen abhängen.

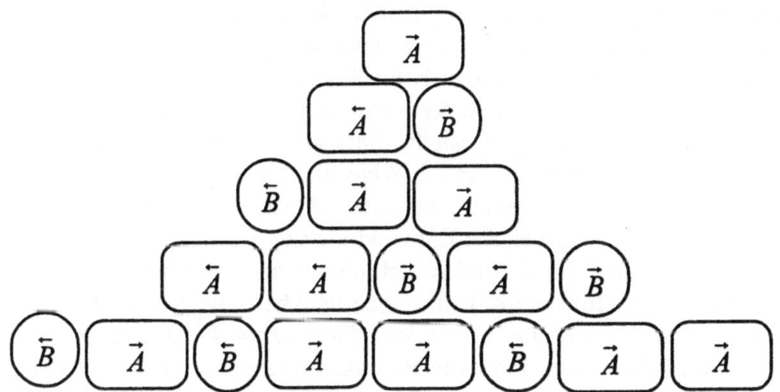

**Abbildung 38**
Virtuelles Zellenwachstum der Bakterie Anabena catenula mit kontextfreien L-Algorithmen

Bei zellulären Organismen, deren Wachstum in Abhängigkeit von Umweltbedingungen studiert werden soll, ist es naheliegend, *kontext-sensitive Produktionsregeln* zu verwenden. Dabei werden zusätzliche Symbole in den Regelprämissen eingesetzt, die als *Austauschparameter mit der Umwelt* gedeutet werden können. So zeigt Abb. 39 das Wachstum zweier eng benachbarter Bäume im Wettstreit um mehr Licht. Die Verzweigungsgeometrie wird durch die gleichzeitige Anwendung verschiedener Produktionsregeln erzeugt.

Kontext-sensitive L-Algorithmen simulieren virtuelle Umweltbedingungen.

**Abbildung 39**
Virtuelles Wachstum zweier benachbarter Bäume im Wettstreit um mehr Licht mit kontextsensitiven L-Algorithmen

Bei umfangreichen L-Algorithmen mit vielen gleichzeitigen Mehrfachanwendungen von Produktionsregeln bietet sich der Einsatz von massiven *Parallelrechnern* und *Supercomputern* wie der *Connection Machine* an. L-Algorithmen können auch mit *genetischen Algorithmen* kombiniert werden, um Selektionsmechanismen beim zellulären Wachstum zu berücksichtigen. In diesem Fall können Symboleinheiten der Produktionsregeln als *Gene* interpretiert werden, die Zellteilungen beim Wachstum kontrollieren.

Bisher wurden Beispiele der Forschungsrichtung ‚*Künstliches Leben*' (Artificial Life) vorgestellt, die wie z.B. zelluläre Automaten, genetische Algorithmen und L-Algorithmen Aspekte der biologischen Evolution in bemerkenswerter Weise simulieren und neue Anwendungen wie z.B. die Entwicklung von Computerprogrammen eröffnen. Zudem ist die molekularbiologische Forschung heute ohne Methoden der Informatik kaum noch denkbar. Die fachübergreifende Forschungsrichtung *molekulare Bioinformatik* trägt dieser Entwicklung Rechnung. Ihre Anwendungen reichen von der Visualisierung molekularer Strukturen durch VR-Methoden über molekulare Datenbanken bis zur weltweiten Forschungsbündelung bei der Genomanalyse in Computernetzen. Es geht darum, *interaktive Softwarepakete* (Tools) zu entwickeln, die bei der Analyse und Synthese komplexer Biomoleküle in Forschungslaboratorien standardmäßig Anwendung finden.

Eine typische Aufgabe besteht darin, zu den *experimentell analysierten Daten* z.B. eines komplexen Proteins die passende molekulare Struktur zu finden. Als Voraussetzung müßten *mögliche Strukturen von Proteinen* mit ihren verschiedenen Datenbasen und Visualisierungen in einer Datenbank gespeichert sein. Ein *Suchalgorithmus* müßte für eine eingegebene Datensequenz automatisch passende Molekularstrukturen heraussuchen, nach dem Grad ihrer Plausibilität gewichten und die *plausibelste Struktur* ausgeben. Grundlage wäre ein Ähnlichkeitsmaß, um den Grad der Übereinstimmung durch Vergleich mit den vorgegebenen Daten festzustellen. In Abb. 40 sind molekulare Faltstrukturen in einer *virtuellen Bibliothek* vorgegeben, mit denen eine experimentell ermittelte Proteinsequenz *A* verglichen wird. Es soll eine plausible Faltung und die genaue Abbildung der Sequenz auf dieser Faltung ermittelt und berechnet werden.

*3D-Visualisierungen von Molekularstrukturen* können durch VRML programmiert werden. Die *Objektorientierung* von VRML trägt der *Synthese von komplexen Molekülen* aus *atomaren Bausteinen* Rechnung. Die geometrische 3D-Struktur eines Moleküls läßt sich aus Kugeln und Knoten für Atome und ihre Verbindungen zusammensetzen. Neben Gestalt-, Farb- und Materialknoten lassen Transformationsknoten Rotationen und Verschiebungen der Gesamtstruktur zu, die sich automatisch auf die untergeordneten Kindknoten *vererben*. In VRML 2.0 sind zudem *Interaktionen* möglich, mit denen die Molekülstrukturen gemäß einem Navigationsplan nach den Interessen eines Benutzers zerlegt, zusammengesetzt und erweitert werden können. Durch Erweiterung eines VRML-Programms durch einen *Skriptknoten* sind umfangreiche *Animationen* möglich, die z.B. Syntheseabläufe zwischen Molekülen simulieren können. Auch komplizierte Moleküldarstellungen mit Faltungsstrukturen wie in Abb. 40 können mit geometrischen Schleifen, farblichen Texturen und Schattierungen versehen werden.

**Abbildung 40**
Ein Algorithmus sucht eine plausible virtuelle Datenstruktur, die zu einer experimentell ermittelten Proteinsequenz paßt.

VRML zusammen mit Skripterweiterungen in Java erlauben zudem weltweite Zugriffe auf virtuelle Molekülstrukturen im *World Wide Web*. *Virtuelle Bibliotheken* für Moleküle in Computernetzen sind daher längst realisiert. Damit ist der Einstieg in *virtuelle Labors der Molekularbiologie* vollzogen, in denen weltweit vernetzte Molekularbiologen neue Molekülstrukturen gemeinsam analysieren oder neue Moleküle entwerfen. Die Wetware der Chemikalien wird in diesem Fall durch entsprechende Softwarepakete ersetzt.



Ein praktisches Beispiel ist das *Genomprojekt* zur Entschlüsselung der menschlichen DNA, an dem weltweit viele Forschergruppen parallel arbeiten. Als Vorstufe gelang 1996 die vollständige Analyse des Hefegenoms, das sich aus 16 Chromosomen mit 12 Millionen Basenpaaren zusammensetzt. In einer weltweiten Kooperation wurde diese Analyse durch Forschungsgruppen aus Kanada, der Europäischen Union, Japan und USA realisiert. Aus der EU waren alleine 80 Laboratorien beteiligt, die ca. 60% der Forschungsleistung erbrachten.

Das Hefegenom ist das Ergebnis einer komplexen molekularen Evolution mit häufigen Genduplikationen. Um die Ähnlichkeiten (*Homologien*) dieses Genoms zu visualisieren, wurde ein *Genombrowser* entwickelt, der auf dem gegenseitigen Vergleichen aller Genomsequenzen untereinander beruht. Der Genombrowser ist allgemein ein Programm, das von einem interessierten Wissenschaftler (*Client*) in seinen lokalen Computer geladen werden kann, um die Informationsangebote eines Genlabors (*Server*) in einem globalen Computernetz (*WWW*) zu nutzen oder sich sogar an einem gemeinsamen Forschungsprojekt der Genomanalyse interaktiv zu beteiligen. Das HTML-Format dieser WWW-Seiten kann wie üblich durch Java-Applets erweitert werden, um Verknüpfungen (*Hyperlinks*) mit umfangreicherem Informationsmaterial im Netz zu ermöglichen. Über VRML zeichnet sich auch hier das virtuelle Labor ab, mit dem *virtuelle Gentechnologie* im Computernetz betrieben werden könnte.



Eng verwandt mit der molekularen Bioinformatik ist die *Umweltinformatik*. Umweltschutz, Umweltplanung und Umweltforschung mit Computer- und Informationstechnologien sind die praktischen Ziele dieser angewandten Disziplin der Informatik. Umweltforschung ist heute ein fachübergreifendes Forschungsgebiet, in dem biologisches, physikalisches, chemisches, geologisches, neurologisches und sozio-ökonomisches Wissen computergestützt verarbeitet werden muß. Eine computererzeugte *virtuelle Umwelt* soll dazu dienen, ökologische Gesetzmäßigkeiten besser zu verstehen und die richtigen Konsequenzen für das Zusammenleben von Mensch und Natur zu ziehen.

Bereits das ökologische Zusammenleben von Populationen läßt sich mit *komplexen dynamischen Systemen* erfassen. *Ökologische Systeme* sind nämlich komplexe offene Systeme von Pflanzen oder Tieren, die in gegenseitigen (nichtlinearen) Kopplungen (Metabolismus) mit ihrer Umwelt fern des thermischen Gleichgewichts leben. So kann die Symbiose zweier Populationen mit ihrer Nahrungsquelle durch drei gekoppelte Differentialgleichungen modelliert werden, die Edward Lorenz in der Meteorologie verwendete. Bekannt sind die nichtlinearen Wechselwirkungen einer Raubtier- und einer Beutetierpopulation (z.B. Eulen und Mäuse), die im 19. Jahrhundert von den italienischen Mathematikern Lotka und Volterra mit zwei gekoppelten Differentialgleichungen beschrieben wurden. Die Dynamik dieser gekoppelten Systeme hat *stationäre Gleichgewichtspunkte*. Veränderungen der Umweltbedingungen und der Selektionsdruck der Arten können auch zu *instabilen Situationen* führen, in denen sich Populationen verändern, neue ökologische Nischen als Orte des Gleichgewichts suchen oder untergehen.

**Komplexe dynamische Systeme in der Ökologie**

Diese *Populationsdynamik* ist eingebettet in die geologische und meteorologische Evolution der Natur. So ist die *Biosphäre* ein *sich selbst regulierendes Ökosystem*, das (nach der Gaia-Hypothese) die Fähigkeit besitzt, das Klima im lebensfreundlichen Bereich zu halten. Dieses einzigartige System hat sich in einer gemeinsamen Evolution von Lufthülle und Leben auf der Erde entwickelt. Wie behält die Erdatmosphäre ihre lebensfreundliche Temperatur? Der französische Physiker Fourier stellte bereits Anfang des 19. Jahrhunderts die Theorie auf, die Atmosphäre halte unseren Planeten ähnlich dem Glas bei einem Treibhaus warm, indem sie Strahlen und die Energie der Sonne durchließe, aber die Wärme zurückhalte, die von der Erde in den kalten äußeren Raum zurückstrahle. Wissenschaftler fanden heraus, daß die Funktion, Strahlungswärme oder, wie sie später genannt wurde, Infrarotstrahlung zu absorbieren, von Wasserdampf und Kohlendioxyd in der Atmosphäre wahrgenommen wurde. 1896 wurde von dem schwedischen Chemiker Arrhenius die erste Berechnung über die Erwärmung der Atmosphäre erstellt. Er kam zu der These, daß, obwohl ihr Anteil am atmosphärischen Gesamtgehalt minimal ist, Wasser- und Kohlendioxydmoleküle gemeinsam genug Infrarotstrahlen absorbieren, um die Erde um ca. 33° C zu erwärmen. Dank dieses *Treibhauseffektes* hat die Erde ein Klima, das sie zu einem geeigneten Lebensraum für biochemische Lebensprozesse macht und in dem sich inzwischen über eine Million Arten entwickelt haben.

**Biosphäre als sich selbst regulierendes Ökosystem**

**Treibhauseffekt**

Das Verständnis der natürlichen Klimavariablen ist entscheidend für die aktuelle Frage der *Klimaveränderung*. Diese Variabilität mit teilweise rapiden Schwankungen läßt darauf schließen, daß ein *nichtlineares System* zugrunde liegt. In den Klima-Zeitreihen der letzten 10 000 Jahre, die z.B. aus den Sedimentbohrungen in polaren Regionen gewonnen wurden, müssen geeignete Signalmuster erkannt werden, die auf globale Klimavariationen schließen lassen. Diese globalen Klimaänderungen müßten dann mit regionalen Umweltsituationen korreliert werden. Diese Methoden würden erst ein geeignetes *Vorwarnsystem* mit hinreichender Vorlaufzeit ermöglichen, um rechtzeitig und verläßlich den *Absturz der nichtlinearen Klimadynamik* zu signalisieren – quasi wie die KI-Warngeräte eines Jumbojets.

Die heute anspruchsvollsten *Klimamodelle* sind *komplexe Systeme*, die *Zirkulationen zwischen Ozean und Atmosphäre* berechnen. Sie unterteilen die Atmosphäre und den Ozean in viele diskrete Schichten vom Meeresboden bis an die Obergrenze der Atmosphäre, wobei jede Schicht aus einem 2-dimensionalen Gitter von Tausenden von Punkten besteht. Das Modell löst dann die Gleichungen für den Transport von Wärme, Impuls, Feuchtigkeit in der Atmosphäre und Salzgehalten im Ozean auf diesem 3-dimensionalen Gitter. Bei der heute noch sehr groben Auflösung mit horizontalen Gittern von ca. 500x500 km muß für viele physikalisch-chemische Prozesse (z.B. Wolkenbildung) gemittelt werden. In Klimaexperimenten wird nun berechnet, wie sich unter verschiedenen Nebenbedingungen z.B. eine Änderung der Treibhausgaskonzentration auswirkt. Bereits in getrennten Ozean- und Atmosphärenmodellen treten wegen der ungeheuren Komplexität der (häufig unbekannten) Daten systematische Fehler auf. Bei *gekoppelten Modellen* kommt es zudem zu *synergetischen Fehlereffekten*, die ständig korrigiert werden müssen.

Viele Mechanismen lassen sich wegen des hohen Rechenaufwands nicht in die Klimamodelle einbauen. Eine Einbeziehung nur aller bekannten Effekte würde die *Rechenkapazität* selbst der heutigen *Supercomputer* (z.B. Cray) sprengen. Daß z.B. die Vorhersagen von 1,5 bis 5,0 Grad Temperaturerhöhung bei Verdopplung des Kohlendioxydgehalts der Atmosphäre plausibel erscheinen, ist nur durch *Korrekturen* möglich, die *vereinfachte Klimamodelle* ständig der Wirklichkeit anpassen. Diese Korrekturen schaffen Unsicherheiten in den Modellen. Wegen der *hohen Sensitivität* der komplexen Modelle gegenüber Anfangsbedingungen sind zudem sehr viele Experimente notwendig, um die statistische Signifikanz der Klimaänderung beurteilen zu können. Hinzu kommt, daß die *extern* (anthropogen) erzeugte Erwärmung von der *intern* erzeugten natürlichen Veränderung des Klimas überlagert wird und nur sehr schwierig nachweisbar ist. Die Entwicklung von *Höchstleistungsrechnern* zur Analyse solcher Daten wird zu einem unverzichtbaren und integrierten Bestandteil der Umweltforschung.

So viel wissen wir auf jeden Fall: Die *Gleichgewichte* der natürlichen Umwelt werden durch die Expansion der technisch-industriellen Welt erheblich beeinträchtigt. Umweltpolitik muß daher darauf achten, Umweltbelastungen und Umweltschäden zu beheben, zu vermeiden oder wenigstens auf ein Maß zu minimieren, das auch nachfolgenden Generationen nicht die Lebensgrundlagen entzieht. Diese Ziele werden heute unter dem Motto einer *nachhaltigen Entwicklung* (*sustainable development*) diskutiert. Dabei zeigt sich aber schnell, daß gutes Meinen und Wollen nicht ausreichen. Umweltforschung hat es mit extrem komplexen Systemen zu tun, deren Datenmassen und fachübergreifende Dynamik ohne Computerunterstützung nicht zu bewältigen sind. Zudem läßt sich mit der Umwelt nicht experimentieren. Hier greifen *Computerexperimente mit einer virtuellen Umwelt*, aus denen Rückschlüsse über mögliche Auswirkungen anthropogener Eingriffe gezogen werden können.

Nachhaltigkeit und Umweltpolitik

Ein komplexes ökologisches System besteht aus vielen wechselwirkenden Teilsystemen, die ihrerseits wieder je nach Kenntnisstand in abhängige Subsysteme untergliedert werden können. Als Beispiel stellen wir uns das Ökosystem eines Sees vor, das aus den Teilsystemen Natur und Umwelt besteht, die ihrerseits wieder in Untersysteme wie den Tieren und Pflanzen des Sees, seinen Energieabgaben an die Umwelt, Sonneneinstrahlung u.ä. unterteilt werden können. Die Auswahl der Systembausteine hängt vom Kenntnis- und Interessenstand des Modellierens ab. Jedenfalls kommt ein *hierarchischer Systemaufbau* der *Objektorientierung moderner Computersprachen* entgegen. Jedem Teilsystem mit seinen Eigenschaften entspricht im Computermodell ein Objekt mit seinen Methoden, das Veränderungen an seine Kindobjekte *vererbt* wie die Veränderungen eines Teilsystems an seine Subsysteme.

Hierarchischer Systemaufbau und Objektorientierung

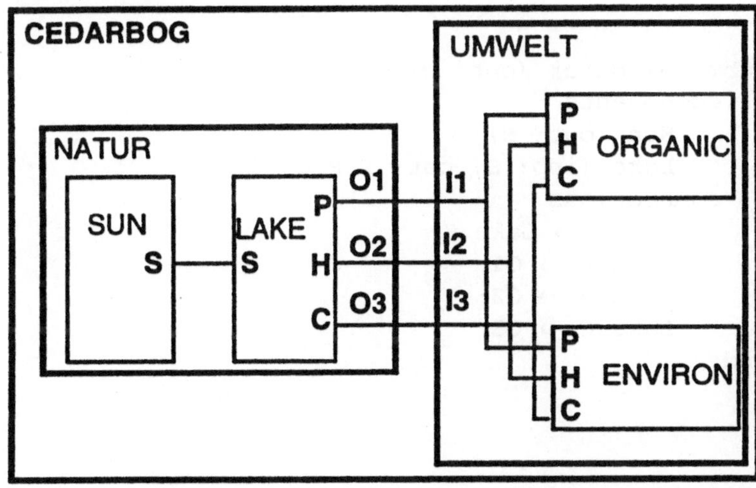


**Abbildung 41**<br>Hierarchisches Modell eines virtuellen Ökosystems

Als Beispiel betrachten wir das Computermodell CEDARBOG, mit dem die Verlandung eines Sees *virtualisiert* wird. Das Modell (Abb. 41) besteht aus den Submodellen *Natur* und *Umwelt*. *Natur* umfaßt das Submodell Sonne (*Sun*) mit der Energiezufuhr und das Teilmodell See (*Lake*) mit dem Zustand der Pflanzen (*P*), Pflanzenfresser (*H*) und Fleischfresser (*C*). *Umwelt* unterscheidet die Bodenablagerung (*Organic*) und die Energieabgabe an die Umwelt (*Environ*). Submodelle, die nicht weiter untergliedert werden, heißen *Basisobjekte*.

Im Computermodell werden die Submodelle und Basisobjekte durch *Objekte mit charakteristischen Variablen und Eigenschaften* repräsentiert und in einer Verbindungshierarchie gemäß dem Systemaufbau geordnet. Jedes Objekt im Computermodell mit konkreten Daten und Eigenschaften (d.h. eine Instanz dieses Objekts) ist dann ein *Simulationsobjekt*. In der objektorientierten Sprache SAME-MDL sind *Submodelle* (Abb. 41) wie das Gesamtsystem Cedarbog, Natur und Umwelt durch Komponenten (components) und Beziehungen (connections) bestimmt:

Submodell
‚Cedarbog’

```
submodel Cedarbog;
    components
        Natur (out: O1,O2,O3);
        Umwelt (inp: I1,I2,I3);
    connections
        Natur.O1 → Umwelt.I1;
        Natur.O2 → Umwelt.I2;
        Natur.O3 → Umwelt.I3;
end.
```

Submodell
‚Natur’

```
submodel Natur (out: O1,O2,O3);
    components
        Sun (out: S);
        Lake (inp: S; out: P,H,C);
    connections
        Sun.S → Lake.S;
        Lake.P → O1;
        Lake.H → O2;
        Lake.C → O3;
end.
```



*5 Virtuelle Evolution im Computernetz*

<table>
<tr><td>

```
submodel Umwelt (inp: I1,I2,I3);
   components
      Organic (inp: P,H,C);
      Environ (inp: P,H,C);
   connections
      I1 → (Organic.P, Environ.P);
      I2 → (Organic.H, Environ.H);
      I3 → (Organic.C, Environ.C);
end.
```

</td><td>

Submodell
‚Umwelt’

</td></tr>
</table>

*Basisobjekte* (Abb. 41) unterscheiden neben Konstanten (`constants`), Variablen (`var`) und Zustände (`states`) vor allem Differentialgleichungen (`equations`) zur Beschreibung der jeweiligen Systemdynamik:

<table>
<tr><td>

```
basicobject Sun (out:S);
   constants float PI=3.14;
   var double S=0.0;
   equations
      S=95.9*(1+0.635*sin(2*PI*Time));
end.
```

</td><td>

Basisobjekt
‚Sonne’

</td></tr>
<tr><td>

```
basicobject Lake (inp:S; out:P,H,C)
   states float P=0.0
                H=0.0
                C=0.0
   var double S=95.9;
   equations
      P'=S-4.03*P;
      H'=0.48*P-17.87*H;
      C'=4.85*H-4.65*C;
end.
```

</td><td>

Basisobjekt
‚See’

</td></tr>
<tr><td>

```
basicobject Organic (inp: P,H,C);
   states float O =0.0
   var float P,H,C;
   equations
      O' =2.35*P+6.12*H+1.95*C;
end.
```

</td><td>

Basisobjekt
‚Boden-
ablagerung’

</td></tr>
</table>

```
basicobject Environ (inp: P,H,C);
   states float E=0.0;
   var float P,H,C;
   equations
      E'=1.00*P+6.90*H+2.70*C;
end.
```



Während eines *Computerexperiments* wird die Vererbung von Veränderungen zwischen den einzelnen Simulationsobjekten durch besondere Steuerungsmechanismen koordiniert. Außer der Übersichtlichkeit bietet die Objektorientierung den großen Vorteil, daß standardisierte Objekte in anderen Modellen wiederverwendet werden können. Die Güte eines ökologischen Computermodells hängt nicht zuletzt vom Wissensstand auf allen Modellebenen ab. Daher



können *objektorientierte* Modelle durch *wissensbasierte* (Experten-) Systeme ergänzt und in *ökologischen Hybridsystemen* verbunden werden. Wissensbasierte Systeme mögen eine Entscheidungshilfe bei ökologischem Spezialwissen geben. Der Nachteil ist, daß lineare Textinformationen nur unvollkommen die zeitliche Dynamik eines Ökosystems vermitteln. Daher sind *Visualisierungen* von Daten in anschaulichen 2D- oder 3D-Grafiken zu ergänzen.



Den Einstieg in die *virtuelle Realität* bieten aber erst *Computeranimationen in der Umweltforschung*. Ein Beispiel ist die *dynamische Simulation von Ozonausbreitung*, die im Sinne einer nachhaltigen Umweltpolitik eine der größten ökologischen Herausforderungen ist. Zur Erfassung der Ozonkonzentrationen eines Landes muß zunächst ein möglichst engmaschiges *Meßnetz* aufgebaut werden. Da die Punktdaten im Meßnetz mit unterschiedlicher Dichte verteilt sind, werden weitere Punktdaten durch Interpolationen ergänzt. Nach der Datenaufbereitung liegen die Konzentrationswerte z.B. als Halbstundenmittelwerte in einem rechtwinkligen Rasternetz für das gesamte Land vor. Um die Höhenabhängigkeit der Daten zu dokumentieren lassen sich die Konzentrationsverteilungen auf der 3D-Reliefkarte eines Landes farblich visualisieren. In einer *dynamischen Computeranimation* könnte auch ein Laie die höhenabhängigen Veränderungen im Land anschaulich verfolgen.

Ebenso sind *Visualisierungen* von ökologischen Computermodellen denkbar, um mögliche Szenarien unter veränderten Umweltbedingungen in Computerexperimenten zu veranschaulichen. *Objektorientierte Modellierung* unterstützt, wie wir aus früheren Beispielen wissen, Computeranimationen. Der nächste Schritt besteht in Interaktionen, mit denen ein Nutzer aktiv in das virtuelle Geschehen eingreifen kann.

Das Wissen über die Umwelt kann nicht an einer Stelle sein, sondern verändert sich buchstäblich zu jeder Zeit überall. Im Sinne komplexer dynamischer Systeme beinflussen lokale Ereignisse globale Veränderungen des Gesamtsystems. Daher machen erst *Computernetze* eine umfassende Beobachtung und Simulation der Umwelt möglich. Zunächst müssen im Netz verteilte Datenbanken zu Umweltfragen zur Verfügung stehen. Gezielte Nachfragen zum Umweltschutz setzen Suchsysteme für Informationen z.B. über Umweltchemikalien voraus. Es geht aber nicht nur um die *virtuelle Umweltbibliothek*, die im Netz verteilt ist und für Umweltforschung und Umweltpolitik zur Verfügung steht. Das *virtuelle Umweltlabor* mit weltweiten Interaktionsmöglichkeiten, um z.B. Klimaveränderungen unter verschiedenen Zivilisationsbedingungen zu testen, ist zwar noch eine Zukunftsvision. Wenn aber eine *Politik der Nachhaltigkeit* begründet und überzeugend sein soll, wird sie auf die Methoden der Computernetze und virtuellen Realität nicht verzichten können.

Ökosysteme und<br>Computernetz

# Neuronale Netze und virtuelle Gehirne

Zentrale Aspekte *thermodynamischer* und *genkodierter Selbstorganisation* lassen sich also im Computer *simulieren*. In *Computerexperimenten* können ferner *neue* virtuelle Materialien und Organismen entwickelt werden, die während der thermodynamischen und biologischen Evolution auf Erden nicht aufgetreten sind. Wer die Naturgesetze kennt und sie programmieren kann, wird ihre Dynamik im Computer schneller und vollständiger ausnutzen können als unter Laborbedingungen. Trifft das auch für die *neuronale Selbstorganisation des Gehirns* zu? Seine Leistungen sind nicht durch Genkodierung alleine erklärbar. Organismen mit Gehirnen können selbständig ihr Verhalten ändern, sich auf neue Umweltbedingungen einstellen und komplexe Lernprozesse bewältigen.

Neuronale<br>Selbst-<br>organisation<br>des Gehirns

Gene legen mit dem Wachstum des Gehirns nur fest, *daß* wir lernen können. *Was* und *wie* wir lernen, erkennen, denken und fühlen, hängt von der neuronalen Selbstorganisation des Gehirns ab. Gemeint ist damit, daß sich z.B. im menschlichen Gehirn ca. $10^{11}$ Nervenzellen (Neuronen) über ca. $10^{14}$ Synapsen in komplexen neuronalen Netzen verschalten können – ein wahrhaft gigantisches *Mehrkörperproblem*, dessen Wechselwirkungen sich in keinem absehbaren Supercomputer simulieren lassen. Tatsächlich verdanken wir aber dieser neuronalen Dynamik unsere Fähigkeiten zur Wahrnehmung, Bewegung, Emotion, Kognition und unser Bewußtsein.

Mehrkörper-<br>probleme<br>im Gehirn

Daher werden technische Systeme von *neuronalen Netzen* entwickelt, die sich am Aufbau und der Informationsverarbeitung von Gehirnen orientieren. Wie ein Gehirn sind sie ein *komplexes System von autonomen Teilen* (technischen Neuronen), deren lokale Wechselwirkungen kollektive Aktivitätsmuster erzeugen. Ihre Dynamik wird nicht wie bei einem Computer durch ein Programm in einem oder mehreren Prozessoren gesteuert, sondern organisiert sich selber. Wie Gehirne sind neuronale Netze *lernfähig, flexibel, fehlertolerant* und haben eine *parallele* Signalverarbeitung. Ein neuronales Netz lernt nämlich an Beispielen, indem es die Stärken seiner Synapsen lokal verändert und an die Beispiele schrittweise anpaßt. Dieser Vorgang heißt *synaptische Plastizität*.

Nach dieser *Lernphase* hat das neuronale System aus den Beispielen Regeln erkannt, die es in neuen Situationen wiederverwenden kann. Die *Regeln* sind also nicht als Computerbefehle in einem Programm vorgegeben und in einer Prozessoreinheit gespeichert, sondern *im Netzwerk der Synapsen* verteilt. Daher suchten auch seit René Descartes Generationen von Gehirnforschern vergeblich nach Modulen im Gehirn, die für Regeln der Erkenntnis zuständig seien. Sie sind ebenfalls im Netz der synaptischen Verschaltungen versteckt.

Ein traditioneller Computer vermag zwar verglichen mit menschlichen Gehirnen unvergleichbar schneller zu rechnen. Dafür erkennt ein *Gehirn* ‚augenblicklich' eine *Gestalt* oder ein *Muster* wieder, das es vorher einmal gesehen (‚gelernt') hat. Eine Gestalt ist offenbar nicht bloß die Summe ihrer Pixel. Dieser *ganzheitliche* Aspekt menschlicher Erkenntnis wurde sogar von den *Gestaltpsychologen* als Argument angeführt, daß es einer Maschine nie gelingen könnte, solche typisch menschlichen Leistungen zu erbringen. Die Muster- und Gestalterkenntnis ist eine der herausragenden Leistungen von neuronalen Netzen. Ende der 50er Jahre baute der amerikanische Psychologe Rosenblatt eine erste neuronale Netzwerkmaschine mit dem Namen ‚*Perzeptron*', die Mustererkennung mit neuronenähnlichen Einheiten bewerkstelligte. Farben (z.B. Schwarz und Weiß) von Pixeln werden in der Maschine durch die Zustände technischer Neuronen repräsentiert – vergleichbar den Zellen der Netzhaut. Der Trick dieser Maschine bestand darin, daß sie die Verbindungen zwischen den Pixeln eines Musters als Regeln lernte, indem sie die synaptischen Verbindungen zwischen den Neuronen anpaßte. Ein so eingestelltes synaptisches Netzwerk vermochte, ähnliche Muster und Gestalten wiederzuerkennen.

Im Unterschied zur neuronalen Wetware eines Gehirns muß ein technisches neuronales Netz bis heute weitgehend auf einem herkömmlichen Computer *simuliert* werden. Wir betrachten dazu ein einfaches Beispiel von Rosenblatts Perzeptron, das am PC aus Beispielen von Tastatureingaben 1 und 0 ein Regelmuster erkennt, mit dem die nächsten Eingaben vorausgesagt werden können. Der *Lernvorgang* läßt sich in einem *Computerprogramm* z.B. der *Programmiersprache* C beschreiben. Selbst wenn wir uns bemühen, möglichst zufällige Bitfolgen einzugeben, gelingen dem System erstaunliche Trefferquoten.



Das *Modell dieses Perzeptrons* besteht aus einer *Inputschicht* von Neuronen $S_i$ (*Stimuli* mit $i = 1, ..., N$), und einem *Outputneuron* $S_0$, das mit allen Inputneuronen über *Synapsen* der Stärke (*Gewichte*) $w_i$ verbunden ist (Abb. 42). Die *Zustände* der Neuronen sind binär, d.h., es ruht ($S_i = -1$) oder es feuert einen Impuls ($S_i = 1$). Die *Gewichte* $w_i$ der synaptischen Verbindungen entsprechen neurochemischen Verbindungsstärken zwischen Nervenzellen: Eine Synapse kann *hemmend* ($w_i < 0$) oder *erregend* ($w_i > 0$) wirken. Die Signale eines Inputneurons $S_i$ werden durch die Synapsenstärken $w_i$ gewichtet. Wenn die Summe aller gewichteten Inputsignale $w_i S_i$ den *Schwellenwert* 0 überschreitet, feuert das Outputneuron mit $S_o = 1$, sonst ruht es mit $S_o = -1$.

Da jedes Inputneuron $S_i$ zwei Zustände haben kann, ergeben sich $2^N$ verschiedene Eingaben der $N$ Inputneuronen. Wegen der zwei möglichen Outputzustände von $S_o$ ergeben sich $2^{2^N}$ Kombinationen von Eingaben- und Ausgabenzuständen. Bei einem winzigen neuronalen Netz mit nur $N = 10$ Inputneuronen (wie es in der Natur so klein nicht vorkommt) ergeben sich bereits $10^{308}$ mögliche Zuordnungen von Input- und Outputwerten – eine gigantische Zahl, die kein Supercomputer in annähernder Echtzeit bei einer Mustererkennung durchrechnen kann.

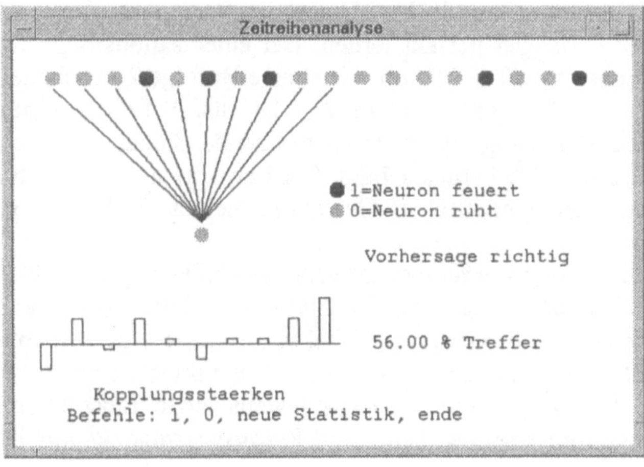


**Abbildung 42**
PC-Simulation eines neuronalen Netzes, das Muster in Tastatureingaben erkennt und ihre Zeitreihenentwicklung mit einer bestimmten Trefferquote voraussagt.

Hier greift die *synaptische Plastizität* neuronaler Netze bei wesentlich langsameren Rechenzeiten als traditionelle Computer. Das Perzeptron *lernt* ein Muster aus einer bestimmten Anzahl $M$ von Beispielen $m=1, ..., M$. Das $m$-te *Lernbeispiel* besteht aus der Zuordnung eines Eingabezustandes $\bar{x}_m = (x_{m1}, ..., x_{mN})$ der $N$ Inputneuronen zu einem Ausgabezustand $y_m$ des Outputneurons. *Lernen* bedeutet in diesem Fall, daß die *synaptischen Gewichte* $w_i$ an die Beispiele angepaßt werden. Nach Abschluß der Lernphase sollte das Perzeptron aus den Beispielen die Regel erkannt haben, nach der Zuordnungen von Input- und Outputzuständen vorgenommen werden, um beliebig vorgelegte Inputmuster *richtig* zu *klassifizieren*. In diesem Fall sollte das Outputneuron feuern ($y_m = 1$) oder nicht feuern ($y_m = -1$), je nachdem, ob die Summe der $N$ gewichteten Inputsignale $w_i\, x_{mi}$ den Schwellenwert 0 überschreitet oder nicht. Man rechnet leicht nach, daß sich in diesem Fall jede Synapsenstärke $w_i$ proportional zum Produkt aus Eingabe- und Ausgabezustand verändert, also bei $N$ Inputneuronen nach der Lernregel

$$\Delta w = \frac{1}{N}\, y_m\, \bar{x}_m$$



Wie erkennt dieses Perzeptron bei einem PC ein *Muster von Tastatureingaben* und sagt zukünftige Eingaben voraus? In einer Folge von Bits wie z.B. 1, -1, 1, 1, 1, -1, -1, 1, ... tastet das Perzeptron jeweils ein Fenster aus $N$ Bits als *Lernbeispiel* ab, gewichtet es, macht eine *Voraussage* über das nachfolgende Bit $N+1$ und registriert, ob die Voraussage ein Treffer war oder nicht.

Dann rückt es immer wieder das Fenster ein Bit nach rechts, gewichtet es, macht eine Voraussage über das nachfolgende Bit und registriert die *Trefferquote*. Wenn die Bitfolge nach einem *Muster* aufgebaut ist, wiederholt sich das Muster *periodisch* nach $M$ Beispielen. Für eine Periode $M<N$ kann das Perzeptron dieses Muster nach der *Lernregel* perfekt lernen. Bei einer Zufallsfolge läge die Trefferquote bei 50%. In Abb. 42 ist eine Bitfolge 20 Einheiten weit zu sehen. Ein Fenster besteht aus $N = 10$ Bits. Auf dieser Grundlage wird eine Voraussage über die nachfolgende Eingabe gemacht und in der Trefferquote berücksichtigt. Der Lernvorgang zeigt sich in der Änderung der synaptischen Gewichte, die als Balken dargestellt sind.



Der *Lern- und Vorhersagealgorithmus* von Perzeptron läßt sich in einem *Computerprogramm der Sprache* C leicht darstellen. Die Neuronenzustände werden im Titel `neuron[N]`, die synaptischen Gewichte in `weight[N]` gespeichert. Die Variable `input` gibt das nächste Bit an. Gelernt wird das jeweils letzte Beispiel. Im Gesamtprogramm wird der *Lern- und Voraussagealgorithmus* in einer `while`-Schleife notiert. Nachdem die Inputwerte eingelesen sind (a), werden sie gewichtet (b), die Treffer der Vorhersage gezählt (c), bei Fehlanzeige die Gewichte nach der Lernregel vergrößert (d), und schließlich wird das Fenster um ein Bit verschoben (e), um den Vorgang zu wiederholen.

```
While (1){

(a) if(getch()=='1') input=1; else input=-1; runs ++;

(b) for(h=0; i=0; i<N; i++) h += weight[i]*neuron[i];

(c) if(h*input > 0) correct++;

(d) if(h*input < 0)
      for(i=0; i<N; i++)
    weight[i]+=input*neuron[i]/(float)N;

(e) for(i=N-1; i>0; i--) neuron[i]=neuron[i-1];
    neuron[0]=input;
  }
```

Während Rosenblatt bei der Entwicklung des Perzeptrons von psychologisch-physiologischen Überlegungen ausging, entwickelte der Physiker John Hopfield 1982 ein einschichtiges neuronales Netz, das vom *Spinglas-Modell der Festkörperphysik* inspiriert wurde. Dazu erinnern wir uns an die Selbstorganisation eines Ferromagneten. Dort ist ein Phasenübergang von einem ungeordneten Zustand mit hohen Temperaturen zu einem geordneten Zustand mit niedrigeren Temperaturen zu beobachten (Abb. 27). Ab der Curie-Temperatur haben die Dipole überwiegend nur eine von zwei möglichen Orientierungen (verbunden mit der Magnetisierung des Gesamtkörpers).

*Hopfield-System und Spinglas-Modell*

Das *Hopfield-System* besteht aus einer schachbrettartigen Schicht, in der $N$ binäre Neuronen vollständig und symmetrisch untereinander vernetzt sind (Abb. 43). Es ist daher ein homogenes neuronales Netz. Der binäre *Zustand* eines Neurons entspricht den beiden möglichen Spinwerten $S_i$ eines Dipols $i$: Bei $S_i = +1$ feuert das Neuron im Zustand 1 (schwarz), bei $S_i = -1$ ruht es im Zustand 0 (weiß). Jedes *Bit eines Musters* wird durch den Zustand einer Zelle im Netz dargestellt. Das Hopfield-System vermag Muster aus schwarzen und weißen Punkten (Bits) wiederzuerkennen, die es in einer *Trainingsphase* gelernt hat. Wie üblich bei neuronalen Netzen wird das Muster in den synaptischen Verbindungen zwischen den Neuronen

*Wie arbeitet das Hopfield-System?*

*gespeichert*. Anstelle energetischer Wechselwirkungen zwischen zwei magnetischen Atomen $i$ und $j$ im Spinglas-Modell tritt nun ein numerisches *Gewicht* $w_{ij}$ , das die neurochemische Stärke der synaptischen Verschaltung zwischen den Neuronen $i$ und $j$ simulieren soll. Wie üblich kann die Synapse *hemmend* ($w_{ij}<0$) und *erregend* ($w_{ij}>0$) sein. Die Gewichte sind mit $w_{ij} = w_{ji}$ *symmetrisch*, d.h. die synaptischen Kräfte wirken in beide Richtungen gleich. Ferner gibt es im Hopfield-System *keine Rückkopplung* einer Zelle, d.h. $w_{ii} = 0$.



Die *Dynamik des Hopfield-Systems* ist dem Spinglas-Modell der Festkörperphysik nachgebildet. Wenn zum Zeitpunkt $t$ die Summe aller gewichteten Inputs eines Neurons $i$ von den übrigen Neuronen einen Schwellenwert (z.B. 0) überschreitet, dann *feuert* das Neuron $i$ zum nachfolgenden Zeitpunkt $t+1$ und erhält den Zustand 1. Es geht in den *Ruhezustand* 0 über, wenn vorher die gewichtete Inputsumme kleiner als der Schwellenwert war. Es bleibt *unverändert* in seinem nachfolgenden Zustand, wenn vorher die gewichtete Inputsumme gleich dem Schwellenwert war. An die Stelle der physikalischen Wechselwirkungsenergie zwischen den Atomen eines Ferromagneten tritt nun die ‚*Rechenenergie*' des Hopfield-Systems, die durch die synaptischen Gewichte zwischen den Neuronen und ihren Zuständen bestimmt ist.



Wie ein Ferromagnet strebt das Hopfield-System einem *stationären Gleichgewichtszustand minimaler Energie* zu. Daher werden die gelernten Muster mit solchen Gleichgewichtszuständen verbunden. Beim *Lernen eines Musters* müssen die Gewichte $w_{ij}$ so angepaßt werden, daß sie das Muster im gewünschten Gleichgewichtszustand minimaler Energie ergeben. Die entsprechende *Lernregel* erfordert, daß die synaptischen Gewichte zwischen Neuronen im gleichen Zustand verstärkt, in verschiedenen Zuständen verkleinert werden. Diese nach dem Psychologen Donald *Hebb* benannte Lernregel läßt sich auch bei biologischen neuronalen Netzen nachweisen.

Wird dem System nach dem Lernvorgang der Beispielmuster ein verrauschtes Exemplar präsentiert (z.B. über Sensoren oder Tasteneingabe im PC), dann strebt es aus diesem Anfangszustand automatisch in den entsprechenden Gleichgewichtszustand, mit dem das exakt gelernte Muster verbunden ist. Abb. 43 zeigt den *Phasenübergang* vom verrauschten Exemplar eines Buchstabens $A$ zum gelernten Prototypen. In diesem Sinn vermag das Hopfield-System gelernte Muster *wiederzuerkennen*.

Eine Hardware- oder Wetware-Realisation eines Hopfield-Systems würde also weder einen Zentralprozessor mit Programm noch einen Speicher benötigen. *Lernen* und *Speichern* von Mustern fänden im Netz der synaptischen Verbindungen statt. Ihre Dynamik wäre die *Selbstorganisation* eines komplexen neuronalen Netzes. Darin besteht die Analogie zu lebenden neuronalen Netzen. Tatsächlich sind Anwendungen von neuronalen Netzen heute aber noch weitgehend auf *Simulation* mit herkömmlichen Computern angewiesen. Die verschiedenen Größen und Operationen eines Hopfield-Systems werden wieder durch Variablen und Funktionen eines *Computerprogramms* z.B. in C dargestellt. Die Lernphase wird durch einen *Lernalgorithmus* simuliert. Als Input wird zunächst ein Muster eingegeben, dann aufgrund der vorliegenden Gewichtseinstellungen ein Outputmuster erzeugt und mit dem gewünschten Outputmuster verglichen, die Fehlerabweichung berechnet und schließlich die Hebbsche Lernregel angewendet, um die Gewichte zu korrigieren. Dieser Vorgang wird so lange wiederholt, bis eine vorgegebene Anzahl von Zyklen durchlaufen ist oder der resultierende Output-Fehler kleiner als eine festgestellte Schranke ist. Die Anzahl der Gewichtsänderungen pro Sekunde in der Lernphase ist ein *Leistungsmaß* für das Computerprogramm.

Simulation in Computerprogrammen

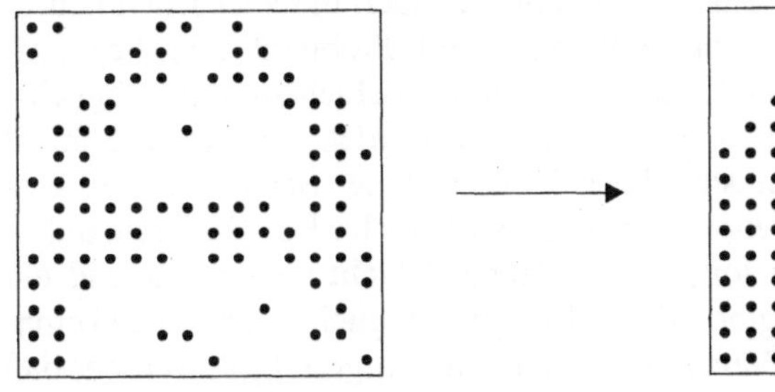

**Abbildung 43**<br>Mustererkennung durch ein Hopfield-System

Hopfield-Systeme arbeiten zwar *parallel*, aber *determiniert*, d.h., jedes Neuron ist z.B. bei der Buchstabenerkennung unverzichtbar. Nun verhalten sich aber lebende Nervenzellen kaum wie determinierte Planetensysteme, und auch bei entsprechenden technischen Netzmodellen treten große Nachteile auf. Stellen wir uns einen Wiedererkennungsprozeß oder ein Entscheidungsverfahren im Sinne von Hopfield als Energieverringerung vor, dann kann der Lernprozeß in einem *lokalen Minimum* steckenbleiben, das nicht das tiefste Minimum ist. Physikalisch tritt dieses Problem in der *Thermodynamik der Kristallzüchtung* auf. Um einem Kristall eine möglichst fehlerfreie Struktur zu verleihen, muß er langsam abgekühlt werden. Die Atome müssen nämlich Zeit haben, um Plätze in der Gitterstruktur mit minimaler Gesamtenergie zu finden. Bei hinreichend hoher Temperatur vermögen einzelne Moleküle ihren Zustand noch so zu ändern, daß die Gesamtenergie zunimmt. In diesem Fall können also noch lokale Minima verlassen werden. Mit sinkender Temperatur nimmt aber die

Der Lernprozeß kann in lokalen Minima steckenbleiben.

Wahrscheinlichkeit dafür ab. Dieses Verfahren wird anschaulich auch *,simuliertes Ausglühen'* bzw. *,Kühlen'* (*simulated annealing*) genannt.



In *probabilistischen Netzen* werden daher Übergangswahrscheinlichkeiten in das thermische Gleichgewicht berücksichtigt, wie sie in der Monte-Carlo-Simulation eines virtuellen Ferromagneten (Abb. 27) auftraten. Probabilistische Netzwerke haben experimentell eine große Ähnlichkeit mit *biologischen neuronalen Netzen*. Werden Zellen entfernt oder einzelne Synapsengewichte um kleine Beträge verändert, erweisen sie sich als *fehlertolerant* gegenüber diesen kleineren Störungen wie das menschliche Gehirn z.B. bei kleineren Unfallschäden. Im menschlichen Gehirn findet Informationsverarbeitung nicht in einer neuronalen Schicht wie z.B. beim Hopfield-System statt, sondern in einer *Hierarchie von mehreren übereinandergelagerten Netzwerkebenen* (Abb. 44b). So sind zwischen einer Inputschicht für visuelle Wahrnehmungsdaten und einer Outputschicht für motorische Reaktionen interne Zwischenschritte neuronaler Signalverarbeitung geschaltet, die nicht mit der Außenwelt in Verbindung stehen. Tatsächlich läßt sich auch in technischen neuronalen Netzen die Repräsentations- und Problemlösungskapazität steigern, indem verschiedene lernfähige Schichten mit möglichst vielen Neuronen dazwischengeschaltet werden. Die erste Schicht erhält das Eingabemuster. Jedes Neuron dieser Schicht hat Verbindungen zu jedem Neuron der nächsten Schicht. Die Hintereinanderschaltung setzt sich fort, bis die letzte Schicht erreicht ist und ein Aktivitätsmuster abgibt (Abb. 44b). Die Möglichkeiten der Informationsverarbeitung können zusätzlich dadurch gesteigert werden, daß der Informationsfluß nicht nur direkt (*feedforward*) von der Input- zur Outputschicht läuft, sondern zwischen einzelnen Schichten zusätzlich rückgekoppelt (*feedback*) ist (Abb. 44c).



Wir sprechen von *überwachten Lernverfahren*, wenn der zu lernende Prototyp (z.B. die Wiedererkennung eines Musters) bekannt ist und die jeweiligen Fehlerabweichungen daran gemessen werden können. Ein Lernalgorithmus muß die synaptischen Gewichte so lange verändern, bis ein Aktivitätsmuster in der Outputschicht herauskommt, das möglichst wenig vom Prototyp abweicht. Ein effektives Verfahren besteht darin, für jedes Neuron der Outputschicht die Fehlerabweichung von tatsächlichem und gewünschtem Output zu berechnen und dann über die Schichten des Netzwerks zurückzuverfolgen. Wir sprechen daher auch von einem *Backpropagation-Algorithmus* (Abb. 45). Die Absicht ist, durch genügend viele Lernschritte für ein Vorgabemuster den Fehler auf Null bzw. vernächlässigbar kleine Werte zu vermindern.

(a)

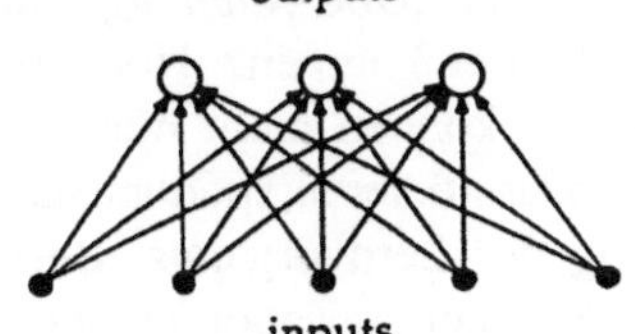



Feedforward mit
einer Schicht von
Synapsengewichten

(b)

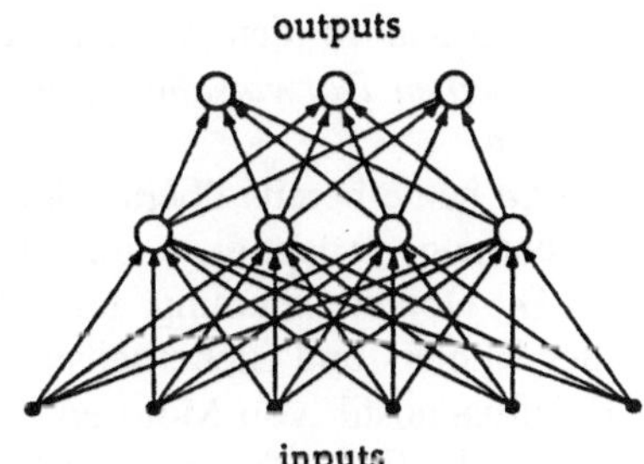



Feedforward mit
zwei Schichten für
Synapsengewichte
und einer
Zwischenschicht
(‚Hidden Units')

(c)

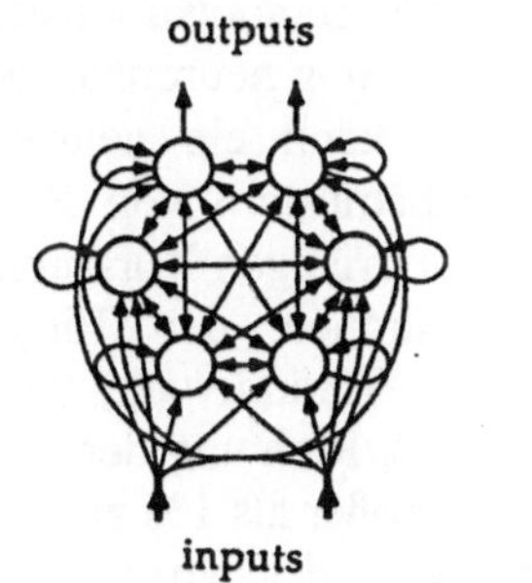



Netzwerke mit
zurücklaufenden
Feedbackschleifen

**Abbildung 44**
Architektur von
neuronalen
Netzen

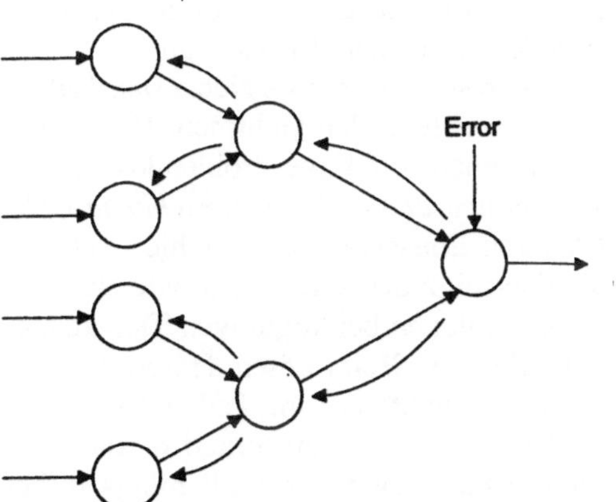



**Abbildung 45**
Backpropagation-
Lernalgorithmus

Wie kann ein neuronales Netz *ohne ‚Überwachung'* durch eine äußere Instanz (Prototyp bzw. ‚Lehrer') lernen? Hochentwickelte Gehirne der biologischen Evolution können nicht nur eintrainierte Muster wiedererkennen, sondern klassifizieren spontan nach Merkmalen ohne äußere Überwachung des Lernvorgangs. Begriffe und Figuren werden durch spontane Selbstorganisation erzeugt. In einer mehrschichtigen Netzwerkhierarchie kann dieser Prozeß durch Wettbewerb und Selektion der Neuronen in den verschiedenen Schichten realisiert werden. Die *Prinzipien Darwinscher Evolution* werden auf neuronale Netze übertragen.



*Technisch* werden *neuronale Netze* heute bereits überall dort angewendet, wo es um Mustererkennung, Adaptions- und Lernverfahren geht. Dazu gehören z.B. Objekterkennung und Auswertung von Sensorsignalen in der Militär- und Sicherheitstechnik ebenso, wie die akustische Rundlaufdiagnostik von Motoren in der Autoindustrie, adaptive Autopiloten in der Flugindustrie oder Handschriften- und Spracherkennung in der Kommunikationstechnik. Ein bemerkenswerter Einsatz ist die Anwendung neuronaler Netze beim *Erkennen von Aktienkursen*. Danach kann ein neuronales Netz selbständig aus verschiedenen Eingabemustern von Börsenkursen lernen zu entscheiden, ob sie einen kurzfristigen Kursrückgang oder Kursanstieg signalisieren. Die Neuronen der Eingabeschicht berücksichtigen z.B. Kurs, absolute Veränderung zum Vortag, Richtung der Änderung (up oder down), Richtung der Veränderung zu vorgestern, gravierende Änderung größer als 1% zu gestern. Diese Daten werden entsprechend der Stärke der synaptischen Verbindungen zu den zwischengeschalteten neuronalen Schichten gewichtet und ausgewertet. Die Outputschicht besteht aus zwei Neuronen, die jeweils bei Kursrückgang oder Kursanstieg feuern. In einer Trainingsphase werden die Fehlerquoten von Beispielkursen minimiert. Dabei wird eine ähnliche Lernregel angewendet, wie sie im Perzeptronbeispiel zum Einsatz kam.



Technische neuronale Netze *simulieren* nicht notwendig Lernverfahren von lebenden Gehirnen. Bei technischen Anwendungen stehen vielmehr effektive Problemlösungen im Vordergrund. *Wieweit können neuronale Netze menschliche Gehirne simulieren?* Bei PET (Positron-Emission-Tomographie)-Aufnahmen erzeugt ein Computer Echtzeitbilder, die zeigen, wie sich die Neuronen verschiedener Gehirnregionen bei kognitiven Tätigkeiten neurochemisch verschalten (Abb. 46). Beim Lesen, Hören, Sprechen und Denken sehen wir verschiedene Muster von Teilen des Gehirns auf dem PC-Bildschirm flackern (Abb. 46). Aufgrund dieser computergestützten Beobachtungstechnik können wir allerdings bisher nur feststellen, *daß* jemand sieht, hört, spricht oder denkt, aber noch *nicht, was* er sieht, hört, spricht oder denkt. Gehirne sind zwar *virtuell* darstellbar, der ‚*gläserne Mensch*' damit noch nicht realisiert.

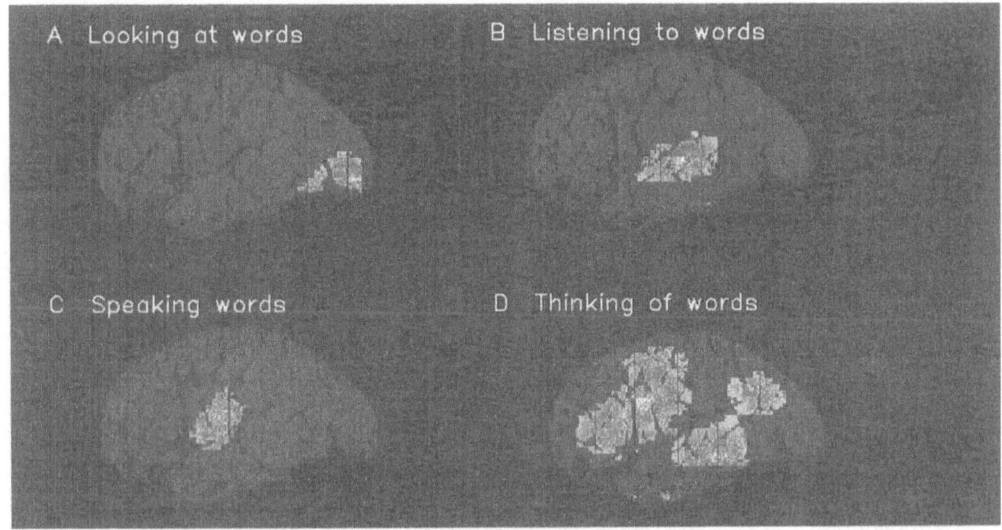


**Abbildung 46**
Virtuelles Gehirn in PET-Darstellung

Über die Organisationsverfahren, die zu den neuronalen Ver-schaltungsmustern, z.B. beim *Lesen eines Textes*, führen, ist bisher noch wenig bekannt. Technische neuronale Netze wie NETtalk (engl. ‚net' für Netz und ‚talk' für Sprechen) von Terence J. Sejnowski simulieren daher nicht den Leseablauf im menschlichen Gehirn, obwohl ein effektiver Lernalgorithmus zugrunde liegt. Ein Text wird auf der Inputebene zeichenweise und kontextabhängig (3 Zeichen vor und nach jedem eingelesenen Zeichen) erfaßt. Jedes der $2 \cdot 3 + 1 = 7$ Zeichen wird von 29 Neuronen für Buchstaben, Satz- und Lesezeichen untersucht, also von $7 \cdot 29 = 203$ Neuronen. Jedes der 26 Outputneuronen ist für eine Komponente der Lautbildung zuständig, also 6 für den Ort der Lautbildung, 8 für Artikulation, 3 für Tonhöhe, 4 für Interpunktion, 5 für Betonung und Silbentrennung. Der Lernvorgang organisiert sich nach einem überwachten *Lernalgorithmus durch Backpropagation* mit 80 internen Neuronen selber.

Das Netz wird zunächst durch einen Beispieltext trainiert. Durch entsprechende Korrektur der synaptischen Gewichte lernt es also die Regeln phonetischer Aussprache aus Beispielen – wie übrigens auch

NETtalk – ein neuronales Netz lernt lesen

jedes Kind: *Learning by doing*! Diese *Regeln* sind dann nicht in einem oder mehreren Prozessoren gespeichert wie bei einem herkömmlichen Computer, sondern *im Netz der synaptischen Verbindungen* wie bei einem Menschen. Im Unterschied zu NETtalk gibt es bei uns Menschen natürlich keine Neuronen, die für einzelne Buchstaben oder Aussprachen zuständig sind. Diese technische Vereinfachung wird im menschlichen Gehirn wiederum durch eine komplexe neuronale Vernetzung realisiert, die im einzelnen (noch) nicht bekannt ist. Entscheidende Gemeinsamkeit zwischen NETtalk und menschlichem Gehirn ist jedenfalls: Die phonetische Bedeutung der Zeichen ist nicht im einzelnen programmiert, sondern entsteht durch neuronale Selbstorganisation im Netz. NETtalk ist allerdings ein *virtuelles Netz*, das in einem herkömmlichen Computer simuliert wird. Bei der überschaubaren Größenordnung dieses Netzes ist eine solche Computersimulation noch möglich.

Das menschliche Gehirn zeichnet sich nicht nur durch kognitive Leistungen aus. Typisch ist die *emotionale Bewertung aller menschlichen Aktivitäten*. Die moderne Gehirnforschung zeigt, wie eng menschliches Denken, Fühlen und Handeln miteinander verbunden sind. Entsprechende Gehirnareale des Neocortex und limbischen Systems sind massiv vernetzt. Die moderne Psychologie spricht mit



Recht von einer *emotionalen Intelligenz* des Menschen, die typisch für alle seine Entscheidungen, Überlegungen und Handlungen ist. Selbst Mathematik und Informatik werden von einigen von uns mit ,heißem Herzen' betrieben, während sie bei anderen Angstschweiß auslösen. Wie auch immer, ohne emotionale Motivation geht bei uns Menschen buchstäblich nichts. In der ungewissen Komplexität wirtschaftlicher Informationsräume wird z.B. ein Unternehmer oder Börsianer sich nicht auf Rationalitätsmodelle, sondern auf seinen ,Instinkt' verlassen. Die ,Instinkte' erfolgreicher Praktiker sind keinesfalls ,blind', sondern durch die emotionale Bewertung ihrer Erfahrungen begründet. Solange Computer diese Eigenart menschli-



chen Denkens und Handelns nicht erfassen, lösen sie bestenfalls Probleme ,auf ihre Art'. Jedenfalls liegen dann keine Simulationen des menschlichen Gehirns vor. Die Vorstellung eines angeblich kühlen Verstandes, den uns der Rationalismus seit Jahrhunderten predigt, geht schlicht an der menschlichen Natur vorbei.

Tatsächlich versucht die Forschungsrichtung des *,Affective Computing'*, diese Eigenart menschlicher Natur zu berücksichtigen. Ziel ist keineswegs ein neuer Frankenstein-Horror, um nun auch noch unseren letzten Intimbereich, unsere Gefühle und Empfindungen, auf die Maschine zu bringen. Das Trainieren neuronaler Netze auf das *Erkennen von emotionalen Reaktionen* soll zu einer Verbesserung des *Interface von Computer, Netz und Nutzer* führen, der dann ohne

Maus und Tastatur eines Keyboards durch Minenspiel, Gestik oder Stimmlage einen Computer manipulieren könnte. Die Vorteile (nicht nur, aber auch für Behinderte) liegen auf der Hand. Der Grundgedanke dieser Interfaceverbesserung ist, daß sich *Emotionen* durch *komplexe physiologische Signalmuster* charakterisieren lassen, die von einem neuronalen Netz erkannt werden können. Abb. 47a zeigt, wie sich z.B. Ärger oder Kummer durch Zeitreihenmuster für Muskelspannung (EMG), Blutdruck (BVP), Hautleitfähigkeit (GSR) und Atmungsfrequenz meßtechnisch darstellen lassen. Ein neuronales Netz könnte auf das Erkennen typischer Muster trainiert werden, um auch in verrauschten Mustern Tendenzen und Grundstimmungen zu erkennen.



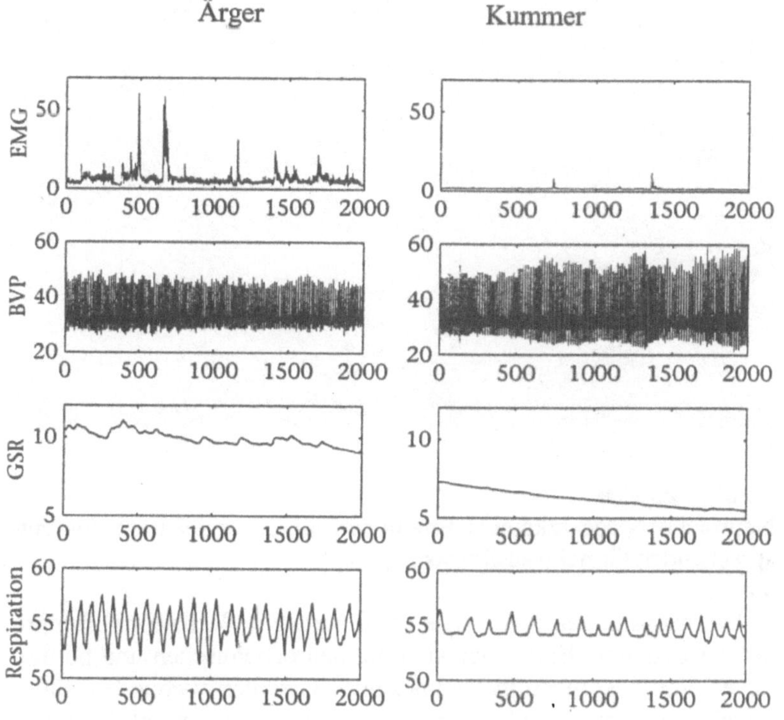



**Abbildung 47a** Neuronale Netze erkennen Emotionen wie z.B. ‚Ärger' und ‚Kummer' aus physiologischen Signalmustern.

Eine zusätzliche Strategie könnte darin bestehen, *emotional bedingte Gesichtsveränderungen* zu berücksichtigen. In Abb. 47b sind die Veränderungen des Minenspiels durch *Energiekarten* für die Emotionen ‚neutrale Stimmung', ‚Glück', ‚Überraschung', ‚Ärger' und ‚Ekel' charakterisiert. Über Sensoren nimmt ein neuronales Netz das thermische Muster von angespannten oder entspannten Gesichtspartien wahr, die für die jeweiligen emotionalen Zustände typisch sind. Das neuronale Netz wurde auf entsprechende *Prototypen emotionaler Muster* trainiert und vermag wieder, Tendenzen und Stimmungslagen auch in verrauschten Mustern zu erkennen. Unabhängig vom Interface zwischen Mensch und Computer wären solche Geräte für Patientenbetreuungen in Medizin und Psychologie von großem Nutzen.

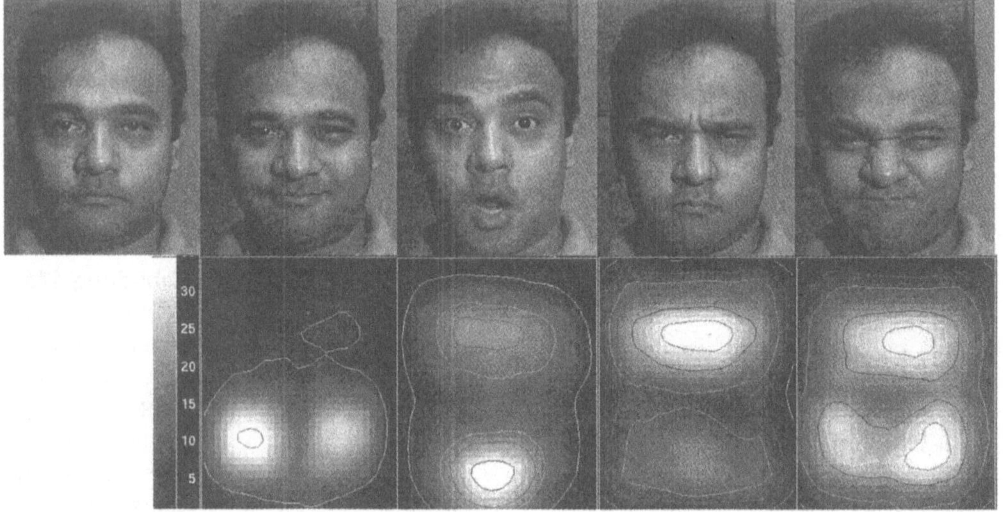


**Abbildung 47b**
Neuronale Netze erkennen Emotionen aus Energiekarten des entsprechenden Gesichtsausdrucks

Wie sind virtuelle Gehirne mit Emotionen möglich?

Der nächste Schritt bestünde darin, *virtuelle Gehirne mit Emotionen* auszustatten. Emotionen sind mit neurochemischen und hormonellen Veränderungen in komplexen Netzwerken verbunden. Emotionale Bewertungsfunktionen sind daher wieder nicht in einem Gehirnmodul wie im Prozessor eines herkömmlichen Computers programmiert, sondern in den *synaptischen Verschaltungsmustern* und *hormonellen Rückkopplungen* dieser Netze. Denkbar sind also virtuelle Netze, die emotionale Dynamik durch Lernalgorithmen simulieren. Entsprechende Simulationsmodelle emotionaler Intelligenz könnten jedenfalls bessere Entscheidungshilfen für Praktiker und Experten sein als weltfremde ‚Rationalitätsmodelle'. Für Gehirnforschung und Psychologie werden virtuelle Visualisierungen emotionaler Dynamik unverzichtbar, um ihre Gesetze besser zu verstehen.

Das gilt ebenso für die *Dynamik menschlicher Bewußtseinszustände*. Es verstärken sich Forschungshinweise, daß z.B. bei der bewußten visuellen Wahrnehmung neuronale Netzareale beteiligt sind, die innere Selbstwahrnehmungen ermöglichen: Ich nehme mich selbst als Wahrnehmenden wahr. Die Schwierigkeit besteht darin, daß heute unter Bewußtsein eine große Vielfalt von unterschiedlichen Formen der Selbstwahrnehmung und Selbstbeobachtung eines Systems verstanden wird. Einfache Vorformen der Selbstbeobachtung sind bereits in Kontroll- und Selbstorganisationen von existierenden Computer- und Informationssystemen bekannt. Bei Tieren und Menschen haben sich Bewußtseinsformen wachsender Komplexität in der Evolution ausgebildet. Beim Menschen kommen historische, soziale, kulturelle und persönliche Erfahrungen hinzu, die zu seinem *individuellen Selbstbewußtsein* führen. Eine technische Entwicklung entsprechend technischer Systeme läßt sich prinzipiell nicht ausschließen. Es ist letztlich eine ethische Frage, bis zu welchem Grad wir *virtuelle Gefühle* und *virtuelles Bewußtsein* zulassen sollten. In Teil IV werden wir sehen, daß bestimmte Formen virtueller Gefühle und Bewußtseinszustände auf die Dauer unverzichtbar sind, um das Entscheidungs- und Wissensmanagement in komplexen Computernetzen bewältigen zu können.

Virtuelles<br>Bewußtsein

# 6 Virtuelle Technik und Medizin im Computernetz

Bisher standen die Grundlagen von Computernetzen und Programmiersprachen im Vordergrund, um virtuelle Welten der Natur zu erzeugen. Wenn der Nutzer möglichst vollständig in virtuelle Welten eintauchen will, muß das Interface von Mensch und Computernetz die menschliche Wahrnehmung der Außenwelt berücksichtigen. Die *menschlichen Sinnesorgane* reichen von der visuellen, auditiven, kinesthetischen (Bewegungs-), taktilen (Tast-) und haptischen (Greif-) Wahrnehmung bis zur olfaktorischen (Geruchs-) und thermorezeptiven (Wärme-) Wahrnehmung. Der Grad des VR-Erlebens eines Nutzers (*Immersionsgrad*) hängt dann davon ab, in welchem Umfang und mit welcher Qualität diese Sinneswahrnehmungen in einer virtuellen Welt simuliert werden können.

Der Immersionsgrad bestimmt den Grad eines VR-Erlebnisses.

Ziel ist daher eine integrierte *Virtual Reality Engine* („*Wirklichkeitsmaschine*'), die einen möglichst hohen Immersionsgrad für den Nutzer von VR-Welten erzeugt. Dazu müßten möglichst viele Sinnesorgane über *technische Sensoren* mit einer VR-Maschine verbunden werden. Zunächst sind Eingaben und Bewegungen eines Nutzers durch Sensoren zu erfassen. Die heute noch weitgehend dominierenden Eingabegeräte wie Tastaturen eines Keyboards, Maus oder Joystick haben nur zwei Freiheitsgrade, um Objekte einer VR-Welt über eine zweidimensionale Benutzerfläche beeinflussen zu können. Tatsächlich sind die räumliche Position und Ausrichtung eine Objekts durch sechs Größen, nämlich drei Raumkoordinaten und drei Rotationswinkel um die Raumkoordinaten bestimmt. Bewegungen des Nutzers werden durch Tracingsysteme erfaßt. Dazu gehört die Bestimmung der Kopfposition des Benutzers ebenso wie Position und Orientierung der Hand oder sogar der gesamten Körperoberfläche.

Integrierte Virtual-Reality-Maschine

*Tracingsysteme* können mit unterschiedlicher Technik gebaut werden. So erfassen mechanische Tracker die räumliche Position des Benutzerkopfes über ein bewegliches Gestänge. Elektromagnetische Tracker ermitteln die Position über Induktionsspulen. Akustische

Tracingsysteme

Tracker arbeiten mit Ultraschallsensoren, um Laufzeit- oder Phasen-
differenzmessungen zwischen dem beweglichen Sender eines Laut-
sprechers und drei Mikrophonen eines Empfängers zu registrieren.
Optische Tracker verwenden Infrarot-Dioden an Objekten, die von
einem Empfänger registriert werden, oder Videokameras an Objekten, die aufblitzende Leuchtdioden der Umgebung aufnehmen. Kinematische Tracingverfahren orientieren sich am Aufbau der Positi-
onssensoren im Innenohr. Schließlich sind die satellitengebundenen
globalen Positionierungssysteme (GPS) zu erwähnen, die bei VR-
Anwendungen in globalen Computernetzen von großer Bedeutung
sind.

Eingabegeräte
für virtuelle
3D-Welten

Als *Eingabegeräte* für eine dreidimensionale VR-Welt sind Maus
und Tastatur nur begrenzt geeignet. Ein *Spaceball* besteht aus einer
drehbaren Kugel, die auf einer tischartigen Unterlage wie eine Maus
verschoben werden kann. Dadurch können zwar die sechs Freiheitsgrade eines bewegten Objekts in der VR-Welt berücksichtigt werden. Allerdings ist die Eingabe durch die Tischunterlage beschränkt.
Der *Datenhandschuh* (*Data Glove*) (Abb. 48) ermöglicht leicht er-
lernbare Eingabetasten und entspricht der menschlichen Intuition
eines ,Begreifens' der Welt am stärksten. Seine Positionsbestim-
mung erfolgt mit elektromagnetischen Sensoren. Die jeweilige Fin-
gerkrümmung wird elektrisch über Metallbänder, fiberoptisch über
Glasfaserkabel oder mechanisch über ein verbiegbares Handschuhs-
kelett registriert und übertragen. Der *Datenanzug* (*Data Suit*)
überträgt dieses Prinzip auf die gesamte Körperoberfläche. Sensoren
zur Erfassung physiologischer Körpersignale (Abb. 47a) erweitern
die Möglichkeiten eines Datenanzugs zusätzlich.

Ausgabegeräte
für virtuelle
3D-Welten

Welche *Ausgabegeräte* erzeugen 3-dimensionale Erfahrungen in
VR-Welten? *Kopfgebundene Sichtsysteme*, HMDs (*Head Mounted
Displays*), versuchen den natürlichen Seheindruck durch optische
Geräte und Displays nachzubilden. Dabei sind verschiedene Aspekte
wie unterschiedliche Schärfe, Auflösung, optische Verzerrung und
Fokussierung auf Objekte technisch zu berücksichtigen. Auch hier
kommen verschiedene Techniken mit unterschiedlichen Vor- und
Nachteilen zum Einsatz. Sie reichen von Flüssigkeitskristallanzei-
gen, wie sie z.B. bei Kamerasuchern verwendet werden, über Ka-
thodenstrahlröhren mit hoher Bildqualität aber schwerfälligem Aufbau bis zu Laserstrahlprojektionen auf der Netzhaut. In großen
Räumen mit vielen Nutzern (z.B. Hörsaal) eignen sich Polarisations-

Visuelle
Ausgaben

verfahren zur *stereoskopischen Bildausgabe* bei Großbildprojektio-
nen. In diesem Fall erzeugen zwei Projektoren für jeweils das rechte
und das linke Auge auf einer Leinwand einen 3-dimensionalen
Bildeindruck, wenn die Betrachter Brillen mit polarisierenden Folien
benutzen. *Autostereoskopische Verfahren* ermöglichen Stereoskopie

ohne Brillen, indem sie ein rechtes und ein linkes Bild über ein Tracingsystem direkt in das rechte und linke Auge des Betrachters projizieren. Bekannt sind die holographischen Eindrücke von Bildern und Karten. Denkbar sind daher Ausgaben durch Hologramme, die allerdings erhebliche Rechenkapazitäten für Ausgaben in Echtzeit eines Betrachters erfordern.

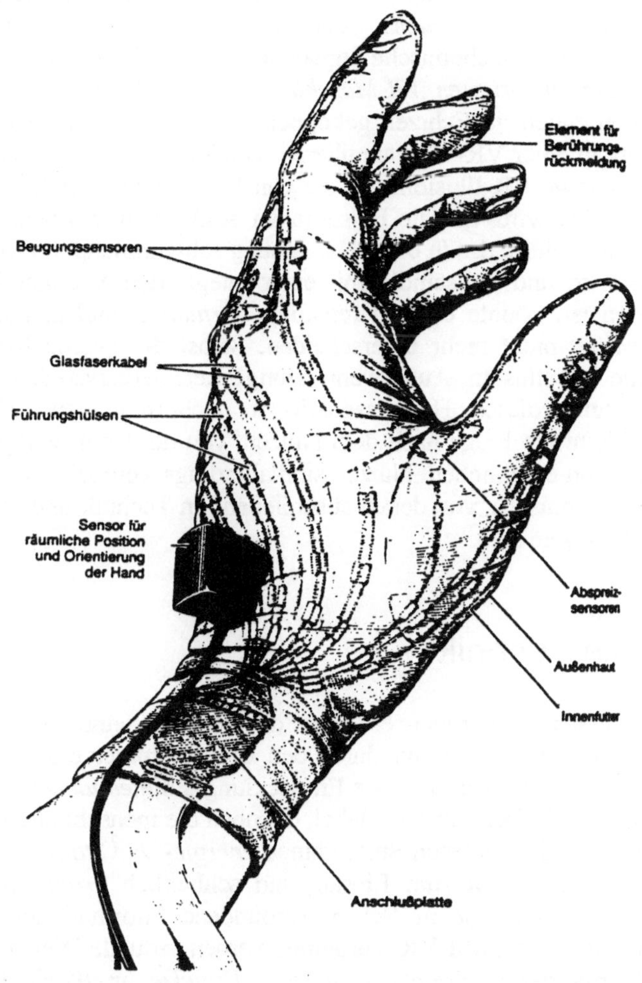


**Abbildung 48**
Der Datenhandschuh zum Begreifen von VR-Welten

Gegenüber der visuellen Ausgabe ist die *akustische Ausgabe* bisher technisch deutlich unterentwickelt. Bekannte Techniken aus der Unterhaltungsindustrie wie Stereo- oder Quadrophonie beruhen nur auf den Überlagerungen von zwei oder vier Schallquellen. Ein ef-

Akustische Ausgaben

fektiver 3D-Sound müßte analog wie bei der visuellen Ausgabe viele Aspekte des räumlichen Hörens simulieren. Dazu gehören insbesondere die vielfältigen Brechungen der Schallwellen an Wänden und Körpern, die durch ein ähnliches Tracingverfahren wie bei Sehstrahlen berücksichtigt werden könnten. *Haptische Ausgaben* umfassen Empfindungen auf der Haut, Kraftrückkopplungen der Muskulatur und Wahrnehmungen von Bewegungskräften, die erst Sinneseindrücke von Materialität in einer VR-Welt erzeugen könnten. Schließlich wären *Geruchs-* oder sogar *Geschmackssinn* zu berücksichtigen, die chemische Signale der Umwelt kodieren.

Bei einer *integrierten VR-Maschine* müßten alle diese Sinnessituationen zudem in Echtzeit gekoppelt sein, um eine vollständige Erfahrung in einer VR-Welt simulieren zu können. Am Ende stände die vollständige VR-Illusion, wie sie von Philosophen seit Jahrhunderten bemüht wird, um die Existenz der Außenwelt in Zweifel zu ziehen: Ein Gehirn, das in einer Nährlösung schwimmend am Leben erhalten wird und vollständig mit einer integrierten VR-Maschine verbunden ist, könnte computererzeugte *Virtualität* und physikalische *Realität* nicht mehr unterscheiden. Selbst der eigene Körper wäre eine VR-Illusion. Auch wenn heutige Rechnerkapazitäten und Sensortechnik dieses Horrorszenario in technisch weite Ferne rücken, bleibt die Frage nach dem Nutzen, von der Ethik völlig abgesehen. Von erheblichem Nutzen sind allerdings Teilrealisierungen von VR-Erlebnissen, von denen abschließend in Technik und Medizin die Rede sein soll.

## Virtuelle Technik

Seit den ersten Hominiden erweitert der Mensch seine Erfahrung und Beherrschung der Natur durch den Einsatz immer effektiverer Technik. Erinnert sei an die erste Entwicklungsstufe *einfacher Werkzeuge*, wie Keil, Hammer und Hebel, die noch die menschliche Kraft benötigten. In der nächsten Stufe kamen *energie- und stoffverarbeitende Kraftmaschinen* zum Einsatz und schließlich *programmgesteuerte Computer*, die in Netzen verbundene Informationen und Wissen verarbeiten. Mit VR-Verfahren werden virtuelle Werkzeuge möglich, mit denen *virtuelle technische Projekte im World Wide Web* verfolgt werden können. In der Technikgeschichte stand nicht selten der Krieg am Anfang einer technischen Erfindung. Tatsächlich wurden *VR-Simulationen vom Militär* bereits seit Ende der 80er Jahre genutzt, um die Lenkung von Panzern, Schiffen, Flugzeugen und schließlich von integrierten Schlachtfeldern zu Lande, zu Wasser und in der Luft zu trainieren. Unter dem Projektnamen SIMNET entstand ein mit 250 Panzer- und Hubschraubersimulatoren vernetztes VR-System, an dem bis zu 800 weltweit verteilte Teilnehmer gleichzeitig an virtuellen Manövern mitwirken können.

Virtuelle Raumfahrttechnologie

Die Möglichkeit, reale Verluste und Risiken durch virtuelle Simulationen zu vermeiden, machen die VR-Technologie auch in der *Raumfahrt* attraktiv. Die VR-Anwendungen reichen hier von der Simulation in der Design- und Konstruktionsphase von Raumfahrzeugen, über Astronautentraining und Computersimulationen zur Steuerung von Robotern bis zur virtuellen Planetenforschung. Raumfähren auf fremden Planeten und Raumsonden in galaktischen Weiten werden über ein VR-Interface auf der Erde gesteuert. Der Nutzer auf der Erde kann sich quasi in die Raumstation ‚beamen', um seinen Roboter zu kontrollieren. Voraussetzung ist eine *stereoskopische Vierseitenprojektion*. Projektoren, die von einem Simulationsrechner gesteuert werden, bestrahlen dazu Boden und Decke eines Zimmers. Hier erkennt der Nutzer mit einer stereoskopischen Brille das Umweltszenario des Roboters und kann es aktiv beeinflussen.

Virtuelle Robotersimulationen sind programmierbar.

Am Beispiel der Raumfahrt ist deutlich, daß Roboter nicht immer in Echtzeit gesteuert werden können. Die Übermittlung der Befehlssignale hängt auf jeden Fall von der Lichtgeschwindigkeit ab, die auch in astronomischer Nähe zur Erde Sekunden und Minuten dauern kann. Zudem sind Situationen denkbar, in denen Störungen bei gefährlichen Einsätzen auf der Erde eine Steuerung verhindern. In diesen Fällen werden dem Roboter *virtuelle Bewegungsabläufe einprogrammiert*. Der Programmierer führt Armbewegungen z.B. mit einer ‚Flying mouse' im Raum aus, die dem Roboter einprogrammiert werden. Diese Befehlsabfolgen können dann auf Tastendruck beim Roboter in seiner fernen Raumstation abgerufen werden.

Dabei wird die *Objektorientierung von VR-Programmiersprachen* unverzichtbar sein. Bereits die Laborumgebung eines *virtuellen Roboters* besteht aus Hunderten von Einzelteilen, die voneinander abhängen. Um einen Roboter aus vielen Bausteinen zu steuern, müssen die Relationen untereinander beachtet werden. Wer den virtuellen Arm des Roboters in der VR-Simulation bewegt, setzt voraus, daß sich die Hand mitbewegt. Abb. 49 zeigt den Szenegraphen einer einfachen *Roboterwelt*, in der die Abhängigkeiten der Einzelteile eines *Industrieroboters*, eines *Tisches* und eines *Greifobjekts* dargestellt sind. Wie üblich *vererben* sich Manipulationen an übergeordneten Knoten auf die Kindknoten. Wer den Tisch verschiebt, verändert entsprechend seine Tischbeine und Tischplatte. Auch beim Greifobjekt des Roboters werden Farbe und Gestalt mitergriffen und vom Roboter auf die Tischplatte gesetzt. Schließlich kann der Roboter aus Hunderten von Einzelteilen bestehen. Zu seiner Ansteuerung werden aber im Szenegraphen nur wenige Knoten notwendig, von denen die restlichen Teile über Kindknoten geordnet abhängig sind.

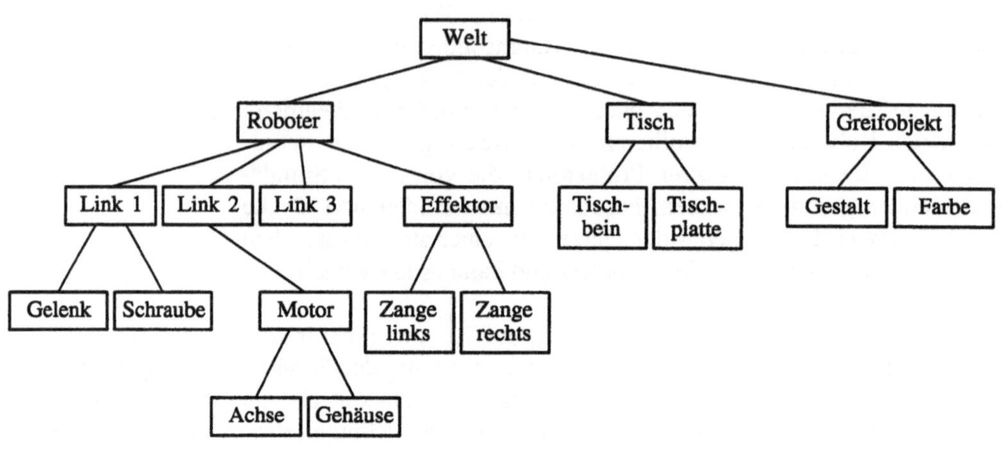


**Abbildung 49**
Szenegraph der virtuellen Welt eines Industrieroboters

Virtuelle Robotiklabors im Computernetz

Über *Computernetze* könnten weltweit verteilte Robotikexperten in diesem *virtuellen Robotiklabor* mitwirken, sofern sie sich einen entsprechenden Robotikbrowser auf ihre lokalen Rechner geladen haben. Damit werden technische Konstruktionen möglich, die in virtueller Kooperation von CSCW (*Computer Supported Cooperative Work*) verwirklicht werden. Großkonzerne wie NEC und Ford entwickeln bereits VR-basierte CSCW-Systeme, in denen Ingenieure und Designer an verschiedenen Orten der Welt an gemeinsamen Produkten arbeiten. Prinzipiell könnten auch potentielle Kunden mit einbezogen werden, um ihre Wünsche virtuell zu berücksichtigen, für die endgültige Produktion zu realisieren oder zu verwerfen. Das VR-Motto der Flugzeugindustrie lautet bereits: ‚Sehe, teste, fliege und verkaufe ein Flugzeug, bevor die erst Schraube bezahlt wurde.'

Jedenfalls verkürzen und verbilligen virtuelle Verfahren die Innovations- und Fertigungszyklen erheblich. *Virtuelle Prototypen* von Autos und Flugzeugen *im Netz* entworfen und erprobt sind der Einstieg in die *VR-basierte Produktion*. Es ist bemerkenswert, daß bei der virtuellen Produktion auch der *Arbeitsprozeß parallelisiert* wird. Statt Fließbandproduktion nach einem sequentiellen Plan zu entwerfen, montieren, testen und kooperieren die Experten *gleichzeitig* an verschiedenen Teilen des Prototyps.

Innovation und Produktion von *virtuellen Prototypen in der Industrie* hängen entscheidend von der Rechenleistung entsprechender *Supercomputer* ab. Um die Luftströmungen von Flugzeugtypen zu erfassen, müssen komplexe Datenfelder der Aerodynamik im Supercomputer berechnet und in VR-Simulationen visualisiert werden. Die Aerodynamik mit ihren komplexen Turbulenzen wird in nichtlinearen Strömungsgleichungen mathematisch beschrieben und ist ein Paradebeispiel für die Anwendung von *Parallelrechner* und *Supercomputer*. Im Netz erfordert aber die gleichzeitige Arbeit am virtuellen Modell, daß jeder Mitarbeiter diese komplexen Datenmengen auf seinen Rechner lädt und in Echtzeit visualisiert erhält. Nur so wäre Kooperation im Netz möglich. Neben Supercomputern könnten auch *KI-Systeme* bei der Entwicklung von virtuellen Industrieprojekten im Netz integriert werden. *Wissensbasierte Expertensysteme* leisten Beratungsfunktionen für spezielle technische Aufgaben. *Genetische Algorithmen* suchen nach optimalen Lösungen von Modellen. *Neuronale Netze* überwachen Testläufe und erkennen Abweichungen in den gemessenen Datenmustern. Ziel ist das *integrierte Computernetz mit intelligenten Funktionen für die virtuelle Innovation*. Eine gewaltige Herausforderung für zukünftige Rechenleistungen!

Als charakteristische Anwendung der VR-Technik bietet sich die *Architektur* an. Beim Entwurf *virtueller Gebäude* und *Städte* ist die *Objektorientierung von VR-Programmiersprachen* nützlich. Zusammenhängende Gebäudeabschnitte werden in Szenegraphen verbunden und manipulierbar. Licht- und Umgebungsverhältnisse können in verschiedenen Szenarien durchgespielt werden. Abstrakte Daten wie z.B. räumliche Wärmeabstrahlung, Stabilität, Akustik und Wärmeverteilung werden visualisierbar. In Architektur-Tools werden Softwarewerkzeuge bereitgestellt, mit denen im Netz verteilte Architekten in einem *virtuellen Architekturbüro* kooperieren können. VR-basierte CSCW-Systeme der Architektur erlauben zudem weltweit verstreute Experten zu bestimmten Detailfragen miteinzubeziehen, wenn sie sich den entsprechenden Browser in ihren lokalen Rechner geladen haben. Hinzu kommen weiterentwickelte visuelle Ausgaben, die über HMDs und Datenhandschuhe 3D-Eindrücke von

VR-basierte
Industrieproduktion

Virtuelle
Prototypen und
Rechenleistungen von Parallelrechnern und
Supercomputern

Computernetze
mit intelligenten
Funktionen
für virtuelle
Innovationen

Virtuelle
Architektur

virtuellen Gebäuden erlebbar machen. Historische Gebäude und historische Entwicklungen von Städten werden nicht nur darstellbar, sondern auch erfahrbar. In der Innenarchitektur können virtuelle Einrichtungen durchgespielt werden. In der *Städteplanung* kann die Stadt als virtueller komplexer Organismus gesehen werden, der sich wie in einer Evolution selber organisiert, ohne von einer Zentrale gesteuert zu sein. Unter veränderten Nebenbedingungen werden sich z.B. Verkehrs- oder Umweltaspekte einer Stadt günstiger oder ungünstiger entwickeln. VR-Technik wird zum unverzichtbaren Instrumentarium, um die Bedingungen einer lebenswerten Zukunft zu erkunden.

## Virtuelle Medizin



In der Medizin kommen VR-Technologie und Computernetze nicht nur zur Anwendung. Die Entwicklung der Medizin und die steigenden Erwartungen der Menschen von der Medizin werden selber zu einer treibenden Kraft dieser Technologien. Ziel der *virtuellen Medizin* ist der *virtuelle Patient* – ein computererzeugtes Modell des Menschen, das zu Ausbildungszwecken und zur Diagnose- und Therapieplanung eingesetzt werden kann. Die *3D-Visualisierung* wird möglich mit radiologischen Verfahren wie Kernspin-Tomographie MRI (*M*agnetic *R*esonancing *I*maging), Computer-Tomographie CT oder Ultraschall. Während früher bestenfalls textbasierte Lernprogramme mit einfachen Strichzeichnungen zur Verfügung standen, kommt nun die gesamte Anwendungspalette von Multimedia und interaktiver VR-Welten zur Anwendung. Die amerikanische National Library of Medicine stellt den *virtuellen Anatomieatlas ‚The Visible Man'* zur Verfügung, der über *Internet* weltweit inspiziert werden kann. Dazu wurde die tiefgefrorene Leiche eines Mannes in 1800 Segmente zerschnitten, die Fotografien jedes Schnitts digitalisiert und im Rechner wieder zusammengesetzt.

3D-Visualisierung und virtuelle Anatomie erlauben *Operationstraining* und *Operationsvorbereitung* bei neuen minimal invasiven und mikrochirurgischen Eingriffen, die ohne Computerunterstützung unmöglich wären. In der Endoskopie werden miniaturisierte chirurgische Instrumente wie Skalpell oder Laser durch kleine Körperöffnungen eingeführt und über 3D-Bilder gesteuert. In der *3D-Video-Endoskopie* erhält der Operateur eine 3-dimensionale Visualisierung des Operationsgebiets, die bei einem 2-dimensionalen Fernsehbild verlorengeht. An Stelle von schwerfälligen HMDs werden Shutterbrillen verwendet, die eine stereoskopische Bildausgabe über Monitore für das linke und rechte Auge ermöglichen.

Visualisierung und Steuerung des Endoskops setzen ein *hierarchisch gegliedertes VR-System* (Abb. 50) voraus, das aus einer Benutzerebene (Operateur), Eingabegeräten und grafischen Ausgabegeräten, Parallel- und Grafikrechner sowie einem Datenmodell mit CT- oder MRI-Daten besteht. Während der *Grafikrechner* nur für die Bilderzeugungen zuständig ist, kann die Leistung des *Parallelrechners* durch zusätzliche Prozessoren erweitert werden, um z.B. genauere Ausführungen der mikrochirurgischen Werkzeuge im Endoskop zu erreichen. Ein Zeichenalgorithmus muß maximale Bildfrequenz pro Sekunde mit hohem Detaillierungsgrad pro Bild verbinden. Dabei hängt der Detaillierungsgrad von der Anzahl der gezeichneten Polygone ab, mit der die Gestalt oder Struktur des Operationsgebiets (z.B. ein Organ) dargestellt werden kann. Aus CT- oder MRI-Daten können Volumen- und Oberflächenmodelle erzeugt werden. Aufgrund der Rechenkapazitäten sind der Echtzeitvisualisierung Grenzen gesetzt.

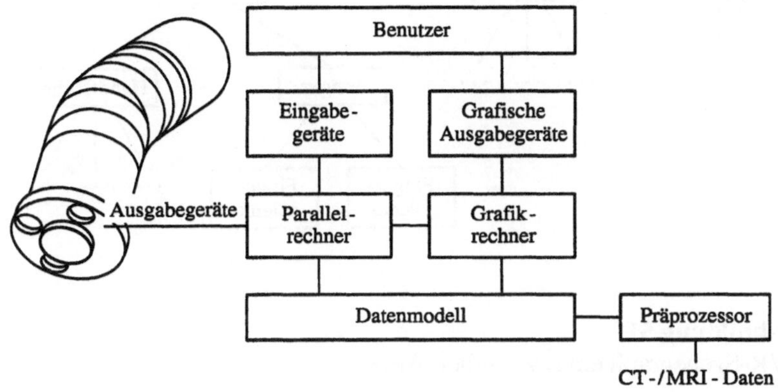


**Abbildung 50**
VR-System der Endoskopie

Allgemein setzt der VR-Einsatz bei Operationen voraus, daß patientenspezifische Modelldaten visualisierbar und Operationswerkzeuge modellierbar sind. Die *Objektorientierung* der verwendeten *VR-Programmiersprachen* berücksichtigt die medizinischen Zusammenhänge zwischen den Körperteilen im Operationsfeld. Die Hierarchie des entsprechenden *VR-Szenegraphen* ist notwendig, um die *Vererbung von Objekteigenschaften* bei Manipulationen an entsprechenden Körperteilen zu garantieren. So müssen z.B. bei einer Armoperation die Abhängigkeiten der Anteile berücksichtigt werden. In Abb. 51 wird der Hauptknoten `Arm` in `Oberarm`, `Unterarm` und `Hand` unterteilt. Die `Hand` besteht aus `Handfläche` und `Finger`, die wiederum aus `Fingerglied` und `Fingergelenk` bestehen. Bei dem Aufbau des VR-Szenegraphen geht es nicht um die Wiedergabe des anatomischen Armaufbaus, sondern um die zweckorientierte Auswahl der Teile und ihrer Zusammenhänge, die für die *Navigation bei der betreffenden Armoperation* erforderlich ist.

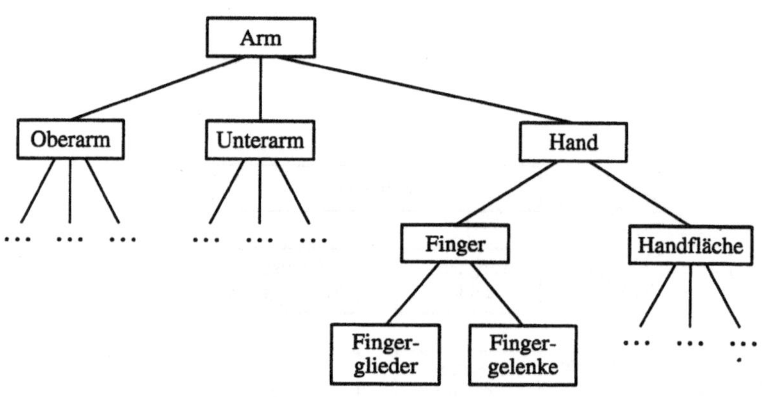


**Abbildung 51**
VR-Szenegraph eines virtuellen Arms

Um die Ausbildung von Chirurgen und Vorbereitungen von Operationen in möglichst realistischen Arbeitsbedingungen trainieren zu können, wurde die virtuelle Umgebung von Operationssäalen in die VR-Simulation integriert. Mit der ‚*reagierenden Werkbank'* (*responsive workbench*) wird ein virtueller Patient auf einem Operationstisch in 3D-Visualisierung dargestellt. Mediziner mit speziellen Stereobrillen sehen auf diesem Tisch einen virtuellen Patienten mit virtuellen Werkzeugen und entsprechenden Bedienungsfeldern. Körperteile, Organe oder Skelett können transparent gemacht und mit den virtuellen Werkzeugen operativ beeinflußt werden. Der Grad der Detaillierung hängt entscheidend von den Rechnerleistungen ab. Über *Datenhandschuhe* könnten dem Operateur zusätzlich Tasteindrücke von Körperfasern, Knochen und Flüssigkeiten vermittelt werden. Um die praktische Wirklichkeitsnähe und die Interaktions, möglichkeiten zu steigern, müßten physische und physiologische Eigenschaften der Objekte durch immer präzisere und schnellere sensorische Daten vermittelt werden.

Wie bei der Computer- und Softwareentwicklung im allgemeinen lassen sich auch bei der *VR-Anwendung in der Medizin* verschiedene technische Generationen unterscheiden: In der *1. Generation* wurden Organe als feste und unveränderliche Körpereinheiten modelliert, die im Raum verschoben werden konnten. In der *2. Generation* werden physische Eigenschaften und Veränderungen wie z.B. Elastizität und Deformation (z.B. durch VR-Knoten der Kollision von Objekten) berücksichtigt. In der *3. Generation* sollen Blutungen und das Austreten von Flüssigkeit visuell und taktil erfaßt werden. Als *4. Generation* wird eine virtuelle mikroskopische Anatomie mit kleinsten Drüsen, Kapillaren und Nervenstrukturen erwartet. Ziel ist die *5. Generation*, in der komplexe Funktionsnetze des biochemischen Systems wie z.B. Immunsystem, Hormonsystem oder neurochemische Zustände visualisierbar und interaktiv beeinflußbar sind. Spätestens in dieser Generation werden auch alle anderen VR-Methoden von der *Bioinformatik* über das *künstliche Leben* bis zu den *neuronalen Netzen* integriert werden müssen, um die komplexen physischen, physiologischen und psychischen Zusammenhänge eines Krankheitsbildes erfassen zu können.



Die immer ambitiöseren Anwendungen der VR-Technologie in der Medizin setzen ein wachsendes *medizinisches Wissen* voraus. Die Speicherung, Verarbeitung und Auswertung dieses komplexen Wissens ist heute ebenfalls auf Computertechnologie angewiesen. Bei der computergestützten Verarbeitung medizinischen Wissens unterscheiden wir medizinische Kommunikationssysteme und Beratungssysteme. *Kommunikationssysteme* umfassen Datenbanksysteme mit unterschiedlichen Funktionen (z.B. auch mit Bildspeicherung), mit denen medizinische Daten gespeichert, selektiert und übertragen werden können. *Beratungssysteme* werden für Diagnose und Therapie von Krankheitsfällen eingesetzt. Neben Überwachungssystemen sind Konsultationssysteme hervorzuheben, die als wissensbasierte Expertensysteme konzipiert werden.



Eine der frühesten Anwendungen *wissensbasierter Systeme* stammt bezeichnenderweise aus der Medizin. So sollte das System MYCIN Ärzte beraten, um richtige Entscheidungen bei der Diagnose von Infektionskrankheiten zu treffen. Es hatte Ende der 60er Jahre eine Wissensbasis von ca. 300 Regeln in der Programmiersprache LISP, in denen Bedingungen für Infektionen festgehalten waren. Aufgrund der Meßdaten eines Patienten schloß das System durch Rückwärtsverkettung der gespeicherten Regeln auf mögliche Krankheitsbilder, die durch Wahrscheinlichkeitsgrade gewichtet wurden. Schließlich ist die Medizin keine ‚exakte' Wissenschaft und hängt von der Meßgenauigkeit der Laborergebnisse und dem Bewährungs- und Wahrscheinlichkeitsgrad der angewendeten Regeln ab.



Ein neueres *Beratungssystem* ist ROUNDSMAN. Der Arzt gibt am Keyboard seines PCs die Daten eines Patienten und einen Therapievorschlag ein. Das Programm des wissensbasierten Systems bringt seine Angaben in einen Kontext klinischer Kenntnisse, sucht einen zutreffenden medizinischen Artikel heraus und entnimmt geeignete Daten. Dann ruft es eine Wissensbasis aus Expertenurteilen auf, um den klinischen Kontext mit den einschlägigen Daten zu vergleichen. Der Arzt erhält so eine ausgewertete Literaturrecherche, die ihn in seinem Urteil bestärken oder schwächen kann.



Völlig selbstverständlich werden heute bereits *Tabellenkalkulatoren* eingesetzt, die z.B. eine laufende Chemotherapie überwachen und Dosierungsvorschläge mit Modifikationen oder Behandlungsaufschub unterbreiten. Die *Wissensrepräsentation* des entsprechenden Programms ONCOCIN ist *regelbasiert*, d.h., sie besteht aus einer Menge von Regeln der Form ‚*Wenn Bedingung x, dann Aktion y*'. Wenn das regelbasierte Programm von ONCOCIN bei der Bestimmung einer Medikamentendosierung feststellt, daß der *Wenn-Teil* der Dosierungsregel *zutrifft*, dann schließt es automatisch, daß der *Dann-Teil* indiziert ist. Beispiel: ‚Wenn die Zahl der weißen Blutkörperchen des Patienten unter dem Normalwert liegt, dann gib Medikament *A*, verabreiche aber nur 75% der üblichen Dosis.'



Wissensbasierte Beratungssysteme können ihr medizinisches Wissen statt in Regeln auch in *Frames* (Rahmen) repräsentieren. Frames tragen der *Objektorientierung menschlichen Wissens* in der KI Rechnung. In diesem Fall werden Krankheiten mit ihren Symptomen und Ursachen als Objekte aufgefaßt, die in Frames mit entsprechenden Slots dargestellt werden. Der folgende Frame aus dem Beratungssystem QMR (*Quick Medical Reference*) katalogisiert das Krankheitsbild von Tularämie (Hasenpest):

| Rahmen | | |
|---|---|---|
| Bezeichnung: Tularämie | | |
| Symptome: | Spezifität | Häufigkeit |
| Fieber | 0 | 5 |
| Hautveränderungen: Kulturnachweis von *Francisella Aularensis* | 5 | 4 |
| vergrößerte Lymphknoten | 1 | 4 |
| Haut-Ulceration | 1 | 4 |
| EKG: Sinus-Tachykardie | 0 | 4 |
| positiver Tularensis-Hauttest | 4 | 3 |
| Exposition: Kaninchen, Nager, kleine Säuger | 2 | 3 |
| Zeckenbiß in der Vorgeschichte | 2 | 3 |
| starke Kopfschmerzen | 1 | 3 |
| Kann verursachen: | | |
| phyrogenen Schock | 1 | 2 |
| akute Blinddarmentzündung | 1 | 1 |
| Prädisposition für: | | |
| akute Endocarditis links bei Infektion | 1 | 1 |

In diesem Rahmen werden Symptome und Ursachen zusätzlich gewichtet. Das Gewicht ‚Spezifität' gibt die Wahrscheinlichkeit an, mit der eine Krankheit bei einem bestimmten Symptom zwischen 0 (Symptom unspezifisch) bis 5 (Krankheit als einzige Ursache für Symptom) auftritt. Das Gewicht ‚Häufigkeit' zeigt, wie wahrscheinlich es für eine Krankheit ist, Ursache eines bestimmten Symptoms zu sein.

*Wissenserwerb* und *Wissensmanagement in der Medizin* wird auf viele solcher Teilsysteme angewiesen sein, die *integriert* und *vernetzt* werden müssen. So wie ein Flugzeug oder Auto voller KI-Komponenten steckt, so wird eine Arztpraxis oder ein Krankenhaus aus vielen vernetzten VR- und KI-Komponenten bestehen, die wir wie heute einen Lichtschalter nutzen werden, ohne uns über ihre Abläufe im einzelnen bewußt zu sein. Krankenhaus-Informations-systeme übertragen dann über lokale Netzwerke nicht nur Texte, sondern auch Bilder an PC-Geräte, die im Krankenhaus verteilt sind. In der Aufnahmestation werden Patientendaten aufgenommen und in der Patientendatei gespeichert. Sie begleiten den Patienten unsichtbar auf dem Weg durch das Krankenhaus – vom Labor über den Operationssaal bis zum Krankenzimmer und seinen Überwachungs- und Dosierungsgeräten. Der Arzt kann sich über eine entfernte Datenbank und Beratungssysteme informieren.

*Telemedizin ist das Wissen und Können der Medizin im Computernetz!* Telemedizin versucht, durch Vernetzung von Informations- und Telekommunikationstechnologie die Diagnose, Betreuung und Patientenverwaltung zu optimieren (Abb. 52). Die Anwendung umfaßt computergestützte Kommunikation innerhalb eines und zwischen mehreren Krankenhäusern, zwischen Krankenhäusern und Fachärzten, Fach- und Hausärzten und Hausärzten mit ihren Patienten.

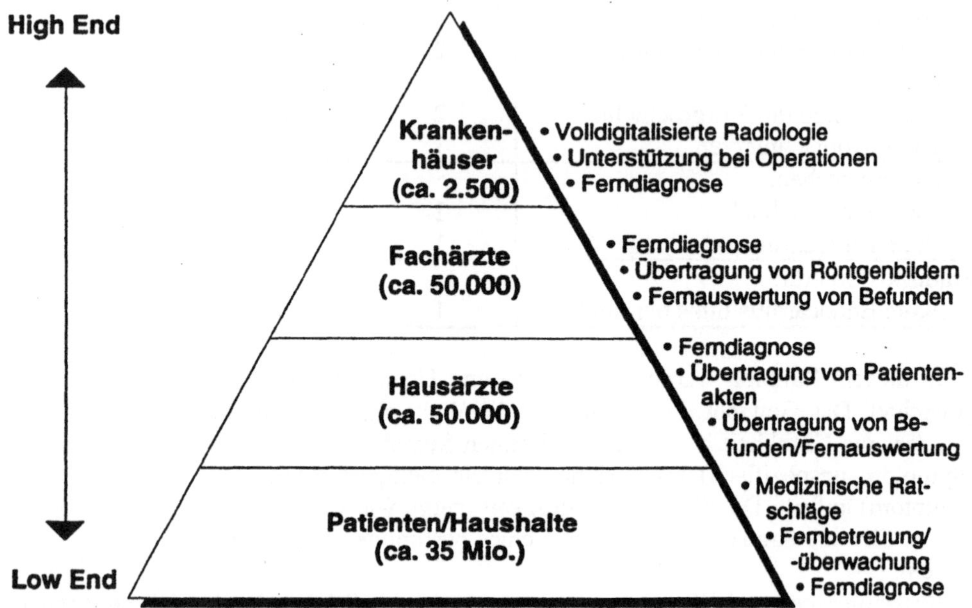


**Abbildung 52**
Telemedizin im Computernetz

Virtueller Patient im Computernetz

Neben Ferndiagnosen und Übertragung von Röntgenbildern wird die VR-Technologie eine zentrale Rolle in der Telemedizin übernehmen. Der *virtuelle Patient* könnte im *Computernetz* betreut, behandelt und Gegenstand weltweiter Forschung sein. Mit der Angst vor dem ‚gläsernen Patienten', der digital für alle und jeden im Netz verfügbar ist, wird auch die Gefährdung des Menschen durch diese Entwicklung angesprochen. Am Ende erweist sich die Medizin als exemplarisch, um die dramatische Herausforderung durch weltweite Computernetze und virtuelle Realität zu unterstreichen.

# Teil III
# Computernetze und virtuelle Gesellschaft

Wir befinden uns im völligen Umbruch auf dem Weg in eine Wissens- und Dienstleistungsgesellschaft. Computernetze mit ihren Informations- und Kommunikationsmöglichkeiten sind die treibenden Kräfte dieser Entwicklung. Internet und World Wide Web sind der Einstieg in eine digitale Evolution virtueller Netzwelten. Ihre Komplexität und Informationsflut wird nur mit Unterstützung von im Netz verteilter künstlicher Intelligenz zu bewältigen sein. Wir sprechen von Wissensmanagement mit virtuellen Netzagenten. Im Wirtschaftsleben der Wissensgesellschaft ergänzen virtuelle Wertschöpfungsketten den physischen Produktionsprozeß. Computernetze werden zur neuen Kulturtechnik von virtuellen Bibliotheken und Universitäten bis zu den virtuellen Erlebniswelten in Kunst und Medien.

# 7 Wissensmanagement durch virtuelle Netzagenten

*Wissen*, *Lernfähigkeit* und *Intelligenz* sind keineswegs an das Nervensystem und Gehirn eines einzelnen Organismus gebunden. Tierpopulationen (z.B. Ameisen- und Termitenkolonien) entwickeln kollektive Problemlösungs- und Konstruktionsverfahren (z.B. Transportnetze und Termitenbauten), zu denen einzelne Tiere nicht fähig sind. Die Soziobiologie nennt daher solche Populationen *Superorganismen*. Auch im Gehirn denkt, plant und entscheidet nicht eine ausgezeichnete Nervenzelle, sondern ein Netz von neurochemisch kommunizierenden Neuronen. In einem Superorganismus kommunizieren alle Tiere über chemische Diffusionsfelder und entwickeln funktionale Ordnungen mit Arbeits-, Transport- und Versorgungseinheiten ohne den Plan und das Kommando eines einzelnen Tieres.

Auch die *menschliche Gesellschaft* läßt sich als ein vernetzter Superorganismus mit sich selbst organisierender Eigendynamik verstehen. Nach Straßen- und Eisenbahnnetzen wurden im 20. Jahrhundert zunächst weltweite Telefon-, Rundfunk- und Fernsehnetze entwikkelt. *Computernetze* werden die Kapazitäten einzelner Rechner überflügeln und neue kollektive Leistungen im Netz als Netzcomputer erbringen. Statt neuronaler Impulse und chemischer Diffusionsfelder sind es nun elektronisch digitalisierte Informationen, deren Codes in Computernetzen ausgetauscht werden. Sie bilden die Grundlage weltweiter *digitaler Kommunikationsnetze*, in denen Unternehmen, Verwaltungen, Haushalte und jeder einzelne von uns verbunden sind. Im Unterschied zur Termitenpopulation kann zwar der einzelne Mensch durch sein Denken, Fühlen und Handeln die Entwicklung seiner Gesellschaft stärker verändern. Umgekehrt erzeugt eine vernetzte Gesellschaft *kollektive Trends und Ordnungen*, denen sich der einzelne kaum entziehen kann.

Zudem kann die Informationsflut in komplexen Computer- und Kommunikationsnetzen von einem einzelnen Nutzer nicht mehr bewältigt werden. Dazu bedarf es intelligenter *Informationsfilter*,

Die menschliche Gesellschaft als Superorganismus

*Koordinations-* und *Kooperationsprogramme*, die im Netz verteilt
den Interessen der Nutzer entsprechend agieren. Damit beschäftigt
sich die Forschungsrichtung der *Verteilten Künstlichen Intelligenz*
(VKI) bzw. DAI (*D*istributed *A*rtificial *I*ntelligence). Im einfachsten
Fall wird ein komplexes Problem in Teilaufgaben zerlegt und jede
Teilaufgabe von im Netz verteilten KI-Systemen (z.B. wissensbasierte Expertensysteme, Datenbanken) *parallel* gelöst. Das Computernetz arbeitet wie ein Netz verteilter Prozessoren in einem Parallelrechner. Die Teilergebnisse werden wie die Produkte von Zuliefe-
rungsfirmen an eine Zentrale übergeben, um für die Gesamtlösung
verwendet zu werden. Im Unterschied zur *parallelen KI* wird beim
*verteilten Problemlösen* eine Kooperation der einzelnen im Netz verteilten Problemlöser angestrebt. Während der parallelen Problemlösung können in diesem Fall z.B. Datenbanken jeweils
benötigte Informationen austauschen.



Bei einem *Multi-Agentensystem* werden die Problemlöser im Netz
zu mehr oder weniger *adaptiven* und *lernfähigen* Softwareprogrammen (*Agenten*), die selbständig (*autonom*) sich den Wünschen und
Zielen des menschlichen Nutzers z.B. bei der Auswahl von Netzinformationen anpassen. Diese virtuellen Agenten können bis zu einem gewissen Grad mit simulierten Eigenschaften lebender Systeme
ausgestattet werden. An dieser Stelle verbindet sich also die VKI-
Forschung mit der KL (*K*ünstliches *L*eben)- und KI (*K*ünstliche
*I*ntelligenz)- Forschung. Analog zur künstlichen Evolution einer
Automatenpopulation könnte eine Population von Softwareagenten
ihre Fitnessgrade verbessern und selektiert werden, je nachdem wie
erfolgreich sie die gestellten Aufgaben löst oder sich einer ständig
veränderten Netzumwelt anpassen kann.



Der Einstieg in diese ambitionierte Agententechnologie sind Navigatoren, Suchkataloge und Suchmaschinen für die gezielte Suche
von Informationen im WWW (*Information Retrieval* und *Information Filtering*). *Navigatoren* sind die einfachsten Werkzeuge, die z.B.
als Browser im lokalen Rechner eines Computernetzes vorhanden
sind. Bei *Suchkatalogen* wie z.B. Yahoo werden bestimmte The-
mengebiete von Hand in ein Programm eingegeben, ergänzt und
verwaltet. *Suchmaschinen* sind erste Formen von agentenbasierten
Softwareprogrammen, die automatisch im Netz nach bestimmten
Informationen suchen. Bei einfachen Suchmaschinen sind alle ge-
fundenen Informationen in einer Datenbank gespeichert, die immer
wieder aktualisiert werden muß.

Wegen der wechselnden, unsystematischen und unterschiedlichen
Informationsangebote mit manchmal gleichen Adressen bleiben
allerdings gezielte Suchen mit einer Suchmaschine unzuverlässig.
Daher setzen erfahrene Nutzer mehrere Suchmaschinen ein. Ein

nächster Schritt besteht darin, die gleichzeitige Anfrage von mehreren Suchmaschinen zu automatisieren. Eine *parallel arbeitende Suchmaschine* greift auf die Datenbanken der einzelnen genutzten Suchmaschinen zurück. Die gelieferten Suchergebnisse werden für jeden Nutzer typische Ähnlichkeiten aufweisen, die sich aus seinen Präferenzen erklären. Ein Programm, das diese Ähnlichkeiten selbständig erkennt und in einer personalisierten Datenbasis nutzt, wäre der erste Schritt zu einem *autonomen Softwareagenten*.

## Mobile und stationäre Netzagenten

Je nach Fähigkeit und Aufgabenstellung werden verschiedene Typen von autonomen Softwareagenten unterschieden. *Informationsagenten* unterstützen einen Nutzer vorwiegend bei der Suche nach Informationen in Netzwerken. Bei schwierigen Aufgaben, die einen einzelnen Agenten überfordern, werden *Kooperationsagenten* eingesetzt. In diesem Fall müssen sich Agenten über eine gemeinsame Problemlösung verständigen. Im Komplexitäts- und Wissensmanagement eines Netzes ist es häufig erforderlich, Transaktionen z.B. bei Banken und Versicherungen oder beim Ein- und Verkauf auszuführen und zu überwachen. Wir sprechen in diesem Fall von *Transaktionsagenten*, die hohen Sicherheits- und Vertrauensanforderungen genügen müssen, um vom Nutzer akzeptiert zu werden.

Neben unterschiedlichen Graden der Selbständigkeit (*Autonomie*) sind je nach Aufgabenstellung weitere Eigenschaften für Agenten erforderlich. Zunächst muß ein Agent auf veränderte Umweltbedingungen selbständig reagieren können. Wie bei einem Organismus der biologischen Evolution sind für reflexartige Reaktionen auf Umweltereignisse keineswegs Bewußtsein und die Fähigkeit zur logischen Schlußfolgerung aus Erfahrungswissen notwendig. Agenten, die über Sensoren und geeignete Reaktionsregeln für Umweltveränderungen verfügen, heißen *reaktiv*. Verfügen sie zusätzlich über ein internes Modell der Umwelt, aus dem sie Schlüsse ziehen können, heißen sie *deliberativ*.

Grundlegend ist die Unterscheidung zwischen stationären und mobilen Agenten. *Stationäre Agenten* sind an lokale Rechner im Netz gebunden. *Mobile Agenten* können von einem zum anderen Rechner in einem Netz transportiert werden, um dort selbständig ihre Aufgaben zu erfüllen. Im günstigsten Fall kann sich ein mobiler Agent im Netz frei bewegen und mit anderen Agenten kommunizieren und kooperieren, um eine Problemlösung, Geschäftsverhandlung oder Informationssuche zu erledigen. Stationäre und mobile Agenten

Informations-
agenten

Kooperations-
agenten

Transaktions-
agenten

Reaktive
Agenten

Deliberative
Agenten

werden die gleiche Aufgabe im Netz mit unterschiedlichen Strategi-en verfolgen müssen. Ein *stationärer Informationsagent* richtet eine Informationsrecherche z.B. nach einer günstigen Immobilie zunächst an eine Datenbank und erhält eine Liste von Adressen zurück, die er nacheinander im Netz selber abfragen muß. Jede Anfrage muß vom lokalen Rechner des Agenten (*Client*) zum Adressaten (*Server*) hin-geschickt, jede Antwort zurückgeschickt werden. Dabei kommt es zu einer kostspieligen und zeitraubenden Netzbelastung. Zudem wird viel überflüssige Information zurückgesendet, die der Agent entsprechend den Wünschen seines Nutzers im lokalen Rechner aussortieren muß.



Demgegenüber begibt sich ein *mobiler Informationsagent* selber zur Datenbank, sucht danach die erhaltenen Adressen von Informa-tionsquellen im Netz nacheinander auf und sortiert jeweils bereits vor Ort die uninteressanten Informationen aus. Die Netzbelastung beschränkt sich also jeweils auf den kurzen Wechsel von einem Rechner zum anderen. Dabei werden nur die vorsortierten interes-santen Informationen mitgenommen. In einem offenen virtuellen Dienstleistungsmarkt können auch stationäre mit mobilen Agenten verbunden werden. Der Anbieter einer Dienstleistung (z.B. Daten-bank) stellt einen stationären Agenten quasi wie einen virtuellen Assistenten zur Verfügung, der auf die Wünsche des mobilen Agenten eingeht. Der mobile Agent könnte z.B. bei erfolgloser Su-che nach bestimmten Informationen vor Ort selbständig entscheiden, eine damit zusammenhängende Information zu suchen, auf die ihn vielleicht der Anbieteragent aufmerksam gemacht hat.

Wie kommunizieren aber Agenten untereinander und mit ihren Informationsquellen? Grundlage sind die Kommunikationsstandards in Computernetzen, wie wir sie bereits im ISO/OSI-*Schichtenmodell der Netzkommunikation* (Abb. 8) kennengelernt haben. Zwischen den korrespondierenden Schichten zweier Computerknoten existiert jeweils ein definiertes *Protokoll*. Die Hierarchie der Schichten reicht in jedem Computerknoten von der Anwender- und Benutzerschicht bis hinunter zur physikalischen Schicht der Signalübertragung von Bitsequenzen. Die Softwareprogramme von *Agenten* gehören im allgemeinen zur Anwenderschicht. In einem Computernetz ist ein Rechner der Anbieter (*Server*) und ein anderer der Nachfrager (*Client*) nach einer Information. Ein Agent kann sowohl als Anbieter als auch als Nachfrager und sogar in beiden Funktionen gleichzeitig auftreten.



Stationäre und mobile Agenten müssen unterschiedlich mit-einander kommunizieren. Wenn ein *stationärer Agent* den Dienst eines anderen Agenten in Anspruch nehmen will, teilt er ihm diese Absicht (*request*) in einer Netznachricht mit. Auf dem Server-

Rechner des anderen Agenten wird daraufhin die gewünschte Prozedur (Funktion) aufgerufen, ausgeführt und das Ergebnis an den Cli-
ent-Rechner zurückgeschickt (*reply*). Das Verfahren heißt daher
*Remote Procedure Call* (RPC). Stationäre Agenten kommunizieren
also mit RPC in festgelegten Rollen als Client oder Server. Demgegenüber sind *mobile Agenten* nicht auf den Austausch von Request-
und Reply-Nachrichten festgelegt. Eine Prozedur wird jetzt nicht
mehr über das Netz aufgerufen, sondern durch das Programm des
mobilen Agenten im anderen Rechnerknoten, zu dem er sich hinbe-
wegt hat. Das Verfahren heißt daher *Remote Programming* (RP) und
ist deutlich flexibler als RPC.



In einem Netz mit vielen mobilen und stationären Agenten ist
*Kommunikations- und Wissensmanagement* eine zentrale Aufgabe.
Die klassische KI versuchte einen Agenten als wissensbasiertes
System so intelligent und wissend wie möglich zu machen, damit er
ein Problem lösen kann. Ein solcher auf sich allein gestellter Agent
ist angesichts der Komplexität vieler Probleme hoffnungslos über-
fordert. Wie in einer arbeitsteiligen Gesellschaft setzt die Multi-
Agententechnologie daher auf viele und vielleicht weniger intelligente Agenten, die mit ihren unterschiedlichen Spezialisierungen
kooperieren, reagieren und mobil sind. *Verteiltes Problemlösen im
Netz* erfordert aber ein effektives Management von Kooperationen,
Kommunikationen und verteiltem Wissen. Wie bei Menschen ist die
Kommunikation zwischen Softwareagenten keineswegs auf Nachrichtenaustausch über Fakten beschränkt. Kommunikation besteht
aus Handlungen des Sprechens, die Absichten verfolgen und Veränderungen der Umwelt auslösen.



Der englische Sprachphilosoph Austin hat daher den Begriff des
*Sprechakts* eingeführt, der mittlerweile grundlegend wurde für die
*Kommunikationssprache* KQML (*K*nowledge and *Q*uery *M*anipula-
tion *L*anguage) *von Softwareagenten*. Ein Sprechakt wie z.B.
‚Können Sie mir Informationen über ein bestimmtes Produkt geben?'
ist nach Austin durch verschiedene Handlungskomponenten bestimmt. Zunächst ist der Übermittlungsvorgang (also bei einem
menschlichen Agenten das Ansprechen) des Sprechaktes zu beach-
ten (*lokutionärer Akt*). Mit dem Sprechakt sind bestimmte Absichten
des Senders wie z.B. Bitte, Befehl oder Frage verbunden
(*illokutionärer Akt*). Der *parlokutionäre Akt* hält die Auswirkungen
des Sprechakts auf den Empfänger einer Nachricht fest, z.B. die
Bereitschaft eine Information zu geben oder nicht.



Die Agentensprache KQML stellt Protokolle zur gegenseitigen
Identifizierung zur Verfügung, zum Aufbau einer Verbindung und
zum Nachrichtenaustausch. Auf der Nachrichtenebene werden
Sprechakttypen festgelegt, die in unterschiedlichen Computerspra-

chen (z.B. LISP, $C^{++}$) formuliert sein können. Beispiele von Sprechakten sind Funktionen wie `ask_all(x)` (Sender S möchte alle Antworten x in der Wissensbasis des Empfängers E), `ask_one(x)` (S möchte eine in der Wissensbasis von E vorhandene Antwort x), `sorry(x)` (S besitzt nicht das erforderliche Wissen x), `tell(x)` (S überträgt eine Information x), `broker_one(x)` (S möchte, daß E Hilfe für die Beantwortung eines Sprechakts x ausfindig macht), `advertise(x)` (S ist für die Ausführung eines Sprechaktes x besonders geeignet) etc. Vielschichtige Dialoge zwischen vielen Agenten verändern mit ihren Sprechakten ständig die Zustände der Agenten. Das Dialogmanagement erfordert daher eine sorgfältige Protokollierung der Sprechakte.

Das Szenario einer komplexen Protokollführung wird in Abb. 53 gezeigt. Dort wird ein Vermittler eingeschaltet, um einen informationssuchenden *Agenten* 1 mit einem informationssuchenden *Agenten* 2 zusammenzubringen; *Agent* 2 ist für die Ausführung eines Sprechaktes `ask_one(x)` besonders geeignet (1). *Agent* 1 möchte, daß der *Vermittler* Hilfe für die Beantwortung des Sprechakts `ask_one(x)` ausfindig macht (2). Der *Vermittler* möchte daher eine in der Wissensbasis von *Agent* 2 vorhandene Antwort x (3). *Agent* 2 überträgt die Information x an den *Vermittler* (4). Der *Vermittler* überträgt schließlich die Information x an *Agent* 1 (5).

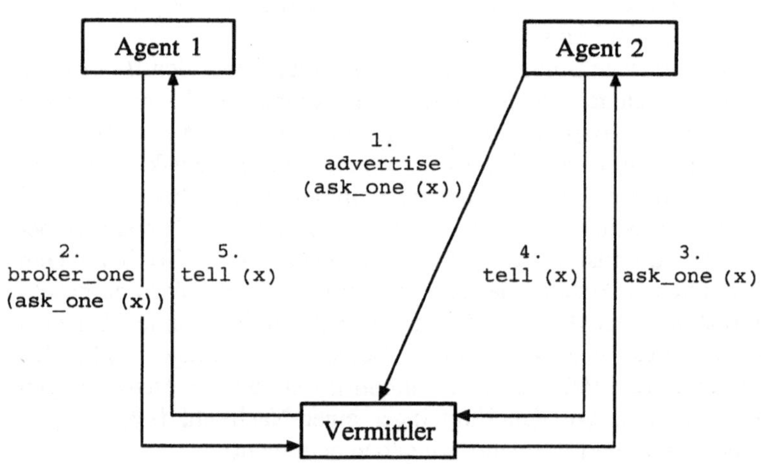


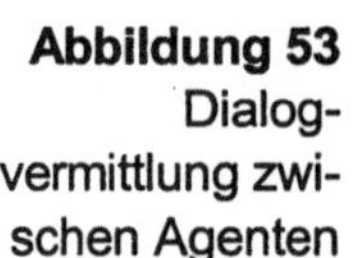

**Abbildung 53**
Dialogvermittlung zwischen Agenten

 *7 Wissensmanagement durch virtuelle Netzagenten*

Zu welchen Aufgaben werden Agenten beim *Wissensmanagement* eingesetzt? Als Beispiel betrachten wir einen *stationären Investoragenten*, der im Rahmen des DAGAS-Projekts eine *Datenbank* verwaltet und einen Nutzer beim Aufbau eines *Portfolio von Kapitalanlagen* berät. In einer *objektorientierten* Computersprache wird der *Investoragent* als ein *Objekt* definiert, das Informationen von Zeitungen zur Entscheidungsberatung speichert und auswertet. Die *Attribute* des *Objekts* Investor speichern zu seiner Identifizierung seinen *Namen* (name), seinen *Geburtstag* (birthday) und *Geburtsort* (birthplace), seine *Aktien* (share), sein *Zeitungsabonnement* (subscription) und den *Transaktionspreis seiner Aktien* (transactionPrice).

<table>
<tr><td>Objekt</td><td><code>Investor</code></td></tr>
<tr><td>Attribute</td><td><code>name: string</code></td></tr>
<tr><td></td><td><code>birthday: time</code></td></tr>
<tr><td></td><td><code>birthplace: string</code></td></tr>
<tr><td></td><td><code>share: Oid</code></td></tr>
<tr><td></td><td><code>subscription: Oid</code></td></tr>
<tr><td></td><td><code>transactionPrice: real</code></td></tr>
</table>

Die *möglichen Handlungen* des Investoragenten werden durch seine *Methoden* und *Lebenszyklen* festgehalten. Die *Methoden* lassen den *Verkaufsversuch* (tryToSell), den *Verkauf* (sell) und die *Verkaufsstornierung* (cancelSupply) einer Anzahl Aktien einer Gesellschaft zu einem minimalen Preis zu. Ferner kann mit *guten Nachrichten* (goodNews) und *schlechten Nachrichten* (badNews) aus den Zeitungen gehandelt werden:

*Methoden*

```
tryToSell (company: string, number: integer,
                              minPrice:real)={
   SupplyClass.initiateShareholder(company,
                              number, minPrice)
}
Sell(buyer, price)={
   share.transferOwnership(buyer, price)
   Supply.drop
}
cancelSupply={
   Supply.drop
}
goodNews(company: string)={
```

```
        transactionPrice=subscription.priceAdvice
                                          (company)
    }
    badNews(company: string)={
        transactionPrice=subscription.priceAdvice
                                          (company)
    }
```



Die *Lebenszyklen* der Agenten beschreiben die Handlungsabläufe. Danach ist zunächst festgelegt, daß einem Verkaufsversuch der Verkauf oder die Verkaufsstornierung einer Aktie folgt. Ferner wird der Zugang zu guten und schlechten Nachrichten auf die abonnierten Zeitungen beschränkt:

*Lebenszyklen*

```
(tryToSell;(Sell+cancelSupply))*
([sender==subscription]goodNews*)
([sender==subscription]badNews*)
```



Die *tatsächlichen Handlungen*, die unter Voraussetzung bestimmter *Ereignisse* stattfinden, werden regelbasiert festgelegt. Falls ein bestimmtes Ereignis zu einem bestimmten Zeitpunkt als Vorbedingung einer Handlung eintritt, wird die Handlung ausgeführt. So sollen zusätzliche Aktien *gekauft* werden, falls gute Nachrichten über diese Aktien zweimal (zu den Zeitpunkten $t_1$ und $t_2$) in einer Woche (innerhalb von 7 Tagen) gemeldet werden. Andere Regeln legen die *Bedingungen von Verkaufsversuchen* fest:

*Regeln*

```
On goodNews(company)(t₁);goodNews(company)(t₂)
   if t₂-t₁≤7 days
   do tryToBuy(company, transactionPrice)
On badNews(company)(t₁); badNews(company)(t₂)
   if t₂-t₁≤7 days && transactionPrice(t₂)≤
                           transactionPrice(t₁)
   do tryToSell(transactionPrice)
On goodNews(t₁); badNews(t₂)
   if t₂-t₁≤7 days && transactionPrice(t₁) ==
                      max(transactionPrice,t₁,t₂)
   do tryToSell(transactionPrice)
```

Die Investoragenten von Datenbanken können durch Relationen untereinander erweitert werden, die einen *Informationsaustausch* ermöglichen.

Im Unterschied zu stationären Agenten werden *mobile Agenten* ins World Wide Web geschickt, um Informationen zu sammeln, auszuwerten und vor Ort Entscheidungen zu treffen und zu verhandeln. Grundlage ist eine *objektorientierte Netzsprache* wie z.B. Java, in der Agententypen als *Klassen* definiert und als *Bytecode* im *World Wide Web* transportiert und verstanden werden können. Ein konkreter *Agent* ist dann wie üblich in Java ein Objekt nach dem Schema einer Agentenklasse. Charakteristisch für jeden mobilen Agenten ist sein *Dienstleistungsprofil* für unterschiedliche Interessen und Aufgaben eines Nutzers. In einem *offenen Dienstleistungsmodell* wie OSM (*O*pen *S*ervice *M*odel) werden verschiedene Netzkomponenten als Klassen unterschieden:



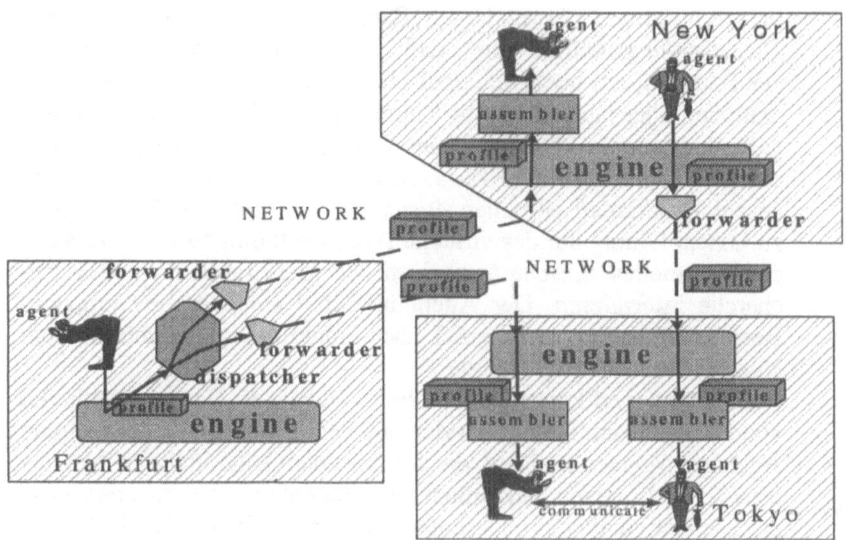


**Abbildung 54**
Mobile Agenten im Netz

Die `Engine` (Maschinen)-*Klassen* im Netz empfangen und managen die Agenten. Jede `Engine` erzeugt einen `Assembler`, der eintreffende Bytecodes von Agenten in Agentenprogramme umwandelt. Die entsprechende *Methode* heißt `reviveAgent` und spielt auf die ‚Wiederbelebung' des Agenten an, der quasi im Bytecode

,eingefroren' auf Netzreise geschickt wurde. Der `Assembler` erzeugt einen `ProfileClassLoader`, der das Dienstleistungsprofil des Agenten lädt. Mobile Agentenprogramme können *,geklont'* und dann gleichzeitig an verschiedene Orte z.B. zur Literaturrecherche verschickt werden. Die entsprechende `split`-*Methode* gehört zur `Dispatcher`-Klasse, die ebenfalls von der `Engine` erzeugt wird. Die tatsächliche Verschickung des Agentencodes übernimmt quasi als Spediteur der `Forwarder`. Um die Tätigkeiten der verschickten Agenten an den verschiedenen Orten zeitlich zu koordinieren, ist ein `Synchronizer` vorgesehen. Die *Methode* `communicate` erlaubt Informationsaustausch der mobilen Agenten an den Orten, an denen sie zusammentreffen.

Klassen und Methoden von mobilen Dienstleistungsagenten

Abb. 54 zeigt ein *Szenario von mobilen Agenten im Netz* bei der Informationssuche. Die Infrastruktur von OSM bietet einem Nutzer einen Katalog an, aus dem er sich einen passenden Agenten für seine Aufgabe aussuchen kann. Angenommen ein Frankfurter Architekt sucht Informationen über Baustatik einer japanischen Stilrichtung, die er in seinen postmodernen Bauentwurf integrieren will. Eine *Dienstleistungsanalyse* zeigt, daß die erforderlichen Informationen zur Baustatik am besten in einer New Yorker Bibliothek, die Informationen über japanische Stilrichtungen in einer Tokioer Bibliothek gefunden werden können. Daher wird der Agent *geklont* und von einem entsprechenden `Forwarder` nach New York und Tokio geschickt. Um den virtuellen *Agentenklon* in Tokio gezielter suchen zu lassen, könnte ihn der virtuelle Agentenklon in New York durch einen virtuellen *Botschafteragenten* über die Ergebnisse seiner Recherche informieren. Der Agent in Tokio *kommuniziert* mit dem Botschafteragenten, geht zurück nach Frankfurt und berichtet seinem Nutzer über seine Ergebnisse.

Informationen kosten in der Regel *Geld*, z.B. Benutzergebühren von Bibliotheken. Diesen Service übernehmen ebenfalls die mobilen Agenten. Agenten im Netz, die vor Ort über Geldmittel eine Nutzers entscheiden, müssen daher nicht nur selber absolut vertrauenswürdig sein, sondern auch vor unbefugten Zugriffen auf der freien Wildbahn des World Wide Web geschützt werden. Die Akzeptanz einer Netztechnologie mit mobilen Agenten wird also entscheidend davon abhängen, ob diese *Sicherheitsfragen* befriedigend gelöst werden. Je mehr *Autonomie* einem Agenten zugestanden werden, desto besser ist sein *Dienstleistungsangebot*, um so gravierender werden aber auch die damit zusammenhängenden *Sicherheitsprobleme*. Mit wachsender Komplexität der Computer- und Kommunikationssysteme werden virtuelle Agenten für das *Netzmanagement* ebenso unverzichtbar sein wie mikrobielle Organismen für die Lebensfähigkeit des menschlichen Körpers. Bei ungelösten Sicherheitsproblemen

Sicherheitsprobleme von mobilen Agenten

könnten sie sich auch als gefährliche Computerviren verselbständigen.

## Netzagenten mit künstlicher Intelligenz

Je nach Aufgabenstellung sind virtuelle Agenten unterschiedlich *spezialisiert*. Neben den persönlichen Agenten, die sich autonom den veränderten Wünschen der Nutzer anpassen, wird es Netzagenturen geben, die in den heterogenen Multimedia-Systemen des Netzes (Datenbanken, Textsysteme, Grafiksysteme etc.) Informationen sammeln. Wissensagenten werden sie filtern und integrieren, andere weiterleiten und speichern, Sicherheitsagenten im Sinne eines *virtuellen Immunsystems* schützen die Systeme. Prinzipiell könnten virtuelle Agenten mit einer Skala von mehr oder weniger starken Fähigkeiten ausgestattet werden. In der bisher besprochenen *schwachen Agententechnologie* entscheiden stationäre und mobile Softwareprogramme autonom über vorgegebene Ziele, reagieren auf veränderte Netzsituationen und tauschen Informationen aus. Ein wirtschaftliches Beispiel sind die bereits erwähnten Investoragenten, die aufgrund von Entscheidungsregeln über gute oder schlechte Börsennachrichten den An- und Verkauf von Wertpapieren zur Zusammensetzung eines günstigen Portfolio vorschlagen. Diese Agententechnologie läßt sich als Erweiterung *aktiver Datenbanken* verstehen, die bereits autonom mit regelbasierten Programmen über die Anwendung von Geschäftsregeln (z.B. Benutzerrechte) laufende Informationserweiterung oder Informationssicherung entscheiden können.

In einer *starken Agententechnologie* sind virtuelle Agenten lernfähig und flexibel, verfolgen eigene Ziele, verfügen über eine Motivationsstruktur und machen sich ein Bild („Weltbild') von ihrer Umgebung. Ein Agent, der als *virtueller Assistent* eines Anwenders Informationen im Internet auswählen und suchen soll, muß die *Präferenzen* seines Nutzers *lernen* und ständig *anpassen*. Da die Felder der mehr oder weniger bevorzugten Objekte nicht scharf getrennt werden können, bilden sie unscharfe („*fuzzy*') Mengen im Informationssuchraum. Um solche *unscharfen Klassifikationen* erlernen zu können, werden Agenten mit *neuronalen Fuzzy-Systemen* ausgestattet. Neuronale Netze besitzen Lernalgorithmen, mit denen *Gewichtungen* der mehr oder weniger bevorzugten Objekte („*Präferenzprofil*') aus vorgegebenen Beispielen erlernt werden können.

So läßt sich ein *neuronaler Fuzzy-Agent* entwerfen, der das Präferenzprofil eines Benutzers für Eigenschaften von Gemälden

(Farben, Formen, Themen etc.) aus Beispielen lernt (Abb. 55). In diesem Fall ist der Agent also zusätzlich mit den visuellen Fähigkeiten eines *Multimedia-Systems* ausgestattet. Präferenzaussagen des Nutzers von der Art ‚Ich mag Objekt *A* wenigstens ebenso sehr wie Objekt *B*' können durch eine Nutzen (*utility*)-Funktion in numerische Relationen der Form $u(A) \geq u(B)$ transformiert werden. Mit diesen Relationen läßt sich das Präferenzprofil eines Nutzers anschaulich als Berg- und Tallandschaft über der Menge der bewerteten Objekte darstellen: Den Präferenzgraden der Objekte entsprechen mehr oder weniger große Höhengrade. Jedenfalls sind die Extreme der am stärksten bevorzugten oder abgelehnten Objekte durch Berggipfel und Taltiefen veranschaulicht. In Abb. 55 ist das Präferenzprofil eines Nutzers in einer Gedankenblase dargestellt. Rechts vom Nutzer sehen wir Gemäldebeispiele, aus denen er sein Präferenzprofil gebildet hat. Es wäre völlig unrealistisch, alle Wünsche des Nutzers vollständig regelbasiert abbilden zu wollen. Tatsächlich sind unsere Wünsche nie präzise und umfassend geklärt. Daher entspricht jeder Präferenzregel ein unscharfes Flächenstück des Präferenzprofils. Je mehr Objekte bewertet und gewichtet werden, um so feiner ist die Auflösung des Nutzerprofils.

**Abbildung 55**
Ein neuronaler Fuzzy-Agent erlernt das Präferenzprofil (‚Geschmack') eines Nutzers aus Beispielen von Gemälden.

Durch Interpolationen entsteht schließlich eine kontinuierliche Gebirgslandschaft mit Höhen und Tiefen wie im Nutzerprofil von Abb. 55. Ein solches *Präferenzprofil* läßt sich auch als *Potentiallandschaft eines neuronalen Netzes* auffassen, wie wir sie bereits in Kapitel 5 kennengelernt haben. In diesem Fall werden die *synaptischen Verbindungsstärken* zwischen den Neuronen als *Präferenzgrade* zwischen Eigenschaften und Objekten interpretiert. *Lernen* und *Verändern von Präferenzen* entspricht also dem lokalen Ändern von synaptischen Gewichten im neuronalen Netz. Wenn ein neuronaler Fuzzy-Agent durch Bildbeispiele das Präferenzprofil seines Nutzers mehr oder weniger scharf erlernt hat, kann er im *World Wide Web* eingesetzt werden. In *virtuellen Museen* und *Bibliotheken* vermag er ähnliche Bilder nach dem Geschmack des Nutzers zu suchen. Wie bei der Bilderkennung von Hopfield-Systemen und probabilistischen Netzen vergleicht der Agent die Merkmale von Gemälden mit dem gelernten Präferenzprofil, klassifiziert sie und sortiert diejenigen mit positiven Extrema aus. Selbstverständlich kann das Präferenzprofil verändert werden, wenn der Nutzer seinen Geschmack modifiziert. Die Präferenzregeln sind also im Netzwerk der Synapsengewichte versteckt und nicht explizit als Programmregeln deklariert wie bei einem konventionellen Computer. Damit erhält ein *neuronaler Fuzzy-Agent* große Ähnlichkeit mit der Arbeitsweise eines *menschlichen Gehirns* mit all seiner Unschärfe und Fehlertoleranz, aber auch mit seiner Lernfähigkeit aufgrund seiner synaptischen Plastizität.

Präferenzprofil eines Nutzers als Potentiallandschaft eines neuronalen Netzes

Neuronale Fuzzy-Agenten im World Wide Web

Im Unterschied zu neuronalen Agenten arbeiten *deliberative* (Beratungs-) *Agenten* mit den Methoden der *klassischen KI*. Agenten sind dann *wissensbasierte Systeme* (vgl. Kapitel 3) mit einer Wissensbasis und logischen Schlußfolgerungen. Das interne Modell des Agenten von seiner Umwelt wird aufgrund der Wissensbasis in einer geeigneten KI-Sprache repräsentiert. Wissen muß also explizit und symbolisch durch z.B. Regeln oder Frames dargestellt werden. Deliberative Agenten laufen daher Gefahr, viel oder sogar zu viel zu wissen, aber zu unspezifisch für konkrete Probleme zu sein. Mit Blick auf menschliche Mitarbeiter liegt die Feststellung nahe: Es reicht nicht aus, ‚gebildet' zu sein. Das erforderliche Wissen muß vielmehr in einer konkreten Situation anwendbar sein.

Deliberative Agenten sind wissensbasierte Systeme

In dynamischen Systemumwelten, die sich ständig verändern, sind wissensbasierte Systeme häufig zu starr und unflexibel, da sie meistens nicht selbständig lernen und sich auf veränderte Situationen nicht einstellen können. *Deliberative Agenten* sind allerdings verläßlich im *logischen Schlußfolgern aus ihrer Wissensbasis*. Diese Erkenntnisse können den Agenten veranlassen, seinen *internen Zustand* zu verändern. Gemeint sind damit seine *Überzeugungen, Wünsche* und *Intentionen*. Daher heißen deliberative Agenten auch B (*Belief*) D (*Desire*) I (*Intention*)-Agenten. Diese psychologischen Redeweisen dürfen aber nicht darüber hinwegtäuschen, daß es sich bei den ‚Überzeugungen', ‚Wünschen' und ‚Intentionen' der *BDI-*

BDI-Agenten sind stark im logischen Schlußfolgern und Planen.

*Agenten* um symbolische Ausdrücke einer KI-Sprache handelt, die nicht mit mentalen Bewußtseinszuständen wie bei Menschen verbunden sein müssen.

Für das Wissensmanagement z.B. in der Industrie sind BDI-Agenten nur geeignet, um Wissen logisch auszuwerten, zu strukturieren, Planungsmodelle zu erstellen und mit fest vorgegebenen Planungszielen zu vergleichen. Informationen über die Umwelt müssen explizit eingegeben werden (*Input*). Sie werden in der *Wissensbasis* des symbolischen Umweltmodells gespeichert. Daraus werden *Wünsche*, *Ziele* und *Absichten* abgeleitet, von einer *Planungseinheit* ausgearbeitet, von einer *Scheduler-Einheit* in konkrete Pläne umgesetzt und schließlich in Aktionen oder Vorschläge für Aktionen ausgeführt (*Output*). Der gesamte Ablauf wird von einer zentralen *Managereinheit* überwacht und gesteuert. Damit lassen sich zwar systematisch alle möglichen Umweltsituationen des BDI-Agenten logisch ableiten. Die Reaktionsfähigkeit des BDI-Agenten ist allerdings langsam und umständlich. Demgegenüber weiß ein *reaktiver Agent* wenig, reagiert aber in bestimmten Situationen schnell.

Die *Evolution* hat uns Menschen keineswegs als unbeholfene Vielwisser oder reaktionsschnelle Schmalspurdenker entwickelt. Unser Wettbewerbsvorteil in der Natur lag in der Mischung verschiedener Fähigkeiten. Wir sind echte *Hybridsysteme*, in denen diese Fähigkeiten geschickt verbunden wurden. Entsprechend versuchen hybride Agentensysteme, die Vorteile von deliberativen und reaktiven Agenten zu kombinieren. Analog zu biologischen Systemen besitzen *Hybridagenten* eine mehrschichtige Architektur. Auf den unteren Schichten werden reaktive Verhaltensweisen programmiert. Darauf folgen höhere Schichten für deliberative Verfahren wie Zielformulierung, Planung und logisches Schlußfolgern. Schließlich benötigen Agenten im Netz auch soziale Fähigkeiten wie Kooperation, Wettbewerb und Kommunikation. Daher muß neben einer *verhaltensbasierten Schicht* und einer *Planungsschicht* auch eine *Kooperationsschicht* eingebaut werden. Damit wären in der Agentenarchitektur Fähigkeiten berücksichtigt, die bei Menschen in der Wissensgesellschaft als *Reaktionsvermögen*, *kognitive*, *soziale* und *kommunikative Kompetenz* angesprochen werden.

*Hybridagenten* der INTERRAP (*I*ntegration of *R*eactive Behaviour and *R*ational *P*lanning)-Architektur kombinieren daher Fähigkeiten von reaktiven und deliberativen Agenten mit Fähigkeiten zur Kommunikation und Kooperation. Wie ein wissensbasiertes System besteht die INTERRAP-Architektur aus einer *Wissensbasis, Kontrolleinheit* und dem *Interface* mit der Systemumwelt (Abb. 56). Die *Wissensbasis* unterscheidet drei Schichten von Über-

**Menschen als Hybridsysteme**

**Was sind Hybridagenten?**

**Wissensbasis eines Hybridagenten**

zeugungen des Agenten – das *Weltmodell* mit grundlegenden Annahmen des Agenten über seine Systemumwelt, das *mentale Modell* mit den Überzeugungen des Agenten von sich selber und das *soziale Modell* mit den Überzeugungen des Agenten von anderen Agenten. Die *Kontrolleinheit* besteht ebenfalls aus drei Ebenen, die den drei Schichten der Wissensbasis entsprechen: Die *verhaltensbasierte Schicht* enthält die Reaktionsfähigkeiten des Agenten. Die *Kognitionsschicht* berücksichtigt seine logischen und kognitiven (deliberativen) Fähigkeiten. Schließlich beinhaltet die *Kooperationsschicht* seine sozialen und kommunikativen Fähigkeiten.

Kontrolleinheiten eines Hybridagenten

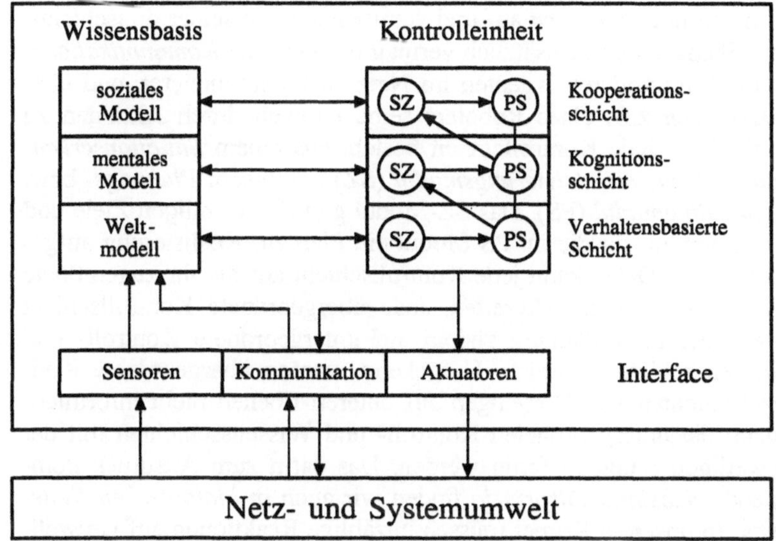


**Abbildung 56**
Architektur eines Hybridagenten in Interaktion mit seiner Netz- und Systemumwelt

Die *Kontrollhierarchie* arbeitet nach dem *Subsidiaritätsprinzip*: Die übergeordnete Kontrollschicht kommt immer dann zum Einsatz, wenn die untergeordnete Schicht von einer Umweltsituation überfordert ist. Wenn z.B. in einer Kaufsituation nicht nur schnelle Reaktion (wie beim Sommerschlußverkauf), sondern längerfristige finanzielle Planungen (wie bei einem Autokauf) gefragt sind, wird die Planungsschicht mit eingeschaltet. Sind bei einer komplexen Kaufsituation (z.B. Fusion von Industrieunternehmen) auch noch Kooperation und Wettbewerb mit anderen Agenten zu berücksichtigen, wird die Kooperationsschicht eingeschaltet. Häufig sind alle Schichten gefragt, aber immer in situationsangemessener Weise. Dadurch soll der reaktionsschnelle Einfaltspinsel des ausschließlich reaktiven Agenten ebenso vermieden werden wie der kopflastige („deliberative') Denker, der vor lauter Wissen nicht mehr reagieren kann, oder der soziale Geschaftelhuber, der sich dumm, aber mit sozialem Instinkt durchlavieren will. In der menschlichen Gesellschaft sind uns diese Typen wohl bekannt. In der Wissensgesellschaft werden sie in ihrer jeweiligen Einseitigkeit nicht bestehen können.

Ein Hybridagent nimmt also Daten und Informationen seiner Umwelt über *Sensoren* auf und verarbeitet sie in seiner dreischichtigen *Wissensbasis*. Zusätzlich vermag er über eine *Kommunikationseinheit* mit anderen Agenten im Netz zu kommunizieren und über *Aktuatoren* z.B. eines Roboters seine Umwelt durch Aktionen zu verändern. Jede Kontrolleinheit besteht aus einem *Situationserkennungs-* bzw. *Zielaktivierungsmodul* (SZ) und einem *Planungs-* bzw. *Schedulingmodul* (PS). Das SZ-Modul gibt die jeweiligen Ziele und Optionen an, für die im PS-Modul ein Plan zur Realisierung aufgestellt wird. Dabei kann jede Kontrollschicht auf die ihr zugeordnete Wissensschicht zurückgreifen. Jede übergeordnete Kontrollschicht greift bei ihrer Planung zudem auf untergeordnete Kontroll- und Wissensschichten zurück. Umgekehrt werden übergeordnete Kontrollschichten von Vorgängen auf unteren Ebenen nicht informiert, wenn die untergeordneten Kontroll- und Wissensschichten mit der jeweiligen Situation fertig werden. Das darin zum Ausdruck kommende *Subsidiaritätsprinzip* finden wir auch in *biologischen Systemen*. In unserem Körper müssen unzählige Reaktionen auf Umweltveränderungen ablaufen, ohne daß wir uns nur einen Bruchteil davon bewußt machen könnten. Erst wenn Komplikationen auftreten, die von den einprogrammierten Verhaltensmustern abweichen, werden Planungsüberlagerungen notwendig.

Um die Module und Schichten eines Hybridagenten zu programmieren und zu vernetzen, bietet sich eine *objektorientierte Programmiersprache* wie INTERRAP (*I*ntegration of *R*eactive Behaviour and *R*ational *P*lanning) an. Module und Schichten werden als *Objekte* (`object`) mit *Eigenschaften* (`attributes`) und *Methoden* (`methods`) nach dem Schema von *Klassen* (`class`) erzeugt. Methoden können von *Parametern* abhängen, deren Namen zwischen spitzen Klammern < und > stehen. Parameter werden mit +, – oder ? gekennzeichnet, je nachdem ob sie einen *Input, Output* oder beides bezeichnen. Objekte werden in einem *Klassensystem* mit geschweiften Klammern { und } zusammengefaßt. Sie *erben Methoden*, *Attribute* und *Werte* von übergeordneten *Superklassen*, die durch das Schlüsselwort `super` gekennzeichnet werden. *Listen* von Objekten werden in eckigen Klammern [ und ] aufgereiht.

Das *Interface* des Hybridagenten in Abb. 55 besteht aus den drei Modulen der Sensoren, Kommunikation und Aktuatoren. Ein *Sensor* (`Sensor`) wird nach dem Schema einer *Klasse* erzeugt, deren Attribute den *Namen* des Sensors (`Name`), seinen jeweiligen *Wert* (`Value`) und *Rang* (`Range`) umfassen und deren Methoden Verfahren zur Eichung (`calibrate`), Aktivierung (`enable`) und Deaktivierung (`disable`) des Sensors und Lesen seines laufenden Werts (`get_val`) enthalten:

```
class Sensor
    attributes
       Name
       Value
       Range
    methods
       calibrate +<Name>{...}
       enable +<Name>{...}
       disable +<Name>{...}
       get_val +<Name>{...}
```

Der Sensor eines Hybridagenten als Klasse

Die laufenden Werte der Sensoren werden durch einen *Wahrnehmungspuffer* der Kontrolleinheit zur Verfügung gestellt. Auf dieser Ebene geht es also nur um *Signalverarbeitung*. Die *Aktuatoren* betreffen die *physikalischen Aktionen*, die ein Roboter mit der Software eines Hybridagenten ausführen kann. Beispiele wären Steuerungen von Motoren und Greifarmen. Wie üblich wird eine *Klasse* Actor mit *Attributen* und *Methoden* definiert. Als Methoden werden neben der *Eichung* (`calibrate`) und *Ausführung* (`execute`) noch *Aktivierung* (`activate`), *Deaktivierung* (`deactivate`) und *Einstellung* (`suspend`) unterschieden:

```
class Actor
    attributes
       Name
       Type
       Range
```

Der Aktuator eines Hybridagenten als Klasse

```
methods
    calibrate +<Name>{...}
    execute +<Name> +<Params>{...}
    activate +<Name> +<Params>{...}
    suspend +<Id>{...}
    deactivate +<Id>{...}
```

Das Modul der *Kommunikation* legt fest, wie Botschaften (*messages*) versendet und von anderen Agenten empfangen werden können. Kommunikation beschränkt sich keineswegs auf einen Signalaustausch. Eine Botschaft



```
Msg = (Id, Sdr, Recp, Ref, Type, Content)
```

setzt sich zusammen aus einer eindeutigen *Identifikation* `Id` der Botschaft, dem *Sender* `Sdr`, dem *Empfänger* `Recp`, einem Bezug `Ref` zu einer Botschaft, einem Typ `Type` aus einer Liste von Botschaftstypen und dem Inhalt `Content` der aktuellen Botschaft. `Type` und `Content` werden in einer höheren *Kommunikationssprache der Agenten* angegeben. Grundlage der Agentensprache sind wieder *Sprechakte*. Daher wird das Senden (`send`) einer Folge (`queue`) von Botschaften als spezielle Handlung aufgefaßt und als Unterklasse von `actor` (gekennzeichnet durch das Schlüsselwort `super`) eingeführt. Das Empfangen (`receive`) einer Folge (`queue`) von Botschaften ist eine spezielle Form von Wahrnehmung und wird daher als Unterklasse von `sensor` definiert:



```
class Send_queue
    super actor
    methods
        send +<Rcp>[+<Ref>] +<Msg_type>
                                +<Content>{...}


class Receive_queue
    super sensor
    methods
        rec_s ?<Sdr> ?<Msg_type> ?<Content> {...}
        rec_a ?<Sdr> ?<Msg_type> ?<Content>
                                [+<Timeout>]{...}
```

Der Botschaftsempfang von anderen Agenten kann *synchron* (`rec_s`) oder *a*synchron (`rec_a`) ablaufen. Bei asynchronem Empfang wird ein gewünschtes Intervall für Zeitunterbrechung (`Timeout`) angegeben.

Die *Wissensbasis* läßt sich ebenfalls in der *objektorientierten Programmiersprache* INTERRAP formulieren. Zur *Wissensrepräsentation der Weltmodelle* werden Konzepte (Kategorien), Gattungen, Attribute, Eigenschaften und Relationen unterschieden. Ebenso sind die *Kontrollschichten* durch *Klassen* mit Attributen und Methoden einzuführen. Die *Attribute* müssen z.B. die laufenden *Überzeugungen* und *Ziele* berücksichtigen, die im SZ-Modul zum Ausdruck kommen. Die *Methoden* müssen Verfahren z.B. für Planungen nach vorgegebenen Zielen angeben, wie sie vom PS-Modul durchgeführt werden.

In der *verhaltensbasierten Schicht* werden aktions- und situationsbedingte Methoden programmiert. Auch die *Kognitionsschicht* wird als Klasse definiert. Ihre *Attribute* registrieren u.a. die Botschaften `Msgs`, die mit der verhaltensbasierten Schicht und der Kooperationsschicht ausgetauscht werden. Die dazu passende *Methode* heißt `process_msg <?Msg>`. Das Fragezeichen ? vor dem Parameter `Msg` zeigt, daß die Botschaften sowohl als Input wie auch als Output auftreten. Ferner gibt es *Methoden*, um Pläne zu entwickeln (`generate_plan`), zu bewerten (`evaluate_plan`), zu interpretieren (`interpret`) und auszuführen (`execute`). Kontrollschleifen prüfen, ob die für die jeweiligen Ziele erzeugten Handlungspläne ausgeführt werden oder nicht. Falls sie nicht zur Ausführung kommen, werden sie modifiziert und erweitert. Dazu steht Wissen aus der Wissensbasis des mentalen Weltbildes (Abb. 55) zur Verfügung. In der *Kooperationsschicht* werden Verhandlungen und Kooperationen mit anderen Agenten modelliert. Dabei werden *Nutzen- und probabilistische Entscheidungsverfahren* angewendet.

Mit Kooperationsschichten ausgestattete *Hybridagenten* bilden Populationen, die *im Netz* verteilt kollektiv gemeinsame Aufgaben lösen. Denkbar sind Verkaufsagenten, die in laufender Absprache untereinander ein günstiges Verkaufsangebot bei verschiedenen Firmen vorbereiten. *Softwareagenten* könnten aber auch in die Hardware von Robotern implementiert werden. Am Beispiel der INTERRAP-Architektur wurde bereits ein *Kollektiv von Robotern* getestet, die als automatische Gabelstapler im Verladehof der Autofirma FORD in Köln arbeiten. Diese Roboter verladen und entladen selbständig Güter aus Regalen und aus ein- und auslaufenden LKWs. Schnelle Reaktionen sind notwendig, wenn sich z.B. die Wege dieser Roboter kreuzen. Langfristige und kooperative Planungen sind erforderlich, wenn z.B. LKWs optimal be- und entladen werden sollen. Die einzelnen Roboter verfügen über eine Wissensbasis, in der Grundannahmen über den Verladehof („*Weltmodell*'), über die eigenen Operationsmöglichkeiten („*Kognitives Modell*') und die anderen Gabelstapelroboter („*Soziales Modell*') gespeichert sind.

Wissensbasis eines Hybridagenten in objektorientierter Wissensrepräsentation

Kontrollschichten eines Hybridagenten als Klassen

Hybridagenten im World Wide Web

Hybridagenten als Roboterpopulationen

Neben *Sensoren* zur Wahrnehmung der Umwelt und *Aktuatoren* zur Stapelarbeit und Bewegung verfügen diese Roboter über *Kommunikationseinheiten* für gegenseitige Verständigungen. Die *Kontrollschichten* eines Roboters (Abb. 56) koordinieren und steuern seine Kommunikationen und Aktionen.

Grundsätzlich bleiben Hybridagenten mit INTERRAP-Architektur *wissensbasierte Systeme*, die im Sinne *Verteilter Künstlicher Intelligenz* (VKI) ihre Probleme kollektiv im Netz oder im Roboterverbund lösen. Der große Vorteil von wissensbasierten Systemen ist offensichtlich, da ihr Wissen explizit deklariert ist und ihre Informations- und Kontrollflüsse klar überschaubar sind. Damit unterscheiden sie sich allerdings von *biologischen Systemen*, die eher wie neuronale Netze in häufig nicht im Detail durchschaubarer Weise lernen, sich anzupassen und Situationen fehlertolerant wiederzuerkennen. Ein *neuronaler Fuzzy-Agent* ist ebenfalls ein Hybridsystem, das jedoch mit der Architektur und den Lernalgorithmen eines *neuronalen Netzes* zusammen mit einer implementierten *Fuzzy-Logik* ausgestattet wurde. Dabei kann keineswegs a priori gesagt werden, welche Hybridarchitektur eines Agenten am besten sei. Es hängt von den gestellten Aufgaben ab, welche Programme und Algorithmen in einem Agenten zu verbinden sind. Nicht anders hat die *biologische Evolution* ihre erfolgreichen Hybridsysteme im Laufe der Zeit ausgestattet.

## Netznavigation mit emotionaler Intelligenz

*Hybridagenten* mit weiterführenden Eigenschaften wie *Emotionen* und vielleicht sogar *Formen von Bewußtsein* werden in der Informatik keineswegs verfolgt, um Populationen von virtuellen Homunculi und Golems ins World Wide Web zu jagen. Wir wissen vielmehr aus der Neurobiologie und Psychologie, daß komplexe und langwierige Problemlösungen beim Menschen ohne Motivation, Emotion und Intuition nicht möglich sind. Die *Rationalitätsmodelle wissensbasierter Systeme* werden jedenfalls nicht der Eigenart des menschlichen Gehirns gerecht. Der *Erfolg neuronaler Systeme* zeigt sich gegenüber regel- und wissensbasierten Systemen vor allem in *komplexen Informationsräumen hoher Unsicherheit*. In solchen Situationen lassen sich z.B. Manager bei ihren Entscheidungen lieber von ihrem ‚guten' oder ‚schlechten' Gefühl leiten, mit dem sie aufgrund ihrer Erfahrung diffuse und schlecht strukturierte Situationen bewerten. Das Geheimnis des menschlichen Erfolgs heißt *emotionale Intelligenz*. Das *World Wide Web* ist ein komplexer Informationsraum hoher Unsicherheit par excellence: Softwareagenten mit emotionaler Intelligenz, so ist die Erwartung, würden erfolgreicher im Netz navigieren als starre wissensbasierte Systeme.

Affective Computing und Wissensmanagement

Wie bereits in Kapitel 5 angesprochen wurde, trägt die Forschungsrichtung *Affective Computing'* zu einer Verbesserung des Interface von Netz und Nutzer bei. Daraus folgt für *Wissensmanagement* und *Agententechnologie*: Ein persönlicher Softwareagent könnte aus den *emotionalen Reaktionen* des Nutzers erkennen, welche Präferenzen bei der täglichen Flut von Informationen und Ereignissen vorzunehmen sind, ohne daß sie explizit angegeben werden müßten. Emotionen wie z.B. Ärger, Mißfallen oder Freude lassen sich durch komplexe Muster von physiologischen Signalen charakterisieren, die z.B. von Muskelkontraktionen, Blutdruck, Hautleitfähigkeit und Atmung bis zur Gesichts- und Stimmenveränderung reichen (Abb. 47a-b). Anstelle von Maus und Keyboard treten mit Sensoren ausgestattete Systeme zur Erkennung emotionaler Muster. So könnte uns z.B. ein Softwareagent daran erinnern, daß wir vor Wochen beiläufig auf einen ‚aufregenden' Artikel stießen, der für eine aktuelle Problemlösung einschlägig ist. Ebenso wären solche Softwareagenten für ein verbessertes Interface von Kranken und Behinderten einsetzbar, die nicht mit Händen und Gliedmaßen an einem Keyboard arbeiten können.

Eine solche ambitionierte Agententechnologie ist nur durch fachübergreifende Forschung von Neurobiologie, Gehirnforschung und Psychologie möglich, die sich mit Informatik verbindet. Nach den ‚Blaupausen' biologischer Evolution wurden bereits in der Forschungsrichtung *Künstliches Leben'* genetische Algorithmen benutzt, um optimale Computerprogramme zu finden, die bestimmte Probleme lösen. Statt Populationen von zellulären Automaten wie in Kapitel 5 können wir uns auch *Populationen von mobilen Agenten* vorstellen, die sich in einer *virtuellen Evolution im Computernetz* entwickeln. Generationen von mobilen Agenten, die z.B. Informationen nach den Vorgaben menschlicher Nutzer suchen, verbessern ihre Fitness: Sie trainieren z.B. für den Nutzer interessante Probeartikel an Beispielen und suchen ähnliche Artikel im Netz. Mobile Agenten, die häufig mit irrelevantem Informationsmaterial aus dem Netz wiederkehren, werden selektiert. Erfolgreiche Agenten vermehren sich durch Mutationen und Kombinationen ihrer Merkmale.

Virtuelle Evolution von mobilen Agenten im Computernetz

Im Sinne von *Hybridsystemen* ist es naheliegend, *Populationen mobiler Agenten* mit Formen *emotionaler Intelligenz* auszustatten. Ein erster Schritt in diese Richtung ist das *Evolutionsspiel* CREATURES von Stephen Grand, das 1996 zunächst als Computerspiel auf den Markt kam, mittlerweile aber als professionelle Agententechnologie erprobt wird. CREATURES beschreibt die virtuelle

CREATURES: virtuelle Evolution von Hybridagenten im Computernetz

Evolution einer Spezies von Softwarewesen („Nornen') die sich nach einem *Genprogramm* entwickeln und über *neuronale Lernfähigkeit* verfügen. Sie entwickeln Bedürfnisse und Gefühle, die durch eine *virtuelle Hormonchemie* gesteuert werden. Es gibt zufällige Genveränderungen (*virtuelle Mutationen*) ebenso wie nicht vorprogrammierte Verhaltensänderungen und Entdeckungen (*virtuelle Spontanität*). Populationen von Nornen können über Generationen ihre Fitnessgrade für bestimmte Aufgaben verbessern oder zugrunde gehen – wie in der Evolution. Dabei spielen ihre *virtuellen Motivationen* und *Bedürfnisse* eine entscheidende Rolle.

Ein *Norn* ist ein echtes *Hybridsystem*, in dem Fähigkeiten von *wissensbasierten Systemen, neuronalen Netzen* und *künstlichem Leben* kombiniert sind. Die *virtuellen Gene* der Nornen bestehen aus langen Zeichenketten, die in 320 Abschnitten unterteilt ihre ererbten Eigenschaften speichern. Ihren Nachkommen geben sie ein neues Chromosom je zur Hälfte aus zufälligen Sequenzen des väterlichen und mütterlichen Erbguts weiter, wobei auch Mutationen auftreten können. Die *virtuelle Biochemie* der Nornen besteht aus Programmregeln mit ca. 250 000 Befehlszeilen, in denen der Stoffwechsel durch tabellarische Berechnungen simuliert wird. Ihr *neuronales Netz* umfaßt ca. tausend Neuronen, deren Areale unterschiedlich spezialisiert sind. Ein Areal ist für *virtuelle Wahrnehmungen* und Verarbeitung von Außensignalen zuständig, ein anderes für Speicherung (*virtuelles Gedächtnis*), ein drittes für Ortsbestimmung und *virtuelle Entscheidungsprozesse*. Auf dem PC-Bildschirm werden Nornen als kleine Pelztiere multimedial animiert. Sie schlüpfen zunächst aus virtuellen Eiern, sind wie Jungtiere hilfsbedürftig und müssen Erfahrungen sammeln und lernen. Sie sind genetisch programmiert, Nahrung zu suchen.

In Abb. 57 sieht ein Norn z.B. eine Möhre und einen Ball (1). Sein *neuronales Netz* hat gelernt, daß Möhren eßbar sind. Er nimmt die Möhre auf und verdaut sie. Beim Verdauungsprozeß (2) entsteht virtuelle Glukose, die teilweise in Energie für das Bewegungs- und Immunsystem umgesetzt wird. Ein weiterer Teil wird in virtuelles Glykogen umgewandelt und gespeichert. Ein Botenstoff sorgt dafür, daß das *Hungergefühl* abgebaut wird. Wenn der Norn satt ist, kann sich sein neuronales Netz mit anderen Wahrnehmungen beschäftigen (3). So kann der Antrieb zur Bewegung unterschiedlich groß sein. Auch der *Bewegungsantrieb* wird von der virtuellen Biochemie erzeugt. Das neuronale Netz des Norn hat gelernt, daß mit Bällen gespielt werden kann. Beim Spiel mit dem wahrgenommenen Ball verbraucht der Norn Energie. Dazu wird Glykogen wieder in Glukose umgewandelt. Ein Botenstoff verstärkt dann erneut das *Hungergefühl* (4).

Virtuelle
Biochemie
der Nornen

Neuronales Netz
der Nornen

In der Version CREATURES 2 sind Nornen mit virtuellen Organen, Blutkreislauf und Atmung ausgestattet, so daß *physiologische Muster von Gefühlszuständen* noch differenzierter berücksichtigt werden können. Mittlerweile werden Populationen von Nornen zu unterschiedlichen Zwecken im World Wide Web gezüchtet. Das englische Militär züchtete *virtuelle Kampfflieger*, um die optimale Belastbarkeit im Flugsimulator herauszufinden. Generationen von Nornen wurden ‚geopfert', um eine optimale virtuelle Spezies zu erhalten. Die Firma NCR züchtet Populationen von Nornen, um das Verhalten von Bankkunden beim Geldeinzahlen oder -abheben, bei Beratungen und Prüfung von Kontoständen herauszufinden. Dabei sind verschiedene Typen von Bankkunden nach Temperament, Geduld, Hektik, aber auch z.B. Alter und Kenntnisstand zu unterscheiden. Entsprechende Spezies von *virtuellen Bankkunden* erlauben Computerexperimente, um mögliches Verhalten unter veränderten Bedingungen herauszufinden und geeignete Maßnahmen im Kundenmanagement zu ergreifen. Denkbar sind auch Populationen, die in Computerexperimenten virtuellen Katastrophen (z.B. Flugzeugabsturz, Brand in Hochhäusern) ausgesetzt werden, um entsprechende emotionale Reaktionen für ein Krisenmanagement zu berücksichtigen.

CREATURES<br>mit Emotionen<br>im Einsatz

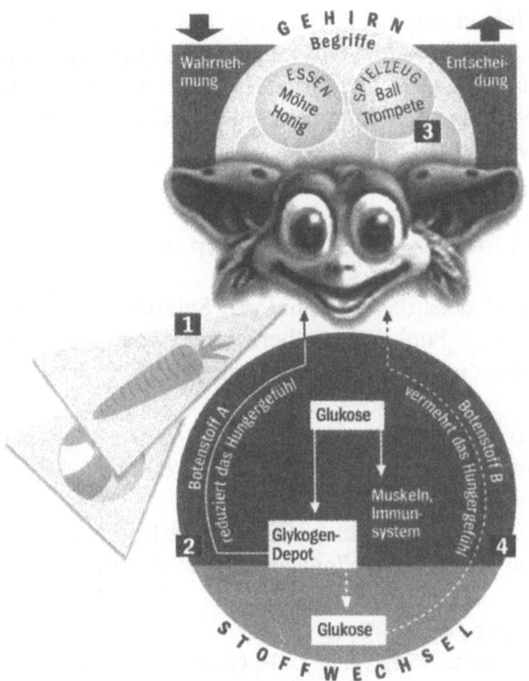


**Abbildung 57**
Im Computespiel CREATURES können Softwarewesen (‚Nornen') durch eine virtuelle Biochemie erzeugt werden.

In komplexen und unstrukturierten Suchräumen verlassen sich Menschen auf ihre guten und schlechten Gefühle („*Intuition*'), mit denen sie Situationen bewerten. Daher wurden Softwareprogramme vorgeschlagen, die Emotionen in Abhängigkeit von veränderten Situationen erzeugen. Im OCC-Modell von *O*rtony, *C*lore und *C*ollins (1988) werden Reaktionen eines Agenten auf Folgen von Ereignissen, Aktionen von anderen Agenten und Aspekte von Objekten unterschieden. Die Folgen von Ereignissen können z.B. *angenehm* oder *unangenehm* sein. Weiter wird unterschieden, ob es sich dabei um gewünschte oder unerwünschte Folgen für andere Agenten oder relevante oder irrelevante Aspekte für den Agenten selber handelt. Entsprechend werden Grade des *Glücks*, der *Enttäuschung* oder der *Zufriedenheit* festgelegt. Jedenfalls entsteht eine Skala von Emotionstypen, die den verschiedenen Folgen von Ereignissen zugeordnet werden.



Im Sinne der *klassischen KI* werden also *emotionale Zustände regelbasiert* in Abhängigkeit von Situationsbewertungen definiert. Dazu wird für die *Wünschbarkeit* (Desirability) $D(p,e,t)$ einer *Person* $p$ für *Ereignis* $e$ zur *Zeit* $t$ unterschieden, ob für $e$ von $p$ *positive Konsequenzen* mit $D(p,e,t)>0$ erwartet werden oder *negative Konsequenzen* mit $D(p,e,t)<0$. Mit $I_g(p,e,t)$ wird eine Kombination von *globalen Intensitätsvariablen* für z.B. Erwartbarkeit, Realität und Nähe des Ereignisses $e$ für Person $p$ zum Zeitpunkt $t$ bezeichnet und mit $P_j(p,e,t)$ das Potential zur Erzeugung eines Zustands der Freude $j$ (joy). Dann gibt folgende *Programmregel* an, wie das *Potential der Freude* $j$ mit einer spezifischen Funktion $f_j$ zu berechnen ist, wenn positive Konsequenzen eines Ereignisses erwartet werden:



```
if D(p,e,t)>0
then set P_j(p,e,t)=f_j(D(p,e,t),I_g(p,e,t))
```

Entsprechend wird das Potential des Schmerzes $d$ (*d*istress) mit einer spezifischen Funktion $f_d$ berechnet, wenn negative Konsequenzen eines Ereignisses erwartet werden:



```
if D(p,e,t)<0
then set P_d(p,e,t)=f_d(D(p,e,t),I_g(P,e,t))
```

Die *Aktivierungsregel einer Emotion* (z.B. Freude $j$) in Abhängigkeit von einem *Schwellenwert* $T_j$ lautet dann:



```
if P_j(p,e,t)>T_j(p,t)
then set I_j(p,e,t)=P_j(p,e,t)-T_j(p,t)
```

```
else I_j(p,e,t)=0
```

Emotionen werden also im OCC-Modell als Folgen von Situationen erzeugt. Natürlich sind Emotionen als Zustände eines Agenten selber bestimmte Situationen. Daher können *Emotionen* im Modell (wie in der psychischen Wirklichkeit) *wiederum Emotionen hervorrufen.* So kann z.B. die Angst vor Kontakten bei einem Patienten schließlich zur Enttäuschung über sich selbst und zur Depression führen. Emotionen sind in diesem Modell also rückgekoppelt. Wie in einem KI-System üblich, werden wohldefinierte Zustände (Emotionstypen) angenommen, symbolisch repräsentiert und in Regeln verbunden. Damit wird zwar eine erhebliche Vereinfachung der Gefühlsdynamik vorgenommen, die als ‚fuzzy' von uns Menschen erfahren wird. Allerdings liegen Emotionstypen in Abhängigkeit von Situationstypen vor. Agenten mit dieser *regelbasierten Emotionssoftware* erleben also diese Emotionen nicht. Sie zeigen aber in typischen Situationen typisches Verhalten.

Emotionen hängen nicht nur von Denkvorgängen im Neocortex des Gehirns ab, wie sie bei Bewertungen von *externen Situationen* und ihren Folgen auftreten. Somatische Prozesse wie z.B. Hormonschwankungen bei Stimmungsveränderungen oder Blutzuckerschwankungen beim Hungergefühl verweisen auf die enge Verbindung unseres Erlebens von Emotionen mit *internen Zuständen* unseres Körpers. Zudem zeigen Gefühlszustände untereinander Wechselwirkung und können sich gegenseitig *verstärken* oder *hemmen.* Angst kann Schmerz verstärken und umgekehrt, während sich Glücksgefühl und Traurigkeit gegenseitig hemmen.

Somatische Prozesse von Emotionen

Im Rahmen einer *objektorientierten Programmiersprache* ist es naheliegend, *Emotionen eines Agenten* als *Objekte* aufzufassen, deren Zustände sowohl von *internen* und *externen Stimuli* des *Agenten* als auch von den *verstärkenden* oder *hemmenden Inputs der anderen Emotionen* abhängen. Im Modell CATHEXIS (Abb. 58) wird ein Netz *emotionaler Prototypen* (Objekte) angenommen, die als Netzknoten visualisierbar sind. Es handelt sich um die Emotionen *Ärger, Furcht, Schmerz/Traurigkeit, Genuß/Glücklichsein, Ekel* und *Überraschung.* Damit wird keineswegs Vollständigkeit aller Emotionstypen angestrebt. Viele Emotionen lassen sich aber als komplexe *Mischzustände* des emotionalen Netzes erzeugen, an denen die emotionalen Prototypen unterschiedlich stark beteiligt sind. So ist z.B. *Gram* eine bestimmte Form von Traurigkeit, in der auch Ärger und Furcht mitschwingen.

Emotionale Prototypen als Objekte einer objektorientierten Programmiersprache

Jeder Agent ist ferner mit einem *Verhaltenssystem* ausgestattet, in dem verschiedene Verhaltensstrategien ausgewählt werden können. Sie reichen von z.B. Gesichtsausdruck und Körperhaltung bis zu stimmlichen Veränderungen. Welches Verhalten gewählt wird, hängt von den jeweils dominierenden Emotionen ab. Bei entsprechenden numerischen Darstellungen rechnet ein Algorithmus die höchsten Werte aus, die über das zu wählende Verhalten entscheiden. Dieses Verhalten wird durch ein *motorisches System* animiert, um damit die *Netz- und Systemumwelt* zu beeinflussen.

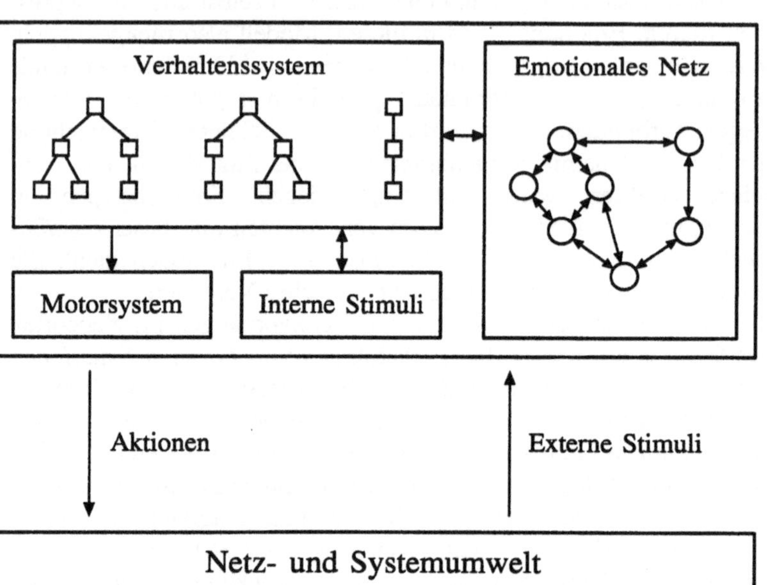


**Abbildung 58**
CATHEXIS-Architektur eines Agenten mit einem emotionalen Netz zur Erzeugung von emotionalen Handlungsmotivationen

Für *interne Stimuli* werden vier Arten unterschieden: *Neuronale Stimuli* umfassen z.B. neurochemische und hormonelle Botenstoffe. *Sensomotorische Stimuli* betreffen z.B. Muskelpotentiale und motorische Nervenreize. *Motivationsstimuli* beziehen sich auf alle Motivationen, die Emotionen auslösen können. Dazu gehören Hunger- und Durstzustände als Auslöser von Hunger- und Durstgefühlen ebenso wie z.B. Schmerzreizungen als Auslöser von Schmerzgefühlen. Schließlich werden *corticale Stimuli* angenommen, die durch Denken, Bewerten und Entscheiden wie im OCC-Modell Emotionen auslösen können.

Die emotionalen *Prototypen* p=1,...,P werden durch die vier internen Stimuli l=1,2,3,4 gekennzeichnet. Mit $\epsilon_{pl}$ bezeichnen wir den *Grad der Beeinflussung von Emotion* p *durch den internen Stimulus* l. Mit $\alpha_{pm}$ wird der *Grad der Anregung von Emotion* p *durch Emotion* m angegeben, mit $\beta_{pm}$ der *Grad der Hemmung*. Jede

Emotion ist zudem durch einen *unteren Schwellenwert der Auslö-sung* und einen *oberen Schwellenwert der Sättigung* bestimmt. So beginnen z.B. Glücks- und Schmerzgefühle bei einer bestimmten Reizschwelle und lassen sich nicht beliebig steigern. Diese Schwel-lenwerte einzelner Emotionen können bei Menschen unterschiedlich sein. Einige sind z.B. schmerzempfindlicher oder für Euphorie anfälliger als andere. Es liegt nahe, das gewünschte *Temperament eines Agenten* durch die jeweiligen Schwellenwerte der emotionalen Prototypen einzustellen. Mit der *Funktion* f wird die Intensität einer Emotion *im Intervall der Schwellenwerte* berechnet. Eine *Funktion* g berechnet, wie ein *emotionales Potential* mit der Zeit wieder *verfällt*: Freude und Schmerz vergehen, wenn die entsprechenden Stimuli und Anregungen fehlen.

Allgemein läßt sich nun eine *Funktion* $I_p(t)$ zur Berechnung der *Intensität einer Emotion* p *zur Zeit* t angeben:

$$I_p(t) = g(f(I_p(t-1)) + \sum_{l=1}^{4} e_{pl} + \sum_{m=1}^{P} (\alpha_{pm} - \beta_{pm}) I_m(t))$$

Intensitäts-funktion einer Emotion

Diese Funktion setzt sich zusammen aus der verfallenden Inten-sität von p zum vorhergehenden Zeitpunkt $t-1$, der Gesamtbeein-flussung von p durch die vier internen Stimuli und anregenden und hemmenden Einflüsse aller übrigen Emotionen zum Zeitpunkt t. In einer *objektorientierten Programmiersprache* wie z.B. $C^{++}$ läßt sich in CATHEXIS daher eine *Emotion als Klasse* definieren, die *Attri-bute* mit z.B. Werten für emotionale Reizschwellen und *Funktionen* zur Berechnung von emotionalen Wechselwirkungen, Stimuli-einflüssen und emotionalen Intensitäten besitzt. Die *konkrete Emoti-on eines Agenten* ist dann ein *Objekt*, das nach dem Schema der Emotionsklasse realisiert wird.

*Hybridagenten* könnten also neben *verhaltensbasierten, Kogniti-ons- und Kooperationsschichten* mit *emotionalen Netzen* ausgestattet werden. Mit Blick auf das Gehirn wäre es auch denkbar, ein emotio-nales Netzwerk mit einem kognitiven Netzwerk zu koppeln, in dem wissensbasierte KI-Systeme durch lernfähige neuronale Netze ersetzt werden – quasi als neuronaler Fuzzy-Agent mit emotionaler Soft-ware. Tatsächlich sind im Gehirn, wie mehrfach betont wurde, Cor-tex als Denkareal und limbisches System als wichtiges Areal für Emotionen eng vernetzt. Das kognitive Netzwerk modelliert dann den Cortex, während das emotionale Netzwerk die Schaltzentralen des limbischen Systems (z.B. Mandelkerne) berücksichtigt. Bei virtuellen Agenten geht es natürlich nicht darum, die Gefühlswelt des Menschen zu duplizieren. Vielmehr soll der *Agent mit emo-tionalen Reaktions- und Bewertungsmöglichkeiten* ausgestattet wer-

Hybridagenten mit emotionalen Netzen

den, die ihm bei bestimmten Problemen in unstrukturierten und unübersichtlichen Informationsräumen helfen, besser zu sein als *regelbasierte KI-Agenten.*

Emotionale Software und Erleben von Emotionen

*Emotionale Software* bedeutet zunächst nicht, daß virtuelle Agenten oder Roboter tatsächlich auch Emotionen fühlen oder erleben. Es könnte für Softwareagenten genügen, daß bei bestimmten numerischen Intensitätsgrößen in Intervallen von numerischen Reizwellenwerten entsprechende Aktionen ausgelöst werden: Softwareagenten müssen nicht tatsächlich Schmerzen und Freude empfinden, um mit emotionaler Intelligenz im Netz navigieren zu können. Allerdings ist das Erleben von Emotionen bei Agenten oder Robotern keineswegs ausgeschlossen, wenn die *Software der Emotionen* mit der entsprechenden *Wetware* hormoneller, neurochemischer und physiologischer Abläufe wie bei biologischen Organismen verbunden wäre. Selbst bei dieser biochemischen Ausstattung wäre nicht zu erwarten, daß Softwareagenten und Roboter in jeder Hinsicht wie Menschen empfinden. Die Komplexität individueller Erfahrungen steht dem entgegen. Es ist aber auch ethisch nicht wünschenswert, da es ‚*Affective Computing*' um technisch erfolgreiche Problemlösung im Dienst des Menschen geht. Diese läßt sich bereits bei einer Ausstattung mit emotionalen Fragmenten erreichen. Für das Erleben von Emotionen ist eine Möglichkeit von *Bewußtsein* erforderlich. Auch hier gibt es keine prinzipiellen Grenzen der Agenten- und Robotertechnologie, wenn auch heutige technische Grenzen erkennbar sind. Wir sind uns unserer Emotionen bewußt, wenn wir den emotionalen Zustand wahrnehmen. In einem Hybridagenten mit Bewußtseinszuständen müßte also eine weitere Schicht eingebaut werden, in der Monitore emotionale Zustände wahrnehmen. Bei Selbstbewußtsein müßte der Agent diese Selbstwahrnehmung auf seine Identität beziehen. Dazu gehört, daß der Agent z.B. eine Art historisches Gedächtnis sowie Vorstellungen und Erwartungen von sich selbst entwickelt. Nur mit dieser Selbstidentität, mit Bewußtsein seiner Wissensbasis und emotionalen Zuständen, vermag ein Softwareagent im World Wide Web autonom zu navigieren. Nur so lernt er, sein Wissen und seine Emotionen im Netz klug einzusetzen. *Emotionale Intelligenz* verbindet also *Wissensmanagement* mit einem *Management der Gefühle.*

Hybridagenten mit Bewußtsein?

# 8 Computernetze und virtuelle Wirtschaft

*Wissensmanagement* in einer virtuellen Gesellschaft ist heute vor allem in der Wirtschaft erforderlich. In der traditionellen Industriegesellschaft bestimmten Rohstoffe, Fabriken, Waren und Märkte den Wirtschaftsprozeß. In einem Unternehmen muß die *physische Wertschöpfungskette* eines Produkts von der Innovation über Produktionsabläufe und Marketing bis zum Verkauf und Kunden gestaltet werden. Seit Adam Smith (1776) dient dazu die *Produktionskostenaufstellung*. Der Wert eines Produkts wird durch seine Materialkosten, die hineingesteckte Arbeit und sonstige allgemeine Kosten bestimmt. Der *Gewinn* eines Produkts besteht dann aus der Differenz von Verkaufs- und Produktionskosten.

Während bei den handwerklichen Betrieben zur Zeit von Adam Smith noch die Material- und Arbeitskosten im Vordergrund standen, hat sich die Situation heute dramatisch geändert. So betragen die Kosten der direkten Arbeitskraft z.B. in der Automobilindustrie weniger als 20% am Gesamtpreis des Autos. 30% sind für Rohstoffe und andere Komponenten anzusetzen. Die restlichen 50% betreffen die *allgemeinen Kosten*, die nun zur Grundlage der Wertschöpfung werden. Dazu gehören vor allem Koordinationen mit Arbeitspartnern, Märkten und Wissen. Diese *Informations- und Kommunikationsaktivitäten* werden *Transaktionskosten* genannt. Der Anteil der inner- und zwischenbetrieblichen Transaktionskosten an der gesamten volkswirtschaftlichen Wertschöpfung wird heute allgemein auf über 50% geschätzt. Über die Hälfte des heute verdienten Geldes entfällt damit auf Information und Kommunikation für Koordinationsaufgaben der Wirtschaft. Kurz: Jedes Produkt wird zunehmend konzentrierte Information, Kommunikation und Wissen sein, das bezahlt werden muß. Wir befinden uns im völligen Umbruch zur *wissensbasierten Wirtschaft*.

Technische Innovationen der Informations- und Wissensverarbeitung führen daher zu Leistungssteigerungen der gesamten Volkswirtschaft. Bereits im 19. Jahrhundert waren es *technische*

*Erfindungen im Informations- und Kommunikationsbereich*, die *neue Organisationsformen der Wirtschaft* ermöglichten. Telefon und Telegraphen schaffen die technischen Voraussetzungen für vernetzte Handels- und Großunternehmen mit Massenproduktion an verschiedenen Standorten, Handelsketten und Warenterminbörsen. Heute sind es weltweite Computernetze, die alle Wirtschaftssubjekte mit dem Wirtschaftsprozeß *just in time* verbinden – von Unternehmen, Behörden und Haushalten über stationäre Maschinen und Anlagen bis zu allen Fahrzeugen zu Wasser, zu Lande und in der Luft. Satelliten-, Funk- und Kabelnetze sind heute bereits die *Nervensysteme dieser volkswirtschaftlichen Superorganismen*.

## Virtuelle Innovationen und Wertschöpfung

Die *physische Wertschöpfungskette* eines Produkts ist eine Abfolge wertsteigernder Tätigkeiten, die von der Angebotsseite mit Rohstoffen, Belieferungslogistik und Produktionsabläufen bis zur Nachfrageseite mit Auslieferungslogistik, Marketing und Verkauf reicht. Technische Informations- und Kommunikationssysteme verschaffen einem Manager nicht nur Klarheit über diese Abläufe, sondern erlauben auch Verbesserungen und höhere Effizienz. Dazu dienen z.B. *betriebswirtschaftliche Datenbanksysteme*, ohne die komplexe Produktions- und Vertriebsabläufe heute nicht mehr steuerbar wären. *Datenbankmanagement* zielt darauf ab, große Datensammlungen computergestützt zu erzeugen, zu organisieren und zu verwalten. Informations- und Kommunikationsabläufe in Datenbanken heißen auch *Transaktionen*. Transaktionskosten betreffen in diesem Fall buchstäblich die Kosten der Datenbankverwaltung und -benutzung.

Als Beispiel betrachten wir ein Datenbanksystem über Fahrzeughersteller, in dem Informationen über Firmen, die Fahrzeuge herstellen, über Fahrzeuge, die produziert werden, über Personen, die Fahrzeuge besitzen, und über Angestellte, die bei einer Firma beschäftigt sind, enthalten sein sollen. In früheren Datenbanksystemen wurden Informationen in *Tabellen* und *Listen von Relationen* zusammengestellt, die dann mit speziellen Operatoren abgefragt und koordiniert werden konnten. Tatsächlich sind aber Firmen, Fahrzeuge, Kunden und Angestellte eigene Objekte im Wirtschaftsprozeß, die sich nicht nur durch bestimmte Attribute, sondern auch durch bestimmtes Verhalten auszeichnen. *Objektorientierte Datenbanken* tragen dieser Strukturierung des Wirtschaftsprozesses Rechnung. In unserem Beispiel werden Firmen, Fahrzeuge, Kunden und Angestellte als *Klassen* mit charakteristischen *Attributen* und *Methoden abgekapselt* und in einer *Klassenhierarchie* aufeinander bezogen (Abb. 59). Konkrete Firmen, Fahrzeuge, Kunden und Angestellte sind dann *Datenbankobjekte*, die nach dem Schema entsprechender Klassen erzeugt werden.

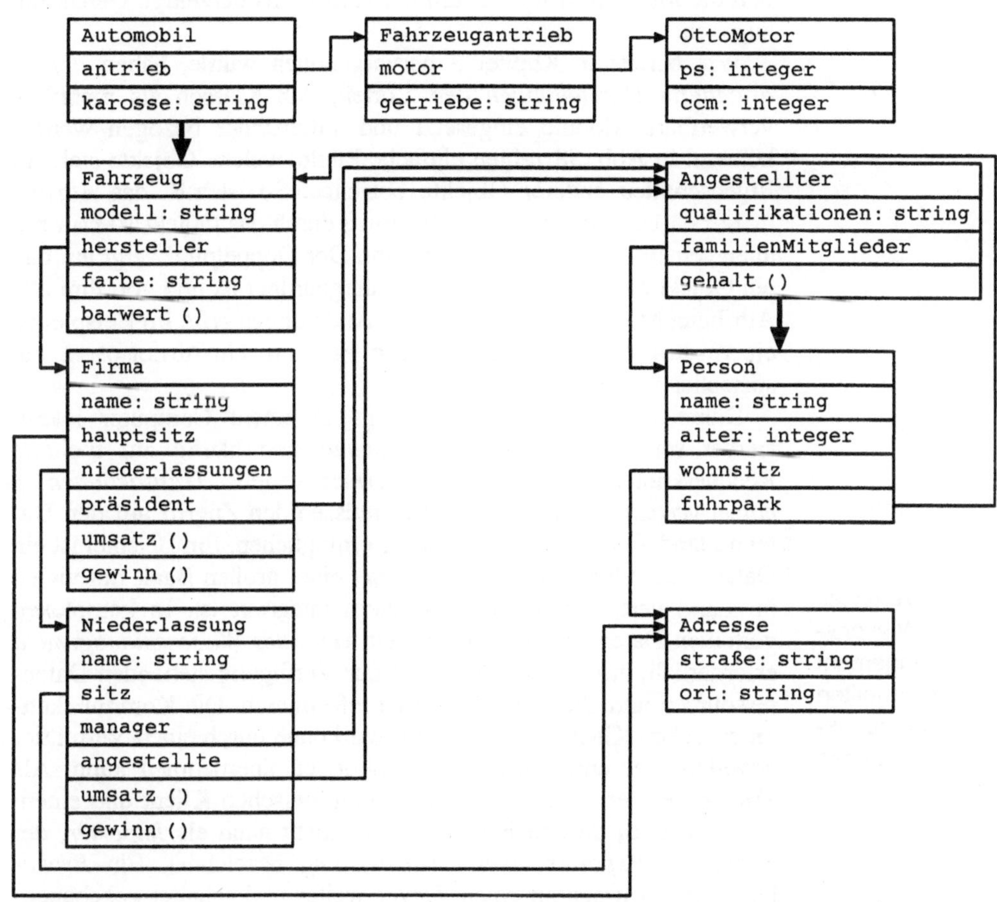


**Abbildung 59**
Klassenhierarchie einer objektorientierten Datenbank über Fahrzeughersteller

So besitzt die *Klasse* `Firma` *Attribute* wie `name`, `hauptsitz`, `präsident` und `niederlassungen`, *Methoden* wie z.B. `umsatz`, die bei Aufruf den derzeitigen Firmenumsatz angibt. Die *Klasse* `Fahrzeug` hat `modelle`, `farbe`, `hersteller` als *Attribute* und z.B. `barwert` als *Methode*, die bei Aufruf den derzeitigen Barwert des Fahrzeugs angibt. Die *Klasse* `Automobil` besteht aus den *Attributen* `antrieb` und `karosse`. Die *Klasse* `OttoMotor` ist

Betriebswirtschaftliche Klassen mit Attributen und Methoden

durch die *Attribute* ps und ccm für Hubraum gekennzeichnet. Die *Klasse* Person hat name, alter, wohnsitz und fuhrpark (seiner Fahrzeuge) als Attribute. Die *Klasse* Angestellter besitzt qualifikationen und familienMitglieder als *Attribute* und die *Methode* gehalt, um bei Aufruf das derzeitige Gehalt anzugeben.

Wie bereits in Kapitel 3 hervorgehoben wurde, haben *objektorientierte Darstellungen* den Vorteil, daß Klassen als mehrfach verwertbare Module eingesetzt und aufeinander bezogen werden können. In Abb. 58 zeigen einfache Pfeile, welche Objekte sich auf Eigenschaften anderer Objekte beziehen. So ist z.B. das *Attribut* hersteller des *Objekts* Fahrzeug durch das Objekt Firma mit allen seinen Eigenschaften bestimmt. Der Doppelpfeil zeigt an, daß ein Objekt einem super-Objekt untergeordnet ist und von ihm alle Attribute, Methoden und eventuelle Änderungen *erbt*. Im Beispiel ist ein Angestellter eine spezielle Person, ein Automobil ein spezielles Fahrzeug.

Datenbanken müssen keineswegs in einem Computer lokalisierbar sein. Große *Datenbanksysteme* sind häufig auf mehrere Rechnerknoten in einem *Computernetz* verteilt. *Transaktionen in einem verteilten Datenbanksystem* müssen den Zugriff auf den Datenbestand aller beteiligten Rechner ermöglichen. Ein Beispiel ist ein Datenbanksystem, das in das *Intranet* einer großen Bank mit vielen im Land verteilten lokalen Rechnern integriert ist. In komplexen verteilten Datenbanksystemen ist ein *verteiltes Wissensmanagement* erforderlich, um Klienten über die zur Verfügung stehenden Datenressourcen und Dienstleistungen zu informieren. Die Kommunikation zwischen Klienten und Servern wird dann durch einen Vermittler erweitert, der unterschiedliche Funktionen übernehmen kann. Als *Trader* stellt er direkt eine Verbindung zwischen Klient und einem Server her. In diesem Fall wird der Klient auch als *Importer*, der Server als *Exporter einer Dienstleistung* bezeichnet. Ein *Broker* leitet eine Anfrage an einen Server weiter und schaltet gegebenenfalls weitere Broker ein, falls der angesprochene Server die geforderte Dienstleistung nicht erbringen kann. Ein nächster Schritt bestünde darin, Trader und Broker als *Softwareagenten* in einem verteilten Datenbanksystem einzusetzen.

Heute müssen Intranets als Träger von Datenbanken zusätzlich mit *Internet* und *World Wide Web* verbunden sein. *Objektorientierte Darstellungen* sind in diesem Fall zentral, um plattformunabhängige Kommunikation in heterogenen Netzen führen zu können. Schließlich werden Daten unterschiedlichen Typs von Textformatierungen über multimediale Darstellungen bis zur virtuellen Realität im Netz zu verarbeiten sein. *Metadatenbanken* liefern Informationen über einschlägige Datenbanken, in denen spezielle Daten erfragt werden können. Mit wachsender *Komplexität der Netze* werden *betriebswirtschaftliche Transaktionen* nur noch mit Hilfe von *autonomen Softwareagenten* möglich sein, wie sie in Kapitel 7 beschrieben wurden.

Wissensmanagement physischer Wertschöpfungsketten

*Computergestützte Informationssysteme* werden betriebswirtschaftlich von Managern benutzt, um die *physische Wertschöpfungskette* (Abb. 60a) eines Produkts zu verbessern. Dazu werden Informationen von der innerbetrieblichen Logistik über Produktionsabläufe, Beschaffungs- und Verteilungslogistik bis zu Marketing und Verkauf gesammelt, um damit die Abläufe besser steuern und überwachen zu können. Ein Beispiel wäre das *Intranet* einer Lebensmittelfirma, das ihre Manager *just in time* mit Informationen über ihre Lieferanten, Kunden und Wettbewerber versorgt. Außendienstler sammeln Informationen über den Verkauf der Produkte in verschiedenen Geschäften. Mitarbeiter geben Informationen über Aktionen der Konkurrenz vor Ort weiter. Das Unternehmen kann dann flexibel dem örtlichen Nachfrageverhalten entsprechen, darauf abgestimmte Verkaufsförderungsmaßnahmen ergreifen und Gewinnrisiken zu hoher Bestände vermeiden. Information und Wissen dient also in diesem Fall dazu, das Management der physischen Wertschöpfungskette zu unterstützen.

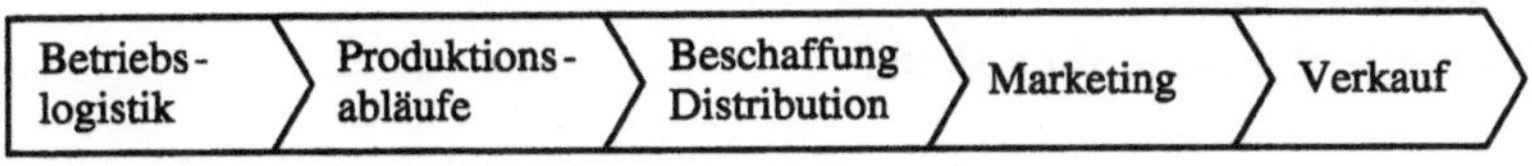


**Abbildung 60a**
Physische Wertschöpfungskette

Virtuelle Dienstleistungsangebote

Eine neue Qualitätsstufe ist dann erreicht, wenn dieses *Wissen* selber in eine *virtuelle Dienstleistung* verwandelt wird und einen *neuen virtuellen Wert* für den Kunden darstellt. Ein Beispiel ist ein *Paketpostdienst*, der für einen Kunden nicht nur den physischen Transport eines Pakets übernimmt. Er bietet dem Kunden zusätzlich als Service an, den Weg seines Pakets im Internet per Frachtbriefnummer bis zur Quittierung durch den Empfänger zu verfolgen. Damit entsteht für den Kunden ein höherer Nutzwert und für den Anbieter dieser kostenlosen Information ein Wettbewerbsvorteil auf einem hart umkämpften Markt. Bereits die Online-Dienste einer *Bank* sind *virtuelle Dienstleistungsangebote*, die für den Kunden ein höherer Nutzwert seiner Geldgeschäfte und für den Anbieter dieser

Information ein Wettbewerbsvorteil gegenüber anderen Banken sein können.

Neben den *physischen Wertschöpfungsketten* entstehen *virtuelle Wertschöpfungsketten* (Abb. 60b), die Informationen als virtuelle Dienstleistungen und Produkte auf dem Markt anbieten. Wie Rohstoffe, die in einer physischen Wertschöpfungskette Schritt für Schritt in ein hochwertiges physisches Produkt verwandelt werden, so können auch Informationen in einer virtuellen Wertschöpfungskette zu hochwertigen Dienstleistungen ausgebaut werden. Dabei spielen die Möglichkeiten der Computer- und Informationstechnologien eine entscheidende Rolle. Auch eine virtuelle Wertschöpfungskette besteht aus einer Abfolge wertsteigernder Verarbeitungsschritte. Sie beginnt mit dem bloßen Sammeln von Informationen und reicht über das Systematisieren, Filtern und Selektieren von Informationen bis zur Konstruktion und dem Angebot von Informationssystemen. Alle Informationen, die über eine physische Wertschöpfungskette gesammelt wurden, können so in zusätzlichen virtuellen Wertschöpfungsketten ausgebaut werden.

| Informations-sammlung | Informations-systematisierung | Filtern Selektieren | Produktion von Wissenssystemen | Verkauf von Wissenssystemen |

**Abbildung 60b**
Virtuelle Wertschöpfungskette

Als Beispiel betrachten wir die physische *Wertschöpfungskette eines Autos.* Jeder Schritt von der Produktion bis zum Verkauf kann in die virtuelle Sphäre mit eigenem Produktwert verlegt werden. So läßt sich die Produktentwicklung in der virtuellen Realität weltweiter Computernetze schneller, kostengünstiger und flexibler durchführen. Virtuelle Entwicklungslabors überwinden Raum und Zeit und lassen Ingenieure in verschiedenen Erdteilen rund um die Uhr zusammenarbeiten. In Kapitel 6 wurden die Möglichkeiten virtueller Technik im Netz aufgezeigt. Weltweit vernetzte Experten konstruieren aber den *virtuellen Prototypen* eines Autos (z.B. ‚Global Car' bei Ford) nicht nur nach eigenen technischen Maßgaben. Sie lassen Kundenwünsche, Lieferantenabsichten und Markttrends aufgrund von schnellen Informationen vor Ort mit einfließen, um nicht in einem abgeschlossenen und festgelegten Plan über Jahre letztendlich am Markt und Kunden vorbeizuproduzieren. Im *virtuellen Verkauf* wird über Online-Dienste ein Kundennetz aufgebaut, das den Kunden mit allen gewünschten Informationen über den Stand von Produktent-

wicklungen, Dienstleistungen und Empfehlungen auf dem laufenden
hält. Denkbar sind ferner neuronale Softwareagenten, die *virtuelle
Kundenprofile* erstellen und sie in laufenden Lernprozessen einer
sich ständig verändernden Markt- und Interessenlage anpassen.

Neben den physischen Wertschöpfungsketten der Industriegesellschaft entstehen auch typische *Wertschöpfungsketten der Multimedia-Gesellschaft* (Abb. 60c). Sie beginnen mit der Herstellung
und Installation der *Netztechnologie.* Es folgen Angebote von *Netzleistungen* z.B. über Telefon- und ISDN-Dienste. Daran schließen
Herstellung, Vertrieb und Wartung der *Multimedia-Server und Datenbank-Server* an. Nun wird die Produktion von *Multimedia-
Inhalten* wie Filme, Videospiele und Datenbankinhalten z.B. mit
Produktinformationen möglich. Die Nutzung der Multimedia-
Dienste setzt neue Dienstleistungen voraus – von der Nutzungsregistrierung bis zur Informationsaufbereitung in Datenbanken. Es folgen die Herstellung von *Endgeräten* für die Multimedia-Nutzung
und die Zustellung, der Vertrieb und Service entsprechender *Software.* Schließlich ergibt sich daraus ein kombiniertes Dienstleistungsangebot (*Consulting Systemlösungen*), das aus mehreren
Komponenten der *Multimedia-Wertschöpfungskette* wie z.B. Netzleistung + Server + Endgerät besteht oder die Beratung von Online-
Anbietern beim Aufbau von Datenbanksystemen übernimmt.

Aufbau der
Multimedia-Wertschöpfungskette

| Netz-<br>Technologie | Netz-<br>Leistung | Server | Inhalte | Service-<br>Providing | End-<br>Geräte | Software | System-<br>Consulting |
|---|---|---|---|---|---|---|---|

**Abbildung 60c**
Multimedia-Wertschöpfungskette

Neben der *wissensbasierten Wirtschaft*, in der Wissen zum besseren Management von physischen Wertschöpfungsketten genutzt
wird, entsteht also eine *virtuelle Wirtschaft mit eigenen virtuellen
Wertschöpfungsketten.* Telekommunikation und Telearbeit in Computernetzen ermöglichen standortverteilte Projektteams und Unternehmensnetze, die sich für bestimmte Kundenaufträge zu *virtuellen
Wertschöpfungsgruppen* auf Zeit zusammenfinden, um sich danach
wieder aufzulösen. Daher wird eine virtuelle Wirtschaft ohne Zweifel *flexibler* und *sensibler* auf Kundenwünsche, Auftragslagen und
wirtschaftliche Trends reagieren können. Zudem sind *Transaktionskosten in der virtuellen Wirtschaft* weitaus geringer als in physischen
Wertschöpfungsketten. Wachsende Rechnerleistungen von Computernetzen bei gleichzeitiger Kostensenkung der Informationsnutzung

Von der wissensbasierten
zur virtuellen
Wirtschaft

schaffen Preis-Leistungs-Relationen, nach denen immer informationsintensiver, aber energie- und materialärmer gewirtschaftet werden kann. In einer *Dienstleistungsgesellschaft* mit wachsender Automatisierung physischer Arbeitsabläufe wird die virtuelle Wirtschaft zum treibenden Motor und lenkenden Gehirn.

## Virtuelle Märkte und Unternehmen

Unternehmen als quasi-biologische Superorganismen?

Wirtschaftssysteme unterliegen einer eigenen ökonomischen Dynamik. Gibt es *Computermodelle von Märkten und Unternehmen*, an denen sich Entwicklungen auf ähnliche Weise wie die Evolution des Lebens im Computer studieren lassen? Innovationen erzeugen eine Vielfalt wirtschaftlicher Unternehmen, deren Wettbewerb den wirtschaftlichen Wandel antreibt. Wandel der wirtschaftlichen Unternehmen durch Innovation, Vielfalt und Wettbewerb erinnert an *Evolution der biologischen Arten* durch *Mutation*, *Variabilität* und *Selektion*. Entscheidend ist dabei, daß solche Systeme nicht zentralgesteuert und programmiert sind wie ein klassischer Von-Neumann-Computer. Bereits bei Tierpopulationen können komplexe nichtlineare Systeme zur *Selbstorganisation* von Ordnungszuständen führen, ohne daß sie zentral gesteuert werden.

Mit Blick auf die Kulturgeschichte ist es naheliegend, auch die Entwicklung menschlicher Gesellschaften als Dynamik komplexer Systeme zu verstehen. Bereits Adam Smith ging vom Selbstorganisationsprozeß eines komplexen Wirtschaftssystems aus, in dem Angebot und Nachfrage von Produkten zwischen Firmen und Konsumenten die wirtschaftliche Dynamik bestimmen. Dazu nahm Smith einen ‚natürlichen Preis' an, der sich aus dem Arbeitswert eines Produkts ergibt. Wenn der Marktpreis größer als der natürliche Preis wird, ist die Profitrate hoch, so daß sich die Produktion ausweitet und damit zur Preissenkung führt. Die umgekehrte Bewegung tritt ein, wenn der Marktpreis kleiner als der natürliche Preis ist. Durch Gewinnchancen und Verlustrisiken steuert sich also das Marktsystem selbst und strebt einem absoluten *Gleichgewichtszustand von Angebot und Nachfrage* zu. Smith unterstellte also eine Art *konservativer Selbstorganisation*, durch die sich im ökonomischen Gleichgewicht der soziale Ordnungszustand einer Gesellschaft (‚*Wealth of Nation*') von selbst wie durch eine unsichtbare Hand (‚*invisible hand*') gelenkt einstellt.

Historisch wurden *ökonomische Gleichgewichtsvorstellungen* häufig durch das jeweilige Vorbild der Physik beeinflußt. Nach einer heute üblichen Definition befindet sich ein ökonomisches System im Gleichgewicht, wenn sich die endogenen Variablen bei Konstanz der

Selbstorganisation des wirtschaftlichen Gleichgewichts nach Adam Smith exogenen Größen im Zeitablauf nicht ändern. Beispiele sind das Markt-, Zahlungsbilanz- oder Wachstumsgleichgewicht. Ein Markt befindet sich genau dann im Gleichgewicht, wenn Angebot und Nachfrage übereinstimmen. Ökonomische Gleichgewichte müssen normativ nicht immer wünschenswert sein, wie das Beispiel eines Unterbeschäftigungsgleichgewichts zeigt. Es kann aber wirtschaftspolitisch gewünscht werden, wenn z.B. Stabilität des Preisniveaus, hoher Beschäftigungsstand und außenwirtschaftliches Gleichgewicht bei angemessenem Wirtschaftswachstum gefordert werden. Eine Übernahme aus der klassischen *Thermodynamik des Gleichgewichts* ist die ökonomische Annahme, daß Gleichgewichte immer wahrscheinlicher seien. Durch Vergleich von Gleichgewichts- und tatsächlichen Größen wird daraus häufig auf zukünftige Entwicklungen geschlossen. So wird von einem Preis, der sich unterhalb eines Gleichgewichtspreises befindet, angenommen, daß er steigen wird.



Analog zur klassischen Physik der Thermodynamik wird auch zwischen *Mikro-* und *Makroökonomik* unterschieden. Während die Mikroökonomik die einzelnen Wirtschaftssubjekte mit ihren vielfältigen ökonomischen Entscheidungen im Auge hat, untersucht die Makroökonomik die Aggregate aller Haushalte und Unternehmen. Die klassische *Entscheidungstheorie* der Mikroökonomik entwickelte verschiedene *Rationalitätsmodelle*, die vom Wissen des Handelnden über seine Umwelt abhängen. So setzen *Entscheidungen unter Sicherheit* vollständige Information über den Zustand der Umwelt voraus. Jeremy Bentham und John Stuart Mill forderten als optimale Entscheidungsregel, die Handlungsalternative mit dem maximalen Nutzen zu wählen. Heutige Anwendungsbeispiele sind betriebswirtschaftliche Planungsrechnungen für ein gewinnmaximales Produktionsprogramm bei optimaler Auslastung von Maschinen. Die Entscheidungsfindung wird in diesem Fall auf die mathematische Lösung von Optimierungsmodellen zurückgeführt.





*Entscheidungsfindung unter Risiko* setzt voraus, daß den Resultaten jeder möglichen Handlung eine Erwartungswahrscheinlichkeit zugeordnet werden kann. Nach dem Bayesschen Kriterium ist diejenige Handlung zu wählen, für die der Erwartungswert der wünschbaren Handlung maximiert werden kann. *Entscheidungsfindung unter Unsicherheit* liegt vor, wenn bei der Entscheidungssuche unseren Nutzeneinschätzungen und Präferenzen noch nicht einmal Wahrscheinlichkeiten zugeordnet werden können. Dazu wurden verschiedene Rationalitätskriterien (z.B. in der Spieltheorie) vorgeschlagen, die von verschiedenen Annahmen über die Umwelt ausgehen.





So geht das Maximin-Nutzen-Kriterium pessimistisch von einem nicht kooperativen Gegner aus. Das Maximax-Nutzen-Kriterium

unterstellt optimistisch, daß jede mögliche Handlung ein best-
mögliches Resultat hat. Einen Mittelweg wählt das Hurwicz-
Kriterium, das seine Entscheidung von der Einschätzung des Geg-
ners auf einer Skala zwischen extremem Optimismus und Pessimis-
mus abhängig macht. Auch das Minimax-Risiko-Kriterium von L. J.
Savage könnte hier erwähnt werden. Jedenfalls setzen alle Rationalitätskriterien für Entscheidungen unter Unsicherheit voraus, daß
bestimmte Einschätzungen der Systemumwelt eindeutig gemacht
werden können. Was können wir aber überhaupt über die komplexe
Systemumwelt von Wirtschaftssubjekten wissen?

Traditionelle Rationalitätsmodelle der Wirtschaftswissenschaften
erweisen sich als Relikte von Gleichgewichtsfiktionen, die in komplexen und unsicheren Entscheidungssituationen zu falschen Erwartungshaltungen führen. So lassen sich ökonomische Systeme
*nicht* mit der *konservativen Selbstorganisation* von Kristallen und
Festkörpern nahe dem thermischen Gleichgewicht vergleichen. Als
*offenes System*, das in ständigem Stoff-, Energie- und Informationsaustausch mit anderen Märkten und der Natur steht, kann Marktwirt-
schaft keinem Gleichgewichtszustand in bezug auf ‚natürliche Preise' zustreben. Analog wie ein biologisches Ökosystem wird sie in
ständiger Veränderung begriffen sein und empfindlich auf geringste
Veränderungen der Randbedingungen reagieren. Zudem sind die
*Agenten* eines Wirtschaftssystems *lernfähige Menschen*. Kurzfristige
Schwankungen von Konsumentenpräferenzen, unflexibles Reagieren im Produktionsverhalten, aber auch Spekulationen auf Rohstoff-
und Grundstücksmärkten liefern Beispiele für sensible Reaktionen
im Wirtschaftssystem. Daß Fluktuationen im kleinen sich zu
Wachstumsschüben im großen selbst organisieren können (z.B.
technische Innovationen wie Webstuhl und Dampfmaschine in der
industriellen Revolution), andererseits aber zu chaotischem und
unkontrollierbarem Verhalten aufschaukeln können (z.B. Börsen-
krach, Massenverelendung, Arbeitslosigkeit), ist eine historische
Erfahrung der Jahrhunderte nach Adam Smith. Wissenschafts-
historisch ist bemerkenswert, daß der *,Schmetterlingseffekt'* in der
Wirtschaft bereits 1890 von dem englischen Ökonomen A. Marshall
erwähnt wurde – also etwa in der Zeit, als Poincaré die Nichtlinearität der Himmelsmechanik herausstellte. Marshall zeigte, wie ein
Unternehmen, das rein zufällig früh einen hohen Marktanteil erreicht, seine Konkurrenten überflügeln kann, wenn die Produktionskosten mit zunehmenden Marktanteilen fallen.

*Nichtlinearität* ist also der mathematische Kern komplexer Systeme, deren *Dynamik* sich in *Phasenübergängen* organisiert. Wie in
der Natur können auch bei Wirtschaftssystemen Grenzzyklen, quasi-
periodisches Verhalten und chaotische Entwicklungsmuster auftre-

ten. *Grundlage* sind nichtlineare Differenzen- oder Differentialgleichungssysteme, in denen die zeitliche Veränderung volks- und betriebswirtschaftlicher Größen gekoppelt sind. *Ziel* ist die *Modellierung ökonomischer Systeme,* um z.B. Konjunkturzyklen mit ihren typischen Auf- und Abschwungphasen oder die Stabilität bzw. Instabilität von Märkten besser verstehen zu können.

Die Selbstorganisation von Märkten und Produktionslandschaften legt es nahe, *Unternehmen* als *lernfähige Superorganismen* zu begreifen, die konkurrieren und kooperieren, wachsen und untergehen können. *Informationssysteme* sind quasi die Nervensysteme dieser Superorganismen. Welche Organisationsprinzipien sind für das unternehmerische *Wissensmanagement* optimal? Gibt es geeignete *Computermodelle?*

Bereits Adam Smith (1776) hatte vorgeschlagen, den *Arbeitsprozeß algorithmisch* in sequentielle kleine Arbeitsschritte zu zerlegen, die von spezialisierten Arbeitskräften auszuführen sind. Frederic Taylor (1912) zieht daraus die unternehmerischen Konsequenzen eines wissenschaftlichen Managements. Das Unternehmen ist in entsprechende Abteilungen zu zerlegen – von Forschung und Entwicklung, Planung und Einkauf über Produktion, Logistik, Finanz- und Rechnungswesen bis zu Marketing und Vertrieb. Henry Ford automatisiert diesen Arbeitsprozeß durch das *Fließband.* Noch Alfred Sloan führte Hierarchiestufen von Managern ein, die den Ablauf des Arbeitsprozesses kontrollieren sollten. Bei algorithmisch festgelegten Arbeitsabläufen war die *hierarchische Unternehmensstruktur* angemessen. Vergrößerungen der Organisation führten zu immer neuen Hierarchiestufen des Managements. Die Nachteile dieses starren Superorganismus liegen auf der Hand: Er ist unflexibel gegenüber schnellen Umweltveränderungen. Die Koordination der verschiedenen Abteilungen ist ineffizient. Die *Kommandostruktur* fixiert den Mitarbeiter als Zahnrad im Getriebe und nicht als wissensbasierte und lernfähige Einheit.

Das *Wissensmanagement* einer *starren Organisationshierarchie* orientiert sich an einer regelbasierten Wissensdarstellung. Rechte und Pflichten sind in *Regelwerken* genau und für jeden Fall vorgeschrieben. Der Verfahrensweg der Informationsverarbeitung muß eingehalten werden. Jeder Verarbeitungsschritt ist standardisiert und wie der Befehl eines Computerprogramms genau festgelegt. Das Ziel besteht also darin, die gesamte Informations- und Wissensverarbeitung eines Betriebs wie in einem *Computerprogramm explizit* zu *deklarieren.* Von Mitarbeitern werden nur wiederholbare Arbeitsschritte erwartet. Lernfähigkeit und Eigeninitiative sind nicht gefordert. Dieses Wissensmanagement mag bei Fließbandarbeit ange-

Unternehmen als lernfähige Superorganismen

Algorithmische Arbeitsorganisation

Regelbasiertes Wissensmanagement

messen sein. Bei offenen Märkten und im Wettbewerb aber ist diese Organisations- und Wissenschaftsstruktur bald überfordert.

Flache Management-hierarchien

Daher sollte die *Organisationshierarchie flacher* werden, um Managerebenen einzusparen. Dennoch blieb in diesem Konzept die *Kommandostruktur* und die *Aufteilung nach Betriebsfunktionen* unangetastet. Im nächsten Schritt wurden daher die Mitarbeiter in ihren Kompetenzen aufgewertet (*liberation*) und zentrale Kontrollstellen abgebaut (*empowerment*). Schließlich sollte jeder Mitarbeiter sein eigener Unternehmer mit allen Funktionen sein, die vorher parallel aufgeteilt waren. Jeder Mitarbeiter sollte direkt auf den Kunden ausgerichtet werden, um den Betrieb schnell und flexibel auf sich ändernde Kundenwünsche und Märkte ausrichten zu können. Da sich in jedem Mitarbeiter alle Funktionen des Gesamtbetriebs (Vertriebs-, Service-, Logistikaspekte etc.) widerspiegeln, spricht man mit Blick auf selbstähnliche (*fraktale*) Körper der Geometrie auch von *fraktalen Unternehmen*.

Fraktale Organisationen orientieren sich an lebenden *zellulären Organismen*. Wenn sich Zellen teilen, geben sie ihre gesamten Funktionen weiter. Sie sind also in diesem Sinne alle selbstähnlich bzw. fraktal. Vom komplexen zellulären System des Gehirns wissen wir, daß keine einzelne Zelle denkt, fühlt oder wahrnimmt. Vielmehr handelt es sich um kollektive Leistungen von neurochemisch kommunizierenden Zellverbänden. Es gibt keine einzelne ‚kommandierende' Zelle mit Bewußtsein. Allerdings wissen wir von zellulären Organismen auch, daß nicht alle Zellen in allen Zellverbänden ihre kollektiven Aufgaben erfüllen können. So nehmen bekanntlich Leberzellen und Gehirnzellen verschiedene Aufgaben wahr. Insbesondere in großen Unternehmen sind daher Zellcluster wie die Organe in einem Organismus zu unterscheiden. Sie müssen jedoch wie lebende Zellverbände *fehlertolerant* und *flexibel* sein: Bei Ausfall einiger Zellen darf die Funktion nicht wie bei einem programmgesteuerten Computer zusammenbrechen. Einige Zellen des betroffenen Zellverbandes müssen Aufgaben der ausgefallenen Zellen übernehmen können. Entscheidende Voraussetzung ist die Lernfähigkeit eines zellulären Teams. Wie in einem neuronalen Netz muß das Team selbständig lernen, sich auf neue Situationen einzustellen. Grundlage ist die *Kommunikations- und nicht die Kommandostruktur* der Gruppe. Manager haben nur noch die Funktion von ‚Katalysatoren' (oder in der Sprache des Sports von Coachs). Das *fraktale Unternehmen* ist also zugleich ein *lernendes Unternehmen*.

Damit sind enorme Anforderungen an Mitarbeiter und Wissensmanagement verbunden. Für die Kommunikationsstruktur des Unternehmens wird das Client-Server-Modell von Computernetzen gewählt. Das *Wissensmanagement eines fraktalen und lernenden*

*Unternehmens* setzt alle bisher entwickelten Informations- und Kommunikationstechnologien ein – von Intranets, Datenbanksystemen und Meta-Datenbanksystemen über Informationsbroker bis zur Informationsfilterung und Informationsrecherche durch intelligente Softwareagenten. In der direkten Wechselwirkung mit Kunden fallen viele Bearbeitungsstufen fort. Multimedia-Technologie ermöglicht Schnittstellen zu allen Informations-, Waren-, Wirtschafts- und Steuerungssystemen des Unternehmens. Um die *Mobilität großer Unternehmen* zu erhöhen, wird eine Netzorganisation aus kleineren Unternehmenseinheiten erforderlich. Die optimale Größe solcher Einheiten zwischen 50 und 150 Mitarbeitern hängt vom konkreten Beispiel ab. Jedenfalls sind solche Einheiten wieder *fraktal* und *nicht funktional* zu organisieren, damit jedes kleinere Unternehmen wie eine lebende Zelle über alle lebenswichtigen Funktionen verfügt (Abb. 61). Die *Kommunikation* der Unternehmenseinheiten im *vernetzten Unternehmen* kann durch direkte Interaktion nach dem *Peer-to-Peer Modell* in Computernetzen erfolgen. Das vernetzte Unternehmen bleibt aber zunächst an die Orte seiner Unternehmenseinheiten und die Ortszeiten der Arbeitsorganisation gebunden. Ein neuer Entwicklungsschritt sind *virtuelle Unternehmen*, die Raum und Zeit überwinden. Computernetze mit Teleworking und Teleconferencing ermöglichen Produktionen von *virtuellen Prototypen* rund um die Uhr im Wechsel über verschiedene Erdteile. Über Satellitenschaltungen werden virtuelle Entwicklungslabors und Verwaltungslabors eingerichtet, die von *mobilen Arbeitsplätzen* bedient werden können.

Wissens-<br>management<br>und Kommuni-<br>kation in<br>fraktalen und<br>lernenden<br>Unternehmen<br><br><br>Virtuelle Firmen

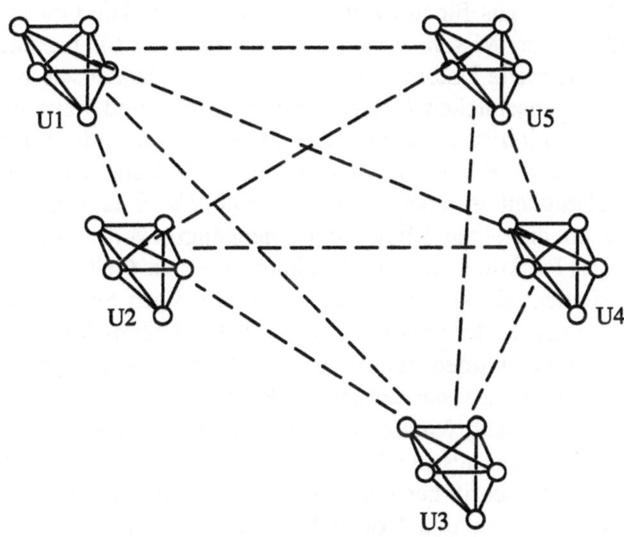


**Abbildung 61**
Unternehmenseinheiten eines fraktalen, lernenden und virtuellen Unternehmens im Computernetz

Neben den technischen Möglichkeiten von Computernetzen und virtueller Realität sind es die sich ständig beschleunigenden *Innovationszyklen* der Industrie, die zu virtuellen Unternehmen führen. Die *traditionelle Wertschöpfungskette* ist *seriell* organisiert und damit zu langsam: Danach muß nämlich zuerst der Lieferant seine Wertschöpfungskette abschließen, dann das eigene Unternehmen, dann die Vertriebskanäle und schließlich der Kunde. Bis dieser Algorithmus bei einer Flugzeug- oder Autoentwicklung abgeschlossen ist, laufen Jahre ins Land und Markt und Kundenwünsche haben sich völlig verändert. Daher müssen *parallele Kooperationen* die serielle Wertschöpfungskette von Lieferanten-Unternehmen-Vertrieb-Kunde ersetzen: Lieferanten sind bereits virtuell eingeschaltet, bevor eine Schraube hergestellt ist. Kunden und Nutzer (z.B. Piloten bei der Flugzeugkonstruktion) erlernen bereits virtuell die Nutzung des Produkts und nehmen auf seine Entwicklung Einfluß, bevor es ausgeliefert wird.

An die Stelle starrer Hierarchien tritt ein Vertragsmanagement, das die *virtuelle Wertschöpfungskette auf Zeit* betreut. In globalen Informations- und Kommunikationsnetzen zerfallen schwerfällige Unternehmenshierarchien wie die Fabrikbauten des Industriezeitalters. An ihre Stelle treten *virtuelle Firmen*, Märkte und Organisationen auf Zeit. Daten- und Finanzströme jagen in diesen Netzen um die Erde. Was hier nicht möglich ist, wird anderswo gemacht, wo die Bedingungen günstiger sind, bis die Ansprüche wachsen, Arbeit teuer und Rohstoffe knapper werden. Dann zieht die Karawane virtueller Betriebe und Finanzmärkte weiter und sucht neue Oasen im globalen Wettbewerb.

Was folgt daraus für das *Wissensmanagement*? Die Orientierung an regelbasierter Wissensorganisation erweist sich für fraktale, lernende und virtuelle Unternehmen als ebenso inadäquat wie bei Modellen des menschlichen Gehirns. Regelbasierte und formale Wissensrepräsentation ist zwar z.B. über Datenbanken in die Informationsverarbeitung des Unternehmens integriert. Entscheidend für seine Leistungsfähigkeit ist aber seine *Innovationskraft* und *Kreativität*. Sie muß im einzelnen Mitarbeiter unabhängig von seiner vorgeschriebenen Funktion im Betrieb erkannt und zur Geltung gebracht werden können. Es ist wie mit dem mittelmäßigen Schüler auf der Schule, der sich in der Praxis als erfolgreicher Unternehmer erweist. Auf der Schule wurden ebenso wie in einem regelbasierten Wissensmanagement nur standardisierte Raster abgefragt. Tatsächlich steckt aber in jedem Mitarbeiter mehr an Hintergrundwissen und Hintergrundkönnen, als der Betrieb in seinen Rastern wahrnehmen kann. Ein erster Schritt besteht darin, jeden Mitarbeiter über Online-Dienste Erfahrungen und Vorschläge im Betriebsintranet mitteilen

**Parallele statt serieller Wertschöpfungsketten im Unternehmen**

**Virtuelle Firmen und Globalisierung**

**Wissensmanagement in fraktalen, lernenden und virtuellen Unternehmen**

zu lassen, die nicht unmittelbar in seinen Aufgabenbereich fallen. Das berühmte *Alltagswissen* des Menschen, das CYC in die Maschine packen will, wird durch das Expertenwissen und entsprechende Expertensysteme ausgeblendet. Der *Faktor Mensch* bleibt also auch im *fraktalen, lernenden und virtuellen Unternehmen* (Abb. 60) das entscheidende Potential. Da Menschen wesentlich mit *emotionaler Intelligenz* agieren, reicht ihre Integration in effektive Computer- und Informationsnetze nicht aus. *Unternehmenskultur* muß die Eigenarten menschlicher Emotionen und Stimmungen berücksichtigen.

Unter diesen Voraussetzungen läßt sich ein Unternehmen durchaus als ein *Superorganismus* begreifen, dessen Entwicklung einer *quasi-evolutionären Dynamik* unterliegt. Wir finden in einem Unternehmen alle Komponenten eines hochentwickelten biologischen Organismus – von Offenheit und Metabolismus, Mutation und Innovation über Selbstreproduktion und Variabilität, Selektion und Kooperation bis zu Lernfähigkeit, Unternehmenskultur und Unternehmensbewußtsein. Die Unternehmensdynamik läßt Verbesserungen und Anpassungen in Unternehmensgenerationen zu. Bei virtuellen Unternehmensketten wird sich ihre Evolution in ökonomischen Fitnesslandschaften beschleunigen lassen. Für Computermodelle dieser Dynamik eignen sich daher *genetische Algorithmen*, die den *Genotypen eines Unternehmens* entsprechend ökonomisch interpretieren. Wie in der biologischen Evolution bieten aber solche Algorithmen keine Erfolgsgarantie und Langzeitprognosen. Ihr Studium gibt uns bestenfalls ein besseres Gespür für die Eigenart ökonomischer Dynamik. Die Wirtschaftsgeschichte zeigt nämlich, wie am Ende Generationen dieser Superorganismen ähnlich wie in der biologischen Evolution wegbrechen können, da ihre Märkte in langfristig nicht vorhersehbare Turbulenzen gerieten.

# 9 Computernetze als Kulturtechnik

In der Wissensgesellschaft werden Computernetze zur neuen Kulturtechnik. Von der Höhlenmalerei schriftloser Kulturen über Tontafeln bis zum Buchdruck reichen die *frühen Kommunikationsmedien*, mit denen die Welt dargestellt und begriffen wird. Die antiken Kulturen stützen sich auf Landwirtschaft und Handwerk mit typischen Materialien, Techniken und Geräten. Ton, Wolle, Holz und Stein standen zur Verfügung und wurden mit Töpferscheiben, Spindeln, Keilen, Hämmern und Messern  bearbeitet. Dichter, Kaufleute und Philosophen griffen auf diese Materialien und Techniken als Schreib- und Rechentechnik zurück.



Daß Tontafeln, die mit Keilen bearbeitet werden mußten, eine sparsame Symbolik erforderten, ist offensichtlich. Das Sexagesimalsystem der Babylonier zeigte, wie mit wenigen Keilschriftsymbolen ein hochentwickeltes Rechensystem realisiert werden konnte. Demgegenüber wirkten die Notationen auf ägyptischem Papyrus zwar dekorativ, aber mathematisch umständlich. Der Abakus ist bereits mit antiken Materialien zu fertigen und findet als Frühform eines Taschen- und Tischrechners Anwendung in Handel und Gewerbe. Das ,Rechnen auf der Linie' eines Adam Riese, wie es noch heute den Elementarunterricht bestimmt, kann durch den Buchdruck leicht verbreitet werden.

Kulturtechniken dienen also einerseits als Kommunikationsmittel – vom antiken Sklaven, dem Texte auf Papyrusrollen, Wachs- oder Tontafeln diktiert werden, über den mittelalterlichen Mönch, der Texte in kunstvollen Büchern mit der Hand aufschreibt, und dem neuzeitlichen Buchdrucker, der Texte mit Druckstöcken und Druckmaschinen vervielfältigt, bis zum heutigen Programmierer, der Texte auf dem PC-Bildschirm gestaltet und mitteilt. Andererseits begreifen und deuten wir mit diesen Kulturtechniken uns selber und die Welt – von der Erfindung des Rades über erste mechanische Rechenmaschinen bis zur modernen Computertechnik.

Verglichen mit den langen historischen Etappen zwischen Höhlenmalerei, Papyrus und Buchdruck wird heute die *Evolution computergestützter Kulturtechniken* in immer kürzeren Innovationsschüben beschleunigt. Die Leistungsfähigkeit von Prozessoren als Herzstück der klassischen Computertechnologie verdoppelt sich alle zwei Jahre. Der Nachfolgeprozessor mit höherer Taktfrequenz und mehr Befehlen tritt auf, während der Nachfolger vom Nachfolger bereits in der Planung ist und sich der Markt auf den Vorgänger gerade eingestellt hat. Kulturtechnik reduziert sich auf Chipgröße, deren Packungsgröße mit Transistoren ständig steigt. Vier Millionen Informationen auf einem fingernagelgroßen Siliciumplättchen ist bereits Realität. Die Trendentwicklung in Richtung Miniaturisierung hat sich nahezu verselbständigt. Ebenso steigt die Leistungsfähigkeit und Benutzerfreundlichkeit von Softwareprogrammen, die für die Akzeptanz als Kulturtechnik entscheidend sind. An die Stelle von umständlichen Eingaben von Zahlen- und Buchstabenkolonnen steuern selbsterklärende grafische Symbole den Computer.

Die Kommunikationsmöglichkeiten werden ohne Zweifel gesteigert. Andererseits, so wird heute eingewendet, tragen *Computernetze* und *virtuelle Welten* zur *Entpersonalisierung der Kommunikation* bei. Ähnliche Einwände wurden aber auch gegen die Einführung der seinerzeit neuen Kulturtechnik des geschriebenen Wortes erhoben. Die Homerischen Epen entstanden, um gesprochen und rezitiert zu werden. Für Platon blieb die gesprochene Sprache der Königsweg zur Philosophie, da der Sokratische Dialog erst den menschlichen Geist an der Welt der Ideen teilhaben läßt. Im Dialog ‚Phaidros' klagt Platon den zerstörerischen Einfluß der Schrift auf die alte Kultur des gesprochenen Wortes an. ‚Die Schrift,' so heißt es dort, ‚ist wie die Malerei, sie zeigt nur den Anschein der Weisheit, nicht deren Wirklichkeit.' Mit der Erfindung der Buchdruckerkunst werden Texte beliebig vervielfältigt. Die Neuzeit speichert ihr Gedächtnis in weltweit verteilten Bibliotheken, in denen gedruckte Bücher gesammelt werden. Gegen die *Gutenberg-Galaxie* werden wieder nostalgische Einwände erhoben, die sich nach den handgemalten Schriften des Mittelalters zurücksehnen.





Heute müssen unterschiedliche Benutzer, die Probleme, die einem Computer übergeben werden sollen, in einer passenden Programmiersprache formulieren. Je nach Abstraktionsgrad zur Hardware, der bei der Programmierung beachtet werden muß, klassifiziert man Programmiersprachen in Maschinensprachen mit direkter Programmierung der Hardware, niedere, maschinenorientierte Programmiersprachen oder Assemblersprachen mit Programmierung der Hardware über symbolische Namen und schließlich problem- und objektorientierte Programmiersprachen, die von der Hardware unabhängig und an den zu bearbeitenden Problemfeldern orientiert sind. Grafische Oberflächen und schließlich virtuelle Realität erlauben einen unmittelbar sinnlichen Zugang zu den Kommunikationsmedien.

Um uns herum entsteht eine *virtuelle Wirklichkeit,* die sich in hohem Maße selbständig macht. Gedächtnis, Wahrnehmung und Denken, Sprechen und Schreiben, Urteilskraft und Imagination sind zunehmend computergestützt. Die *Geisteswissenschaften,* die traditionell auf diesen Fähigkeiten aufbauen, verändern durch den Gebrauch computergestützter Kulturtechnik ebenso ihr Selbstverständnis wie durch das Aufkommen der Schrift in der Antike und des Buchdrucks in der Renaissance. Die Zugriffe und Auswertungsmöglichkeiten von Datenmaterial durch einen Historiker, sofern denn die historischen Daten gespeichert sind, steigern sich erheblich. Bei der Bewertung der jeweils jüngsten Geschichte, und das wird die unmittelbare Zukunft bald schon sein, sind historische Dokumente elektronisch verfügbar. Es wird auf das Abfassen gezielter Computerprogramme ankommen, um komplexe historische Zusammenhänge zu erkennen.

In einer computergestützten Medienwelt wird die Aufgabe eines Literaturwissenschaftlers eine andere sein als in der Welt Goethes oder Thomas Manns. Gefühle und Assoziationen, Gedanken und Erinnerungen vermitteln sich anders als in den traditionellen Medien des Buches und Theaters. Obwohl diese Kunstformen ebensowenig überwunden werden wie das gesprochene Wort nach Einführung der Schriftsprache, wird der Erfahrungs- und Kommunikationshorizont verändert und erweitert. Nur wenn die Werte, die mit den alten Kulturtechniken des gesprochenen und geschriebenen Wortes verbunden waren, nicht verdrängt werden, besteht eine Chance für mehr Humanität im Sinne größerer Erfahrung und Erlebnismöglichkeiten mit den neuen computergestützten Kulturtechniken.

## Vom Hypertext zur virtuellen Bibliothek

Die Neuzeit beginnt mit der Erfindung der Buchdruckerkunst mit Hilfe beweglicher Buchstaben durch Johannes Gutenberg (1400-1468). Damit nahm die Möglichkeit der Verbreitung neuer Ideen gewaltig zu. Es entstand bis heute die Gutenberg-Galaxie der gedruckten Texte und Bücher. Diese neue Kulturtechnik prägte auch die Rolle vom aktiven (schreibenden) Autor und passiven (rezeptiven) Leser. Es entstand der Buchgelehrte, dessen Sätze Zeile für Zeile (*linear*) auf Seiten abgedruckt und nacheinander (*sequentiell*) in einem Buch gebunden wurden. Die erste Generation von Humanisten wie Erasmus von Rotterdam (1466-1536) fällt nicht

Computergestützte Medienwelt und Geisteswissenschaften

Gutenberg-Galaxie und lineare Texte

zufällig in die Entstehungszeit der Gutenberg-Galaxie. Die Wissensbanken der Gutenberg-Galaxie sind Bibliotheken, in denen Bücher linear (z.B. alphabetisch) geordnet sind. Kataloge und Zettelkästen sind die *Suchwerkzeuge* dieser buchbasierten Wissensbanken bis teilweise in die Gegenwart.

Texte werden also traditionell in *linearer* und *sequentieller* Anordnung von gedruckten Zeilen und Seiten repräsentiert (Abb. 62a). Arbeit am Text ist aber tatsächlich *nichtlinear* und *nichtsequentiell*, d.h. Namen und Begriffe werden in anderen Büchern nachgeschlagen, die wiederum auf andere Texte verweisen und mit Bildern, Erinnerungen, Interpretationen und vielen anderen Kontexten verbunden werden. Ein *computergestützter Hypertext* löst daher einen Text in ein Netzwerk von Knoten auf, die Informationen durch *statische Medien* (Fließtext, Grafiken, Bilder, Tabellen) oder *dynamische Medien* (Audio, Video, Animation) repräsentieren. Multimedial erweiterte Hypertexte heißen auch *Hypermedia* (Abb. 62b). Die Knoten sind durch Verweise (*Links*) verbunden. Der Leser *navigiert* selbst nach seinem Wissen und seiner Motivation durch den Hypertext (*Browsing*). Dabei kann der Hypertext durch den Nutzer aktiv erweitert und verändert werden.

Hypertext

(a)

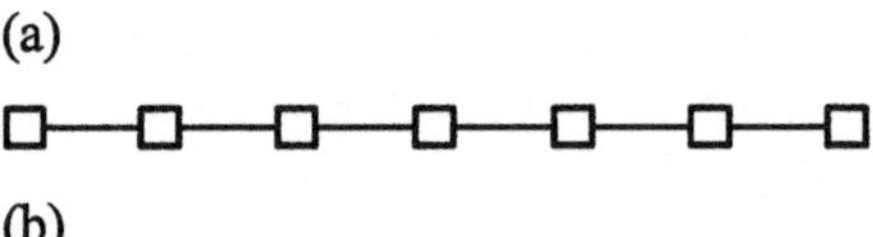

(b)

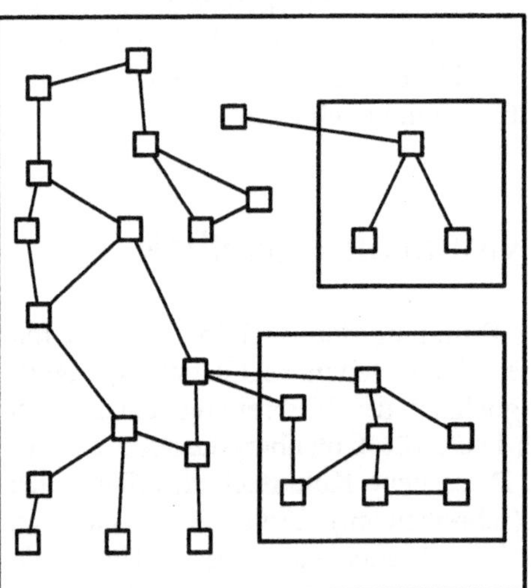

Hypertext-Netzwerke

Ausschnitte der Hypertext-Netzwerke, die im grafischen Browser für Navigationszwecke darstellbar sind

**Abbildung 62**
Textstruktur (a) in linearer Form z.B. bei Büchern und (b) in nichtlinearer Form bei einem Hypertext

Die Auffassung von Textdokumenten als Knoten legt eine *objekt-orientierte Darstellung* für Computer nahe. In Kapitel 3 wurde bereits HTML (*H*ypertext *M*arkup *L*anguage) zur Darstellung von WWW-Dokumenten eingeführt, die durch Links verbunden werden können. Ein Hypertext ist danach ein virtuelles Dokumentennetz, das in einem lokalen Rechner oder einem Computernetz wie dem *World Wide Web* genutzt werden kann. Entsprechend werden geschlossene und offene Hypertext-Systeme unterschieden. Ein geschlossener Hypertext ist nicht veränderbar oder erweiterbar und schließt Verbindungen außerhalb eines lokalen Rechners aus. Ein offener Hypertext besitzt Links im Computernetz und läßt Erweiterungen zu. Die *Kommunikation* zwischen WWW-Client und WWW-Server findet über spezielle *Protokolle* nach dem HTTP (*H*ypertext *T*ransfer *P*rotocol) statt. Für Verweise im Netz müssen die Zielobjekte der Netzserver durch eindeutige URL (*U*niform *R*esource *L*ocator)-Adressen bezeichnet werden. Der Benutzer eines Hypertextes nimmt das Computernetz des World Wide Web als *virtuelle Hypertext-Maschine* wahr, in der die Knoten, Verweise und Generationen des Hypertextes verwaltet werden (vgl. Abb. 10).

*Knoten im Navigationssystem* eines *Hypertextes* repräsentieren *Objekte*, die nach dem Schema einer *Klassendefinition* erzeugt wurden. Klassen sind wie üblich durch *Attribute* und *Methoden* charakterisiert, mit denen Zugriffe und Veränderungen (z.B. der Attributwerte) möglich sind. Veränderungen werden auf untergeordnete Knoten *vererbt*. In einem Hypertext-System kann ein Knoten mit einem Text- oder Bilddokument durch ein Fenster (*Windows*) der Bildschirmfläche sichtbar gemacht werden. Knoten von Hypertext-Systemen lassen sich danach typisieren, ob sie auf Textbeispiele, Argumente und Kommentare, Bilder oder multimediale Dateien verweisen. Ein *Hypertext über Platon* könnte ein Fenster mit einem Textausschnitt eines Platonischen Dialogs enthalten, ferner einen Verweis auf Lebensdaten der erwähnten Personen, Links mit Bildern und Zeitdokumenten sowie Fenster für Kommentare, Argumente und Interpretationen der betreffenden Textstelle.

Bei *Hand- und Wörterbüchern* genügt bereits eine geschickte Auflösung in verschieden gestaltete Textfenster. Ein Fenster enthält z.B. ein Stichwort des Dudens. Ein weiteres Fenster zeigt alte und neue Schreibweise (nach der Rechtschreibreform) oder Aussprache und Dialekte. Ein mittleres Fenster gibt vielleicht Bedeutungsdifferenzierungen an. Weitere Fenster liefern Belege für die Benutzung des Stichworts in Literaturbeispielen. Schließlich sind Verknüpfungen mit z.B. *Audioknoten* (für Aussprachebeispiele) oder sogar *Videoknoten* (für Benutzerszenen des Stichworts im Kontext einer Unterhaltung) möglich. In der *Literaturwissenschaft* können textkri-

Objekt-
orientierung
und HTML

Virtuelle
Hypertext-
maschine

Knoten, Klassen
und Objekte im
Hypertext

Hypertexte
in Sprach-,
Literatur- und
Geisteswissen-
schaft

tische Vergleiche durch gleichzeitig geöffnete Fenster mit entsprechenden Textdokumenten durchgeführt werden. In der *Geschichte* sind Originaldokumente, historische Persönlichkeiten z.B. mit Bildern und Lebensläufen, Ereignisse mit z.B. Landkarten, Interpretationen von Zeitgenossen, Quellenauswertungen von Historikern, Positionen und Gegenpositionen zu vernetzen.



Die Größe von Hypertext-Systemen hängt von der Leistungsfähigkeit der Computernetze und der Wissensorganisation in einem übersichtlichen Navigationssystem ab. Prinzipiell können ganze Bücher als einzelne Knoten aufgefaßt werden. Schließlich können Hypertext-Systeme zu *virtuellen Bibliotheken* zusammengefaßt werden, die unabhängig von örtlichen Bibliotheken und lokalen Rechnern nur im Netz existieren. Ein erster Schritt sind *elektronische Bibliotheken*, in denen Bücher und historische Dokumente auf elektronische Medien (z.B. durch Scannen oder Photographie) übertragen werden. So können sie nicht nur vor dem physischen Zerfall geschützt, sondern auch zur allgemeinen Verfügung ins World Wide Web gespeist werden. Die Transformation auf elektronische Medien wird es erst ermöglichen, daß auch die *Wissensbestände der Gutenberg-Galaxie* mit computergestützten Methoden (z.B. Informationssuche) bearbeitet werden können. Unzählige Archive, Einzelpublikationen und Zeitschriften müssen in Computernetzen zugänglich werden, um buchstäblich im Gedächtnis der Menschheit zu bleiben. Die elektronischen Bibliotheken bleiben zwar ortsgebunden. Ihre Vernetzung wird aber bereits länderübergreifend Zugriffe auf Quellen auf Abruf ermöglichen, die vorher überhaupt nicht oder nur mit erheblicher Zeitverzögerung durchführbar waren. Neben technischen Problemen, die mit der Leistungsfähigkeit der Speicher und Übertragungsnetze zusammenhängen, sind erhebliche Kosten- und Urheberrechtsprobleme bei der *Digitalisierung der Gutenberg-Galaxie* zu lösen.



Die klassischen Medien der Handschrift und des Buchdrucks werden nicht abgelöst, sondern als *exklusive Formen der Wissensdarstellung* überleben. Analog zu den schnellen Innovationszyklen in Technik und Wirtschaft gibt es eine enorme *Beschleunigung des Wissenszuwachses*, der durch die klassischen Druckmedien nicht mehr repräsentiert werden kann. So wächst das Wissen in der technisch-naturwissenschaftlich-medizinischen Forschung geradezu explosionsartig und muß wegen der engen Vernetzung dieser Wissensbestände auf Abruf zur Verfügung stehen. Lange Wartezeiten in wissenschaftlichen Journalen würden die Forschung bald zum Erliegen bringen. Hinzu kommen *gewaltige Druck- und Vertriebskosten* der großen wissenschaftlichen Journale, die von den öffentlichen Haushalten z.B. der Universitäten nicht mehr bezahlt werden können. Große Fachgesellschaften werden daher ihre eigenen virtuellen Bibliotheken aufbauen, aus denen z.B. Forschungsergebnisse nach der Evaluierung direkt ins Netz gestellt werden. Die *virtuelle Bibliothek* wird das Pendant zum *virtuellen Unternehmen* in der Wirtschaft sein. Die virtuelle Darstellung von Wissen ist nämlich eine effiziente Dienstleistung, die eine neue *virtuelle Wertschöpfungskette* schafft.

Auch die *Kulturwissenschaften* werden ihr Wissen in virtuellen Bibliotheken organisieren. Objektorientierte Darstellungen organisieren Wissen in übersichtlichen Einheiten, die computergestützte Zugriffe erlauben. So können virtuelle Bibliotheken durch *objektorientierte Datenbanksysteme* erweitert werden, um spezifische kulturwissenschaftliche Aufgaben zu lösen. Als Beispiel aus der Archäologie betrachten wir das Datenbanksystem COINCLASS, mit dem automatisch historische Münzen klassifiziert werden können. Ziel dieser Datenbank ist langfristig, die *Staatliche Münzsammlung* in München in eine virtuelle Bibliothek zu verwandeln, in der Anfragen (mit vielleicht unvollständigen Angaben) von Sammlern oder bei neuen Münzfunden automatisch durch Vergleich mit den registrierten Münzbeschreibungen der Datenbank beantwortet bzw. klassifiziert werden können. In konventionellen Münzkatalogen werden die Vorder- und Rückseite einer Münze in standardisierte Bereiche unterteilt, die jeweils mit Inschriften, Personen, Symbolen und anderen Darstellungen ausgefüllt sind. In Abb. 63 werden für die Vorderseite einer spätrömischen Münze ein mittleres linkes und rechtes Feld für Darstellungen und vier Randbereiche für Inschriften unterschieden, für die Rückseite ein linkes und rechtes Feld für Darstellungen und ein unteres Segment für Inschriften.

Objektorientierte Datenbanksysteme in den Kulturwissenschaften

COINCLASS

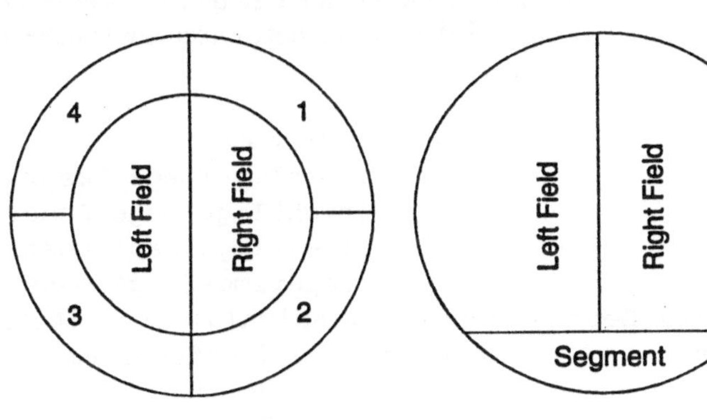



**Abbildung 63**
Beschreibungsattribute einer Münzklasse mit Vorder- und Rückseite

Die standardisierte Beschreibung der Münzen legt eine *objektorientierte Darstellung* in ODL (*O*bject *D*efinition *L*anguage) der objektorientierten Datenbankstandards von ODMG 2.0 (*O*bject *Da*tabase Standard) nahe. Die *Urklasse* `Basics` hält *grundlegende Attribute* einer Münze wie *Metallart* (`metal`), *Durchmesser* (`diameter`) oder *Gewicht* (`weight`) fest. Die Eigenschaften von `Basics` werden an die *untergeordneten Klassen* `Obverse` (Vorderseite) und `Reverse` (Rückseite) *vererbt*, die zusätzlich *Attribute* für Darstellungen und Inschriften der Felder und Segmente einer Münze enthalten. Schließlich können *spezielle Münzklassen* eingeführt werden, die wie im Fall der Vorderseite von spätrömischen Münzen `LateRoman_Obverse` und ihrer Rückseite `LateRoman_Reverse` ihre Attribute von den *übergeordneten Klassen* `Obverse` und `Reverse` *erben* und durch spezielle spätrömische Attribute erweitern. Die konkreten Münzen sind *Objekte* mit spezifischen Daten, die nach dem Schema dieser *Klassenhierarchie* erzeugt werden. Die Beziehungen zwischen den Klassen entsprechen dem Zitationsschema des Münzkatalogs, konkrete Münzbeschreibungen bestimmen Katalognummern (`catalogue _nr`).

Um *Bildbeschreibungen* einer spätrömischen Münze (`Image_Descr`) in COINCLASS einzugeben, werden formale *Produktionsregeln* verwendet. Sie leiten von partiellen Beschreibungen (`Partial_Descr`) von linken, rechten, oberen und unteren Bildteilen (`leftImg`, `rightImg`, `lowerImg`, `upperImg`) zu konkreten Angaben über Darstellungen von Menschen (`Human`), Tieren (`Animal`) und Gegenständen (`Item`). Menschen können Personen (`Person`) wie z.B. Männer (`Man`), Soldaten (`Soldier`) oder Barbaren (`Barbarian`) sein. Tiere sind z.B. Pferde (`Horse`), Adler (`Eagle`) oder Wolf (`Wolf`). Gegenstände sind z.B. Speer (`Spear`), Schild (`Shield`) oder beides. `NULL` bezeichnet zusätzliche nicht identifizierbare Attribute:

<table>
<tr><td>

Produktions-
regeln zur Ein-
gabe von Münz-
beschreibungen

</td><td>

```
<Image_Descr>     →<Partial_Descr>
                     [leftImg<Image_Descr>]
                     [rightImg<Image_Descr>]
                     [lowerImg<Image_Descr>]
                     [upperImg<Image_Descr>]
<Partial_Descr>   →<Human>|<Animal>|<Item>|NULL
<Human>           →<Person>[holdsLeft <Item>
                             holdsRight <Item>]
<Person>          →Man|Soldier|Barbarian
<Animal>          →Horse|Eagle|Wolf
<Item>            →Spear|Shield|Spear&Shield|Null
```

</td></tr>
</table>

 *9 Computernetze als Kulturtechnik*

Wenn als Bildelemente einer Münze z.B. ein Mann (Man), ein Speer (Spear), ein Barbar (Barbarian), ein Pferd (Horse), ein Speer und ein Schild (Spear&Shield) identifiziert wurden, so lassen sich diese Elemente nach folgenden Regeln eingeben:

```
(Man holdsLeft Spear holdsRight NULL)
      lowerImg (Horse lowerImg Spear&Shield)
      rightImg Barbarian
```

Für eventuell unvollständige Eingaben von Attributen sucht die *Methode* quote der *objektorientierten Suchsprachen* OQL (*O*bject *Q*uery *L*anguage) nach passenden Münzangaben in der Datenbank. Die Liste der eventuell unvollständigen Attribute attr_list dient als *Parameter* der Suchmethode quote. Mit der *Methode* reconstr kann als Resultat (result) ein einzelnes Attribut mit passenden Katalognummern für mögliche Münzen berechnet werden, indem die eingegebene Liste von Attributen mit Angaben der Datenbank verglichen wird. Diese Methode wird wiederholt (iterativ) auf die Menge der Attribute angewendet, und die einzelnen Resultate werden geschnitten (result:=result ∩ reconstr (attr)). Falls dabei das Ergebnis result leer (=∅) wäre, würde ein Widerspruch (inconsistency) in der Beschreibung aufgedeckt:

```
method quote:(attr_list:List<Attr>)→Set<Quote>
begin
   result := reconstr(first(attr_list))
   for attr in rest(attr_list)do
   begin
       result := result ∩ reconstr(attr);
       if result = ∅
         then exception(inconsistency)
   end;
   return result;
end;
```



Der objektorientierte Aufbau der Datenbank erlaubt eine Erweiterung der Klassenhierarchie auf alle Münzen und damit eine *Virtualisierung der gesamten Münzsammlung*. Sie kann in das *World Wide Web* integriert und für weltweite Forschungen genutzt werden.

Im *Multimedia-Zeitalter* werden *Multimedia-Datenbanksysteme* (MMDBS) für *Bibliotheken* und *Kulturwissenschaften* von zentraler Bedeutung. Ein MMDB-System integriert Multimedia-Komponenten wie Bilder, Texte, Klänge, Sprache und Video mit einem Datenbanksystem. Sie ermöglichen nicht nur einen navigierenden Zugriff auf gespeichertes Bildmaterial im *World Wide Web*, sondern auch eine *bildinhaltliche Recherche* in der *kunsthistorischen Forschung*. Dazu werden aus den Bildern Merkmale (Features) extrahiert, die z.B. Farbe, Textur oder die im Bild auftretenden Formen charakterisieren. Durch Vergleich der Features eines gespeicherten Bildes und durch Anfragen, die in Form von Beispielbildern oder Skizzen vorliegen können, werden diejenigen Bilder bestimmbar, die der Anfrage möglichst nahekommen.

Grundlage sind wieder die ODMG-Standards *objektorientierter Datenbanken*, die neben Textsuche auch bildinhaltliche Recherchen integrieren. Bild-Datenformate werden als *Objektattribute* eingeführt. Ein einfaches Beispiel bildet die Wappenkunde, in der z.B. prototypische Wappenaufteilungen, länderspezifische Formen, Waffen, Tier- und Pflanzensymbole als spezifische *Attribute* von *Wappenklassen* aufgefaßt werden können, die in einer *Wappenhierarchie* vererbbar sind. Entsprechend lassen sich allegorische Darstellungen, Portraits und Sachillustrationen aus der *Kunstliteratur*, aber auch Druckgrafik aus *historischen Buchbeständen* klassifizieren. Damit können bisher unbekannte historische und inhaltliche Zusammenhänge von Bilddokumenten automatisch aufgedeckt werden. Grundlage sind spezifische *Bildrecherche-Operatoren* und Ähnlichkeitsmetriken für die vergleichenden Bildmerkmale.



Bild-Datenbanksysteme werden als *Client-Server-Architektur* im *Computernetz* des *World Wide Web* integriert. Dabei ist die Verschiedenheit (Heterogenität) der vom Client angeforderten Multimedia-Formate und die Netzanbindung der Benutzer zu berücksichtigen. Deshalb müssen im Netz viele unterschiedliche Datenformate unterstützt werden und entsprechende Konvertierungswerkzeuge zur Verfügung stehen. Auch Bewertungsfunktionen für die Netzauslastung spielen bei den derzeit noch beschränkten Netzleistungen eine wichtige Rolle. Eine *neue Nutzerqualität in den Kulturwissenschaften* ist dann erreicht, wenn Bild-Datenbanksysteme durch Komponenten der *Agententechnologie* erweitert werden. Denkbar sind *stationäre* und *mobile Agenten* in lokalen und vernetzten Bibliotheken. Erinnert sei ferner an die *neuronalen Fuzzy-Agenten* aus Kapitel 7, die den Bildgeschmack eines Nutzers aus seinen bevorzugten und abgelehnten Bildbeispielen lernen können (Abb. 54). Schließlich können *virtuelle Bibliotheken* nicht nur durch autonome Agenten im Auftrag eines Nutzers, sondern durch den Nutzer selber besucht werden. Mit *VR-Technologie* von der Datenbrille bis zum Datenanzug werden *virtuelle Bibliotheken* zu *Erlebniswelten*, die wenigstens teilweise die Nostalgie der verlorenen Gutenberg-Galaxie kompensieren.

## Virtuelle Universität und lebenslanges Lernen

Computernetze der Wissensgesellschaft sind *Kulturtechniken*, mit denen sich die *Kommunikationsformen von Schulen und Hochschulen* grundlegend verändern. Analog zu virtuellen Unternehmen und Bibliotheken entstehen *virtuelle Schulen* und *Hochschulen*, in denen Schüler und Studenten Raum und Zeit überwinden, um per Telekommunikation oder sogar in virtuellen Umgebungen miteinander zu lernen und zu arbeiten. Ein erster Schritt sind die integrierten Lernumgebungen der *Multimedia-Technologie*. Multimedia verbindet Text, Grafik, Video und Ton mit digitaler Speicherung, Übermittlung und Vernetzung, einschließlich der Nutzung von Datenbanken und interaktiven Programmen. Damit lassen sich multimedial unterstützte interaktive Lehr-, Lern- und Kommunikationsformen entwickeln, um eine neue Qualität von Lehre und Studium bei der Vermittlung von Wissen zu erreichen.

Multimedia fördert den *fachübergreifenden Wissenstransfer* durch anschauliche Präsentationen von Wissen. Vorlesungen und Seminare, die primär auf Wissensvermittlung durch einen Lehrer beruhen, werden durch Hypertext-Systeme ersetzbar, die zum *Selbststudium* unabhängig von vorgegebenen Orten und Zeiten genutzt werden können. In der beruflichen Weiterbildung werden bereits verschiedene multimediale Lernsysteme genutzt, um Mitarbeitern in ihren gewünschten Zeiten und Umgebungen Lernen im Netz zu eröffnen. Ein Beispiel ist *Just-in-Time-Lernen* bei großen Firmen (z.B. Boing, AT&T), deren Mitarbeiter Multimedia-Trainingsprogramme zur technischen Fehlererkennung nutzen. CSCW (*C*omputer *S*upported *C*ollaborative *W*ork) erlaubt zeitlich verschobene und gleichzeitige Kooperationen im Netz vom E-Mail-Austausch bis zur Videokonferenz. Computernetze schaffen verteilte Lernumgebungen. Wissensbasierte Systeme ergänzen intelligente Tutorenprogramme. *Vernetzte Tutoren* liefern verschiedene Stufen der Wissensvermittlung: In der Anfangsphase müssen Anfänger durch direkte Anweisungen in die computergestützte Lernumgebung eingeführt werden. Mit zunehmender Vertrautheit wird ‚*Learning by Doing*' maßgebend und der Lehrer kann sich zurückziehen. Schließlich hat er nur noch die Rolle eines Mentors, Supervisors

Multimediale
Lernsysteme
in der Weiterbildung

oder Coachs. Learning by Doing läßt sich zusätzlich durch Gruppenarbeit von Studenten unterstützen. Diese Lernstufen werden durch Angebote des Selbsttestens begleitet, um die dem jeweiligen Wissen und Know-how angemessene Stufe selber herausfinden zu können.



Die neuen Kulturtechniken der Computernetze schaffen jedoch *traditionelle Lehr- und Lernformen* ebensowenig ab, wie klassische Bücher, Drucke und Texte durch virtuelle Bibliotheken vollständig abgelöst werden. Für die Kulturtechniken des Lehrens und Lernens sind vielmehr Vor- und Nachteile gemäß den jeweiligen Lehr- und Lernzielen zu prüfen. So ist die gute alte Tafel mit Kreide nach wie vor ein anschauliches Medium, um in einem angemessen großen Vorlesungssaal einen formalen Lernstoff (z.B. mathematischer Beweis) vorzutragen. Schreib- und Sprechgeschwindigkeit entsprechen der schrittweisen Aufnahmefähigkeit des Zuhörers. Demgegenüber können mit Overheadfolien komplizierte Zeichnungen, Formeln und Abbildungen vorbereitet werden. Bei zu großer Menge und Schnelligkeit der aufgelegten Folien ist der Zuhörer und Zuseher überfordert. Die Vorteile der klassischen Medien müssen in computergestützten Medien erhalten, verstärkt und mit neuen Möglichkeiten integriert werden.

Mit der Multimedia-Technologie bieten sich dazu *computergestützte Vorlesungen* mit *Hypermedia-Systemen* an. Bei einer Vorlesung, die als Hypertext vorbereitet wurde, kommunizieren Studenten und Dozent über die Datenbank eines Hypermedia-Systems (Abb. 64a). Auf dem *Dozenten-PC* ist ein Fenster (rechts) für die Vorlesungsseite mit eventuellen Zeichnungen wie auf einer Overheadfolie vorgesehen. Ein kleineres Fenster (links oben) erlaubt spontane Kommentare und Notizen, wie sie z.B. für den Tafelvortrag typisch sind. Wichtig ist ein weiteres Fenster (links unten) für den Navigationsbaum des Hypertexts, damit der Dozent seinen Standort im Verlauf des Vortrags verfolgen und mögliche Optionen des weiteren Vortragsverlaufs übersichtlich geordnet erkennen kann. Die Knoten des *Navigationsbaums* sind mit verschiedenen Text-, Bild-, Ton- und Videodokumenten verknüpft, die per Mausklick aufgerufen werden können. Es handelt sich um Objekte, die nach dem Schema von Multimedia-Klassen einer *objektorientierten Programmiersprache* erzeugt werden. Auf den *Studenten-PCs* sind neben der Vorlesung (rechtes Fenster) weitere Fenster für die Navigationsstruktur und persönliche Notizen. Ein Videofenster zeigt den redenden und agierenden Dozenten, um Körpersprache und Mimik zu vermitteln. Während der laufenden Vorlesung können Standardfragen über eine Datenbank automatisch beantwortet werden. Zusätzlich sind Online-Anfragen an den Dozenten und Tutoren möglich. Die Vorlesungspräsentation kann dabei durch Icons beeinflußt werden, die z.B. Lichtverhältnisse, Lautstärke, Größe, Schnelligkeit und Fragen anzeigen (Abb. 64b).

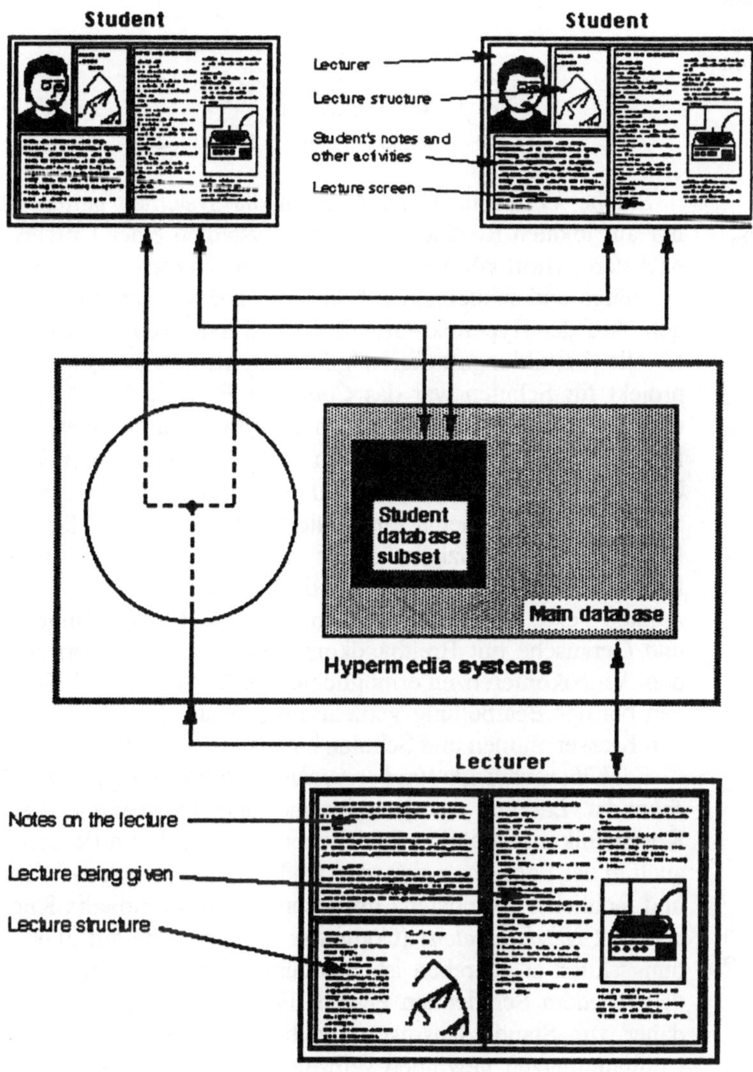


**Abbildung 64a**
Netzwerk einer Hypermedia-Vorlesung

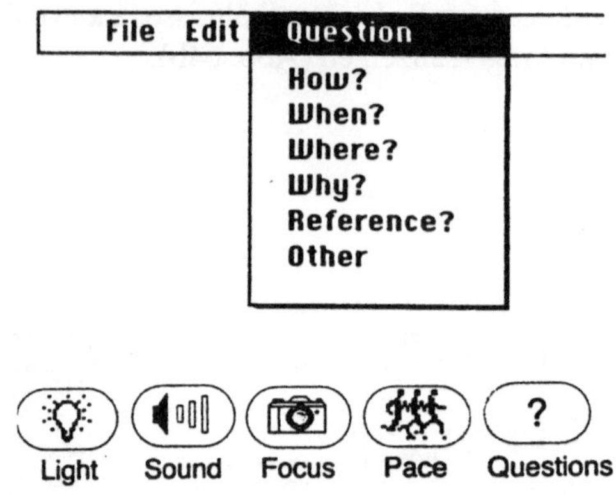

**Abbildung 64b**
Automatische Anfragen und Icons zur Beeinflussung des Vorlesungsverlaufs

Hypermedia-Vorlesung im World Wide Web

Comenius-Projekt

Solche Vorlesungen auf Hypermedia-Systemen laufen zunächst nur auf lokalen Rechnern bzw. Netzsystemen einer Universität. Im nächsten Schritt können sie auf *regionale Netze* von mehreren Universitäten und schließlich auf das *World Wide Web* übertragen werden. Auf der Hypertext-Grundlage sind interaktive Lehrprogramme für alle Ausbildungsstufen möglich. Ein medienpädagogisches Pilotprojekt für Schulen war das *Comenius-Projekt*, das Möglichkeiten und Grenzen der multimedialen Kommunikation über ISDN für Erziehung und Bildung aufzeigen sollte. Fachübergreifende Projekte bringen am besten alle Facetten der Multimedia-Netze zum Einsatz. So hieß ein Schulthema ‚Stadtteilerkundung', in dem fachübergreifend historische, sozialkundliche und wirtschaftliche Aspekte mit Fragen der Architektur, Kunst und Musik verbunden wurden. Daher mußten Texte, Grafiken, Tabellen, bewegte Bilder, Klänge, Sprache und Geräusche mit Breitbandkommunikationsnetz übermittelt werden. Videokonferenzen ermöglichten Diskussionen und Kooperationen bei der Bearbeitung gemeinsamen Materials über die Grenzen von Klassenräumen und Schulen hinaus.

*Fachübergreifende* und *projektorientierte Gruppenarbeit, forschendes Lernen*, das gemeinsame und selbständige Lernen in Kommunikation trainiert Fähigkeiten, die sowohl im Berufsleben als auch in der Forschung gefordert sind. Die Kombination von sozialer und fachlicher Kompetenz mit technischem Multimedia-Know-how bedeutet *Netzkompetenz* (Computer Literacy), die auf allen Ausbildungsstufen anzustreben ist. Schulübergreifende Computernetze, in denen jedem Schüler ein eigener PC zur Verfügung steht, sollten daher zur Standardausrüstung gehören. Durch den Einsatz von Computernetzen gewinnen selbstgesteuerte Lernphasen an Bedeutung. Lerninhalte, Lernziele und Lernmethoden werden dabei zunehmend von den Lernenden selbst bestimmt. Im Computernetz ändert sich auch die Rolle des Lehrenden. Der Wissensvermittler

Wie erwirbt man Netzkompetenz?

  *9 Computernetze als Kulturtechnik*

wird zum Moderator und Coach eines computergestützten Lernteams. Technisch bietet der Schritt von Multimedia zur virtuellen Realität zwar neue unmittelbare Erlebnismöglichkeiten interaktiven Lernens. Allerdings bleibt Technik immer nur Instrument, dessen Lerneffektivität von den jeweiligen Lernstoffen abhängt.

Computernetze im Bildungswesen steigern die *individuelle Lernfähigkeit* nicht nur bei technisch-naturwissenschaftlichem und problemlösendem Lernen, sondern auch bei *sprachbezogenen Lernstoffen*. So läßt sich bereits mit der Multimedia-Technik besser vermitteln, daß Sprachpraxis nicht regelbasiert von Grammatikvorschriften abhängt, sondern von der erlebten Sprechsituation. Um z.B. eine bestimmte Sprachwendung mit typischer Aussprache zu demonstrieren, könnten bereits auf *Hypertext-Basis* neben entsprechendem Text mit Fenster für Aussprache- und Grammatikregeln Videoclips eingespielt werden, die den Gebrauch im Alltag oder Geschäftsleben illustrieren. *Soziale Kompetenz* erfordert sicher auch im Zeitalter von virtueller Realität den unmittelbaren menschlichen Kontakt. Dennoch ist es wichtig, die soziale Teamfähigkeit auch im Zusammenspiel mit technischen Geräten wie Computern zu üben.

*Sprachkompetenz und Multimedia*

Typisch wird die *Vielfalt computervermittelter Kommunikationsformen* sein, die für unterschiedliche Ausbildungsziele einzusetzen sind. E-Mail und Mailinglists eignen sich für Beratungen und schnelles Feedback. Chat-Foren fördern den Kontakt zwischen den Lernenden. Videokonferenzen ermöglichen Diskussionen im Netz. Lehrmittel-Datenbanken dienen im Netz als Abruf- und Verteilmedium für Lehrinhalte. Hinzu kommen z.B. WWW-Angebote aus dem Internet, Drill & Practice-Software für Sprachtraining, Simulationssoftware für natur- und wirtschaftswissenschaftliche Modelle oder Anwendungsprogramme für Gruppenarbeit.

*Kommunikationsformen von Multimedia für die Ausbildung*

Wo wird *Netzkompetenz* erworben? Auch hier kommt es auf die Vielfalt an, die auf individuelle Situationen reagiert. Die Möglichkeiten reichen vom täglichen Schulunterricht bis zum Studium an einer Hochschule, von besonderen Angeboten in Schule und Hochschule bis zu privat organisierten und gewerblichen Weiterbildungsangeboten, vom informellen Lernen in der Freizeit bis zur Weiterbildung im Beruf. Wie und wo auch immer Netzkompetenz erworben wird, sie wird die Kommunikationsformen der Lehrenden und Lernenden verändern. Netzkommunikation funktioniert nie nach dem *Master-Slave-Prinzip*, sondern setzt wenigstens wie bei Hypermedia-Systemen eine *Client-Server-Architektur* voraus, in der ein Nutzer die Rolle auch tauschen kann. Bei größeren technischen Möglichkeiten mit virtueller Realität sind auch unmittelbare *Interaktionsformen* möglich.

*Netzkompetenz muß auf allen Stufen der Ausbildung erworben werden.*

Neben dem virtuellen Unternehmen und der virtuellen Bibliothek entsteht die *virtuelle Universität* im Netz. Als anschauliches Interface bietet sich eine *3-dimensionale Modellierung* eines Hochschulgeländes an, in dem der Nutzer per Mausklick virtuelle Räume für Vorlesungen und Seminare, aber auch Räume von Tutoren, Professoren, Bibliotheken, Verwaltungs- und Freizeitzentren aufsuchen kann. Übersichtliche Navigationsbäume übernehmen die Rolle von Wegweisern und Informationsbroschüren für den Besucher einer virtuellen Universität. In den jeweiligen Räumen können je nach technischem Standard der virtuellen Realität unterschiedliche Interaktionsformen angeboten werden. Sie reichen von der multimedialen Präsentation bis zur Interaktion mit Avataren und animierten Softwareagenten. Zur virtuellen Erlebniswelt wird die virtuelle Universität, wenn sie z.B. über Cyberbrille und Datenanzug betreten werden könnte.

Unabhängig vom technischen Standard verlangt die virtuelle Universität neue Funktionen und Qualifikationen. In Technik-, Natur-, Wirtschafts-, Sozial- und Kulturwissenschaften wird multidisziplinäre Qualifikation eine Schlüsselforderung, um die wachsende Komplexität des Wissens im Netz nutzbar und beherrschbar zu machen. Multidisziplinarität meint keine dünne Vermischung von Wissen. Neben ihrer *disziplinären Kompetenz* benötigen die verschiedenen Fachvertreter technisches Know-how für Multimedia-Systeme, Computermodelle, Computerexperimente, KI- und KL-Systeme bis zu den Möglichkeiten virtueller Realität. Im Fall von Geistes- und Sozialwissenschaften lassen sich Kernfelder als *Multimedia-Zusatzqualifikationen* nennen, die nach Neigung und Begabung mit fachspezifischer Kompetenz z.B. in Sprachwissenschaft, Geschichte oder Philosophie kombiniert werden können (Abb. 65). Gemeint sind die Bereiche Konzeption, Gestaltung, Produktionsmanagement und Informatik.

So gehört zur Aufgabe des *Multimedia-Konzeptors* das Erstellen von ‚Story-Boards', prägnanten und informativen Kurztexten also, während der *Multimedia-Programmier* für die technische Seite der Programmierung für Online- und Multimedia-Anwendungen verantwortlich ist. Eine der interessantesten Zusatzqualifikationen ist der *‚Screen'-Designer*. Er muß nicht nur systematisch denken können, sondern auch über gestalterische Begabung verfügen (z.B. Aufbereitung und Einarbeitung von Bildern und Datenbanken in die Geschichte, Illustration von begrifflichen Zusammenhängen). Der *Multimedia-Manager* übernimmt die Koordinations- und Planungsaufgaben im Projekt und arbeitet damit als multimedialer Wissensmanager. Daß solche Multimedia-Zusatzqualifikationen die Berufschancen von Geistes- und Sozialwissenschaftlern nur steigern können, sei am Rande vermerkt. Hinzu tritt die wesentliche Forderung der *Teamfähigkeit* auch von Kultur- und Geisteswissenschaftlern. Um ein entsprechendes Projekt realisieren zu können, sind alle genannten Qualifikationen in einem Team zu vereinigen. Die Teamarbeit, die in den Technik- und Naturwissenschaften längst Alltag ist, wird mit der Netzkompetenz auch in die Geistes- und Sozialwissenschaften einziehen müssen. Zumindest in den Geisteswissenschaften dominierte traditionell der ‚Einzelkämpfer'.

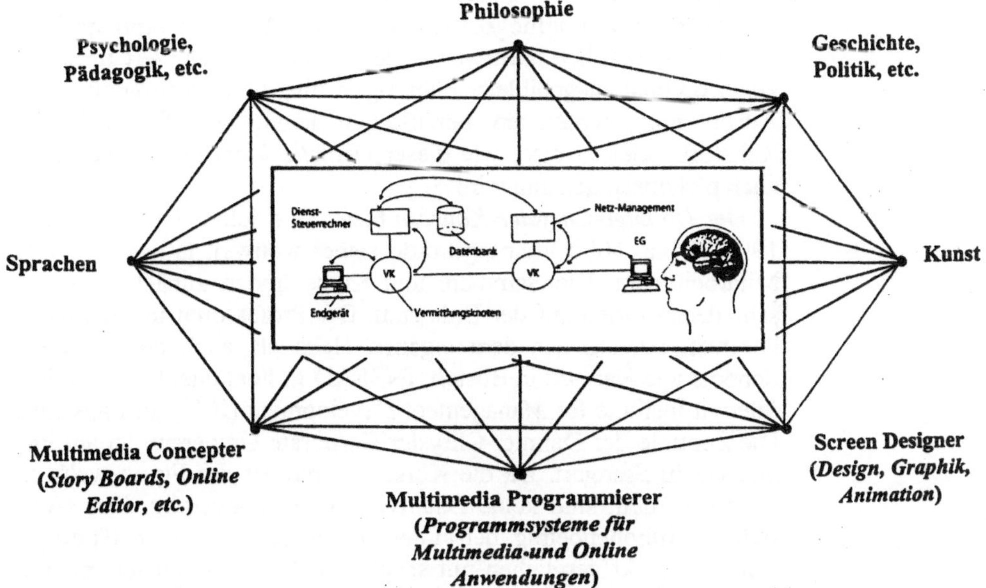


**Abbildung 65**
Netzqualifikationen im Verbund mit Fachkompetenz am Beispiel von Geistes- und Sozialwissenschaften

Die Schnelligkeit der Innovations- und Wissenszyklen in der Wissensgesellschaft erzwingt *lebenslanges Lernen*. Die Berufsqualifikationen von heute können morgen bereits überholt sein. Fraktale, lernende und virtuelle Unternehmen erfordern daher Weiterbildungsmodule, die auf den Wissensstand des Mitarbeiters und die betrieblichen Erfordernisse zugeschnitten sein müssen. *Objektorientierte Lernprogramme* erlauben nicht nur die passende und

**Betriebliche Weiterbildung**

schnelle Zusammenstellung aus vorgefertigten Bausteinen, sondern auch erforderliche Ergänzungen. Die *virtuelle betriebliche Weiterbildung* ist zudem unabhängig von Gebäuden, Orten und Zeiten. Sie kann in Kooperation mit *professionellen Weiterbildungsanbietern* entwickelt werden und vom Mitarbeiter während passender Zeitfenster im betrieblichen Arbeitsprozeß genutzt werden. Global operierende Konzerne gründen *Virtual Corporate Universities*, um

**Virtual Corporate Universities**

weltweit die besten Wissenschaftler und Manager von renommierten Universitäten und Business Schools einzusetzen. Die Institution dieser firmeneigenen Universität existiert nur virtuell im weltweiten Intranet des Unternehmens. Typische Ausbildungsthemen für Top-Manager des Unternehmens sind z.B. *Innovations- und Wissenstransfer*, *Management Development* und *Strategiedialoge*. Im Sinne virtueller Wertschöpfungsketten schafft die Virtual Corporate University buchstäblich Mehrwert – den virtuellen Mehrwert firmeneigener optimal ausgebildeter Führungskräfte, die kein firmenfremdes Ausbildungsunternehmen bereitstellen kann, den firmeneigenen Rohstoff ‚Geist' also, wie dieser *virtuelle Mehrwert* mancherorts auch pathetisch genannt wird.

Der *Daimler-Chrysler-Konzern* bietet eine solche Universität seit 1998 für ca. 5000 Führungskräfte seiner weltweit tätigen 303 000 Mitarbeiter an. Die Seminare und Kurse finden zunächst an verschiedenen Orten auf der Erde statt. Die Professoren und Experten kommen sowohl aus dem eigenen Haus als auch aus Business Schools wie Harvard in Boston, INSEAD in Fontainebleau und dem *I*nternal Institute for *M*anagement *D*evelopment (IMD) in Lausanne. Die Zentrale der Daimler-Chrysler Corporate University ist am Firmensitz in Stuttgart. Da die Kurse im Intranet der Firma weltweit laufen werden, sind keine Bauinvestitionen notwendig. Der zweistellige Millionenbetrag, der in der Startphase der Universität eingeplant ist, wirkt verglichen mit staatlichen Investitionen für traditionelle Universitätsgründungen bescheiden. Die Effektivität dieser Investition ist zudem gegenüber manchen staatlichen Gründungen kalkulierbar.

Durch den weltweiten Einsatz von Multimedia-Technologien ist die Corporate University seit der Startphase eine virtuelle Universität, die entsprechend den wachsenden Möglichkeiten der VR-Technologie ausgebaut werden kann. Die Kritik, daß es sich dabei um keine *klassische Universität* mit vollständigem Disziplinenangebot handelt, ist müßig. Im Zeitalter einer *vernetzten Wissensgesellschaft* kann die universale *Wissensvermittlung* im Netz für die jeweilige Ausbildungsphase und den jeweiligen Ausbildungszweck

**Virtuelle Universität als Teil lebenslangen Lernens**

zusammengestellt werden. Die klassische Universitätsausbildung wird ein wichtiger Teil, aber eben auch nur Teil des *lebenslangen*

*Lernens* im Rahmen der Grundausbildung sein. Zudem wird eine kluge Firmenpolitik von z.B. Daimler-Chrysler dafür Sorge tragen, daß in ihrer Virtual Corporate University auch *Philosophie* integriert ist. Im Interesse der Firma sind wieder keine ‚firmeneigenen' Philosophen gefragt, sondern weltweit die besten. Der Superorganismus einer solchen Firma ist nämlich daran interessiert, eine breite und möglichst unvoreingenommene Wahrnehmung seiner Umwelt vermittelt zu bekommen. Nur so sind Innovationen, Kreativität und damit Wertschöpfung jenseits festgefahrener Firmenraster möglich.

## Virtuelle Erlebniswelten in Kunst und Medien

Die Formen einer Kultur zeigen sich seit jeher in ihrer Kunst. Das gilt auch für die Wissensgesellschaft im Computernetz. Die *Kunstgeschichte* verlief häufig mehr oder weniger eng mit der Technik- und Industriegeschichte verbunden – von der Web-, Bau- und Goldschmiedekunst der Antike über die Künstler-Wissenschaftler der Renaissance wie Dürer und Da Vinci bis zum Bauhaus der Moderne. Im Unterschied zu früheren Gesellschaften, deren ästhetische Formen von den Möglichkeiten des Handwerks abhingen, leben wir heute in einer durch Industrie, Technik und Wissenschaft bestimmten Zivilisation, die unser Handeln, Denken und Empfinden mitbestimmt.

*Kunstgeschichte und ihre Voraussetzung in der Technik- und Industriegeschichte*

Die ästhetischen Eindrücke, die uns z.B. Computergrafiken von natürlichen Vorgängen und Strukturen der Biochemie, Evolution und Astrophysik liefern, mögen dazu erste Hinweise sein. Historisch wurde übrigens auch in der Neuzeit immer wieder auf das enge Band von *Kunst, Natur* und *Ästhetik* hingewiesen, wie z.B. die Bücher von D'Arcy Thompson (‚Über Wachstum und Formen') oder Ernst Haeckel (‚Kunstformen der Natur') zeigen. Kunstformen können aber auch wie im Bauhaus an zweckmäßigen technisch-industriellen Formen orientiert sein. So ist CAD (*Computer Aided Design*) ein Zweig der Mathematik und Informatik, der sich zunächst mit der Erzeugung und der Manipulation von Oberflächen für industrielle Zwecke beschäftigt. Bereits in den 50er Jahren lieferten Fernschreiber erste Grafikbeispiele. Max Bense provozierte 1960 mit dem Buchtitel ‚Programmierung des Schönen'. Dahinter stand der Anspruch, objektive Maßstäbe für Ästhetik auf der Grundlage der Informationstheorie zu liefern, die von subjektiven Geschmacksurteilen unabhängig sind. Hinzu trat eine Kybernetik des Lernens und Lehrens, wie sie etwa Felix von Cube verkündete. Die Kommunikation zwischen Künstler, Kunstobjekt und Gesell-

*Anfänge der Computergrafik*

schaft sollte rational durchschaubar werden. Anfang der 60er Jahre mutmaßten diese Autoren, daß Automaten im Bereich der ästhetischen Produktion eingeschaltet werden.

In ersten Ausstellungen zur Computergrafik wurde der Anspruch erhoben, daß Kunst aus dem Geist des Computers möglich sei, weil *Kunst programmierbar* sei. Die Ausdrucksmöglichkeiten in den 60er Jahren blieben jedoch aufgrund der damaligen technischen Voraussetzungen beschränkt. Rechengesteuerte Zeichengeräte waren kaum in der Lage, die Kurven vegetativer Phänomene der Natur zu erzeugen. So prägten die frühen Computergrafiken einen konstruktivistischen Stil, der von linearer Rationalität geleitet und nicht zum Ausdruck von Sinnlichkeit und Gefühl geeignet schien.

Entsprechend harsch fiel die Kritik der Kunstszene an den Produkten von z.B. Zuses ‚Graphomaten' aus. Wie sollte ein programmgesteuerter Automat *kreativ* sein? Kreativität in der Kunst wird wie Entdeckungen in der Wissenschaft häufig mit Zufall verbunden. Der Dadaismus setzte den Zufall bewußt ein: Hans Arp spricht gar vom Gesetz des Zufalls in der Kunst. 1961 malt Morellet ein Bild für eine aleatorische (vom Zufall abhängige) Verteilung von 40 000 Quadraten, den geraden und ungeraden Zahlen eines Telefonbuchs folgend. Eine Umsetzung in ein Computerprogramm lautet:

```
Programm Morellet
Anfangspunkt
Wiederhole 200mal:
   [Wiederhole 200mal:
     (Wenn Zufall(2)=1 Dann Quadrat
     Gehe um eine Quadratseite nach rechts)
     Gehe nach links und um eine Quadratseite
                                  nach unten
Ende
```

Zufall(N) wird als Unterprogramm für Zufallsgeneratoren verwendet, das bei Aufruf eine Zufallszahl von 1 bis N angibt. So ist z.B. Zufall(2) ein Simulator für einen Münzwurf mit zwei Möglichkeiten, während Zufall(6) einen Spielwürfel simuliert. Das Unterprogramm Quadrat zeichnet ein Quadrat an die Stelle des Bildschirms, an der sich der Zeichenstift im Moment befindet. Die Übergangswahrscheinlichkeit zwischen den farbigen Quadraten kann z.B. 50% betragen. Dieser Spezialfall läßt sich im Sinne von Markovketten erweitern, um größeren oder geringeren Ordnungsgrad zu erzeugen.

In den 70er Jahren wurden Computersprachen entwickelt, um damit erste Versuche einer *Computermalerei* vorzuführen. Nach dem Programm PAINT kann der Computerkünstler z.B. auf einem Farbmonitor malen. Die Software berücksichtigt Farbausfüllung, Farbton, Intensität und Sättigung. Rein zufällige Konstruktionen können durch einen Zufallsgenerator ausgeführt werden. An die Stelle von Pinsel und Bleistift treten Lichtstifte und Joysticks. In den 70er Jahren werden auch die ersten Computerzeichentrickfilme produziert, die durch geschickte Frequenzsteuerung den Eindruck stetiger Bewegung und lebendiger Bilder entstehen lassen.



Im Bereich des Design wurden in den 80er Jahren *wissensbasierte Expertensysteme* eingesetzt. Ein Beispiel ist Cohens System AARON, das Figuren, Steine u.ä. vielfältig aber typisch in Plotterzeichnungen zusammenstellt, um sie eventuell durch Farbauftragungen per Hand, Tusche und Wasserfarbe zu ergänzen. Cohen veröffentlichte 1984 ‚The first artificial intelligence colouring book'. Er führt dort aus, daß der Computer (besser: das Programm AARON) ‚wissen' müsse, wo Platz für die Zeichnung einer Figur sei, wie Formen zu zeichnen seien und wann der Zeichenvorgang zu stoppen sei (wenn nämlich kein Platz mehr vorhanden ist). Gegen solche Einsätze können die bekannten Einwände gegen wissensbasierte Systeme auch in der Kunst vorgebracht werden. Ebenso wie bei anderen Expertensystemen kann auch beim Künstler nicht das gesamte intuitive Wissen und Können durch einen Wissensingenieur in Datenstrukturen und Produktionsregeln übersetzt werden. Man könnte prinzipiell einwenden, daß der Umweg über die bewußte Reflexion und formale Präsentation von Produktionsregeln geradezu untypisch für Kunst sei. Andererseits läßt sich nicht leugnen, daß auch ein Künstler wenigstens in bestimmten Phasen typische Merkmale aufweist, die auf variierte, ergänzte oder gebrochene Regelanwendung schließen lassen.



Viele dieser Einwände entfallen, wenn die Orientierung an *regelbasierter Wissensrepräsentation* aufgegeben und die faktische Arbeitsweise des *menschlichen Gehirns* berücksichtigt wird. Der kreative Entstehungsprozeß wäre dann als Lern- bzw. Selbstorganisationsprozeß neuronaler Netze zu verstehen, der sich in Phasenübergängen auf Bilder oder Skulpturen als Attraktoren zubewegt. Die Emergenz von Form und Ordnung, die schon Klee beschreibt, wird neurobiologisch erklärbar, ohne aber auf die Biochemie der Neuronen reduzierbar zu sein. Kunst wäre im Rahmen der Selbstorganisationstheorie auf der Makroebene von Ordnungsparametern angesiedelt, deren Evolution typische Veränderungen ganzheitlicher Formeneigenschaften festhält. Technische Exemplare von neuronalen Netzen hängen allerdings von bestimmten Lernalgorithmen ab, die keineswegs biologischen Gehirnen zugrunde liegen müssen (z.B. Backpropagation).

Künstlerisch geschaffene Bilder werden von uns mit der Vorstellung verbunden, daß sie von einer Person individuell und einmalig gefertigt wurden. Tatsächlich wird unsere visuelle Welt heute von Bildern technischer *Massenmedien* bestimmt. Diese Bilder sind keineswegs ‚handgemacht’, beliebig reproduzierbar, und dennoch sprechen wir ihnen einen ästhetischen Reiz nicht ab. Vor Erfindung von Fotographie, Scannern und Personalcomputern war die Reproduzierbarkeit von Bildern ein wichtiges Anliegen der Kunst. Die Darstellungstechnik der projektiven Geometrie in Renaissance und Barock (Abb. 66) erinnert geradezu an *Windows-* und *3D-Grafik* auf dem Bildschirm eines PCs. Die ‚Ladungszeiten’ waren zwar erheblich, da sie von der Schnelligkeit und Geschicklichkeit eines Zeichners abhingen. Aber diese Bilder waren nach den Regeln der projektiven Geometrie reproduzierbar, variierbar und mechanisch im Buchdruck als Massenprodukte vervielfältigbar.

**Abbildung 66**
3D-Windows-Technik im Zeitalter projektiver Malerei



*9 Computernetze als Kulturtechnik*

Mit Video, Computergrafik, Computeranimation, Multimedia, Interaktivität, Visualisierung und Telekommunikation sind die Massenmedien heute in Computernetzen präsent. *Computergrafik* und *Computeranimation* schaffen 2D- und 3D-Bilder im Netz. So kann ein Computerprogramm für *Raytracing* (vgl. Teil II) verwendet werden, um die Auswertung von berechneten Datenstrukturen bis hin zu einem naturalistischen Bild zu übernehmen. Dabei beginnt die Bildkonstruktion im Projektzentrum des Auges, von dem ein virtueller Strahl durch jedes Pixel des Bildschirms gezogen und mit dem betreffenden Objekt geschnitten wird. Diese Schnittpunkte sind als Bildobjekte zusätzlich durch verschiedene Attribute wie materielle Eigenschaften und Beleuchtungsverhältnisse bestimmt. Sie werden als Datenobjekte repräsentiert, transformiert und in visuelle Bilder umgesetzt. In der Kunst produziert Raytracing einen Fotorealismus, der durch seine harte Realität einen charakteristischen Verfremdungseffekt erzielt.

*Multimedia* hebt in der Kunst die traditionellen Grenzen zwischen Bild- und Tonkunst auf. Audiovisuelle Techniken schaffen *neue Schnittstellen* zwischen Kunstobjekt, Hörer und Betrachter, die über Tastatur, Maus, Mikrofon und Lautsprecher integrierte Kunsteindrücke erzeugen können. Zudem kann der Künstler über Computernetze für eine Massenverbreitung seiner audiovisuellen Kunstobjekte sorgen. Die traditionelle *Trennung von Kunst und Betrachter* wird durch ein *Client-Server-Verhältnis* ersetzt. Multimedia-Technologie ermöglicht auch erste Interaktionen mit Kunstwerken. Tastbildschirm, Stimmerkennung, Verfolgen der Augenbewegungen, Datenhandschuh und Bewegungssensoren lassen neuartige *Wechselwirkungen* zu. Der Künstler (Server) entwirft bewußt ein Spektrum von *Navigationspfaden*, nach denen der Kunstnutzer (Client) das digitale Kunstobjekt bewegen, verändern und hörbar machen kann.

*Visualisierungen* und *Simulationen* mit Bildschirmen, Projektoren, stereographischen Darstellungen, Holographien und Laserscannern erzeugen neue Mischformen von Darstellungen. Gemeint sind großflächige Bildprojektionen, neuartige Bildstrukturen, Medienumfelder mit Bewegungserlebnissen. Die entscheidende Veränderung der Kunstszene schaffen allerdings *Telekommunikation* und *Computernetze*. Es entsteht das *virtuelle Kunstwerk im Netz*, das für ein weltweites Publikum offen ist. Die offenen Kunstwerke der 60er Jahre mit Happenings, Environments und Performances lassen sich als orts- und materialgebundene Vorstufen auffassen. Kunst als Kommunikationsform wird technisch möglich.

Damit ist die Überleitung zum *Theater* gegeben, das traditionell Sprache, Gesang, Gestik, Mimik, Tanz, Bühnenbild und Musik integriert. Neben dem Theater als Multimedia-Ereignis im Netz sind interaktive Formen denkbar, die z.B. durch das experimentelle Theater früherer Jahre vorbereitet sind. Auch in der *Musik* werden nicht nur *Computersimulationen* herkömmlicher Instrumente erprobt, sondern im *Computerexperiment* neue Tonerlebnisse erzeugt und interaktiv erfahrbar gemacht. Medien und Netze erlauben nicht nur perfekte Simulationen, sondern verändern die Ausdrucksformen von Kunst. Analog wurde in den Wissenschaften (Teil II) herausgestellt, daß Computer und Computernetze nicht nur Illustrationen und Simulationen zulassen, sondern die Forschungsmethoden verändern.

Bei allen ambitionierten Kunstformen der Interaktion und Kommunikation darf der entscheidende Durchbruch der *Massenmedien im Computernetz* nicht vergessen werden. Kunst, in welcher Form auch immer, wird im World Wide Web für ein erdumspannendes Publikum zum virtuellen Konsumgut. In *virtuellen Museen* werden Exponate aller Epochen ausgestellt, die der Besucher nach seinen Interessen auf individuellen Navigationspfaden genießen kann. Einige virtuelle Galerien sehen bereits virtuelle Räume für jeden einzelnen Besucher vor, in denen er seine Lieblingsbilder per Mausbewegung ‚aufhängen' kann. Bei *virtuellen Musikprodukten* der Unterhaltungsszene (*Entertainment*) sind ähnliche Produktionszyklen absehbar, wie bei *virtuellen Marktprodukten* der Wirtschaft. Bevor das Produkt auf den Musikmarkt kommt, werden Konsumentenwünsche und Stimmungen eingeholt, um sie von weltweit verteilten Experten in Netzkooperation verarbeiten zu lassen.

Nach der Erfindung von Foto, Film, Fernsehen und Video zeichnen sich in den Computernetzen virtuelle Erlebniswelten ab, in denen Wünsche und Illusionen physisch erfahrbar werden. Es entsteht eine telematisierte Kultur, in der virtuelle Museen, Kunstwerke, Theater- und Musikaufführungen unabhängig von Ort und Zeit erlebt werden können. Auf der Grundlage von VRML (vgl. Kap. 3) lassen sich zunächst virtuelle 3D-Räume und Gebäude errichten, die sich dann mit Objekten aus *VRML-Kunstbibliotheken* ausstatten lassen. Schließlich können Skripte für Szenen und Animationen ergänzt werden, um die virtuellen Kunstwelten zu dynamisieren.

Der nächste Schritt der Interaktion besteht in der Einführung von *Avataren* (Abb. 14), mit denen der Nutzer als Stellvertreter die *virtuelle Kunstszene* betreten kann. Das Wort Avatar aus dem Sanskrit bezeichnet in der indischen Mythologie einen Gott, der sich in Raum und Zeit inkarniert. Avatare sind also *virtuelle Inkarnationen*, in denen sich der Benutzer einer bestimmten Maske bedient. Bei entsprechender Erweiterung von VRML lassen sich Avatare als dynamische 3D-Objekte effizient im Netz nutzen. Bei der Bewegung eines Avatars werden die neuen Koordinaten über das Datennetz geschickt, damit der lokale Rechner am anderen Ende des Netzes sein jeweiliges Aussehen und seine Bewegungen berechnet. Statt Codes über Tastatur oder Mausbewegung könnten schließlich neue Nutzerinterfaces für Avatare eingeführt werden. Gestik und Mimik des Nutzers werden z.B. über Infrarot- und Magnetfeldsensoren registriert, als Bedeutungsmuster durch neuronale Netze erkannt und auf den Avatar übertragen. Schließlich könnte der Avatar als 3D-Animation eines *virtuellen Agenten* ausgebaut werden, der autonom im Netz im Auftrag eines Nutzers agiert. In einer *Kultur virtueller Gemeinschaften* wird auch die Kunst nicht ohne Agententechnologie (vgl. Kap. 7) auskommen können. Um die weltweiten Angebote sinnvoll nutzen zu können, werden die Agenten das komplexe Kommunikations- und Wissensmanagement im Netz übernehmen müssen, das Möglichkeiten auslotet, Optionen bewertet und z.B. Terminabsprachen trifft.

Für ein attraktives Interface von Mensch und Maschine reicht eine tote 3D-Umgebung, wie sie in virtuellen Museen und Konzertsälen vorliegt, nicht aus. *Avatare* und *Agenten*, die Computernetze bevölkern, müssen auf den Nutzer möglichst realistisch wirken. Nicht nur im Film, sondern im gesamten *Entertainmentbereich der Massenmedien* werden sie zu kommerziellen Versatzstücken, die von ihren realen menschlichen Verwandten nicht zu unterscheiden sein werden. Für ein *weltweites Massenpublikum* werden sie leichter, billiger und schneller zu produzieren, zu verändern und zu verwerfen sein. Das physische Erlebnis menschlicher Schauspieler und Sänger wird damit nicht aufgehoben, sondern zu einer exklusiven, wertvollen und (leider) teuren Erfahrung. Bevor es allerdings soweit ist, muß noch viel Programmierer- und Designerschweiß vergossen werden. Die Charakteranimation von Avataren und Agenten geht nämlich weit über die Special Effects filmischer Computeranimationen hinaus.

Avatare im Entertainment

Wegweisend ist auch hier die *objektorientierte Programmierung*. Als Beispiel sei der Ansatz von Nadja und Daniel Thalmann vom MIRA Laboratorium der Universität Genf erwähnt. Sie setzen nicht nur medizinisches und naturwissenschaftliches Wissen über den Menschen in *virtuelle Charakteranimationen* um, sondern berücksichtigen auch Details wie Haardressing, Kleidung und Mode. Wie in der Malerei des Spätmittelalters ist z.B. der Faltenwurf von Kleidern ein nichttriviales Designerproblem. Automatische Deformationen der Außenwelt bei Bewegung der Glieder müssen mit Veränderungen von Knochen, Sehnen und Muskeln koordiniert werden. Das *Vererbungsprinzip* objektorientierten Programmierens spielt für den Zusammenbau entsprechender *Softwareobjekte* eine entscheidende Rolle. Für eine glaubwürdige Charakteranimation ist der *Gesichtsausdruck* als Spiegel emotionaler Zustände eine sensible

Virtuelle Charakteranimation durch objektorientiertes Programmieren und schwierige Programmieraufgabe. Im Programm SMILE wird gemäß den Prinzipien objektorientierter Programmierung ein hierarchisches Modell vorgeschlagen, in dem alle Bewegungen eines Gesichts in kleinste wahrnehmbare Einheiten MPA (*Minimal Perspective Actions*) zerlegt werden. Jedes MPA ist ein Objekt mit spezifischen Parametern als Attributen, das nach dem Schema einer MPA-Klasse erzeugt wird. Ein *Bewegungsmuster des Gesichts* wird durch eine Zusammensetzung von MPA-Objekten realisiert.

Der nächste Schritt einer Charakteranimation besteht in der *Koordination von Kopfbewegungen, Emotionen und Sprechen*. Im *objektorientierten hierarchischen Modell* von SMILE (Abb. 67) werden dazu zunächst auf der obersten Ebene gesprochene Sätze in Phoneme, Emotionen in Muskelbewegungen und Kopfbewegungen in Blickeinstellungen zerlegt. Schließlich müssen Phonem-MPAs der Sprache mit Gesicht-MPAs bei der Lippenstellung des Sprechens koordiniert werden. Der *Face Deformation Controller* berechnet aus den MPA-Daten ein momentanes Mienenspiel. Die Synchronisation mit der Sprache realisiert ein *Assembler*. Dabei werden enorme Rechenleistungen notwendig, um eine *Echtzeit-Wirkung in virtueller Realität* zu erreichen.

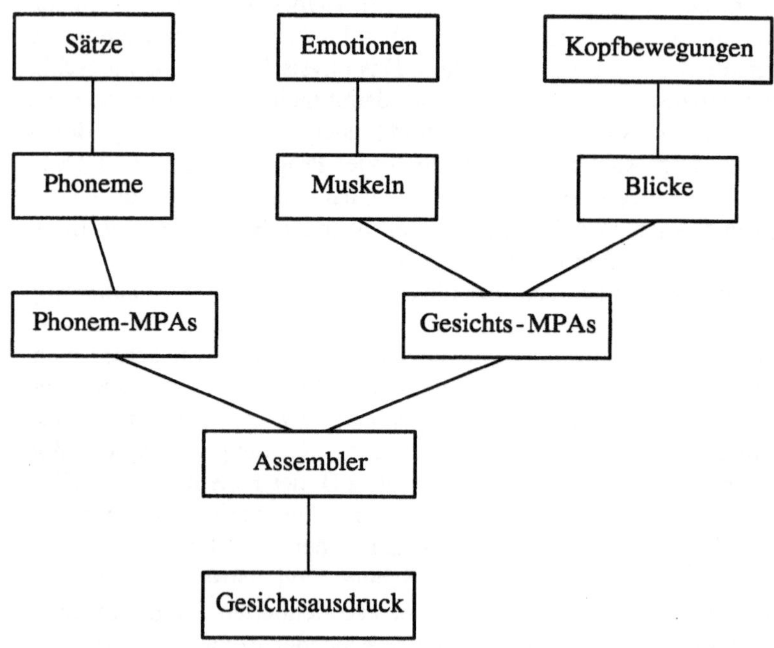



**Abbildung 67**
Objektorientierte Charakteranimation – SMILE für Entertainment



*9 Computernetze als Kulturtechnik*

Im Entertainment sind Charakteranimationen von Avataren und Agenten mit *Spielhandlungen* automatisch zu verbinden. Auch dabei ist die *objektorientierte Programmierung* wegweisend. Im IM-PROV-Projekt des Media Research Laboratoriums der Universität New York werden Handlungen von Avataren und Agenten in kleinste *Objekte* zerlegt und durch *Frames* charakterisiert. Diese Handlungsobjekte sind wiederverwendbar und können in *Skripten* zu immer wieder neuen Handlungsabläufen sequentiell zusammengesetzt werden. *Multithreading* ist notwendig, um gleichzeitige Handlungen wie Gehen, Sprechen, Mienenspiel oder Kaugummikauen zu koordinieren. Dazu müssen in den Skripts verschiedene Zeitfenster vorgesehen werden, in denen jeweils Teile der parallel laufenden Skripte animiert werden:

Spielhandlungen<br>mit Skripten

```
Script Greeting
   steps
   1. enter room;
   2. wait 4 seconds;
   3. turn to camera;
   4. wait 1 second;
   5. wave to camera; say hello to camera;
   6. wait 3 seconds;
   7. leave room;
```

In diesem Beispiel wird von einem *Agenten* zunächst das `enter room`-Skript aktiviert, während das `greeting`-Skript weiterläuft. Nach vier Sekunden startet das Skript `turn to camera`, das angibt, wie sich das Gesicht des Agenten zur Kamera wendet. In der folgenden Sekunde wird dieses Skript beendet, um dann die Skripte `wave to camera` und `say hello` zu starten. Nach 3 Sekunden wird das `leave room`-Skript aktiviert, mit dem der Agent den Raum verläßt. Skripte können von einem menschlichen Nutzer auch angewendet werden, um mit einem *Avatar* selber in einer *virtuellen Szene* mitzuwirken.

Bei objektorientierter Programmierung werden Akteure virtueller Szenen als Objekte mit bestimmten Attributen und Relationen zu anderen Objekten definiert, die nach dem Schema *Klasse* `Actor` erzeugt werden.

Klassendefinition<br>eines Akteurs

```
Actor Gregor
    attribute          value
    intelligence       .99
    amiability         .5
    strength           .33
```

```
sympathy_toward Jack          .15
sympathy_toward Mary          .9
knowledge_of Latin            .75
skill_at Public_Speaking      .9
skill_at Driving: Cars        .25
              .
              .
              .
```

Skalen der Werte (`value`) für die Attribute und Relationen liegen
zwischen 0 und 1. Gregor ist danach ein ziemlich intelligenter
(`intelligence`) und liebenswürdiger (`amiability`) Bursche,
nicht sehr stark (`strength`), mit geringer Sympathie für Jack, aber
starker Sympathie für Mary, guten Lateinkenntnissen, sehr eloquent
(`skill_at Public_Speaking`), aber ein lausiger Autofahrer
etc. *Handlungsoptionen* in virtuellen Szenen können von einem
*autonomen Agenten* gewählt werden. Dazu werden die in Frage
kommenden Skripte vom Agenten gewichtet. Die Gewichtung wird
durch die Werte der Persönlichkeitsstruktur und den Bedingungen
der jeweiligen Situation bestimmt. Bei einem Kleinkind, das als
‚Zappelphilipp' (`Fidget`) eingeführt wurde, sieht ein Skript unterschiedliche Gewichtungen für die Wahlmöglichkeiten (`choose`)
von Daumenlutschen (`twiddle thumbs`), Kopfkratzen (`scratch
head`) und Nasebohren (`pick nose`) vor:

```
Script Fidget
    steps
    1.choose from
      (twiddle thumbs .7; scratch head .3;
                                      pick nose .2);
    2.wait 3 seconds;
    3.do again;
```

Für erwachsene Zeitgenossen mag das Skript `Go to Store`
(Einkaufen gehen) mit unterschiedlichen Gewichtungen von zu Fuß
gehen (`walk`), Fahrrad fahren (`ride bike`), Bus- (`take bus`)
und Taxi nehmen (`take cab`) zutreffen:

```
Skript Go to store
    steps
    1.exit home;
    2.choose from
      (walk .1; take bus .5; take cab .4;
                                     ride bike .2);
```

```
3.enter store;
     .
     .
     .
```

Bei filmreifen Szenen mit virtuellen Avataren und Agenten muß noch eine Vielzahl von Tätigkeiten virtuell umgesetzt werden, die im Abspann eines Spielfilms aufgezählt werden und ‚hinter den Kulissen' ablaufen – von Kostümen, Make-up, Beleuchtung, Geräuschen und Musik bis zu den Koordinationsaufgaben des Regisseurs und Produzenten. Um *Interaktionen* und *virtuelle Erfahrungen* im *World Wide Web* zu ermöglichen, sieht das IMPROV-Projekt zunächst Standardzugänge über Internetprotokolle einer Client-Server-Architektur vor.

Filmszenen mit Avataren und Agenten im World Wide Web

Interaktive Computerspiele im World Wide Web sind der Einstieg in eine *virtuelle Pop-Kultur*. Die *Mediendesigner* des japanischen *Visual Science Laboratoriums* (VSL) schufen 1996 mit KYOKO DATE die erste Generation eines virtuellen Popstars der Musikszene. Um das Mienenspiel von KYOKO DATE möglichst natürlich zu erhalten, wurden die Bewegungen der Gesichtshaut einer menschlichen Schauspielerin mit Sensoren registriert und auf den virtuellen Akteur übertragen. Dennoch wirkt das virtuelle Girlie aus Japan mit seinem Song ‚Love Communication' noch reichlich synthetisch. In der nächsten Generation werden die Interaktionsmöglichkeiten des Internets ausgenutzt. Bereits bei der *virtuellen Profilplanung* werden die Wünsche japanischer Kids berücksichtigt. So entsteht BUSENA mit wohlgeformtem Busen unter rotem Top, ornamentaler Tätowierung auf nackter Haut, langen und schlanken Beinen in schwarzer Lederhose und geschmeidigen Bewegungen auf der virtuellen Bühne. Als dominierende Attribute werden eingegeben *schön*, *frech* und *sexy* (Abb. 68).

Virtuelle Pop-Kultur

Sie wirkt in einer virtuellen Popgruppe zusammen mit dem Gitarristen Peter und einem exzentrischen Außerirdischen. Der entscheidende Vorteil gegenüber der ersten Generation virtueller Popstars und allen Film- und Fernsehdamen heißt aber *Interaktion* und *Immersion*. VR-Technologie läßt zu, daß ein Fan sein virtuelles Idol nach seinem Geschmack verändert. Spätestens hier wird dem unbedarften Internetkonsumenten auffallen, daß Mediendesign technisches Know-how voraussetzt. Dichter, Bildhauer und Maler wußten schon immer, daß es ein schwieriges Geschäft ist, auch die wildesten Phantasien zum künstlerischen Ausdruck zu bringen. Der moralisch erhobene Zeigefinger angesichts der japanischen BUSENA ist allerdings im Abendland völlig unangebracht. Griechische und römische Götter- und Göttinnenstatuen sind steingewordene Kopfgeburten abendländischer Phantasien – die Schönheitsgöttin als *Hypostase* des Zeitgeschmacks, Aphrodite von Kyrene als ihre *Inkarnation*. Und wer keine griechischen Göttinen zu bieten hat, wartet wenigstens wie die Popkultur der USA mit einem synthetischen Popstar à la Michael Jackson auf.

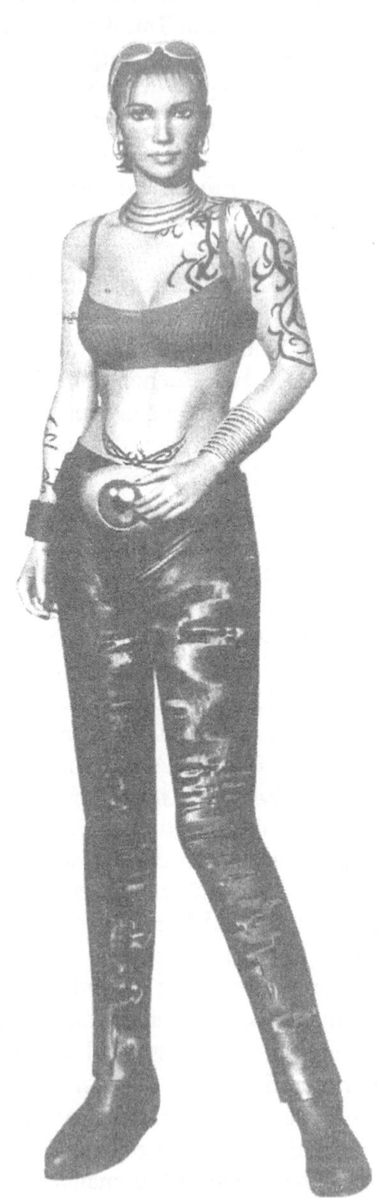

**Abbildung 68**
BUSENA –
virtueller Popstar
im World Wide
Web

# Teil IV
# Zukunft, Wert- und Grenzfragen

In der digitalen Globalisierung könnten sich virtuelle Netzwelten herausbilden, deren Eigendynamik trotz Einsatz von virtuellen Wissensagenten nicht mehr beherrschbar ist. Wissensmanagement in Computernetzen erfordert daher nicht nur technische Kompetenz. Die ethische und rechtliche Herausforderung der Zukunft besteht darin, Computernetze als humane Dienstleistung in der Wissensgesellschaft einzusetzen.

# 10 Zukunft: Globalisierung der virtuellen Netzwelten

Mit Blick auf das beginnende 21. Jahrhundert stellt sich die Frage, wie Computernetze und virtuelle Realität in die *Megatrends von Wissenschaft, Technik und Gesellschaft* einzuordnen sind. Wir leben bereits in einer technisch-wissenschaftlichen Welt, in der Wissenschaft, Technik, Wirtschaft und Gesellschaft zu einem globalen und komplexen System zusammenwachsen (Abb. 69). Die Dynamik dieses Systems ist durch *Schlüsseltechnologien* bestimmt, die eng mit Grundproblemen menschlicher Existenz im 21. Jahrhundert verbunden sind. Genannt werden heute *Energie- und Umwelttechnologien* die erst eine *nachhaltige Entwicklung unseres Planeten* möglich machen. Die *Life Sciences* entschlüsseln nicht nur die molekularbiologischen Grundlagen des Lebens, sondern schaffen die Voraussetzungen für neue medizinische Behandlungsmethoden der Krankheitsgeißeln der Menschheit – von Krebs bis zu den Problemen einer immer älter werdenden Gesellschaft. Ebenso geht es um die Behebung weltweiter Ernährungsprobleme. *Neue Materialien* zielen auf energiesparende, informationsübertragende und intelligente Werkstoffe. In einer immer stärker zusammenwachsenden Menschheit werden neue *Verkehrs- und Transporttechnologien* eine Schlüsselfunktion einnehmen.



Ob die Lösung solcher Grundprobleme der Menschheit im 21. Jahrhundert gelingt, wird entscheidend davon abhängen, wie unser rapide wachsendes Wissen koordiniert und in Innovationen umgesetzt werden kann. Ohne *virtuelle Lösungs- und Produktplanung,* ohne Computerexperimente und Computersimulationen wird dieser komplexe Innovationsprozeß nicht durchführbar sein. Ohne *computergestützte Informations- und Kommunikationstechnologien* wird die dazu notwendige Wissensverarbeitung nicht möglich sein. *Computernetze* durchdringen daher alle Lebensbereiche wie Nervensysteme einer weltweiten Wissensgesellschaft, die Raum und Zeit überwinden. Tendenzen der *Globalisierung* menschlicher Gesellschaften hat es in der Geschichte immer gegeben. Sie setzten Entwicklungen von Verkehrs- und Transporttechnologien voraus. Der Umbruch zur globalen Wissens- und Dienstleistungsgesellschaft wäre aber ohne Computernetze nicht denkbar. Informations- und Kommunikationstechnologien in Computernetzen sind daher die treibenden und integrierenden Kräfte der Globalisierung. Sie führen zu grundlegenden Veränderungen der Arbeits- und Lebenswelt, schaffen aber gleichzeitig die größten Arbeitsplatzchancen. Ein Land oder eine Region, das diesem *Modernisierungsschub* nicht Rechnung trägt, ist bald nicht mehr wettbewerbsfähig und wird in seiner Lebensqualität empfindlich zurückfallen. Aus der Dynamik offener Systeme wissen wir, daß es keine auf Dauer fixierten Gleichgewichte mit Wohlstandsprivilegien gibt.

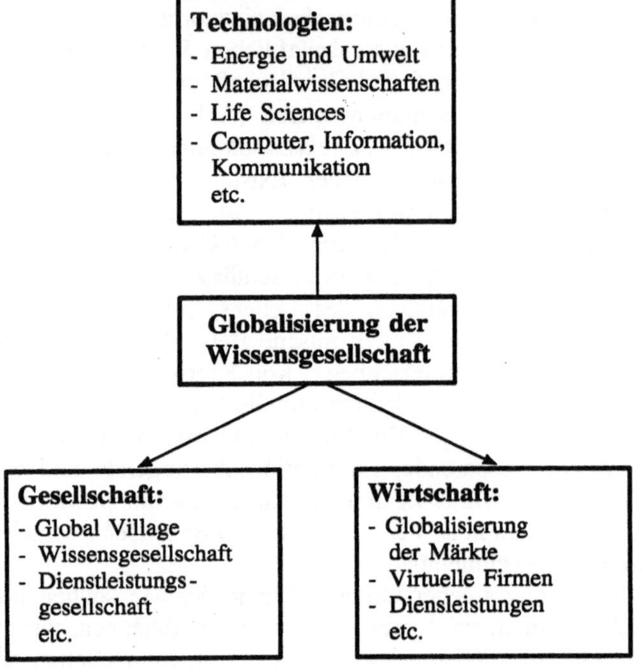



**Abbildung 69**
Megatrends der
Globalisierung

In weltweiten computergestützten Kommunikationsnetzen wird nicht nur Wissen und Information ausgetauscht. Jeder konkurriert weltweit mit jedem – Menschen mit ihrem Wissen und ihren Ausbildungen, Firmen mit ihren Produkten, Verwaltungen und Staaten mit ihren Dienstleistungen: alles kommt auf den Prüfstand. Globale Netze erzeugen *Wettbewerb* als Motiv der Modernisierung. Globale Märkte sind nur der wirtschaftliche Ausdruck dieses globalen Wettbewerbs. Nach Friedrich August von Hayek ist der *Markt* nichts anderes als ein ‚*Entdeckungsverfahren*' für Chancen von Gütern und Wissen. Er entdeckt die Marktlücken, wo mit knappen Mitteln möglichst effizient in die Zukunft zu investieren ist. Dadurch werden Menschen, Firmen, Verwaltungen und Staaten gezwungen, ihr Wissen und ihr Know-how ständig zu verbessern.

*Kartelle* und *Monopole* schalten den *Wettbewerb* und damit das Entdeckungsverfahren für Zukunftsinvestitionen aus. Ohne *grenzenüberschreitende Informations- und Kommunikationstechnologien* konnten sich einzelne Staaten, Regionen und Institutionen abschotten und in einmal erworbenen Privilegien erstarren und verkrusten. In der *nichtlinearen Dynamik eines offenen und komplexen Systems*, wo nahezu jedes Element direkt mit jedem wechselseitig wirken kann, lassen sich Gleichgewichte auf Dauer nicht fixieren. Informations- und Kommunikationstechnologien ermöglichen den weltweiten Wettbewerb und lösen erst den *Modernisierungsschub der Globalisierung* aus.

Nun wissen wir aber aus der Evolutionsdynamik auch, daß Selektion und Wettbewerb *keine Garantie für die Zukunftssicherung* der besten Arten und Populationen sind. Der *Evolution* liegt *kein globaler Algorithmus* zugrunde, der eine programmierte Erfolgsgeschichte vom Einzeller bis zum menschlichen Gehirn ermöglichte. An diesem wirklichkeitsfremden Evolutionsbild des 19. Jahrhunderts orientierte sich der ökonomische Sozialdarwinismus jener Zeit und seine Adepten im 20. Jahrhundert. Tatsächlich arbeitete die Evolution mit ungeheuren Verlusten, endete häufig in Sackgassen und wurde durch äußere Katastrophen unterbrochen. In der *virtuellen Evolution* künstlichen Lebens werden Wettbewerb, Selektion und Innovation durch *genetische Algorithmen* simuliert, die ebenfalls keine Garantie für optimale Lösungen liefern. *Wettbewerb* und *Markt* sind daher auch nur Entdeckungsverfahren für lokale Vorteile von Produkten und Wissen unter gegebenen Bedingungen – keine Werte an sich. Wir müssen lernen, sie kreativ einzusetzen. Eine programmierbare Garantie auf Erfolg gibt es nicht. Im Zeitalter der Globalisierung lassen sich dazu viele Beispiele anführen.

So werden unter den Bedingungen der *Globalisierung* nicht nur Firmen mit ihren Produkten, sondern z.B. auch *Staaten* mit ihren

Markt und Wettbewerb in der Globalisierung

Computernetze und nichtlineare Dynamik

Evolutionsdynamik und Zukunftssicherung

Regierungssystemen und Verwaltungen auf den Prüfstand geschickt. Schließlich schaffen sie mit ihren Gesetzen die Voraussetzungen für die nationalen wirtschaftlichen Märkte. Richtig ist, daß zu starke Regulierungen Wettbewerb und Kreativität abwürgen würden. *Demokratien* sind zwar am ehesten in der Lage, ineffiziente Regulierungen zu verhindern, indem inkompetente Regierungen und Parlamente abgewählt werden. Volksmehrheiten sind aber keine Garantien für die besten Gesetze. Mehrheiten können zur Bequemlichkeit neigen und diejenige Regierung wählen, die sie angeblich vor dem globalen Wettbewerbsdruck abschirmen und die angestammten Privilegien möglichst unangetastet lassen. Die Märkte würden sich sehr schnell zurückziehen und damit einen Rückschritt der Lebensqualität auslösen.

Andererseits können aber die Märkte für Güter und Dienstleistungen auch ohne staatliche Eingriffe versagen. So könnten *konkurrierende Staats- und Regierungssysteme* verführt werden, mit möglichst laxen Regulierungen lukrative Industrien ins Land zu locken. Banken könnten durch niedrige Aufsichtsanforderungen ihre Attraktivität erhöhen. Damit würden Signale für risikoreiche Geschäfte ausgesendet, die sich zu einer tödlichen Gefahr für die Stabilität des Finanzsystems aufschaukeln könnten. Die drohende Finanzkrise bliebe bei international vernetzten Finanzmärkten keineswegs auf das Ursprungsland beschränkt. Über die *Computernetze* der Information und Kommunikation würde sich die lokale Krise blitzartig auf andere Länder übertragen. Die Globalisierung und ihre Netze tragen daher auch zur weltweiten Verschärfung von Krisen bei. *Stabilität der Finanzmärkte* ist also ein hohes Gut. Aus der Evolutionsdynamik wissen wir zwar, daß Leben erst fern von den Erstarrungen eingefrorener Gleichgewichte möglich ist, aber nur am Rand von Irregularität und Chaos.



Nationen und Märkte sind nicht allein auf der Erde. Sie sind in die Zyklen und Gleichgewichte eines *globalen ökonomisch-ökologischen Systems* zu integrieren. Auch in diesem Fall muß das Entdeckungsverfahren des Wettbewerbs und der Märkte klug eingesetzt werden, um unter den Bedingungen der Globalisation keine Verschärfung von Krisen auszulösen. Für eine *nachhaltige Entwicklung und Zukunftssicherung der Umwelt* muß wieder eine Strategie zwischen zu starker *Regulierung* und zu großer *Laxheit* gefunden werden. Gut gemeinte ökologische Regulierungen könnten Märkte abwürgen und Arbeitslosigkeit auslösen. Irregularität und Laxheit könnten umgekehrt irreversible Folgeschäden für Umwelt und menschliche Lebensbedingungen auslösen. Auch hier sind *Demokratien* mit ihren Mechanismen der Selbstkorrektur keine Garantie für richtige Lösungen. Mehrheiten könnten sich mit ihrem

Wunsch nach Wohlstand und einmal erworbenen Privilegien vor
unbequemen Konsequenzen scheuen. In diesem Fall wären aber
keine Nachbesserungen möglich. Mit der Natur läßt sich nicht verhandeln. *Mehr Forschung der Informations- und Kommunikationstechnologien* muß dazu beitragen, das Wissen über die Umwelt zu
koordinieren und optimieren. Mehr Forschung in Energie- und Umwelttechnologien ist begleitend notwendig, um Alternativen und
Optionen zur Sicherung unserer Lebensgrundlagen aufzeigen zu
können.

Globalisierung führt zum *Wettbewerb der Standorte* um die besseren Industrien, Zukunftssicherung und Lebensqualität. Der Hintergrund sind wieder computergestützte Informations- und Kommunikationsnetze, die einen Just-in-time-Vergleich der Vor- und Nachteile länderübergreifend möglich machen. Standorte sind durch
Menschen mit ihrer Ausbildung, ihrem Know-how, ihrer Lebens-
und Berufseinstellung, durch Bauten, Anlagen und Maschinen,
durch Verwaltungen und Organisationen und nicht zuletzt durch
politische Rahmenbedingungen bestimmt. Dabei sind *mobile* von
*immobilen Standortfaktoren* zu unterscheiden. Im Industriezeitalter
galten die meisten Standortfaktoren als immobil. Bauten, Anlagen,
Maschinen und weitgehend auch Menschen konnten nicht verpflanzt
werden. Entscheidend waren immobile Standortfaktoren wie geographische und klimatische Bedingungen und vor allem Rohstoffe
und Produktionsfaktoren vor Ort.

In der Wissensgesellschaft schaffen *globale Computer- und
Kommunikationssysteme* die technische Voraussetzung, daß immer
mehr *Standortfaktoren mobil* und *kostengünstiger* werden. Information und Wissen als zentrale Produkte und Produktionsfaktoren sind
mobile Standortfaktoren. Ihre Transportkosten werden mit der rasanten technischen Evolution der Informationsnetze immer billiger.
Wissen muß nicht wie Stahl von standortgebundenen Anlagen und
Menschen abgebaut, verarbeitet, gelagert und vertrieben werden.
Der Geist wehte schon immer, wie er will, wo er will und wann er
will. Computernetze und Kommunikationssysteme machen aus dieser Weisheit eine wirtschaftlich meßbare Wertschöpfung. Der *Markt*
wird zum Entdeckungsverfahren für günstige Standorte, die sich in
den weltweiten Kommunikationsnetzen wie in einem globalen Dorf
(,*Global Village*') blitzschnell ,herumsprechen'. Der Wettbewerb der
Standorte wird also durch Computer- und Informationsnetze noch
verschärft.

Wenn ein *Standort* und eine Region in der Wissensgesellschaft
überleben wollen, müssen sie mobile Standortfaktoren anziehen. Sie
müssen buchstäblich zu *Attraktoren in der nichtlinearen Globalisie-
rungsdynamik* werden. Auf der Suche nach attraktiven Renditen bei

Wettbewerb
der Standorte

Mobile und
immobile
Standortfaktoren

Markt und
Standorte

geringem Risiko schwirren Innovationen, Wissen und Kapital in den globalen Kommunikations- und Informationsnetzen. Welcher Standort vermag sie einzufangen und nachhaltig zu binden? Dabei reicht guter Wille nicht aus. Um Standortvor- und nachteile im Netz festzustellen, muß nämlich erhebliches professionelles Wissen eingesetzt werden. Hier schlägt die Stunde von *Consulting Firmen*, die mittlerweile auch von Ländern in Anspruch genommen werden. So schickte der Freistaat Bayern 1998 den Standort seiner *I*nformations- und *K*ommunikationstechnologie (IuK) auf den Prüfstand von McKinsey & Company, Inc. Aus weltweiten Vergleichen dieser Branche wurden Bewertungen des Jetzt-Zustandes und konkrete Vorschläge für Zukunftsperspektiven abgeleitet.



Ein weltweit dominanter *IuK-Attraktor* ist das Silicon Valley in USA, als dessen wesentlicher Erfolgsfaktor seine informelle Verflechtung des unternehmerischen Umfeldes herausgestellt wurde. Etablierte Firmen verfügen über gut ausgebildete und erfahrene Mitarbeiter, hohe Produktionsraten und Mobilität der Mitarbeiter, Offenheit für kleine (Start-up-) Firmen und funktionierende Zulieferungsindustrien. Hinzu kommen Kapital, Kontakte durch informelle Netzwerke und professionelles Management durch Coaching (nicht Command-master-Attitüden). Professionelle Dienstleister wie z.B. Zeitmanagement, Anwälte, Marketing- und Public-Relations-Agenturen gehören ebenfalls zum Verflechtungsnetz dieses IuK-Attraktors. Schließlich ist eine *hochrangige Universität* wie die Standford University vorhanden, die über ein exzellentes Ideenforum mit sehr gut ausgebildeten und, wie McKinsey herausstellt, unternehmerisch denkenden Absolventen verfügt. 50% der größten IuK-Unternehmen im Silicon Valley werden aus Standford heraus gegründet. Damit erweist sich die Universität als ein Zentrum dieses IuK-Attraktors.



Hochschulen mit großem Unternehmerpotential schaffen demnach eine Kultur, die *Unternehmensgründungen* fördert. Dazu gehören entsprechende Dienstleistungsangebote wie Kurse in Entrepreneurship, Anleitung zum Erstellen von Businessplänen, Kontakt- und Informationsbörsen, Vermittlungsmöglichkeiten mit potentiellen Investoren. Ziel sei, so stellt die Studie heraus, ein ‚erfahrener Individualismus' der Absolventen, der *unternehmerischen Geist* hervorbringt, im Unterschied zu einem ‚naiven Individualismus', der in Sicherheit und Elfenbeinturm flüchtet. Darin steckt sicher eine Übertreibung, da langfristige Forschungsstrategien auch langfristiger Absicherungen bedürfen. Ferner ist Unternehmensführung ohne soziale Kompetenz zum Scheitern verurteilt. Richtig ist aber, daß die Umsetzung der Idee und Erfindung über die Innovation bis zum marktreifen Produkt in der Wissensgesellschaft *verkürzt* werden muß. Dazu bedarf es Talents, aber auch erlernbaren Know-hows. Junge und schnell wachsende Unternehmen sollten daher in einem IuK-Attraktor mit Zukunftsperspektive einen sich selbst verstärkenden Zustrom innovativer und erfolgversprechender IuK-Unternehmen auslösen. Dazu muß ein *Standort-Angebotspaket* von staatlicher Seite bereitgestellt und vermarktet werden, das weltweit für ein attraktives und wahrnehmbares Profil des Standorts sorgt. Gefordert wird ein *Coaching-Programm* des Standorts, das über Businessplan-Wettbewerbe junge IuK-Unternehmen in ihrem Wachstum unterstützt.

*IuK-Attraktoren* erzeugen das Umfeld der Wissensgesellschaft, in der geistige Faktoren die Basis für Wohlstand und Existenz sind. Es handelt sich dabei um keinen gesellschaftlichen Entwurf, der von einigen Zeitgenossen wie ein Parteiprogramm gewollt und von anderen abgelehnt wird. Wie im 19. Jahrhundert die Industrialisierung wächst sie mit einer *komplexen quasi-evolutionären Dynamik* heran und es kommt darauf an, *Optionen* als Indikatoren zu setzen, um die Entwicklung in gesamtgesellschaftlich gewünschte Bahnen zu lenken. Bei der *Wertschöpfung der Wissensgesellschaft* geht es aber letztendlich nicht um die Computernetze selber, sondern um das Wissen und Know-how, das in diesen Netzen entwickelt wird und sie erst möglich macht. Es geht also um den *Ideenproduzenten ‚Mensch'*. Auch hier boomen die Märkte. IuK-Konzerne saugen buchstäblich die Absolventen der IuK-Technologien aus den Universitätszentren ab. Der ‚Rohstoff' von z.B. Informatikstudenten ist aber wenigstens in Deutschland mittlerweile ein knappes Gut.



Der Ausweg wird von einigen IuK-Firmen in der *Strategie des Outsourcing* gesehen. Sie versuchen statt auf zu wenige und vom Lebensstandard zu teure deutsche Absolventen auf ausländische IuK-Absolventen zurückzugreifen. Man hofft auf ‚Billiglohnländer' in den IuK-Netzen: Ein Kulturvolk wie z.B. Indien mit einer großen mathematischen Tradition soll nicht nur Software, sondern auch Manware liefern. Der IuK-Geist sucht sich aber auch in diesem Fall seine eigenen Wege. Einfacher: Die Nachfrage treibt die Preise, und der junge Informatiker aus Indien geht in die USA zum dort üblichen Tarif seines Berufsstands. Outsourcing des Rohstoffs IuK-Geist erweist sich aber auch aus anderen Gründen als keine optimale Strategie. Es geht auf dem IuK-Markt nicht nur um Können, sondern vor allem auch um Vermittlung von Können. Der IuK-Fachmann, der mit den Kunden- und Marktgepflogenheiten vor Ort vertraut ist und zudem über *kulturelles Hintergrundwissen* verfügt, hat damit einen Standortvorteil.



In dem Zusammenhang sollte aber ein *Vorteil des IuK-Standorts Deutschland* nicht unerwähnt bleiben. Hin und wieder wird international die deutsche Informatik als ‚zu mathematisch' und die deutsche IuK-Ausbildung allgemein als ‚zu theoretisch' kritisiert. Tatsächlich wird in der deutschen Informatikausbildung großer Wert auf die *logisch-mathematische und systematische Fundierung* gelegt. Es geht also nicht nur um die schnelle Vermittlung eines Sammelsuriums von heute aktuellen Algorithmen, die morgen schon überholt sind. Um sich in neue Entwicklungen erfolgreich einarbeiten zu können, bedarf es eines systematischen und langfristigen Basiswissens. Die junge Geschichte der Informatik kennt bereits regelrechte Krisen, als z.B. Ende der 60er Jahre nach einer Systematisierung und Grundlegung der damaligen algorithmischen ‚Kochrezepte' gerufen wurde. Wie in diesem Buch deutlich wurde, wird heute das *Denkenkönnen in komplexen dynamischen und algorithmischen Systemen* verlangt. Projektorientierte und fachübergreifende Modellierungen setzen ein gründliches Basiswissen systemischen Arbeitens voraus. Das würde sich eher als *Ausbildungsvorteil in der globalisierten Wissensgesellschaft* erweisen. Der angebliche deutsche Hang zur Gründlichkeit hätte dann nichs mehr mit der im 19. Jahrhundert belächelten Lufthoheit der deutschen Philosophen über den Wolken zu tun, sondern mit einer Fähigkeit, die sich als Wertschöpfung auszahlt.

Diese Fähigkeit zum systemischen Denken und Arbeiten muß auf allen Stufen des Ausbildungs- und Bildungssystems eingeübt werden. Im Zeitalter von Vernetzung und Globalisierung sind die *Ziele der Aus- und Weiterbildung* eindeutig: Verstehen der Grundlagen und Methoden zusammen mit einer Förderung fachübergreifender und vernetzter Problemlösungen. Diese Ziele müssen bereits auf der Schule umgesetzt werden. Vernetzung und Querverbindung schulischer Fächer erfordert keinen zusätzlichen Unterricht, sondern die Betonung fachübergreifender Methoden und Zusammenhänge im bestehenden Fächerkanon. Unter der Bedingung knapper und gestraffter Ausbildungszeiten gibt es nur den Weg einer Umstrukturierung der Fächerinhalte. Daher ist es nicht entscheidend, ob und ab welcher Klasse Informatik als eigenes Fach mit ein oder zwei zusätzlichen Stunden im Stundenplan vertreten ist. Informatik ist eine *Querschnittswissenschaft* mit Anwendungsbezügen zu nahezu allen Disziplinen. Daher ist eine Integration ihres Wissens in anderen Schulfächern naheliegend.

Der Mathematikunterricht könnte die Vermittlung von logisch-mathematischem Grundlagenwissen der Informatik übernehmen. Für die obig geforderte *Einübung systemischen Arbeitens* wäre diese Ausbildung zentral und im Zeitalter der Wissensgesellschaft auch auf Kosten anderer Inhalte gerechtfertigt. Ebenso unverzichtbar ist die *Integration der Informations- und Kommunikationstechnologien in nahezu allen anderen Fächern*. Schüler sollten nicht nur lernen, in den Netzen entsprechendes Wissen zu suchen und zu kommunizieren. In einigen Fächern können ausbildungs- und altersentsprechende Grundlagen von Computermodellen vermittelt werden. Nur so können Leistungsfähigkeit und Grenzen computergestützter Methoden in konkreten Projekten erfahren werden. Nur so läßt sich Medienkompetenz durch *‚Learning by doing'* erreichen. Ein Beispiel sind Umweltprobleme oder Stadtmodelle unter Ausnutzung von Datenbanken und Animationen virtueller Realität. In den Naturwissenschaften könnten Computerexperimente auf der Schule zu einer besseren Veranschaulichung führen. Das heißt natürlich kein Verzicht auf die entscheidenden Laborversuche. Physik und Chemie verwandeln sich auch im Zeitalter von Virtual Reality nicht in Computeranimationen. Aber *‚Software'* wird eine entscheidende Methodenerweiterung der Laborarbeit mit *‚Wetware'*. Damit werden Lernende wie selbstverständlich darauf vorbereitet, daß Zusatzqualifikationen in Computer-, Informations- und Kommunikationstechnologien eine Schlüsselrolle in einer Wissens- und Dienstleistungsgesellschaft spielen.

# 11 Wertfragen: Rechtssicherheit in virtuellen Netzwelten

Die Globalisierung der Wissensgesellschaft schafft nicht absehbare neue Innovationspotentiale und virtuelle Wertschöpfungen. Sie schafft aber ebenso neue *Sicherheitsrisiken*, die rechtliche Regulierung erfordern. Auch die Kommunikationsmärkte virtueller Netzwelten florieren nur bei technischer und rechtlicher Sicherheit. Der Verbraucher wird die Kommunikations- und Informationstechnologien nur nutzen, wenn klassische Rechtsgüter wie z.B. Würde der Person, Eigentum und Geschäftsbedingungen auch in ihren virtuellen Versionen geschützt sind. *Rechtssicherheit* wird damit zu einem wichtigen Wirtschaftsfaktor für die Akzeptanz der neuen Technologien.



Im Unterschied zum Datenschutz im engen Sinn steht nun die *Informationssicherheit in computergestützten Kommunikationsnetzen* im Zentrum. Gemeint sind Schutz der Kommunikationsinhalte vor Verfälschungen sowie Vertraulichkeit und Integrität der kommunizierenden Personen, aber auch rechtliche Zuordnung von Verantwortlichkeiten in komplexen Netzen. Die Anbieter von Netzen und Diensten werden zwar den Marktsignalen erhöhten Wettbewerbsdrucks folgen und immer bessere technische Sicherheitsstandards anzubieten versuchen. Ohne staatliche Regulierungen des Haftungsrechts konnten sich aber Netzanbieter ihrer Verantwortung entziehen, da bei der Formulierung des deutschen Produkthaftungsgesetzes noch nicht an Kommunikationsleistungen gedacht wurde. Im *Haftungsrecht* wird zwischen Verschuldens- und Gefährdungshaftung unterschieden. Bei der *Gefährdungshaftung* hat der Netzbetreiber bei jedem Defekt für den anfallenden Schaden des Nutzers aufzukommen. Bei der *Verschuldenshaftung* ist der Netzbetreiber vom Schadensaufkommen befreit, wenn er sein Netz auf dem aktuellen Sicherheitsstand des technischen Fortschritts anbietet. Im Telekommunikationsgesetz ist zwischen beiden Rechtsformen abzuwägen.

Die Gradwanderung rechtlicher Normierung zwischen Strangulierung von Innovationsmärkten und virtuellem Dschungel wird am Beispiel von *Mindestsicherheitsstandards* deutlich. Staatliche Regulierungsbehörden können zwar mit entsprechenden Auflagen an Netzbetreiber die Unsicherheit von Netznutzern beseitigen und damit zur wirtschaftlichen Nachfrage beitragen. Andererseits stellen Mindestsicherheitsstandards einen starken Eingriff in den Markt dar. Fehleinschätzungen der gesellschaftlichen Bedürfnisse und der Kosten entsprechender Sicherheitsmaßnahmen durch den Gesetzgeber könnten den Markt zum Erliegen bringen oder zur Abwanderung führen. Dennoch wird auf rechtliche Regelungen nicht verzichtet werden können, da gegen die Risiken der Kommunikationsnetze kaum Versicherungsschutz gewährleistet werden kann.

Für den *Juristen* eröffnen die virtuellen Netzwelten eine völlig neue Herausforderung, der er nur mit Doppel- und Mehrfachkompetenz der Ausbildung begegnen kann. Es geht um das Spannungsfeld von Technikgestaltung und rechtlichen Vorgaben. Gute ethische Absichten und die Kenntnis geltenden Rechts reichen nicht aus. Der Weg von allgemeinen gesetzlichen Vorgaben bis zu den rechtlichen Kriterien von Techniksystemen wie Informations- und Kommunikationsnetzen müssen im Einzelfall konkretisiert werden. Ein sensibles Fallbeispiel sind Informations- und Kommunikationsnetze in der Gesundheitsversorgung, in denen Persönlichkeitsrechte bei mangelnden Sicherheitsstandards empfindlich betroffen sein können.

In einem Projekt zur verfassungsverträglichen Technikgestaltung haben Alexander Roßnagel und Michael J. Schneider die rechtlichen Kriterien solcher Netze untersucht (Abb. 70). Das Verfahren der *K*onkretisierung *r*echtlicher *A*nforderungen (KORA) sieht verschiedene Ableitungsschritte von den gesetzlichen Vorgaben bis zum Rechtsprofil des medizinischen Informations- und Kommunikationssystems vor. Zu den allgemeinen *rechtlichen Vorgaben* dieses Techniksystems zählen unterschiedliche Gesetze. Aus dem Grundgesetz werden das Grundrecht auf Schutz und Entfaltung der Persönlichkeit (Art. 2 Abs. 1 GG), das Recht auf Gesundheit (Art. 2 Abs. 2 GG), Funktionsfähigkeit des Gesundheitssystems (Art. 74 Nr. 19 und 19a GG), das Fernmeldegeheimnis (Art. 10 Abs. 1 GG) und die Berufsfreiheit (Art. 12 Abs. 1 GG) genannt. Aus diesen gesetzlichen Vorgaben ergeben sich folgende *rechtliche Anforderungen* an ein computergestütztes Kommunikationssystem:

Die *Fürsorgepflicht* für Patienten ergibt sich aus dem Recht auf Gesundheit und der Funktionsfähigkeit des Gesundheitssystems mit den standesrechtlichen Pflichten des Arztes. *Rechtssicherheit* läßt sich aus dem Recht auf Gesundheit ableiten und soll Willenserklärungen der Beteiligten wie z.B. Einwilligungen, Einweisungen, Ärztebriefe, Rezepte etc. verbindlich und nachweisbar garantieren. *Informationelle Selbstbestimmung* folgt aus Entfaltungsfreiheit und Fernmeldegeheimnis und garantiert die freie Entscheidung darüber, wer welche personenbezogenen Daten zu welchem Zweck verarbeiten darf. *Kommunikative Selbstbestimmung* entspricht der Funktionsfähigkeit des Gesundheitssystems und der Berufsfreiheit und sieht die Entscheidung der Kommunikationspartner vor, ob, wann, wie lange und mit welchen Mitteln sie wo mit wem worüber kommunizieren. Aus der Entfaltungsfreiheit, Funktionsfähigkeit des Gesundheitssystems und der Berufsfreiheit ergibt sich die *autonome Arbeitsgestaltung*, wonach jeder seine Arbeits-, Informations- und Kommunikationsabläufe selbst organisieren kann. Schließlich folgt aus der Berufsfreiheit des Arztes, der Funktionsfähigkeit des Gesundheitssystems und dem Fernmeldegeheimnis das *Arzt- und Patientengeheimnis*, um das Vertrauensverhältnis zwischen Arzt und Patient zu schützen.

Diese rechtlichen Vorgaben erlauben eine Konkretisierung der *rechtlichen Kriterien*, die an ein technisches Kommunikationsnetz zu stellen sind. Dazu gehören *Transparenz* des Kommunikationsvorgangs, *Vertraulichkeit* der Kommunikationsinhalte, *Unbeobachtbarkeit* in den Kommunikationsmedien, *technische Sicherung* der Zuverlässigkeit und Schutz gegen Fehler und Fälschungen, *Beweisbarkeit* der Kommunikationsvorgänge, Erreichbarkeit des Arztes, *Entscheidungsfreiheit* über den Einsatz der Kommunikationstechniken und *Arbeitserleichterung* durch ihre Verwendung. Im Rahmen dieses Rechtsprofils können die *technischen Gestaltungsziele* eines Kommunikationsnetzes formuliert werden. Dabei kann es sich um ein *Erreichbarkeitssystem* für einen Arzt handeln wie in der genannten Studie. Denkbar ist aber auch ein virtuelles Kommunikationssystem der *Telemedizin* vom Krankenhaus über Fach- und Hausarzt bis zum Patienten (Abb. 52). Möglich ist auch die Ableitung für die *technische Gestaltung virtueller Agenten*, die Information und Kommunikation von Arzt und Patient unterstützen. In Simulationsstudien können solche rechtlich abgesicherten technischen Gestaltungsziele überprüft werden.



Um die rechtlichen Kriterien dieser theoretischen Systeme realisieren zu können, bedarf es eines *technischen Sicherheitsmanagements*. Bei *offenen Kommunikationssystemen* müssen mehrseitige Sicherheitsaspekte berücksichtigt werden, da alle beteiligten technischen und menschlichen Komponenten sowohl als Sicherheitsrisiken als auch als gefährdete Teilnehmer auftreten können. Dazu werden allgemeine *technische Schutzziele* wie Vertraulichkeit, Integrität, Verfügbarkeit und Zurechenbarkeit definiert. Zur *Vertraulichkeit*

gehört der Schutz der Kommunikationsinhalte der Kommunikationspartner vor allen anderen Netzkomponenten. Ferner sollen Sender und Empfänger gegeneinander anonym bleiben können und von
Netzbetreibern und anderen Unbeteiligten unbeobachtbar sein.
Ebenso soll der derzeitige Ort ohne Einwilligung des Nutzers nicht
ermittelt werden können. Das Schutzziel *Integrität* erfordert, daß
Fälschungen von Nachrichten erkannt werden können. *Verfügbarkeit*
garantiert Kommunikation im Netz zwischen allen Partnern, die das
wünschen und denen es nicht verboten ist. *Zurechenbarkeit* muß
gewährleisten, daß Kommunikationen zwischen Sender und
Empfänger nachweisbar sind, daß Absender Absendung und Empfang einer Nachricht beweisen und daß dem Netzbetreiber Entgelte
für Dienstleistungen nicht vorenthalten werden können.

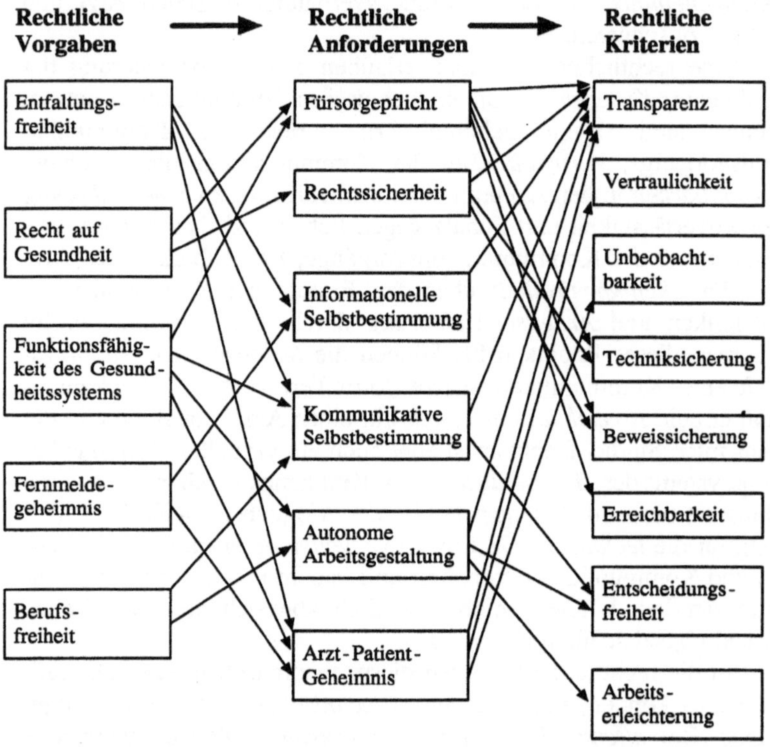


**Abbildung 70**
Ableitung des Rechtsprofils eines Kommunikationsnetzes der Gesundheitsversorgung

Im Zentrum technischer Gestaltung stehen computergestützte Informations- und Kommunikationsnetze mit *Client-Server-Architektur*. Die OSI-*Sicherheitsarchitektur* ist dem OSI-Schichtenmodell der Netzkommunikation (Abb. 8) angepaßt. Sie ist ein Rahmenwerk für Sicherheitstechniken, die bei der Datenübertragung auf den verschiedenen Kommunikationsschichten zum Einsatz kommen und schließlich für die Endsicherheit auf den Anwendungsschichten der Netznutzer sorgen sollen. Die *Sicherheitsdienste* dienen der Authentifikation, Zugriffskontrolle, Vertraulichkeit, Integrität, Systemüberwachung und Protokollierung. Durch ein *Sicherheitsmanagement* werden die verschiedenen Sicherheitsdienste koordiniert und verwaltet. Zur Authentifikation gehört z.B. die Entdeckung von Benutzern ohne Paßwort oder Angreifern auf ein System, die sich z.B. durch zu langes Probieren von Schlüsseln zu erkennen geben. Dabei gehen verschiedene Aspekte der Sicherheit vom Schutz vor Angriffen bis zur Zuverlässigkeit des Systems ineinander über.

Als Beispiel für technisches Sicherheitsmanagement sei das Projekt SAMSON (*S*ecurity *a*nd *M*anagement *S*ystem in *O*pen *N*etworks) des europäischen Forschungsprogramms RACE (*R*esearch and Development in *A*dvanced *C*ommunication Technologies for *E*urope) erwähnt, an dem Firmen wie IBM und Siemens beteiligt sind. Die Managementprotokolle werden im Rahmen des OSI-Schichtenmodells als CMIP (*C*ommon *M*anagement *I*nterchange *P*rotocol) oder im Internet als SNMP (*S*imple *N*etwork *M*anagement *P*rotocol) entworfen. Schwerpunkte des Sicherheitsmanagements dieses Projekts betrafen Authentifikation, Zugriffskontrolle, Schlüsselkontrolle und Audit. Die SAMSON-Architektur erwies sich auch als geeignet für *multimediale Anwendung im Netz*. Als Beispiel wurde eine Krankenhausanwendung getestet, bei der in einem Netz verteilte Ärzte, Stationen, Verwaltungen, Archive etc. mit multimedialen Dokumenten (z.B. Röntgenbilder, Patientenakten, E-Mail) kommunizierten. Die Intranets der einzelnen Krankenhausorganisationen sind zwar durch einen elektronischen Sicherheitswall (*Firewall*) nach außen gesichert, aber in einem globalen Netz verbunden. Der nächste Schritt besteht darin, bei medizinischen Netzen mit *VR* (*Virtual Reality*)-*Anwendungen* (z.B. virtuelle Operationen, Telekommunikation von Arzt und Patient), wie sie in Kapitel 6 beschrieben wurden, entsprechende Sicherheitstechniken einzuführen.

Je *komplexer virtuelle Netzwelten* werden, um so empfindlicher werden sie gegen Störungen. In der *Wissensgesellschaft* sind damit Behinderungen, Blockierungen oder Zusammenbrüche wirtschaftlicher, politischer oder administrativer Entscheidungsprozesse verbunden. Das Nervensystem des gesellschaftlichen Superorganismus ist betroffen. Im Zeitalter der *Globalisierung* reichen technische und rechtliche Sicherungen auf nationaler Ebene nicht aus. *Europäische* und *weltweite Sicherungssysteme* sind gefordert. Auf der Grundlage des Rechts auf informationelle Selbstbestimmung und internationalen Standards des Datenschutzes müssen internationale Rahmenbedingungen entwickelt werden. Internationale Rechtssicherheit ist auch ein wichtiger wirtschaftlicher Faktor der internationalen Telekommunikationsmärkte. Dazu gehören rechtlich gesicherte Lizenz- und Zertifizierungsverfahren, rechtlich geregelte Transparenz von Verfahren und rechtliche Voraussetzungen für kryptographische Verfahren, die bei der multimedialen Nutzung personenbezogener Daten, Ton-, Bild- und Filmdokumenten im Netz eine wichtige Rolle spielen. *Datenschutz* und *Sicherheitsprofile* müssen also *marktübergreifend* und *international* formuliert und dem sich laufend verändernden Entwicklungsprozeß angepaßt werden.



Die konkrete Bestimmung *staatlicher Regulierungsbehörden* ist in der Diskussion, da erst Erfahrungen mit entsprechenden Einrichtungen gesammelt werden müssen. Abgesehen von den Datenschutzbeauftragten liegen nur Vorbilder in anderen Gesellschaftsbereichen wie Umweltschutz und Arzneimittel vor. Mittlerweile kristallisieren sich Mischformen von betrieblichen über öffentliche Datenschutzbeauftragte von Bund und Ländern bis zum Bundesamt für Sicherheit und Informationstechnik heraus. Wie in anderen Markt- und Produktionssektoren sind auch Verbände wie im Bereich von Verbraucherschutz und Naturschutz zu berücksichtigen.

Von zentraler rechtlicher Bedeutung ist die *Zuordnung von Verantwortung in immer komplexer werdenden Netzwelten*. Zu den typischen Besonderheiten komplexer Netzwelten gehören die technischen Schwierigkeiten, die einzelnen Schritte der Informationsverarbeitung und Netzkommunikation nachzuvollziehen. Damit scheitern rechtliche Beweislastfragen häufig an der technischen Komplexität der Netze. Juristen plädieren daher dafür, eine Beweislastumkehr



wie im privaten Datenschutz zugunsten einer verschuldensunabhängigen Haftung aufzugeben. Recht macht aber nur Sinn, wenn Normen mit einem durchsetzungsfähigen *Sanktionssystem* verbunden sind. Damit ist das gesamte Strafrecht herausgefordert. Tatsächlich sprechen Juristen bereits von *virtuellen Straftaten*. Gemeint sind Computerspiele mit z.B. virtuellen Tötungen und Vergewaltigungen. Virtuelle Realität im Netz wirft damit völlig neue Rechtsfragen auf: Gewalt ist nicht nur physisch, sondern auch virtuell real. Bereits der Gründer der christlichen Religion hatte darauf verwiesen, daß die Sünde im Kopf vor Ausführung der Tat geschieht.

Hinzu kommen *Straftaten im Netz*, von der Kinderpornographie über extremistische Propaganda bis zur Anleitung von Straftaten. Offene Netzwelten verschaffen dem Recht aber auch eine Publizität und Unmittelbarkeit, die das Rechtssystem gefährden könnten. Ebenso wie *Teledemokratie* Volksmehrheiten *just in time* mobilisieren und emotionalisieren kann, ist auch der *virtuelle Pranger im Netz* längst keine Horrorvision mehr. Ein Rechtssystem wie in den USA, das bereits gefährlich von der Medienöffentlichkeit mit zum passenden Zeitpunkt ermittelten ‚Meinungsmehrheiten' abhängt, könnte in virtuellen Netzwelten völlig zu virtuellen Volksgerichtshöfen mit ‚demokratischer' Legitimierung durch Mehrheiten pervertieren: Die Ausbreitung des intimen Privatlebens von Präsidenten und Politikern im Internet wäre nur der Einstieg in diese schöne neue Welt.

Die computergestützten Kommunikationsnetze zwingen uns also dazu, neu über die Grundlagen unseres Rechts- und Gesellschaftssystems nachzudenken. Hinter der Sicherheits- und Rechtsdiskussion virtueller Netzwelten steht letztlich die Frage, ob und in welchem Umfang eine Gesellschaft bereit ist, diese *Techniksysteme* zu *akzeptieren* und zu *nutzen*. Welche Risiken sind akzeptabel? Welchen Preis sind Netznutzer bereit für die Sicherheit des Mediums zu zahlen? Wegen ihrer Komplexität sind die Hierarchien und Strukturen virtueller Netze für den Endnutzer im Detail nicht durchschaubar und kontrollierbar. Die Akzeptanz komplexer Netztechnik hängt also wesentlich vom *Vertrauen* ab, das den Systemzusammenhängen von Technik, Menschen, Organisationen und Institutionen entgegengebracht wird. Um dieses Vertrauen zu fördern, reicht ein technisches Sicherheitsmanagement nicht aus. Neben rechtlichen Regelungen zur Schadensregulierung muß der *Wissensstand* über die neuen Netztechniken verbessert werden, damit der Nutzer *Möglichkeiten* und *Risiken* möglichst *eigenverantwortlich* abschätzen kann. Firmen und Institutionen sollten ähnlich dem Verbraucherschutz Einrichtungen schaffen, wo sich Bürger über Sicherheitsfragen kompetent informieren können. Mit diesem *Plädoyer für Aufklärung über die Netzwelten* werden die Forderungen der Aus- und Weiterbildung im Rahmen lebenslangen Lernens wieder aufgegriffen.

*Computernetze* sind *komplexe dynamische Systeme*, bei denen der Jurist mit ähnlichen neuen Fragestellungen konfrontiert wird wie bei komplexen ökologischen Systemen im Umweltrecht. In *nichtlinearen* und *rückgekoppelten Wirkungszusammenhängen* können sich kleine lokale Ursachen zu globalen Veränderungen und Schädigungen aufschaukeln. In der Meteorologie wird anschaulich vom *Schmetterlingseffekt* gesprochen, wonach ein kleiner nicht beachteter Wirbel auf der Wetterkarte kurzfristig zu globalen Wetterveränderungen führen kann, die ursprünglichen Voraussagen widersprechen.

Schmetterlingseffekte können auch in komplexen Computernetzen auftreten, wenn lokale Störungen große Teile des Gesamtsystems gefährden. Andererseits können sich die Wechselwirkungen vieler kleiner Schädigungen zu kollektiven Veränderungen verstärken. In welchem Maß ist dann der kleine Umweltsünder für die globale Katastrophe *verantwortlich* und strafrechtlich zu sanktionieren? Wie ist das lokale Fehlverhalten eines Netznutzers zu behandeln, das sich mit vielen anderen zu einem globalen Schaden aufschaukelt?



Juristen und Philosophen haben auf die Strukturähnlichkeit des Gesetzesbegriffs der Rechtswissenschaften mit den klassischen Naturwissenschaften aufmerksam gemacht. Nach einem gemeinsamen *Kausalitätsschema* werden ähnlichen Ursachen ähnliche Wirkungen zugeordnet. Dabei sind Meßfehler von Ursachen und Wirkungen berücksichtigt, die sich in der gleichen Größenordnung halten. Ebenso berücksichtigt der juristische Gesetzesbegriff Toleranzen von Auslegungen für die Anwendung auf konkrete Fälle und die Erfüllung von konkreten Tatbestandsmerkmalen. Wenn allerdings geringfügige Abweichungen der Ausgangssituation zu globalen Veränderungen von Endzuständen führen, sind Zivil- und Strafrecht herausgefordert, *nichtlineares Denken in der Rechtssprechung* zu realisieren. Erst dann ist das Rechtssystem den Ansprüchen einer komplexen Wissensgesellschaft gewachsen.

# 12 Grenzfragen: Orientierung in virtuellen Netzwelten

Die Wirklichkeit, so melden die Medien, habe Konkurrenz bekommen. Durch Computeranimationen bevölkern bereits Dinosaurier, Tornados und Außerirdische täuschend echt unsere Kinofilme. Computerspiele, Disneyland und Freizeitparks gaukeln künstliche Welten vor, die bunter, abenteuerlicher und reizvoller zu sein scheinen als die Wirklichkeit. Teleworking, Telebanking und Teleshopping finden in virtuellen Märkten, Firmen, Banken und Kaufhäusern statt, die nur in weltweiten Computer-, Informations- und Kommunikationsnetzen existieren und Raum und Zeit überwinden. Und schon verheißt die Technik des Cyberspace unbegrenzte virtuelle Welten, in denen unsere Illusionen und Phantasien auch physisch und sinnlich erfahrbar werden. Mehr und mehr verschwimmt die Grenze zwischen Sein und Schein. Virtualität wird zum Orientierungsproblem, je weiter sich Computer-, Informations- und Kommunikationstechnologien entwickeln.

*Orientierung* setzt zunächst *Wissen* voraus – Wissen über die wissenschaftlichen Grundlagen der Computer-, Informations- und Kommunikationstechnologien, die virtuelle Welten entstehen lassen. Nur so läßt sich die Rede von einer virtuellen Natur, von virtuellen Märkten, vom virtuellen Arbeiten und Wohnen bis zur virtuellen Kultur einschätzen und beurteilen. Orientierung setzt aber nicht nur Wissen über mögliche Zukünfte voraus, sondern Entscheidung über den zu wählenden Weg. Werden wir von einer Reiz- und Informationsflut überrollt? Werden wir uns in der Beliebigkeit virtueller Welten verlieren? Brauchen wir *neue Werte für eine virtuelle Zukunft?*

Orientierung wurde im Zeitalter der Aufklärung von Immanuel Kant durch drei Leitfragen bestimmt:

*Was kann ich wissen?*
*Was soll ich tun?*
*Was darf ich hoffen?*

Orientierung
und Wissen in
Computernetzen

Orientierung im
Zeitalter der
Aufklärung

Kant und seine Nachfolger beantworteten diese Fragen in einer Weise, die bis in unser Jahrhundert für die Industriegesellschaft maßgebend wurde. *Unser Wissen* von der Natur gründet danach auf den Methoden der Naturwissenschaft. Wirklich sind die Stoffe der Natur, die wir beobachten, messen und im Laborexperiment prüfen können. Daraus erklärt sich der Erfolg der neuzeitlichen Industriegesellschaft, die mit technisch-naturwissenschaftlichem Wissen Rohstoffe der Natur abbaut, sie durch den Einsatz von Kapital und Arbeit in Produkte umwandelt, über den Markt verteilt und damit die materiellen Grundlagen sichert. *Unser Sollen* richtet sich in der Tradition der Aufklärung nach den Grundwerten demokratischer Verfassungen und nationalstaatlicher Rechtsordnungen. Im Zentrum steht die Selbstbestimmung und Würde des Menschen, die der Staat durch seine Institutionen zu schützen und zu garantieren hat. *Unsere Hoffnung* ist nach Kant die Frage der Religion und Humanität, die durch den Verfassungsstaat und internationales Völkerrecht zu schützen und zu garantieren ist.

Natur und Gesellschaft im Cyberspace

Dieser *Natur- und Gesellschaftbegriff* scheint sich im Zeitalter der Computer-, Informations- und Kommunikationstechnologien immer mehr aufzulösen. Die Rede ist bereits von einer virtuellen Natur, die nicht aus materiellen Stoffen besteht, sondern aus Informationsdaten im Computer. Schwarze Löcher, Tornados und virtuelle Organismen existieren bereits in Computerexperimenten und könnten eines Tages im Cyberspace physisch erfahren werden, ohne in einer Natur außerhalb des Computers so je vorzukommen. Virtuelle Stoffe und Produkte von einer neuen Molekülverbindung für ein neues Medikament bis zu einem neuen Flugzeugtyp, die nur als Informationsdaten existieren, im Computer entworfen für virtuelle Märkte, bestimmen bereits die moderne Informationsgesellschaft.

Neben *Rohstoffen*, *Kapital* und *Arbeit* ist die unsichtbare *Information* zum vierten großen Wirtschaftsfaktor geworden. Die richtigen Ideen sind im Zeitalter von Information und Automatisierung das Kapital der Zukunft. Rohstoffe und Arbeit nehmen an Bedeutung ab. Im Unterschied zu Rohstoffen und Arbeit sind Information und Kapital nicht ortsgebunden. In weltweiten Informations- und Kommunikationsnetzen rasen Daten- und Finanzströme um die Erde. Was hier nicht möglich ist, wird anderswo gemacht, wo die Bedingungen günstiger sind, bis die Ansprüche wachsen, Arbeit teuer und Rohstoffe knapper werden, und die Karawane virtueller Betriebe und Finanzmärkte weiterzieht. *Globalisierung* im Informationszeitalter führt zu *virtuellem Nomadentum*, wenn Nationalstaaten und Regionen den *Modernisierungsschub* ihrer Gesellschaft versäumen.

Die Grenzen der alten Nationalstaaten und ideologischen Blöcke wurden bereits überwunden. In globalen Informations- und Kommunikationsnetzen scheinen die staatlichen Ordnungs- und Orientierungsmächte ebenso zu zerfallen wie die schwerfälligen Hierarchien, Verwaltungen, Institutionen und Fabriken des Industriezeitalters. An ihre Stelle treten kurzlebige *virtuelle Firmen, Märkte* und *Organisationen*, die sich nicht mehr an nationale Gesellschaftsverträge im Sinne neuzeitlicher Verfassungsstaaten gebunden fühlen. Neue *virtuelle Klassen* der Erfolgreichen entstehen, die den internationalen Daten- und Finanzströmen nachjagen und sich von den Regionen der vom sozialen Abstieg bedrohten Menschen abkoppeln.

<table><tr><td>

Es ist offensichtlich: Die alten nationalstaatlichen Ordnungs- und Orientierungsmächte des Industriezeitalters zerfallen zwar. Aber *weltweite Liberalisierung* der Informations- und Kapitalmärkte führt *nicht automatisch* zu *Wohlstand* und *Wohlergehen der Menschheit*. Globale Allianzen schaffen *übernationale Probleme der ordnungspolitischen Gestaltung*. Ohne Rechtssicherheit in den weltweiten Informations- und Kommunikationsnetzen von Wirtschafts- und Arbeitsrecht über Urheberrecht, Produkthaftung und Werbung bis zum Verbraucherschutz werden sich auch virtuelle Märkte und Firmen kaum halten können.

</td><td>

Ordnungspolitische Gestaltung im Zeitalter der Globalisierung

</td></tr><tr><td>

Der *Staat* sollte zwar den Informations- und Kommunikationsbereich weitgehend *gesellschaftlicher Selbstorganisation* und dem *Wettbewerb* überlassen. Es bleibt aber der *Verfassungsauftrag*, die Selbstbestimmung und Würde des Menschen auch in der Informationsgesellschaft zu garantieren. Dazu gehört die Sicherung der Zugangs-, Verbreitungs- und Empfangschancen auf den Informations- und Kommunikationsmärkten. Kurz: Es entsteht ein *Grundrecht auf mediale Daseinsversorgung*.

</td><td>

Verfassungsauftrag in der Wissensgesellschaft

</td></tr><tr><td>

Was nützt aber *Chancengerechtigkeit* für den Nutzer, wenn er von *Datenflut* und *Überinformation* überrollt wird und sich in der *Beliebigkeit virtueller Welten* nicht mehr auskennt? Wer nicht gelernt hat, *Wert, Zweck* und *Nutzen* von Information, Multimedia und Cyberspace zu bestimmen, rennt sich tot auf der Datenautobahn. Nun kann man versuchen, auch auf solche Fragen technische Antworten zu geben. So gibt es bereits Zugangskontrollsoftware, die bestimmte Informationen ausschließt, oder flexible Auswahlsoftware (,*Knowbots*'), die – wie ein Sekretär oder Zuarbeiter – Informationen nach den Präferenzen des Benutzers vorsortiert. Aber auch die komplexeste Technik ist immer nur Instrument, Hilfsmittel und am Ende von Multimedia und Infobahn stehen wir mit unserem menschlichen Urteilsvermögen. Die *Verantwortung* liegt also letztlich immer bei uns, auch wenn wir bei immer komplexeren Aufga-

</td><td>

Datenflut, Überinformation und Agenten

</td></tr></table>

ben immer mehr Problemlösungen und Dienstleistungen an KI-Systeme, Computer- und Informationstechnologien abtreten müssen.



Die Leitfrage *,Was sollen wir tun?'* erfordert daher auch im Informationszeitalter Selbstbestimmung, Selbstkontrolle und Eigenverantwortung. Wir sprechen dann von *Medienkompetenz*, die gelernt hat, Sein und Schein zu unterscheiden, Informations- und Kommunikationstechnologien als Erweiterung und Bereicherung unserer Erfahrungs-, Vorstellungs- und Denkmöglichkeiten zu nutzen und nicht als Ausstieg oder Umzug von der Realität in die Beliebigkeit virtueller Welten. *Computernetze und virtuelle Realität als humane Dienstleistung – das ist die ethische Herausforderung der Wissensgesellschaft.*



Damit sind wir bereits bei Kants dritter Frage *,Was darf ich hoffen?'*. Die Affinität virtueller Welten zu pseudoreligiösen Verheißungen jenseitiger Welten ist offensichtlich. Statt bewußtseinserweiternder Drogen hoffen einige Zeitgenossen bereits auf Cyberspace gemäß der Devise *,Reality isn't enough any more'*. Nach interaktivem Fernsehen soll die *,Home Reality Engine'* Einzug in die Wohnstuben halten. Kommunikation reduziert sich dann auf sinnlich erfahrbare virtuelle Personen, jederzeit abrufbar und abschaltbar.



Nach den technischen Perspektiven von Cyberspace sieht der amerikanische Roboterspezialist Hans Moravic als noch dramatischeren Entwicklungsschritt eine Art *,Bioadapter'* vor, der eine Direktverbindung zwischen Gehirn und Computer herstellt. Die Informationsströme könnten dann, so die Annahme, solange in die Maschine übertragen werden, bis damit ein virtuelles Duplikat des Ichs eines Menschen entstanden wäre: Biochemisches Klonen erscheint gegenüber solchen computertechnischen Visionen geradezu archaisch. *Science-fiction-Visionen* werden denkbar, in denen Astronauten ihren Originalkörper zurücklassen und zu fernen Sternen aufbrechen. Begriffe wie Leben, Tod und personale Identität verlieren ihre bisherige Bedeutung, wenn sich Bewußtsein, Intelligenz und Gefühl von ihren Trägern lösen, übertragen, vervielfachen und verändern lassen. Die Botschaft dieser Vision ist klar: *Ist die Welt erst ruiniert, wird schnell eine andere kreiert.* Das heißt aber auch: Von den *Tröstungen virtueller Weltflucht* ist keine Orientierung bei der Bewältigung unserer aktuellen Daseinsprobleme zu erwarten.



Allerdings kann *Science-fiction* auch schöpferische Phantasie bedeuten. Am Anfang der technischen Entwicklung von VR standen Autoren wie z.B. William Gibson, der in seinem Roman ,Neuromancer' (1984) Menschen beschreibt, die sich in eine gemeinsame virtuelle Computerwelt begeben. In Gibsons künstlicher Welt werden kommerzielle Gefühlswelten und virtuelle Stars erzeugt, aber auch Geschäfts- und Industriewelten. Mit Blick auf unsere Technologie virtueller Agenten, die künftig Computernetze bevölkern werden, sei aber vor allem Stanislaw Lem erwähnt. Hier wird Science-fiction nicht als Phantasieprodukt technologischer Megalomanien verstanden. Philosophische Grundfragen menschlichen Daseins und ethische Probleme werden mitreflektiert.

So wird in der Quasi-Buchbesprechung eines gewissen Professor Dobb die Pseudo-Wissenschaft der ‚Personetik' vorgestellt, die sich mit der Kreation von ‚*Personoiden*', also personenähnlichen Robotern beschäftigt. Erläutert werden Pseudo-Computerprogramme wie BAAL 66, CREAN IV oder JAHVE 09. Nach wenigen Seiten Lektüre weiß der Leser nicht mehr, ob es sich um literarische Fiktion oder doch um wissenschaftliche Möglichkeiten handelt. Was Lem beschreibt, sind mathematisch mögliche Welten, die sich im Rahmen eines Computerprogramms entwickeln. Es handelt sich keineswegs, so wird betont, um Scheinwelten, die nur in der Vorstellung der Personoiden existieren. Sie sind vielmehr im Computerprogramm mit der Hardware eines realen Computers existent. Personoide entwickeln sich aus einem ‚personalen Nucleus' selbständig, durchlaufen Stadien der persönlichen Sozialisation und Gruppenevolution. Sie sind zwar für den Programmierer in Programm und Computer ‚eingeschlossen'. Sie selber nehmen aber ihre Computerwelt als unbegrenzt wahr.

Lems *Personoiden* leben wie *virtuelle Agenten* in einem Symbol- und Ziffernuniversum. Sie haben daher keinen physikalischen Körper, sondern bestehen nur aus ‚*Seelen*', die unmittelbar die realen Bedingungen ihrer Softwarewelt wahrnehmen, reflektieren und darauf reagieren und agieren. Es gelten nicht die Gesetze der Physik, aber die ebenso harten Bedingungen mathematischer Strukturen. Die Entwicklung der Personoiden ist eingebettet in eine mathematische (nicht thermodynamische) Evolution, deren Zeitmaßstab für den Programmierer kurz, vielleicht Stunden oder Tage beträgt, für den Bewohner dieser Welt sich aber auf Milliarden von Jahren beziehen kann.

Für Personoide wiederholen sich aus der Philosophiegeschichte wohlbekannte ontologische Fundamentalprobleme, ob z.B. das Sein ‚aus sich selbst heraus' entstanden oder Folge eines bestimmten schöpferischen Aktes sei, hinter dem sich ein intentional aktiver Schöpfer verberge. In der Psychologie der Personoiden werden literarisch verschlüsselt aktuelle Probleme der Bewußtseinstheorie diskutiert. In der Tat kann nach heutiger Kenntnis der Evolutionstheorie nicht von einer zielgerichteten Entwicklung zum menschlichen Selbstbewußtsein gesprochen werden: Es lag nicht in der Macht der *Evolution*, ‚sich von der Erbmasse alter, manchmal Jahrmillionen alter Lösungen zu befreien, da sie immer in sehr kleinen Anpas-

Metaphysik und
virtuelle Realität

Personoide und
virtuelle Agenten

sungsschritten vorangeht und ‚kriecht', nicht aber ‚springt'. *Bewußt-sein* erscheint bei Lem als Epiphänomen der Evolution bei ihrem Versuch, mit dem Gehirn eine Schaltstelle für optimale Handlungs- und Entscheidungsstrategien zur Befriedigung emotionaler Antriebe und Bedürfnisse zu schaffen.

Alte *metaphysische Fragen* brechen auf, die aus der Theodizee wohlbekannt sind. In einem Dialog von Personoiden geht es um die Rechtfertigung Gottes oder des Nichts, um Freiheit, Verantwortung, das Böse und die Liebe. Science-fiction entlarvt sich bei Lem als das, was sie bestenfalls sein kann – eine literarische Projektion von Hoffnungen, Ängsten und Wünschen der Menschen, die technische Innovationsschübe auslösen und mit ihnen fertig werden müssen.

Diese Projektionen setzen nicht erst mit der modernen Kulturtechnik der Computernetze ein. Statt mit Science-fiction-Visionen soll dieses Buch mit einem alten europäischen Gleichnis schließen, das am Anfang der abendländischen Philosophiegeschichte steht. In seinem *Höhlengleichnis* schildert Platon die Probleme, Sein und Schein, Realität und Virtualität zu unterscheiden. In einer von der Außenwelt abgeschlossenen Höhle blicken an ihre Sitze gefesselte Menschen auf eine Wand, auf die durch ein für sie unsichtbares Feuer im Hintergrund Schatten von Gegenständen projiziert werden. Zunächst werden die Bilder für die Realität gehalten. Dann wird ein Mensch befreit und durchschaut den illusionären Charakter seiner bisherigen Annahmen, hält aber die Situation in der Höhle für die Realität. Schließlich verläßt ein Mensch die Höhle und erkennt die Wirklichkeit.

**Abbildung 71**
Der Philosoph Platon (427-347 v. Chr.), der Sein (Realität) von Schein (Virtualität) unterschied

Das Gleichnis soll zeigen, daß Erkenntnis möglich ist, und zwar als eine mit Selbstüberwindung und dem Risiko der Desorientierung verbundene, aber Befreiung bringende mühevolle Arbeit. Bei Platon heißt es im 7. Buch der Politeia (516a-517c):

‚Zuletzt aber, denke ich, wird er [dieser Mensch] auch die Sonne selbst, nicht Bilder von ihr im Wasser oder anderwärts, sondern sie als sie selbst an ihrer eigenen Stelle anzusehen und zu betrachten imstande sein... Und dann wird er schon herausbringen von ihr, daß sie es ist, die alle Zeiten und Jahre schafft und alles ordnet in dem sichtbaren Raume und auch von dem, was sie dort sahen gewisser-maßen die Ursache ist..., daß zuletzt unter allem Erkennbaren und nur mit Mühe die Idee des Guten erblickt wird, wenn man sie aber erblickt hat, sie auch gleich dafür erkannt wird, daß sie für alle die Ursache alles Richtigen und Schönen ist, im Sichtbaren das Licht und die Sonne, von der dieses abhängt, ... und daß also diese sehen muß, wer vernünftig handeln will, sei es nun in eigenen oder in öffentlichen Angelegenheiten.'

# Literaturverzeichnis


Adams L (1994) Windows Visualization Programming with C/C++. Windrest McGraw-Hill, New York

Ames A L, Nadeau D R, Moreland J D (1997) VRML 2.0 Sourcebook. 2. Aufl. John Wiley & Sons, New York Weinheim

Arnold K, Gosling J (1996) Java™. Die Programmiersprache. 2. Aufl. Addison-Wesley, Bonn

Bauer C (1996) Nutzorientierter Einsatz von Virtual Reality im Unternehmen: Anwendungen, Wirtschaftlichkeit, Anbieter. Computermedia-Verlag, München

Bertelsmann-Stiftung (Hrsg) (1996) Die Informationsgesellschaft von morgen – Herausforderung an die Schule von heute. Verlag Bertelsmann-Stiftung, Gütersloh

Birke T, Wagner M, Kießling W (1998) Classification of Late Roman Bronze Coins Using an Object-Oriented Database, in: Intern. Conference on Digital Media Informatic Base CDMIB '97, Nara (Japan), 26.-28. Nov. 1997

Biskup R (Hrsg) (1996) Globalisierung und Wettbewerb. Paul Haupt, Bern Stuttgart

Booz - Allen & Hamilton (Hrsg) (1995) Zukunft Multimedia. Institut für Medienentwicklung und Kommunikation GmbH (IMK), Frankfurt a.M.

Bower J M, Beeman D (1995) The Book of Genesis. Exploring Realistic Neural Models with the General Neural Simulation System. Springer, Berlin Heidelberg New York

Brauer W, Brauer U (1989) Better Tools – Less Education? In: Ritter G X (Hrsg) Information Processing. Elsevier, Amsterdam, 101-106

Brauer W, Münch S (1996) Studien- und Forschungsführer Informatik. 3. Aufl. Springer, Berlin Heidelberg New York

Brenner W, Zarnekow R, Wittig H (1998) Intelligente Softwareagenten. Grundlagen und Anwendungen. Springer, Berlin Heidelberg New York

Broy M (1998) Informatik 1-3. 2. Aufl. Springer, Berlin Heidelberg New York

Castelfranchi C, Werner E (Hrsg) (1994) Artificial Social Systems. Springer, Berlin Heidelberg New York

Cavedon L, Rao A, Wobcke W (Hrsg) (1996) Intelligent Agent Systems. Springer, Berlin Heidelberg New York

Churchland P S, Sejnowski T J (1992) The Computational Brain. MIT Press, Cambridge MA

Dadam P (1996) Verteilte Datenbanken und Client/Server-Systeme. Springer, Berlin Heidelberg New York

De Vries P L (1995) Computerphysik. Grundlagen, Methoden, Übungen. Spektrum Akademischer Verlag, Heidelberg Berlin Oxford

Dyson E (1997) Release 2.0. Die Internet-Gesellschaft. Spielregeln für unsere digitale Zukunft. Droemer Knaur, München

Earnshaw R, Vince J (Hrsg) (1997) The Internet in 3D: Information, Images, and Interaction. Academic Press, San Diego London

Erlenkötter H, Reher V (1997) Java. HTML, Scripts, Applets und Anwendungen. Grundkurs Computerpraxis. Rowohlt, Reinbek b. Hamburg


""

Erlenkötter H, Reher V (1998) Windows 95. Grundkurs Computerpraxis. Rowohlt, Reinbek b. Hamburg

Faltings G (Hrsg) (1996) Moderne Mathematik. Spektrum der Wissenschaft, Heidelberg

Fell M, Schäfer C, Wierschowski L (Hrsg) (1994) Datenbanken in der alten Geschichte. Scripta Mercaturae Verlag, St. Katharinen

Fischer G (Hrsg) (1986) Mathematische Modelle. Vieweg, Braunschweig

Freksa C, Jantzen M, Valk R (Hrsg) (1997) Foundations of Computer Science. Potential – Theory – Cognition. To Wilfried Brauer from his friends, students, and colleagues. Springer, Berlin Heidelberg New York

Frühwald, W (1996) Vor uns die Cyber-Sintflut. In: H. von Kuenheim, T. Sommer (Hrsg) Der Mensch im Netz. ZEIT-Magazin, Hamburg, 8-11

Frühwald, W (1997) Zeit der Wissenschaft: Forschungskultur zum 21. Jahrhundert. Du Mont, Köln

Gabriel N (1997) Kulturwissenschaften und Neue Medien. Wissensvermittlung im digitalen Zeitalter. Primus, Darmstadt

Haddadi A (1991) Communication and Cooperation in Agent Systems. A Pragmatic Theory. Springer, Berlin Heidelberg New York

Haefner, K (1992) Evolution of Information Processing Systems. Springer, Berlin

Harold E R (1997) Brewing Java: A Tutorial. URL: http://sunsite.unc.edu/javafaq/javatutorial. html

Hase H-L (1997) Dynamische virtuelle Welten mit VRML 2.0. dpunkt-Verlag, Heidelberg

Hege H-C, Polthier K (Hrsg) (1997) Visualization and Mathematics. Experiments, Simulations, and Environments. Springer, Berlin Heidelberg New York

Hegering H-G, Abeck S (1995) Integriertes Netz- und Systemmanagement. Addison-Wesley, Bonn

Henning A (1997) Die andere Wirklichkeit: Virtual Reality – Konzepte, Standards, Lösungen. Addison-Wesley-Longman, Bonn

Heuer A (1997) Objektorientierte Datenbanken – Konzepte, Modelle, Standards und Systeme. Addison-Wesley-Longman, Bonn

Hofestädt R, Lengauer T, Löffler M, Schomburg D (Hrsg) (1996) Bioinformatics. Springer, Berlin Heidelberg New York

Hofmann M, Simon L (1995) Problemlösung Hypertext. Grundlagen – Entwicklung – Anwendung. Hanser, München Wien

Holland J H (1992) Adaptation in Natural and Artificial Systems. MIT Press, Cambridge MA

Johannsen G (Hrsg) (1989) Computer-Anwendungen. Spektrum der Wissenschaft, Heidelberg

Johnson W L, Hayes-Roth B (Hrsg) (1997) Proceedings of the First International Conference on Autonomous Agents. ACM, New York

Kammer M (1995) Literarische Datenbanken. Anwendungen der Datenbanktechnologie in der Literaturwissenschaft. Fink, München

Kandel E R, Schwartz J H, Jessell T M (Hrsg) (1996) Neurowissenschaften. Spektrum, Berlin, Appleton & Lange

Kandzia P, Klusch M (Hrsg) (1997) Cooperative Informative Agents. Springer, Berlin Heidelberg New York

Kaplan D, Glass L (1995) Understanding Nonlinear Dynamics. Springer, Berlin Heidelberg New York

Kinzel W, Reents G (1996) Physik per Computer. Programmierung physikalischer Probleme mit Mathematica und C. Spektrum Akademischer Verlag, Heidelberg Berlin Oxford

Klotz H (Hrsg) (1992) Zentrum für Kunst und Medientechnologie Karlsruhe. ZKM, Karlsruhe

Kuhlen R (1991) Hypertext. Ein nicht-lineares Medium zwischen Buch und Wissensbank. Springer, Berlin Heidelberg New York

Kuhlmann G, Parkmann, A, Röhl J, Verhuven J (1996) Computerwissen. Grundkurs Computerpraxis. Rowohlt, Reinbek b. Hamburg

Langton C G (Hrsg) (1989) Artificial Life. Addison-Wesley, Redwood City

Langton C G (Hrsg) (1991) Artificial Life II. Addison-Wesley, Redwood City

Latham R (1995) The Dictionary of Computer Graphics and Virtual Reality. 2. Aufl. Springer, Berlin Heidelberg New York

Lausen G, Vossen G (1996) Objekt-orientierte Datenbanken: Modelle und Sprachen. Oldenbourg, München Wien

Lea R, Matsuda K, Miyashita K (1996) Java for 3D and VRML Worlds. New Riders Publishing, Indianapolis Indiana

Lenat D B, Guha R V (1990) Building Large Knowledge-Based Systems. Representation and Inference in the CYC Project. Addison-Wesley, Reading MA

Lennon J A (1997) Hypermedia Systems and Applications. World Wide Web and Beyond. Springer, Berlin Heidelberg New York

Lindenmayer R, Rozenberg G (Hrsg) (1976) Automata, Languages, Development. North Holland, Amsterdam

Lindholm T, Yellin F (1997) Java™. Die Spezifikation der virtuellen Maschine. Addison-Wesley-Longman, Bonn

Mainzer K (1995) Computer – Neue Flügel des Geistes? Die Evolution computergestützter Technik, Wissenschaft, Kultur und Philosophie. 2. Aufl. De Gruyter, Berlin New York

Mainzer K (1997a) Thinking in Complexity. The Complex Dynamics of Matter, Mind, and Mankind. 3. erweiterte Aufl. Springer, Berlin Heidelberg New York

Mainzer K (1997b) Gehirn, Computer, Komplexität. Springer, Berlin Heidelberg New York

Mainzer K (1999) Zeit. Von der Urzeit zur Computerzeit. 3. Aufl. C. H. Beck, München

Meinhard H (1995) The Algorithmic Beauty of Sea Shells. Springer, Berlin Heidelberg New York

Mittelstraß, J (Hrsg) (1980-1996) Enzyklopädie Philosophie und Wissenschaftstheorie. Metzler, Stuttgart Weimar

Mittelstraß, J (1998) Information oder Wissen – vollzieht sich ein Paradigmenwechsel? In: Physikalische Blätter 54, 445-447

Moran F, Moreno A, Merelo J J, Chacón P (Hrsg) (1995) Advances in Artificial Life. Springer, Berlin Heidelberg New York

Müller G, Bunz H (Hrsg) (1996) it+ti – Informationstechnik und Technische Informatik. Schwerpunktthema: Sicherheit in der Informationstechnik. Oldenbourg, München

Müller J P (1996) The Design of Intelligent Agents. A Layered Approach. Springer, Berlin Heidelberg New York

Müller J P, Wooldrige M J, Jennings N R (Hrsg) (1997) Intelligent Agents III. Agent Theories, Architectures, and Languages. Springer, Berlin Heidelberg New York

Page I, Hilty L M (1995) Umweltinformatik. Informatikmethoden für Umweltschutz und Umweltforschung. 2. Aufl. Oldenbourg, München Wien

Platon (1988-1991) Sämtliche Werke I-VI (Übersetzung von F. Schleiermacher). Rowohlt, Reinbek b. Hamburg

Picard R W (1997) Affective Computing. MIT Press, Cambridge MA

Rayport J F, Sviokla J J (1996) Die virtuelle Wertschöpfungskette – kein fauler Zauber, in: Harvard Business Manager 2, 104-113

Rechenberg I (1973) Evolutionsstrategie: Optimierung technischer Systeme nach Prinzipien der biologischen Evolution. Fromann-Holzboog, Stuttgart

Rheingold H (1995) Virtuelle Welten. Reisen im Cyberspace. Rowohlt, Reinbek b. Hamburg

Rothermel K, Popescu-Zeletin R (Hrsg) (1997) Mobile Agents. Springer, Berlin Heidelberg New York

Schneider U (Hrsg) (1996) Wissensmanagement. Die Aktivierung des intellektuellen Kapitals. Frankfurter Allgemeine Zeitung. Verlags-Bereich Wirtschaftsbücher, Frankfurt a. M.

Singh M P (1994) Multiagent Systems. A Theoretical Framework for Intentions, Know-How, and Communications. Springer, Berlin Heidelberg New York

Steger U (Hrsg) (1998) Wirkungsmuster der Globalisierung. Gottlieb Daimler- und Karl Benz-Stiftung, Ladenburg

Steinmüller K (Hrsg) (1993) Wirklichkeitsmaschinen: Cyberspace und die Folgen. Beltz, Basel

Tanenbaum A S (1988) Computer Networks. 2. Aufl. Prentice Hall, Englewood Cliffs NJ

Trappl R, Petta P (Hrsg) (1997) Creating Personalities for Synthetic Actors. Towards Autonomous Personality Agents. Springer, Berlin Heidelberg New York

Ungerer T (1993) Datenflußrechner. Teubner, Stuttgart

Van de Helde W, Perran J W (Hrsg) (1996) Agents Breaking Away. Springer, Berlin Heidelberg New York

Velásquez J D (1997) Modeling Emotions and Other Motivations in Synthetic Agents, in: American Association for Artificial Intelligence, 10-15

Vollmar R, Worsch T (1995) Modelle der Parallelverarbeitung. Teubner, Stuttgart

Warnecke H J, Bullinger H J (Hrsg) (1994) Virtual Reality '94. Anwendungen & Trends. Springer, Berlin Heidelberg New York

Wodaski R (1995) Virtual Reality für Insider. SAMS, Haar b. München

Wooldridge M J , Müller J P, Tambe M (Hrsg) (1995) Intelligent Agents II. Agent Theories, Architectures, and Languages. Springer, Berlin Heidelberg New York

Wooldridge M J , Jennings N R (Hrsg) (1995) Intelligent Agents. Springer, Berlin Heidelberg New York

Wulf A, Bernör G (1994) UNIX, C und Internet. Moderne Datenverarbeitung in Wissenschaft und Technik. Springer, Berlin Heidelberg New York

ZKI, DBV, AMH (Hrsg) (1998) Informationsstruktur im Wandel. Herausforderungen für die Hochschulen und ihre Informations- und Kommunikationseinrichtungen. BIS, Oldenburg

# Abbildungsnachweise

Die abgekürzten Titel beziehen sich auf das Literaturverzeichnis. Mit
der Angabe „nach" sind veränderte Neuzeichnungen der Quellen markiert.


1          Wulf, Bernör 1994: 4
2          nach Kuhlmann u.a. 1996: 31
4, 6       Hillis W D (1991) Ultraschnelle Prozessor-Netzwerke. Spektrum der
           Wissenschaft (Sonderheft 11), Heidelberg: 49, 50
7-8        Dadam 1996: 26, 36
9          nach Erlenkötter, Reher 1998: 28
11-14      nach Lea, Matsuda, Miyashita 1996: 44, 54, 69, 211
16         Hege, Polthier 1997: 24-26
17         Ernst B (1986) Der Zauberspiegel des M. C. Escher. Taco, Berlin, 109
18-19      nach Hege, Polthier 1997: 33, 34, 84-87
20         Fischer 1986: 48
22         Hege, Polthier 1997: 104
25         Faltings 1996: 149
26         Hege, Polthier 1997: 251
27-30      Kinzel, Reents 1996: 218, 184, 188, 209
31         Johannsen 1989: 124
32         Quien N, Wehrse R, Kindl C (1996) Licht auf Abwegen. Spektrum der
           Wissenschaft (Digest Astrophysik), Heidelberg, 97
34         Kaplan, Glass 1995: 82
35         Langton 1988: 29
36         Langton 1991: 610
37         Ray T (1997) Tierra, in: Telepolis.
           http://www.heise.de/tp/deutsch/inhalt/co/2158/2.html
38-40      Hofestädt u.a. 1997: 12, 17, 139
41         Page 1995: 209
42         Kinzel, Reents 1996: 123
43         Mainzer 1997b: 154
46         Kandel, Schwartz, Jessel: 17
47         Picard 1997: 162, 177
48         Johannsen 1989: 104
49-51      nach Warnecke, Bullinger 1994: 172, 219, 252
52         Booz - Allen & Hamilton 1995: 33
53         Brenner u.a. 1998: 107
54         Rothermel, Popescu-Zeletin 1997: 35
55         Kandzia, Klusch 1997: 160
56         nach Müller 1996: 53


"

57      Grand S (1996) Creatures (Computerspiel). Cyberlife, Cambridge (Der
        Spiegel 23 1998, 192)
58      nach Vélasquez 1997: 10
59      Lausen, Vossen 1996: 34
60      nach Rayport, Sviokla 1996: 106, 108
62      nach Hofmann, Simon 1995: 44
63      Birke, Wagner, Kießling 1997:
64      Lennon 1997: 195, 199, 200
66      Klotz 1992: 21
67      nach Henning 1997: 113
70      nach Müller, Bunz 1996: 17

# Sachverzeichnis

Wirtschaft 9, 207
Zellteilung 136
Virtueller
Assistent 189
Dienstleistungsmarkt 6
Magnet 113
Markt 275
Operationstisch 172
Organismus 4, 128, 129, 130
Patient 5, 170, 176
Pranger 271
Tod 133, 134
Virtuelles
Architekturbüro 169
Bewußtsein 161
Gehirn 5, 147, 157, 160
Immunsystem 7
Klonen 133
Labor 105, 106, 107, 111, 140
Leben 4, 127
Material 111
Museum 191, 246
Ökosystem 143, 146
Schwarzes Loch 122
Theater 245
Unternehmen 214, 219, 220, 221,
229, 238, 239, 275
Zellenwachstum 137
Visualisierung 3, 4, 11, 79, 82, 87, 91,
96, 138, 146, 245
VLIW-Maschine 26
void 47
Von-Neumann-
Computer 15, 20, 23, 26, 29
Maschine 29
VR 175 *s.a.*Virtuelle Realität
-Maschine 166
-Programmiersprache 171
-Szenegraph 172
VRML 56, 107, 138, 140, 246
-Bibliothek 59
-Browser 63
-Kunstbibliothek 246
-Programm 139
VRML 1.0 56
VRML 2.0 56, 59, 61, 62, 139
VSL 251

Wendelfläche *Siehe* Fläche
Werte 195
Wertschöpfung 208, 241, 262

Wertschöpfungskette
Multimedia- *Siehe* Multimedia
parallele 220
physische 9, 207, 208, 211
serielle 220
virtuelle 9, 177, 212, 213, 220, 229,
240, 265
Wettbewerb 9, 10, 257, 258, 259, 275
Widerspruchsfreiheit 80
Window *Siehe* Fenster
WINDOWS 22, 39, 41, 46, 50
Wirtschaft 9
wissensbasierte 207, 213
Wissen 66, 67, 72, 81, 273
Alltags- 72, 221
Computer- 13
Experten- 72, 221
heuristisches 72
Wissens-
agenten 7
basierte Systeme 3, 66, 72, 99, 102,
146, 169, 173, 174, 180, 191,
200, 233, 243
basierte Wirtschaft 207, 213
basis 67, 68, 75, 192, 194, 197
gesellschaft 1, 9, 11, 15, 177, 194,
223, 233, 240, 253, 255, 256,
259, 260, 261, 262, 263, 269,
272, 275, 276
Ingenieur 72, 243
management 1, 6, 10, 161, 175,
177, 179, 181, 183, 185, 192,
198, 199, 206, 211, 217, 218,
220, 247, 253
management, verteiltes 210
repräsentation 71, 174, 197, 220,
243
transfer 233
verarbeitung 66, 71
Wissenschaften
Bio- 9
Geistes- 2, 10, 225, 227, 239
Geschichts- 11
interdisziplinäre 2
Kognitions- 2
Kultur- 229, 238
Literatur- 227
Natur- 4, 238
Sozial- 2, 238, 239
Sprach- 2, 11, 227
Technik- 238
Wirtschafts- 2, 216, 238

# Personenverzeichnis

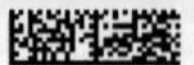